教育部人文社会科学研究资助项目

安徽师范大学社会治理研究丛书

ZhengZhi Zhexue ShiYe ZhongDe
ZiZhi LiLun Yan Jiu

政治哲学视野中的
自治理论研究

从书主编 ◎ 徐

编　　著 ◎ 安建增

安徽师范大学出版社
·芜湖·

责任编辑:孙新文　韩　敏
装帧设计:原　野
责任印制:郭行洲

图书在版编目(CIP)数据

政治哲学视野中的自治理论研究 / 徐彬主编,安建增编著. —芜湖: 安徽师范大学出版社，2015.5
ISBN 978-7-5676-1610-3

Ⅰ. ①政… Ⅱ. ①徐… ②安… Ⅲ. ①民族区域自治—政治哲学—理论研究—中国 Ⅳ. ①D633.2

中国版本图书馆 CIP 数据核字(2014)第 251409 号

政治哲学视野中的自治理论研究
徐　彬　主编
安建增　编著

出版发行:安徽师范大学出版社
芜湖市九华南路 189 号安徽师范大学花津校区　邮政编码:241002
网　址:http://www.ahnupress.com/
发 行 部:0553-3883578　5910327　5910310(传真) E-mail:asdcbsfxb@126.com
印　刷:安徽宣城海峰印刷包装有限公司
版　次:2015 年 5 月第 1 版
印　次:2015 年 5 月第 1 次印刷
规　格:787 mm×1092 mm　1/16
印　张:22.75
字　数:412 千
书　号:ISBN 978-7-5676-1610-3
定　价:45.00 元

目　录

前　言 …… 1

第一章　为什么研究自治及其理论问题 …… 1

第一节　自治是政治哲学的主要议题之一 …… 1

一、自治是协调政治利益关系的两种关键模式之一 …… 2

二、自治是政治体系有效运行的重要保障 …… 5

三、自治对其他政治哲学主题有着重要支撑作用 …… 11

第二节　国内外有关自治研究的现状 …… 18

一、现有的自治研究更多倾向于“镶嵌”在其他研究主题中 …… 18

二、现有的自治研究更多偏向于“形而下”的实践问题 …… 25

三、本选题的研究价值 …… 26

第二章　自治的理论意涵 …… 29

第一节　自治概念的词源学探析 …… 30

一、汉语典籍中的“自治” …… 30

二、英文视野中的“自治” …… 35

第二节　自治的意涵：以政治哲学为论域 …… 45

一、自治含义的梳理与分析 …… 46

二、自治是一个现代性的概念：与自然安治相比 …… 55

三、自治体现权利诉求：与自我管理相比 …… 59

四、自治是一种社会政治状态：与自组织相比 …… 62

五、自治是一种包容性权利：与自决相比 …… 64

六、自治的“硬核”：简单地总结 …… 67

第三节　不同主体视域中的自治 …… 67

一、自治与自决不同，其主体不包含主权国家 …… 68

二、主体多元的自治实践 …… 69

第三章 自治理论的历史考查 …… 79
第一节 中世纪及以前:作为'生活'的自治和作为'争斗'的自治 …… 80
一、古希腊、古罗马时期时期的自治思想 …… 80
二、中世纪时期的自治思想 …… 91
三、古希腊古罗马自治思想与中世纪自治思想的比较 …… 105
第二节 文艺复兴到19世纪末:自治的价值化研究倾向 …… 106
一、文艺复兴到19世纪末的经济社会发展状况 …… 106
二、文艺复兴到19世纪末自治思想的基本关切点 …… 110
三、文艺复兴至19世纪末自治思想简评 …… 130
第三节 20世纪以后:自治的多元化研究倾向 …… 131
一、20世纪以来的经济社会发展状况 …… 132
二、20世纪以来自治思想的主要关切点 …… 133
三、20世纪以来自治思想简评 …… 150
第四章 自治的政治价值及其地位 …… 153
第一节 自治:民主共和的体现 …… 153
一、自治是民主的本质表现 …… 154
二、自治是实施民主的手段 …… 160
三、自治是解决民主困境的途径 …… 162
第二节 自治:宪政主义的工具 …… 165
一、社会之眼 …… 166
二、地方自治 …… 173
第三节 自治:自由的堡垒与体现 …… 176
一、自治搭建的空间是消极自由的堡垒 …… 176
二、自治倡导的自主是积极自由的体现 …… 179
第五章 自治的运行逻辑 …… 185
第一节 主权与分权:自治的宏观环境 …… 185
一、布丹的主权理论及其困境 …… 186
二、主权理论的两条进路 …… 189
三、分权、自治以及主权理论的起落 …… 192

第二节　自治的结构与载体 …… 195
一、地方自治载体 …… 196
二、社会自治机制 …… 198
三、虚拟自治结构 …… 208
第三节　自治的文化与精神 …… 214
一、个人主义 …… 216
二、社会优先 …… 219
三、权利本位 …… 221
四、价值多元 …… 224
五、宪政精神 …… 226
第六章　自治的领域及其内容 …… 231
第一节　自我管理 …… 231
一、自我创议 …… 231
二、自我创制 …… 234
三、自我执行 …… 238
四、自我监督 …… 240
五、自我评估 …… 244
第二节　自我教育 …… 245
一、政策规章的倡导 …… 246
二、共享观念的形成 …… 248
三、政治技能的学习 …… 252
第三节　自我服务 …… 254
一、信息沟通型自我服务 …… 255
二、资源分配型自我服务 …… 258
三、关系协调型自我服务 …… 261
第七章　自治的限度与控制 …… 265
第一节　对自治施以控制的现实依据 …… 265
一、自治与控制:现代政治哲学的主题之一 …… 266
二、自治的“负外部性” …… 269
三、自治的“内部失灵” …… 273

第二节　对自治施以控制的哲学逻辑 …… 276
一、从恩格斯《论权威》谈起 …… 277
二、几种关于控制正当性的论证逻辑 …… 281
三、关于控制正当性的论证逻辑的简单结论 …… 287
第三节　对自治施以控制的正当边界 …… 287
一、实施控制的范围:规避危害 …… 288
二、实施控制的依据:正义法律 …… 299
三、实施控制的行为:遵照程序 …… 291
第八章　中国语境中的自治 …… 295
第一节　当代中国的自治形态 …… 295
一、地方自主的良性塑造 …… 295
二、基层自治的蓬勃发展 …… 304
三、社团自治的逐渐发力 …… 308
第二节　中国自治实践的发展趋势与路径 …… 314
一、依法自治与自治发展 …… 314
二、协商民主与自治发展 …… 315
三、协同治理与自治发展 …… 317
四、绩效评估与自治发展 …… 321
五、正当控制与自治发展 …… 323
附录:自治研究索引(部分) …… 325
参考文献 …… 331

前　言

著名政治哲学家卡尔·科恩(Carl Cohen)曾在其著作《论民主》中指出:"作为个人,我喜欢自治,不受别人的指挥与控制。我自己管理自己,决定自己的目标并选择达到目标的手段。每个人在他的一生中都至少在某些方面有过这种自我控制的经验。"因此,他更进一步强调,"自主的自治作为一种道德理想时的用语……就是有理性的人给自己规定法律的理想境界。①"

其实,不只是个人,作为个人集合的社会共同体也有摆脱外部无端控制而自治的内在冲动。邦雅曼·贡斯当(Benjamin Constant)说得好:"只与几个人有关的事情,只能由那几个人来决定;只与个人有关的事情也只能由那个人单独决定。"相反,"如果我们把小团体和国家两者的利益都托付到同一双手中,或者说我们让前者的保管人成为后者的代理保管人,那么各种不同类型的危害将接踵而至,就连那些看上去互相排斥的危害也将共生并存。"②

具有自治属性的制度安排与政治实践具有一些显而易见的功能。首先,自治搭建起一种免于无端干预的空间,作为"堡垒",其在反对直接控制、限制暴政以及促成宪政等方面作用显著。戈登·怀特(Gordon White)曾形象地指出:"这一概念(指具有自治属性的市民社会——引者注)卷入到国家独角戏的解构之中,它常常作为一种理想化的对立面而出现,体现着社会的美德而同政治的邪恶相抗衡:自由的领域对抗压制的领域,参与的领域对抗科层制的领域,多元主义对抗一致性,自发性对抗操纵,纯洁对抗腐败。"③吉迪恩·贝克(Gideon Baker)也在这一意义上强调,"无论是就摆脱国家干预的社会而言,还是就多种利益的多元主义代表来说,或者是就缩小经济和国家权力的范围而论,"④各类

---

①[美]卡尔·科恩:《论民主》,聂崇信等译,北京:商务印书馆2005年版,第8页、第273页。

②[法]邦雅曼·贡斯当:《古代人的自由与现代人的自由:贡斯当政治论文选》,闫克文等译,上海:上海人民出版社2005年版,第136页、第137页。

③[英]戈登·怀特:《公民社会、民主化和发展:廓清分析的范围》,何增科译,载何增科主编:《公民社会与第三部门》,北京:社会科学文献出版社2000年版,第60页。

④[英]吉迪恩·贝克:《公民社会和民主:理论和可能性之间的差距》,何增科译,载何增科主编:《公民社会与第三部门》,北京:社会科学文献出版社2000年版,第182页。

自治机制的力量和成就是世所公认的。

其次，自治还搭建起一个自我组织、自主治理和自责自负的行动空间，成为处理公共事务、开展公共生活的基本方式。《布莱克维尔政治学百科全书》指出，自治可被理解为“指某个人或集体管理其自身事务，并且单独对其行为和命运负责的一种态度。更狭义地说，它是指根据某个人或集体所特有的‘内在节奏’来赞誉自主品格或据此生活的品格（这需要摆脱外部的强制）的一种学说。”①威廉·盖尔斯敦（William A. Galston）因此而强调，自治、自由等政治观念及其制度安排捍卫了这样的政治价值——“它排除了国家的干预，在那里，个人和集体能够选择自己的行为方式，表达他们对生活的意义与价值的理解。”②让·拉特利尔（Jean Ladriere）也对自治体在自我组织、自主治理和自责自负方面的作用给予了肯定：“就其将自身组织成一个相对自主的由相互依赖的部分的系统组成的网络，就这一网络自身能够逐渐提高组织化和综合化的水平而言，看来正沿着自我导向目标的方向进化。”③

最后，自治搭建的公共空间有助于形成公共秩序和基本共识。因为，自治可以“根据参与者自我的理念、见解和他人冲突、交换与妥协，取得了对特定事物主张的权利。这种论述解释权的回归，不但更能深化自我对社会事务的认识，也构筑认同。”④罗伯特·帕特南（Robert D. Putnam）在《使民主运转起来》一书中指出，社会基层自治有助于培养合作、信任、互惠的政治文化和社会规范。因此，拥有自治传统和切实自治行动的地区积累有大量的社会资本，这对公共治理的绩效产生强力助推作用。“而另一些地区却不幸地受到垂直结构的政治的统治，那里的社会生活是分裂和孤立的，是一种不信任的文化。”⑤公共治理绩效将会因此而大打折扣，公共决策的民主化、科学化以及公共政策的执行都会因此而面临诸多羁绊。正是在这一意义上，弗里德里希·哈耶克（Friedrich von Hayek）强调：“在安排我们的事务时，应该尽可能多地运用自发

①[英]戴维·米勒等：《布莱克维尔政治学百科全书》，邓正来译，北京：中国政法大学出版社 2002 年版，第 693 页。

②[美]威廉·盖尔斯敦：《自由多元主义：政治理论与实践中的价值多元主义》，佟德志等译，南京：江苏人民出版社 2008 年版，第 19 页。

③[法]让·拉特利尔：《科学和技术对文化的挑战》，吕乃基等译，北京：商务印书馆 1997 年版，第 47 页。

④谢泽明：《网络社会学》，北京：中国时代经济出版社 2002 年版，第 397 页。

⑤[美]罗伯特·帕特南：《使民主运转起来：现代意大利的公民传统》，王列等译，南昌：江西人民出版社 2001 年版，第 17 页。

的社会力量，而尽可能少地借助于强制，这个基本原则能够作千变万化的应用。”①

也许正因为自治的上述基本政治社会功能，在政治哲学中充满了大量的关于自治及其价值、功能等的论述（当然，自治的功能远不止上述三点，其他功能\价值及其在政治生活中的地位在本书的第一章、第四章还有具体阐释）。安德烈亚斯·卡尔瓦斯（Andreas Kalyvas）就曾说道：“自治概念曾是现代政治思想中的一个核心原则，也是民主政治的一个构成性特征。”②只是，目前关于自治理论的研究热度要远远低于关于自由、民主、共和、宪政、人权等政治主题的研究，大量的关于自治的论述也往往是散见于其他政治主题的论述当中。因此，笔者尝试从在政治哲学的视野下系统梳理、探究自治及其理论问题。

正是基于上述思考，我抱着试试看的态度申报了 2009 年度的教育部人文社会科学研究一般项目。很幸运，该项目获得批准——项目名称是“政治哲学视野中的自治理论研究”；项目批准号是“09YJC810003”。您手里拿到的正是该项目的最终研究成果。

概言之，本书的目的是，在政治哲学的视野下，对“自治”进行系统分析，提出有关自治的理论框架，尝试梳理、构建一种有关自治的思想体系。本书的研究思路可从三个层面理解：

第一，把散见在众多政治思想家著作当中的有关自治的理论、观点归纳起来，融合进“自治理论”的框架之中，尝试形成一个自治理论框架与体系。

第二，通过研究梳理现在有关自治实践（行业自治、社区自治、村民自治和地方自治）的研究成果，从中抽象、归纳出有关的自治理论（如自治的限度、自治实践的发展等），将其融合进“自治理论”的框架之中。

第三，遵循下述思路来具体构建和阐释自治的理论框架：自治的理论阐释→自治的理论基础→自治理论学术史→自治的价值→自治的运行机制→自治的内容与表现→自治的限度与控制→以及自治的现实分析（中国语境中的自治）等。

依据上述目的和思路，本书共有八章——

第一章“为什么研究自治及其理论问题”。本章主要目的在于阐释说明为

①[英]弗里德里希·冯·哈耶克：《通往奴役之路》，王明毅等译，北京：中国社会科学出版社 1997 年版，第 24 页。

②[美]安德烈亚斯·卡尔瓦斯：《卡斯托里亚迪斯自治理论中的规范与批判》，贺翠香译，载《马克思主义与现实》2010 年第 1 期。

什么要研究本选题。具体包括:政治自治作为一个议题,它在政治哲学中处于什么样的位置,当前的研究有哪些基本特点,存在哪些缺陷等。

第二章"自治的理论意涵"。本章有两个基本目的:一是在概念上界定自治,探讨自治在政治哲学中的基本意涵;梳理容易与自治相混淆的政治概念,并明晰它们之间的区别;讨论自治的基本标准和主要特征。二是通过概念辨析"提供某种可理解的东西"——更好地认识和理解自治,这也是自治理论研究框架当中所必不可少的内容。共有三节:一是"自治概念的词源学探析";二是"自治的意蕴:以政治哲学为论域";三是"不同主体视域中的自治"。

第三章"自治理论的历史考查"。在不同的时期,政治哲学界对于自治的研究旨趣并不相同,各有特点。因此,本章从学术史的角度来讨论自治及其理论问题,包括:在政治学说发展的不同阶段关于自治的基本论述、代表人物及其主要关注点、主要特点等,尝试梳理出自治理论发展的基本脉络。分三节论述:第一节,"中世纪及以前:作为'生活'的自治和作为'争斗'的自治";第二节,"文艺复兴到19世纪末:自治的价值化研究倾向";第三节,"20世纪以后:自治的多元化研究倾向"。

第四章"自治的政治价值及其地位"。民主、共和、宪政和自由等构成了政治哲学的基本议题。而自治之所以重要,就在于它分别对民主、共和、宪政和自由构成重要支持,这也决定了自治理论在政治哲学中的地位。同时,自治也是一种值得追求的政治目标。因此,本章分三节详细论述自治的价值与地位:第一节讨论自治与民主共和的关系,第二节讨论自治与宪政的关系,第三节讨论自治与自由的关系。

第五章"自治的运行逻辑"。作为哲学名词的自治,需要付诸行动与实践。那么,自治实践和自治制度的运行需要什么样的政治环境?从分权的角度看,自治是纵向分权还是横向分权?支撑自治实践需要的政治结构与载体有哪些,需要什么样的政治文化与行为观念?本章分三节讨论这些问题:一是讨论保障自治的宏观政治环境;二是讨论支撑自治实践与运行的结构与载体;三是讨论促成自治的文化与精神。

第六章"自治的领域及其内容"。作为制度与实践的政治自治包括哪些外在的行为表现和具体内容?它的运行指向哪些领域?这是探究和分析自治、认识和理解自治所必须回答的。本章从"自我管理"、"自我教育"和"自我服务"三方面(即三节)予以阐释。

第七章"自治的限度与控制"。自治无论是在理论上还是在实践上都具有举足轻重的地位，尤其是对于政治秩序的形成、公共物品的供给等具有很重要的现实意义。但是，自治不是十全十美的，存在固有的限度。所以，需要讨论保证自治不越位的措施，分析规避自治缺陷的措施。基于此，本章分三节讨论如下问题：一是对自治施以控制的现实依据；二是对自治施以控制的哲学逻辑；三是对自治施以控制的正当边界。

第八章“中国语境中的自治”。前面七章的研究都是理论层面上的，这一章则以中国的自治实践为研究对象。本章主要回答如下几方面的问题：当代中国有哪些自治形态？它们各有哪些表现和特点？中国自治实践的未来发展趋势如何？发展路径包括哪些……本章共包括两节：第一节概括论述当前我国的各种自治形态，包括地方自治、基层自治和社团自治。第二节阐释中国自治的未来发展趋势和基本路径。

另外，在本书“附录”部分，笔者列了一个自治研究的资料索引，对包含有自治专题研究的著作进行了一个简单梳理，为有兴趣研究自治的读者提供一个资料清单。当然，因笔者的视野之局限，也许还有很多重要论著没有列举进来。希望与读者一起完善。

该项目是我第一次主持省级以上项目，本书也是我撰写的第一本书。第一次写书，且涉及的是需要读很多书、需要深厚的哲学根基和理论把握能力的选题。因此，的确时常感觉力不从心。但是，作为科研项目，要求按照申报时的预计期限结项；作为一个大学老师，也有责任通过一定的形式表达自己思想，并尝试做到理论方面的创新。所以，尽管本书仍然可能会存在很多不足，仍然属于“夹生饭”的范畴，但我还是先拿出来，供大家品评。（笔者在2013年年初去深圳调研时，不小心丢掉了存有本书部分章节的优盘。这也使书稿撰写更加仓促。）换言之，我是抱着很忐忑的心情、求教的心态拿出来给大家看的。恳请同仁多提宝贵意见。

本书写作过程中，得到了很多学界专家、老师、同事、学生的鼓励和帮助，也得到了家人的大力支持和帮助。在此，真诚地对他们说声：谢谢！没有大家的帮助，就没有本书的面世！本书写作过程中也参阅了大量的文献，真诚地感谢各位作者。同时，特别感谢安徽师范大学出版社和安徽师范大学历史与社会学院的支持和帮助；感谢韩敏编辑的工作，韩编辑的出色工作使本书增色不少。

第一章　为什么研究自治及其理论问题

本章目的在于阐释说明为什么要研究自治及其理论问题。或者说，自治作为一个议题，它在政治哲学中处于什么样的位置？当前的研究有哪些基本特点？需要进一步研究的地方有哪些？这些问题的回答多少也阐明了本选题的研究价值。

从理论研究的角度看，自治是政治哲学中的主要议题之一。从有关自治问题的研究现状看，当前研究或者更多倾向于“形而下”的研究，而对“形而上”的理论探究相对薄弱；或者更多具有“碎片化”特点，系统性相对不够。这两方面共同说明了自治及其理论问题研究的重要性，也说明了进行本选题研究的必要性。

第一节　自治是政治哲学的主要议题之一

歌手李宗盛写过一首歌《爱的代价》，其中有一句歌词：“走吧，走吧，人总要学着自己长大。”这句歌词里面蕴含着一种深深的人生哲理——无论是谁，他或她的成长都是意味着可以自己处理自己的事，具有“自在自为的理性”①，而不再需要依赖甚至是依附于别人，这可以算作是一种“自治”，也是人之为人的最基础性的要求。

道教早期的经典著作《太平经》中有一句经典：“教导之以道与德，乃当使有自重自惜自爱自治。”②西汉的扬雄在其所撰的《扬子法言》中指出：“大器其犹规矩准绳乎？先自治而后治人之谓大器。”③北宋的程颐在《辞免西京国子监教授表》中曾言：“伏念臣才识迂疏，学术肤浅，自治不足，焉能教人”。南宋的史浩等所撰的《郧峰真隐漫录》中出现“自治”一词 10 次，如“念念不忘，孜孜求策，先自

①[德]黑格尔：《法哲学原理》，范扬等译，北京：商务印书馆 1982 年版，第 253 页。

②杨寄林译著：《太平经》，北京：中华书局 2013 年版。

③[西汉]扬雄：《扬子法言》，北京：商务印书馆 1926 年版。

治以固本”;“然陛下初立,应以自治先行,方可图远”;“夫内而自治,外而服远。”明朝的高启在其《白田耕舍记》中指出:“取圣贤之书而读之,求所以自治之道。”清朝的洪榜在《戴先生行状》中说:“君子之自治也,情与欲,使一于道义。”可见,在中国的历代典籍中对“自治”有更高层次的诉求和期待,已不再仅仅是指自己处理自己的事,自己可以相对独立的生存,而是指“自我修养。”①

如果说李宗盛歌词里的“自治”带有“独善其身”意味的话,此处所列中国古籍中的“自治”则含有通过自我修养来使自己达到“兼济天下”的含义,是一种通过“内圣”而“外王”的境界,其意涵更深远,视野更广阔,情怀更博大。

当然,上述两种“自治”更多是在“人生价值”的意义上被使用和强调。在政治哲学中,自治的地位和价值被抬得更高。《布莱克维尔政治学百科全书》指出:自治(Self-government)是“指某个人或集体管理其自身事务,并且单独对其行为和命运负责的一种态度。更狭义地说,它是指根据某个人或集体所特有的‘内在节奏’来赞誉自主品格或据此生活的品格(这需要摆脱外部的强制)的一种学说。”自治因此而是“一种论证个人或团体的自主和独立的正当合理性的激进学说,它认为个人或团体具有独特的个性和自由意志。”②具体而言,自治是协调政治利益关系的两种关键模式之一;自治是政治体系有效运行的基本保障;自治对其他政治哲学主题有着重要支撑作用。

一、自治是协调政治利益关系的两种关键模式之一

概括而言,自治在政治哲学中有三重意义:一是自治意味着政治体的自觉、自主和自由,能够按照政治体自己的意识合理地处理自己的内部事务。二是自治意味着为政治体赋予了一种免于无端干预的权利和“堡垒”,政治体可以据此而反抗外部的无端干预。三是自治本身就有一种值得追求和享有的“价值”。在此意义上讲,自治不只是实现某种实体目的的手段或工具——自治是否正当,不是看它能否有助于产生正确的结果,而是看它能否维护一些独立的内在价值,自治的根本价值就在于自治本身的正义,而非结果的有效性。自治是本位的,“是道德哲学的一种诉求。”③换句话说,“自主的自治作为一种道德理想时的用语……就是有理性的人给自己规定法律的理想境界”,它本身就一直是值

①上述古籍皆从“中国基本古籍库·安徽师范大学站点”搜索得来。

②[英]戴维·米勒等:《布莱克维尔政治学百科全书》,邓正来译,北京:中国政法大学出版社 2002 年版,第 693 页。

③[美]罗伯特·A. 达尔:《多元主义民主的困境:自治与控制》,周军华译,长春:吉林人民出版社 2006 年版,第 85 页。

得追求的高层次的目标之一。[①] 正是由于在政治哲学中的价值和意义，自治被视为是政治行动的重要方式之一，是协调政治利益关系的两种关键模式之一。利益是政治关系的基础，为了实现共同利益、组织公共政治生活，人们采用两类合作策略[②]：

第一种是建立公共权力，通过公共权力机构及其强力管制来克服政治合作难题。比如，洛克(John Locke)、霍布斯(Thomas Hobbes)等从自然状态出发，阐述了公共权力出现的根源，马克思主义从利益关系和阶级斗争的角度说明了公共权力出现的基础，还有学者从暴力等角度说明公共权力的出现缘由。这里不做具体评述，只想说明公共权力及其强力控制是解决政治合作难题、实现基本秩序的途径之一。[③] 正如塞缪尔·亨廷顿(Samuel P. Huntington)所言："一个政治制度衰弱的社会，无力约束个人和集团欲望的泛滥，其政治状态必然像霍布斯所描述的那样，充满着社会势力之间的无情竞争……没有强有力的政治制度，社会就会无力界定和实现共同利益"；"一个拥有高度制度化的管理组织和程序的社会，更能阐明和实现其公共利益。"[④]

第二种是建立在理性合作基础之上的自治策略。诺贝尔经济学奖得主埃莉诺·奥斯特罗姆(Elinor Ostrom)通过大量的实例阐明：人类社会中大量的公有池塘资源问题在事实上并不是依赖国家来解决的[⑤]，人类社会中基于相互信任和相互监督的、在长期的合作和重复博弈基础上形成自治组织及其自组织机制，实际上是更为有效的制度安排。[⑥]

不需要太多论证就能明白，人是无法单独存在于世的，需要以"社会"的方式存续。"社会性"决定了人类社会必须构建多种机制来处理人际关系，分配稀缺资源。可以大致认为，人类存在三种基本的协调机制：行政命令机制(主体是国家)、市场机制或曰等价交换机制(主体是企业和各种私人主体)和自治机制。其中，市场机制主要存在于市场和个人私生活领域，行政命令机制和自治机制

①[美]卡尔·科恩：《论民主》，聂崇信等译，北京：商务印书馆 2005 年版，第 273 页。

②王浦劬：《政治学基础(第 2 版)》，北京：北京大学出版社 2006 年版，第 9 页。

③毛寿龙：《政治社会学：民主制度的政治社会基础》，北京：中国社会科学出版社 2001 年版，第 25—59 页。

④[美]塞缪尔·亨廷顿：《变革社会中的政治秩序》，李盛平等译，北京：华夏出版社 1988 年版，第 24—25 页。

⑤当然也不是依靠市场机制来解决的，在很大程度上可以说市场机制在解决政治合作难题方面的作用是有限的。曼瑟尔·奥尔森(Mancur Olson)关于集体行动的困境方面的论述以及肯尼斯·阿罗(Kenneth J. Arrow)关于不可能定理方面的论述都证明了这一点。

⑥参见[美]埃莉诺·奥斯特罗姆：《公共事物的治理之道：集体行动制度的演进》，余逊达等译，上海：上海三联书店 2000 年版。

主要存在于政治领域，以人类公共生活为基本指向。对于政治利益关系调节的行政命令机制和自治机制，不能直接说谁好谁坏，只能说两者各有优劣，各有适用范围，它们共同维持着人类的公共生活，分配着社会的公共资源。在理想的状态下自治机制是比较符合成本收益逻辑的。因为，行政命令机制作为“他治”机制，需要外部控制主体的存在，这就意味着增加了运行成本和交易成本，且常常面临着“两难困境”——控制过严意味着销蚀自由；控制过松意味着造成混乱。而自治机制无需外部力量的干预，通过自己的理性、负责任的行动、自主的合作等来实施自我管理、自我整合、自我教育和自我服务，成员们以互助、互赖和互信的方式参与社会互动、处理公共事务。这样，祛除了“他治”主体的自治机制不需要外部资源的支持、不需要外部主体的介入，就能够自我导向、自我调节、自我运行，省去了与外部力量的交易环节，节省了相当数量的交易成本。① 当然，如果自组织网络成员之间不能履行自己的权利和义务，也不能就相关事务进行沟通协商或者无法达成共识，从而引发冲突。这时，恢复和谐秩序就只能借助第三方力量（即国家强制机制）的积极介入。

两类合作策略分别代表了两种向度，这也构成了政治哲学研究的两个向度：一是有关公共权力的研究。政治学家哈罗德·拉斯韦尔（Harold Dwight Lasswell）说“政治学是对权势和权势人物的研究。”②戴维·罗伯森（David Robertson）也指出：“正是社会中的权力——权力的本质、基础、前提、范围和结果——是政治学主要研究对象……政治学家的兴趣焦点是明确的，它集中于夺取或获取权力，对其他人运用权力或影响力，或抵制这种运用的斗争上。”③二是有关社会自主性的研究。这种研究取向摒弃了“垂直性的协调与权威关系”，转向注重“水平性的合作与人际的互动网络。”④这是一种社会建构的思想，它与政府权威、强制控制、自上而下单向度管理等观点对立。“社会建构思想支持组织成员的自我治理能力，即通过互动来维持社会（和组织）秩序的能力。”⑤无疑，后一种向度关注的便是“自治”问题。它说明，在公共事务领域，自治机制和国家机制是协调政治利益关系的两种关键模式，两者交互存在，缺一不可。

---

①［英］雷特纳·梅因茨：《统治失效与治理能力问题》，周红云译，载俞可平：《治理与善治》，北京：社会科学文献出版社 2000 年版，第 204—208 页。

②［美］哈罗德·拉斯韦尔：《政治学：谁得到什么？何时和如何得到？》，杨昌裕译，北京：商务印书馆 1992 年版，第 15 页。

③转引自王浦劬：《政治学基础（第 2 版）》，北京：北京大学出版社 2006 年版，第 17 页。

④［美］全钟燮：《公共行政：设计与问题解决》，黄曙曜译，台北：五南图书出版公司 1997 年版，第 88 页。

⑤［美］全钟燮：《公共行政的社会建构：解释与批判》，孙柏瑛等译，北京：北京大学出版社 2008 年版，第 46 页。

二、自治是政治体系有效运行的重要保障

罗伯特·帕特南在意大利进行的多年连续研究表明:如果一个区域有着丰富的社会资本,开展了卓有成效的自治行动,那么该区域的民主程度不仅较高,而且公共治理的绩效也较高。也就是说基于社会资本的各个层次的自治行动是"使民主有效运转起来"的基础性条件。① 理查德·桑内特(Richard Sennett)从另一个层面指出,现代建筑、城市化生活方式、市场机制等侵入了"人的内心",使个体成为真正意义上的自主个体。但"过犹不及",自主个体的另一面是人的公共性被灭失,"公共人的衰落"因此而发生。其后果是,共同体的自治根基被销蚀,互信、互赖、合作等社会资本因此面临着消失殆尽的风险。② 与桑内特一样,在《独自打保龄》一书中,帕特南忧心忡忡地指出:个人主义与市场经济的发展、信仰和宗法体系的衰微、初级共同体的衰落、传统生活方式和社会纽带的解构等加剧了社会的碎片化、单子化,使得"社会资本量"大打折扣,人们的自组织行为因此而大大减少,这种社会状态犹如每一个人都在"独自打保龄球",大大消解了具有自治特性的社会组织形态和政治生活方式赖以出现的基础,这不是现代社会所应有的表现。③

与帕特南、桑内特等不同,以泰勒(F·W·Taylor)、韦伯(Max Weber)、法约尔(Henry Fayol)为代表的科学管理理论秉持的是另一种思路。他们认为大规模的组织体系(自然也包含政治体系)需要按照"制度逻辑"、官僚科层制才能更科学、更有效地运行。为此,它们设计了一套依靠自上而下的权威控制和命令链来维系的公共组织体系,对来自基层和下级的"自治"不予重视。在他们看来,人是好逸恶劳的、不积极的,不会主动承担公共责任,一有机会就会"偷奸耍滑"。为此,必须通过外在的约束和控制才能够使不同的人朝向同一个方向行动,共同实现集体性的目标。正是在这种"人性恶"的基础上,他们从不同的角度设计了一套约束和控制"好逸恶劳"者的组织机制。

泰勒指出,任何一种管理(自然也包括公共管理)都有一个"最好的方法",这个最好的方法就是通过科学研究来发现并实施的流程、法则和规章。因此,

①参见[美]罗伯特·帕特南:《使民主运转起来:现代意大利的公民传统》,王列等译,南昌:江西人民出版社2001年版。

②[美]理查德·桑内特:《公共人的衰落》,李继宏译,上海:上海译文出版社2008年版,参见该书"内容简介"。

③参见[美]罗伯特·帕特南:《独自打保龄:美国社区的衰落与复兴》,刘波等译,北京:北京大学出版社2011年版。

“最好的管理就是一种真正的科学，它建立在法则、规章和原理之上。”[①]也就是说，在公共组织运作和行动过程中，任何一个人、任何一个群体、任何一个层级的部门，都无权自主行动，“都要受经过千百次实验后制定的规则与制度的约束，都要执行经过实践考验被证明是合理的标准。”[②]法约尔与泰勒的思路基本一致，试图确定一套组织原则，实现组织活动的理性化运行和制式化管理。[③]

韦伯则通过“官僚科层制”来实现约束和控制的目标。汤普金斯（Jonathan R. Tompkins）对官僚科层制的概括较为经典：“官僚组织中每个办事机构都根据其在权力等级制中的地位顺序排列。结果就形成一种严格规定的上下级关系制度，在这种制度中，每一个较低级别的机构都受到较高级别机构的监督，上级机关作出的决策送抵下一级办公机构付诸实施。虽然在魅力型和传统型行政中也存在地位差别，官僚制的独特性则在于其清晰规定的指挥链，这种指挥链使最高层机关能够根据规则对下级机关的活动进行协调和控制。”[④]一般而言官僚科层制的内容有：“合理的分工”、“层级节制的权力体系”、“依照规程办事的运作机制”、“形式正规的决策文书”、“组织管理的非人格化”、“适应工作需要的专业培训机制”、“合理合法的人事行政制度”等内容，具有严密性、合理性、稳定性和普适性等特点。[⑤] 韦伯对自己的这个设计非常满意，为此他曾说道：“从纯技术性的观点来看，经验无一例外地倾向于显示，纯粹的行政官僚模型能够实现最高的效率，因而也是形式上已知的对人进行控制的最理性的方式。”[⑥]的确，官僚科层制是一种严格的权威体系，命令自上而下地在这一体系中传递，上级命令、下级服从，这使得决策得以实施的“确定性程度”和“可预期程度”都比较高。显然，在官僚科层制当中的任何一个节点都无需发挥自己的主动性和积极性，不需要任何“自治”功能的发挥，而只需要按照预设职能和上级命令来行事即可。这种强调“自上而下”层级节制的思维将“自治”及其作用抛到了脑后。

---

①[美]罗伯特・B. 登哈特：《公共组织理论（第三版）》，扶松茂等译，北京：中国人民大学出版社 2003 年版，第 57－58 页。

②[美]W. 理查德・斯科特等：《组织理论：理性、自然与开放系统的视角》，高俊山译，北京：中国人民大学出版社 2011 年版，第 47 页。

③[美]W. 理查德・斯科特等：《组织理论：理性、自然与开放系统的视角》，高俊山译，北京：中国人民大学出版社 2011 年版，第 49 页。

④[美]乔森纳・R. 汤普金斯：《公共管理学说史：组织理论与公共管理》，夏镇平译，上海：上海译文出版社 2010 年版，第 53－54 页。

⑤丁煌：《西方行政学说史》，武汉：武汉大学出版社 2004 年版，第 75－78 页。

⑥转引自[美]罗伯特 B. 登哈特：《公共组织理论（第三版）》，扶松茂等译，北京：中国人民大学出版社 2003 年版，第 33 页。

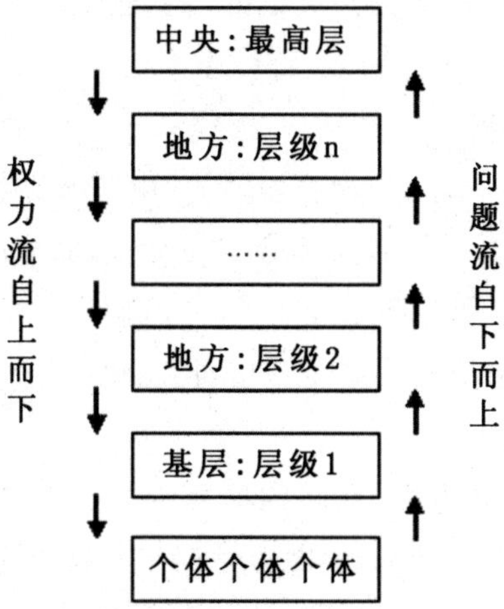

图 1-1:科学管理理论视野下的组织体系示意图

注:该图系笔者所绘

毋庸置疑,泰勒他们的观点和思维方式在某种程度上有助于秩序的形成,他们的贡献无疑也是值得肯定的,他们的观点至今“仍然是我们在考虑和研究组织设计时需要参照的主要层面。”①但这种秩序令公共组织体系的运行显得有些僵硬,限制了其运行绩效的提升——无法激发各个层级的积极性和主动性。威廉·沃德(John William Ward)曾形象地指出,科学管理理论设计的公共组织体系就像一台完美的机器,“没有多余的部件,也没有多余的运动,不论部件还是运动,一切都按部就班,为实现整体功能而工作。这样的机器正是行动领域完全理想化和完全组织的完美例子。”②可惜,人类社会不是机器。机器的确可以按部就班地运行,但是人类社会组织体系不能完全地按部就班。因为,面临着经济社会的发展和变化,以及不同社会情境的变化,需要具体地、灵活地实施组织和管理。同时,只有发挥最大的合力,充分调动各方(各个层级)的积极性、主动性,才能将人类社会建设得更美好。

如图 1-1 所示:每一个层级都缺乏自治的态度也缺乏自治能力。在行动上完全依赖于上级,把所有的问题都交给上级来处理;同时,每一个上级都对下级的自治态度和自治能力不抱有任何期望,也不会引导、鼓励和支持下级的积极自治、自我管理。在图 1-1 所表示的这种政治格局下,所有的责任都由中央或较

①[美]乔森纳·R. 汤普金斯:《公共管理学说史:组织理论与公共管理》,夏镇平译,上海:上海译文出版社 2010 年版,第 57 页。

②[美]W. 理查德·斯科特等:《组织理论:理性、自然与开放系统的视角》,高俊山译,北京:中国人民大学出版社 2011 年版,第 39 页。

高层级的地方政府担当；所有公共决策都需要通过自下而上地逐级上报，最后由高层做出；所有解决问题的行动也都依据高层的决策之后才会发生。这里显然存在如下六方面的问题：

一是决策效率不高，回应不及时。因为所有的低层级都不会自主决策，自行处理自己内部存在的问题。即：不会自行创议、而后决策、再而行动，不能在自己的层级上实现自我管理、自我教育和自我服务。相反，必须将问题信息一级一级上报，并等待上级决策。这需要相当大的时间成本，易诱发回应迟缓、行动效率低下的问题。

二是决策效果差。一方面，在问题信息传递过程中，会必不可少地出现信息损耗，使得问题信息不能准确、全面地呈现在上级面前，这很容易导致决策偏差。另一方面，由于“问题”信息传递的时间成本较高，在此期间“问题”可能已经发生变化，这也容易导致决策偏差。

三是导致问题恶化，解决难度加大。萌芽状态的问题也许更容易解决，如果基层或底层能够在发现问题之初即随时随地地将之解决，需要的成本可能相对较低，产生的危害也将会较小。相反，随着问题信息传递过程的延伸，问题极可能会因积累而恶化，解决难度因此而加大，危害也因此而发生。

四是公共资源被闲置。每个层级的自治行为，每个层级的积极行动都是一种解决公共问题的资源。如果在基层和底层，自治意愿不足、自治能力缺乏，那么，就意味着公共资源总量的减少。如果在制度设计上缺少对基层和下级自治意愿的激发、自治能力的培植，则意味着蕴含于基层和下级的公共资源被闲置。

五是权力集中、垄断。这种忽视自治而强调宏观控制的思维极易给权力集中和垄断造成口实，也为上级直接干预下级的行动自由提供了制度化的借口。同时，由于基层和下级没有自治权，其与上级的博弈能力被严重消解，因此对上级的监督能力被降至最低，无法抵御上级的无端干预和肆意侵蚀。可以说，图1-1 中的组织体系就是一个集中统一的、极具计划色彩的政治格局。秉持图 1-1 所示思维的政治线路，极易导致独裁主义的出现，可能会诱发反对一切自治、民主、自由的“神性国家说”。借用伯兰特·罗素(Bertrand Russell)的话说，对于图 1-1 的逻辑，“如果承认了，那么凡是可能想到的一切国内暴政”，就都有了可能。[①]

六是图 1-1 所示思维逻辑对层级节制、制度规范、组织原则等机械地遵循，容易导致政治组织体系运行的僵化和无效率。正因为如此，特别关注组织原则

---

①[英]伯兰特·罗素：《西方哲学史(下)》，马元德译，北京：商务印书馆 1976 年版，第 289 页。

的法约尔也不得不做另一种强调："我比较喜欢原则这个说法，但并不希望由此导致任何实践上的僵化。在管理上，没有什么不变和绝对的东西，一切都是一个尺度问题。"①

相反，如果每一个层级都有很强的自治意愿和自治能力。能够积极主动地整合所在层级的一切资源，解决所在层级所能够力所能及的一切问题，只有在自治能力不足以处理的领域才将问题提交上级；上级对下级的自治能力也抱有很强的期待，也相信下级能够通过自治解决一些问题，并在精神上鼓励下级自治，在资源上帮助下级自治，在能力上扶持下级自治；上级和下级之间除了一定程度的节制关系之外，还是协同合作、相互赋权的关系（如图 1-2 所示）。

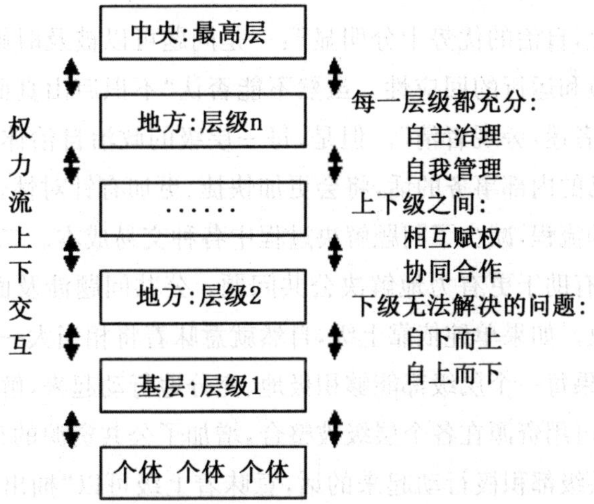

图 1-2：自治理论视野下的组织体系示意图

注：该图系笔者所绘

图 1-2 所示的自治思维逻辑具有相当的可取性。"他治"实现了治者与被治者的区隔，可以通过治者的理性以及治者与被治者的合作解决相关问题、处理有关事务。而自治则是治者与被治者合二为一，强调通过政治自治体自行解决问题，这有助于随时随地、及时快捷地实现问题的处理。"在古典管理理论时代，人的自我管理能力总体水平还比较低。同时，人的主体意识也没有发展到要求自我管理的地步。"②在这种情况下，自治无论在政治生活中还是在日常社会生活中的意义和重要性都不被重视。但是在现代意义上，人们的权利意识、

①[美]W. 理查德·斯科特等：《组织理论：理性、自然与开放系统的视角》，高俊山译，北京：中国人民大学出版社 2011 年版，第 51 页。

②郭海龙：《现代化与自我管理问题研究》，北京：中国社会科学出版社 2007 年版，第 3 页。

主动意识、责任意识和公共意识大大加强，自我管理能力和意愿（态度）都大大提升，这使得自治的可能性大大增加；同时，受到自由、民主等权利意识的昭示，自治甚至被视为是必须实现的政治权利，是一种“自然法”意义上的基本权利：

> “每一管理主体，为了确立和加强自己的主体地位，实现和发展自己的主体能力，都必须经常地把自己当作客体加以对待，对自己的思想、举止行为进行管理。人管理自己本身时，他便因之而成为‘自我’本身所管理的主体。人受自我本身管理时，他的‘自我’本身则成为管理的客体。在一定意义上可以说，主体之所以为主体，实质上就在于他能够把自己当作客体，自我意识、自我评价、自我管理。”①

在实践上，自治的优势十分明显②：一是问题可以被及时解决，有助于提高政治体系决策和运行的回应性。虽然不能否认“不识庐山真面目，只缘身在此山中”、“当局者迷，旁观者清”。但是，每一层级的政治自治体如果有能力和有意愿处理自己的内部事务的话，将会更加快捷、更加有针对性。因为，自治缩短了问题解决的流程，减少了问题解决过程中各种交易成本。二是公共资源可以被充分运用，有助于更有力地解决公共问题。公共问题涉及面广，需要整合多种资源来解决。如果单纯依靠上级，自然就意味着将相当大一部分可用资源闲置。相反，如果每一个层级都能够积极地、充分地行动起来，解决力所能及的问题，就意味着可用资源在各个层级被整合，增加了公共资源的存量。更进一步，如果每一个层级都积极行动起来的话，意味着上级可以“抽出身来”，集中精力和资源解决更为关键的问题。三是上下级之间协调合作，相互赋权，有助于集中合力。图 1-1 的思维方式更多强调下级对上级的服从，而图 1-2 则对上下级协调合作、协同行动提出了要求，希冀上级对下级自治能力和行动资源的支持。四是多中心格局形成，有助于遏制独裁主义。每一层级的自治意味着形成了多个层面的政治自治体，它们既反对外部力量的无端干预，也作为自主的行动力量监督其他政治主体，有助于防止权力垄断，消除产生独裁主义的温床。

---

①齐振海等：《管理哲学》，北京：中国社会科学出版社 1988 年版，第 97 页。

②需要强调，自治的对于政治哲学和政治实践的价值在后续章节中还会详细阐释。这里仅仅出于论述逻辑的需要，简单地将自治的价值做一概括。

表1-1:篇名含有“自治”一词的论文检索分析

检索词	2003年度	2004年度	2005年度	2006年度	2007年度	2008年度	2009年度	2010年度	2011年度	2012年度	合计
自治	618	902	867	1171	1313	1250	1496	1329	1410	1231	11587
村民自治	260	273	322	393	364	430	463	381	341	261	3488
区域自治	79	254	139	152	158	120	197	114	130	119	1462
自治制度	28	75	51	58	89	112	116	75	85	92	781
民族自治	36	57	55	8	102	92	107	87	74	85	703
社区自治	37	41	29	38	55	61	60	68	69	60	518
意思自治	13	20	26	44	37	33	22	40	43	36	314
地方自治	25	32	34	36	59	38	38	28	37	42	369
居民自治	27	24	20	27	40	26	29	42	55	62	352
自治权	14	21	32	34	41	48	49	43	32	37	351
自治组织	12	16	19	24	40	31	37	34	49	45	307

资料来源:中国知网,http://epub.cnki.net/。

注:1.检索统计时间是2013年9月5日;2.检索时间区间2003年1月1日至2012年12月31日;3.以检索词检索篇名,不同检索词可能出现在同一文章题目中,因此检索结果之间可能有交叉。

从学术研究的主题词统计分析可以看出,自治及其相关问题是学界关注的热点问题。这恐怕与自治的实践功效密切相关,也说明了自治是政治哲学和公共管理学当中的重要问题,是人类行动机制的重要表现之一。仅就国内公开发表的学术论文来看,10年间(见表1-1)发表的篇名中含有“自治”(精确检索)一词的论文就高达11587篇,分类主题包括村民自治、区域自治、自治制度、民族自治、社区自治、意思自治、地方自治、居民自治、自治权和自治组织等。与之相近的且发文量比较大的还有“自组织”、“自我管理”、“自主治理”等主题。[①] 顺便提一句,关于自治实践的具体研究这么多,在很大程度上要求理论工作者能够在理论上对自治这一重要议题进行梳理,系统阐释与说明自治理论的学术史及其发展脉络、自治的价值、自治的运行逻辑、自治的领域、自治的限度等。

三、自治对其他政治哲学主题有着重要支撑作用

从政治哲学研究的角度看,自治对其他政治哲学主题诸如自由、民主、宪政和共和等有着重要的支撑作用,这也造就了自治在政治哲学中的基础性地位,

①需要指出,政治哲学中自治与自我管理、自组织、自主治理等概念虽然很接近,但仍存在诸多差别,此处暂时忽略这些差别。为了更清晰地理解自治的意涵,在本书第二章中将会详细比较这些概念。

使其成为政治哲学研究的"重量级"的主题之一。需要首先说明，本书的第四章还会对这一问题进行详细论述。这里只是出于逻辑需要而概括讨论自治与自由、民主等研究主题的关系。

第一，自由需要自治。自治从消极和积极两个方面支撑了政治自由的实现。自治是抵御外部力量无端干涉和武断影响的权利，因而可以被视为是一座不受外在力量直接强制的"堡垒"和自主空间。① 从这一意义上看，可以把自治当作自由的一个要素。因为，在消极意义上，自由指的是"一些人对另一些人所施以的强制，在社会中被减至最小可能之限度。"②也就是说，消极自由观视"政府为必要的恶"，政府是实现有秩序生活和达成政治一致所需要付出的必要代价，只不过这种代价必须减少到最低限度，并且政府需要为直接干预行动提供充分的理由，并依据正义的法律、按照法定的程序实施干预行动。为此，自由主义政治哲学提出三条预防性措施：一是尽力压缩政府活动领域和权力干预范围，拓展个人和社会的自治空间；二是通过公共权力内部的制衡，防止权力专断和腐败；三是动员社会力量，监督政府运行，必要时可以对不合法的政府以及政府的不合法行为"说不"。可见，自由主义政治哲学有两种根本精神：一是对政府的怀疑和不信任，因此需要压缩政府的直接责任范围，对其有限的行动施以严格规制，以防止其侵犯合法的自由权利；二是社会摆脱国家干预"而自己管理自己"，实施自治，充分地激励与建构一套基于社会资本积累的自我调节、自我导向和自我均衡机制。③ 斐迪南·藤尼斯(Ferdinand Tönnies)曾指出：传统的共同体本位的日渐式微，以及自主独立的、具有自治属性的"自由个体"观念、制度的确立是人类社会进入现代发展过程的关键步骤，因为个体自由、自主、自治意味着个体本位的彰显和权利价值的认可，也为社会自治相对于政府的优先性奠定了人性基础。④ 然而，遗憾的是，由于人性的种种缺憾，使得人的自由权利的"至上性"不得不被添加上很多限制，外在的干预(如作为必要的"恶"的国家的存在、法律的约束等)令自由权利变得不那么"纯粹"。所以，对于权利的保护

①[英]戴维·米勒等：《布莱克维尔政治学百科全书》，邓正来等译，北京：中国政法大学出版社 1992 年版，第 694 页。

②[英]弗里德里希·冯·哈耶克：《自由秩序原理(上)》，邓正来译，北京：生活·读书·新知三联书店 1997 年版，第 3 页。

③邓正来：《市民社会与国家：学理上的分野与两种构架》，载邓正来等主编：《国家与市民社会：一种社会理论的研究路径》，北京：中央编译出版社 1999 年版，第 94 页；张凤阳等：《政治哲学关键词》，南京：江苏人民出版社 2006 年版，第 35 页。

④[德]斐迪南·滕尼斯：《共同体与社会：纯粹社会学的基本概念》，林荣远译，北京：商务印书馆 2000 年版，第 52—53 页。

而言，上述观点在很大程度上是一种消极性的防御策略，"自由"及其对自治的渴求也只能被恰当地理解为一个免受外力无端强制的"消极"的防御性领域。①

相反，"积极自由的另一个名字是自治"，自治对于权利而言还意味着是一种具有"积极性"的建构策略。② 自治也可以被理解为一个自主行动、主动作为的属于积极范畴的政治观念。通过自治，人们可以自主地创制、创议、决策；可以自主地行动起来，追求自己认为正当的价值诉求，自主选择自己认为合适的生活目标等。哲学家迈克尔·波兰尼(Michael Polanyi)在其著作《个人知识：迈向后批判的哲学》中指出："自治的机制给市民意见赋予了强制性的权力，使它在必要的时候可以对现存的惯例实施任何它认为正确的改革。……这就是在一个理想的自由社会会发生的事情。"③也就是说，自治观念的"内核"是积极的，倡导的是一种积极行动、主动作为的建构性的存在。因此，在理想形态上，在相应的社会经济、道德文化条件都具备时，自治作为体现主张自主性的制度设计，它排除了国家的无端干预，在自治的空间和范围中，个人和集体能够以自己的价值偏好表达，以自己的理性行事，使政治行动和结果中体现自己的理想。④

第二，自治造就民主。自治是民主的本质体现。自古希腊以来，政治民主的概念就得到了一种相对一致的界定——"人民的统治"，这一经典表述中有两个关键词"人民"和"统治。"⑤那么，"人民的统治"就在很大程度上意味着是"人民自己管理自己"、"人民自己当家作主，实施自我管理"。这不就是自治吗？只不过，由于地域范围、自治的欲望和强度、自治的技能和方法、社会生产的制约等多方面的影响，民主这种自治形式存在着多种模式。但正如科恩所指出的那样："民主的实质是社会成员参与社会的管理，它就是自治。"⑥

一方面，自治是民主的必要条件。罗伯特·达尔(Robert Alan Dahl)明确指出："虽然相对自治的组织本质上不是民主的充分条件，但它们是大规模民主的必要条件，既是大规模民主运转的先决条件，也是大规模民主制度不可避免

①[英]以赛亚·伯林：《自由论》，胡传胜译，南京：译林出版社 2011 年版，第 167—221 页。

②[美]弗兰克·米歇尔曼：《自治的踪迹》，应奇译，长春：吉林出版集团有限公司 2010 年版，第 28 页。

③[英]迈克尔·波兰尼：《个人知识：迈向后批判哲学》，许泽民译，贵阳：贵州人民出版社 2000 年版，第 342 页。

④[美]威廉·盖尔斯敦：《自由多元主义：政治理论与实践中的价值多元主义》，佟德志等译，南京：江苏人民出版社 2005 年版，第 19 页。

⑤张凤阳等：《政治哲学关键词》，南京：江苏人民出版社 2006 年版，第 51 页。

⑥[美]卡尔·科恩：《论民主》，聂崇信等译，北京：商务印书馆 2005 年版，第 273 页。

的结果。”①因为受到空间规模、时间强度、公民的匀质性以及公民的美德等多方面条件的影响，不假任何中介的直接自治式的“民主原教旨主义”无法在当今大型民族国家中顺利实现和有效实施。那么，基于地方自治、民族自治、基层社区自治、行业自治和社团自治等而出现的各种政治自治体就成为了间接自治的有效工具。表现在三方面：一是在大型民族国家内部存在的各种政治自治体是社会个体参与公共事务、实施民主行动的载体。二是每一个政治自治体也都是实验、锻炼公民自主治理公共事务的学校，使人们学会思考、处理全国性的是公共事务。自治“它灌输人民以一种公民责任心，和训练他们履行公民的责任。”②也就是说，通过各种自治行为可以锻炼公民民主参与的精神和能力，提高民主政治的绩效和水平。帕特南在《使民主运转起来》中、托克维尔（Alexisde Tocqueville）在《论美国的民主》以及乔万尼·萨托利（Giovanni Sartori）在《民主新论》中都强调了这一点。三是在多元主义看来，多元的自治系统（如利益团体）也是政府和公民个体的沟通中介，是反映民意、参与政治的重要力量，是大型民主体系运行的基础之一。也就是说，直接民主在大型民族国家受阻，实施间接民主成为必要。在某种意义上，间接民主是通过两种途径实施的：代议制和自治制。代议制即是指通过各级代表实现民主参与，保证民主政治的运行。自治制即是指在每个政治自治体内部实现小范围的直接民主参与，政治自治体在小范围自我整合的基础上参与更大范围的政治事务，此时的政治自治体成为另一种“代表”——代表其内部成员具体进行民主参与。

另一方面，自治使破坏民主的成本增加。多元自治系统作为社会行动的力量，同时也是公共权力的监督主体。因此，在自治机制发达的区域，任何破坏民主的行动和企图都会受到抵制，“若要破坏组织的相对自治，就得付出高昂的成本。”③具体而言，每个政治自治体作为自主治理的行动单元，根据具体情况制定行动策略，处理内部事务。这样就形成了一种多中心（polycentric）的政治结构。每一个中心都有自己的利益诉求，也都有影响政治决策的渠道和机会，因此也都有自己的公共影响力，可以监督、制衡其他政治主体的行动。总之，各种政治自治体搭建的多中心格局有助于规避单中心（mono-centric）政治格局可能造成的专制主义风险。

①［美］罗伯特·A. 达尔：《多元主义民主的困境：自治与控制》，周军华译，长春：吉林人民出版社 2006 年版，第 33 页。

②［英］詹姆斯·布莱斯：《现代民治政体》，张慰慈等译，长春：吉林人民出版社 2001 年版，第 933 页。

③［美］罗伯特·A. 达尔：《多元主义民主的困境：自治与控制》，周军华译，长春：吉林人民出版社 2006 年版，第 33 页。

第三，自治促成宪政。对于宪政（constitutionalism），政治学界一般是围绕“控制权力”、“限制权力”这层含义来进行界定的。如斯科特·戈登（Scott Gordon）指出：宪政是“指代国家的强制性权力受到了约束这种观念。”①可以这么认为，宪政的精髓是——基于对公共权力的不信任而监督控制权力，限制权力的任意、随性。

自治最起码从两个方面有助于促成宪政：

一方面，自治系统是限制权力的基本主体。戈登指出，有史以来人类的基本组织模式有两种，即等级化的“主权”模式和权力“对抗”（或曰“制衡”）模式。而在“主权”模式中，现代意义上的自治（sefl-governance）并不存在，充其量在权力体系“不屑触及”或者“无力顾及”的领域存在 self-help、self-sufficient、self-supporting 和 self-reliant 等意义上的自给自足的社会生活，是一种“自然安治”，如中国传统社会中的乡村自治。② 相反，权力“对抗”或“制衡”的模式则是宪政的最本质体现。因此，如何限制权力就成为了宪政理论家们论说的重要内容。“洛克明确代表着自由主义宪政传统的发端。”③洛克之所以被奉为宪政鼻祖，是因为他提出了立法、行政和外交的分权和法治理论，更重要的是他的理论确立了社会、个人摆脱国家以自治的原则。而社会、个人的自治之所以被他崇尚，是因为自治可以更有力地制衡权力。④ 正如达尔所指出的那样：“在大型政治体系中，独立组织有助于防止统治（domination），产生互相控制。”⑤当然，在上述“自治使破坏民主的成本增加”一段的论述中也可以看出自治对于宪政的作用。

另一方面，宪政的制度安排需要自治来完成。一般认为，宪政以有限政府（limited government）、分权制衡（checks and balances）和法治为基本的制度安排，其中的有限政府和分权制衡都需要凭借自治机制的形成来完成。宪政主义主张有限政府是因为公共权力与个人自由之间存在着近似悖论的关系：公共权力对自由、权利起着保障作用，没有政府以及公共权力的有效运行，社会就陷入了可怕的“霍布斯状态”，权利与自由也就无从保障；但政府与公共权力的存在

①[美]斯科特·戈登：《控制国家：西方宪政的历史》，应奇等译，南京：江苏人民出版社 2001 年版，第 5 页。

②关于“自然安治”，在本书第二章还会进一步阐释。

③[英]戴维·赫尔德：《民主的模式》，燕继荣等译，北京：中央编译出版社 1998 年版，第 95 页。

④邓正来：《市民社会与国家：学理上的分野与两种构架》，载邓正来等主编：《国家与市民社会：一种社会理论的研究路径》，北京：中央编译出版社 1999 年版，第 94 页。

⑤[美]罗伯特·A. 达尔：《多元主义民主的困境：自治与控制》，周军华译，长春：吉林人民出版社 2006 年版，第 29 页。

并不能使自由与权利高枕无忧，因为，政府与公共权力可能是自由与权利的最大威胁。所以必须限制、约束政府与公共权力，既要通过宪法、法律约制政府和公共权力的运行，也需要将政府和公共权力的运行范围压缩——存在一些政府和公共权力不能侵入的领域，这些领域便是自治领域。同时，有限政府的直接责任领域相对较小，其外的很多公共事务也需要自治系统来处理。即，需要存在一个行动能力强、自主性强的“大社会”，这是“小政府”存在的前提，否则政府只能扩张自己的直接行动范围，以致将这个社会“囚禁”在政治权力管辖之下。当然，仅坚持有限政府尚不足以约制政府和公共权力，还必须分解权力，并使之相互制衡。关于分权制衡的基本模式，除了孟德斯鸠(Montesquieu)提出的三权分立的权力结构之外，自治也是权力分立的重要方式：一是麦迪逊(James Madison)等联邦党人推崇的地方自治以制衡中央权力；二是托克维尔、达尔等多元主义者推崇的社会自治制衡政治权力，即“以社会制约权力”。

第四，共和仰赖自治。[①] 共和(repubic)源自拉丁文(res publica)，意为“公共事务”、“公共事业”。因此，古罗马的西塞罗(Marcus Tullius Cicero)认为，一个政治体系如果能够在公法和公益的基础上聚合民众，并将国家当作一项“人民之事业”来实施治理，便可称为共和国。[②] 可见，共和与其词源“public”所蕴含的原初含义“公共”、“公共性”等基本一致。具体到实现“人民之事业”的公共之善，古典共和传统设计了两条互补思路[③]：一是积极作为，即诉诸公民美德，通过教化和培养，引领公民对公共利益作出优先性的价值选择；二是消极防护，即主张多元均衡，通过“混合均衡”来“防范公权退变为操控在个别人或个别集团手中的私器”。一方面，自治是实现上述两条思路的重要途径。自治的政治生活有助于公民美德的形成，自治行动是一种形成公民美德或者实现密尔(John Stuart Mill)所谓“公共精神学校”的实践项目。组建政治自治体、参与政治自治体的内部运作并通过自治体参与更高层次的公共事务，提供理由说服其他公共参与者，影响公共决策取向，这些行动都有助于培养参与者的公民性，也有助于通过参与实践使其切身体验公共责任，培养公共责任感。[④]

另一方面，自治也是建立多元均衡政治结构的先决条件。在政府核心部门和中央政府之外大量设立和存在的具有一定独立性、自治化的公共组织不仅可以独立自主地开展公共行动，而且形成了多中心、分散化的公共治理格局。各

①这一部分参见张凤阳等：《政治哲学关键词》，南京：江苏人民出版社 2006 年版，第 79—111 页。
②[古罗马]西塞罗：《论共和国 论法律》，王焕生译，北京：中国政法大学出版社 1997 年版，第 39 页。
③张凤阳等：《政治哲学关键词》，南京：江苏人民出版社 2006 年版，第 81 页。
④[英]马修·费斯廷斯泰因：《协商、公民权与认同》，载《马克思主义与现实》2004 年第 3 期。

个政治自治体之间、自治体与政府之间既可以相互合作、协同行动，也可以相互监督、彼此约制，这本身就是多元均衡的表现。[①] 具体而言，自治至少在三个方面可以为多元均衡政治结构提供支持[②]：首先，自治是公共权力"多元共享"的基础。共和意味着公共权力体系应该向各代表性的阶层、群体或集团全方位敞开，而不是一家一派垄断性地独揽。这种多元共享的局面无疑必须实现"多中心"的自治，以多元存在的政治自治体及其自治权为基础，由每一个政治自治体作为其内部成员的代表来参与公共决策。其次，自治是公共事务"多元共治"的条件。共和意味着在政治过程中对关乎公共福利的诸多资源做权威性分配时必须实现各相关主体的正当的利益表达。"混合政体理论的基础是这样一种确信，即必须让社会中的主要利益团体联合参与政府职能，以此来防止任何一个利益集团可能将自身的意志强加于其他利益团体。"[③]各群体的利益表达既需要在政治自治体内部实现利益整合与协调；也需要实现各个政治自治体的独立与自主，即实现真正意义上的"自治"，否则无法保证"各相关主体的正当的利益表达"。最后，自治是公共生活"多元共赢"的保证。共和国的治理，既正视不同主体的多样化、差别化的偏好，更主张按照正义程序采取和平方式解决冲突、平抑争端、达成一致、实现合作。这就需要秉持谅解原则，通过多元存在的政治自治体之间的协商、妥协、宽容以及互相控制建立良好的利益平衡机制，最终把公共生活导入健康有序的运行轨道。

当然，我们在强调自治的卓越政治功能的同时，还必须承认——自治也不是完美无缺的。在政治哲学中，对任何一个主题或概念的绝对信奉都是不适当的。绝对的自由会导致社会的原子化；绝对的民主则会出现"多数人的暴政"；绝对的宪政则会使得任何一个政治行动都无法进行。自治也是一样的，一方面，当自治的主体缺乏自治能力和自治意愿的时候，自治的绩效将无法实现；另一方面，当自治被绝对的强调时，就会出现无视整体秩序和公共利益的本位主义，严重者会导致政治体的崩塌和社会失序。这一点还会在本书的第七章"自治的限度与控制"中详细论述，这里不予赘述。总之，虽然不能回避自治可能存在的问题，但同样得强调，自治是保障政治体系有效运行的条件之一。如果缺乏自治，政治体系将是"慵懒"、无效的。

至此，我们可以做出小结：自治是协调政治利益关系两种关键模式之一，也

①经济合作与发展组织：《分散化的公共治理：代理机构、权力主体和其他政府实体》，国家发展和改革委员会事业单位改革研究课题组译，北京：中信出版社 2004 年版，第 9－11 页。

②张凤阳等：《政治哲学关键词》，南京：江苏人民出版社 2006 年版，第 89 页。

③［英］M. J. C. 维尔：《宪政与分权》，苏力译，北京：生活·读书·新知三联书店 1997 年版，第 31 页。

是政治体系有效运行的保障，对其他政治哲学研究主题有着重要支撑作用。因此，自治成为了政治哲学研究的重要主题之一，在政治哲学视野下研究自治理论也就具备了重要的价值和意义。

第二节　国内外有关自治研究的现状

由于自治在政治实践中的重要地位和政治哲学中的基础性价值，国内外学界都对自治给予了关注。因此，与自治有关的研究成果可谓是数不胜数。总的看来，国内外有关自治的研究具有两个突出特点：

一是将“自治”问题镶嵌在其他政治问题的研究过程中，而未能专门、系统地探讨自治的基本理论问题。

二是从“形而下”的角度来研究自治的实践及其具体问题，如地方自治、村民自治、社区自治、行业自治和民族自治等。

一、现有的自治研究更多倾向于“镶嵌”在其他研究主题中

可以认为，自治问题从政治哲学产生以来就被学者们所讨论，只不过，他们的讨论往往是散见在他们的著作当中，并没有像论述“民主”、“自由”、“宪政”等一样将“自治”作为论述的主题，而是作了如下八个方面的探讨。

第一，或者将自治与国家(政府)哲学的讨论相联系。在探究监督政府与国家、制约公共权力，分析国家与社会关系、阐释政府出现根源，解释政府行动之缺憾等过程中阐释社会自治的重要性。伯纳德·鲍桑葵(Bernard Bosanquet)《关于国家的哲学理论》的第三章以“政治义务的悖论：自治”为题探讨了国家与自治间千丝万缕的关系。他指出：“人们一般都会承认。古代和现代一些成熟社会的思想和感情都是坚持‘自治’的。”然而，“关于政治上自治的观念实施起来就确实困难重重。我们要提醒人们注意一个令人难以理解的重要观点，这个观点简单说就是：他们一方面坚持认为法律和政府本质上是与自我对立的——无论是像痛苦对快乐的对立，还是像束缚对个性的对立——另一方面却一致承认，对有感觉的或理智的自我的发展来说，某种最低限度的这种对立因素还是

必要的。这里有一种需要我们仔细加以考察的二元论。”①换言之，探讨国家、政府以及公共权力的哲学思想都不得不面临着国家政府与社会自治的关系、控制与强制的关系、“他治”与自治的关系。也正因为如此，有学者指出：近代以来政治领域的一切理论探讨和实践方案设计似乎都需要从国家与社会的关系入手，都不得不考虑国家强制与社会自治之间的多元关系。② 这方面的研究成果很多，如斯科特·戈登的《控制国家：西方宪政的历史》（应奇等译，南京：江苏人民出版社 2001 年版）、尚塔尔·墨菲（Chantal Mouffe）的《政治的回归》（王恒等译，南京：江苏人民出版社 2005 年版）、彼得·埃文斯（Peter B. Evans）等的《找回国家》（方力维等译，北京：生活·读书·新知三联书店 2009 年版）、詹姆斯·斯科特（J. C. Scott）的《国家的视角：那些试图改善人类状况的项目是如何失败的》（王晓毅译，北京：社会科学文献出版社 2011 年版）等。

第二，或者将自治作为自由的重要要素来讨论。认为自治是消极自由的表现，它构成了免于无端干预的堡垒和屏障；自治也是积极自由的表现，它内在的要求有关政治主体在主动行动中践行自己的自主责任，实现自己的自由权利。托克维尔就曾明确指出自治尤其是地方自治是自由社会的根基：“乡镇集会之于自由，就如学校之于学问一样。它们将自由带到了人们的身边，并教他们如何享用。一个国家也许可以确立一个自由的政府，但是，没有地方自治制度，它不可能具有自由的精神。”③他还指出，如果缺乏地方自治制度，以及地方自治行动，“片刻的激情、暂时的利益或偶然的机会可以创造出独立的外表，但潜伏于社会机体内部的专制也迟早会重新冒出表面。”④科恩也在此意义上指出，“对自由的最大的危险来自那些不懂得实行自治的条件。”⑤将自治作为自由的重要要素来讨论的著作有：乔治·克劳德（George Crowder）的《自由主义与价值多元论》（应奇等译，南京：江苏人民出版社 2006 年版）、理查德·贝拉米（Rethinking Liberalism）的《自由主义与现代社会：一项历史论证》（毛兴贵等译，南京：江苏

①［英］伯纳德·鲍桑葵：《关于国家的哲学理论》，汪淑钧译，北京：商务印书馆 1995 年版，第 85 页、第 86 页。

②张康之等：《新市民社会背景下的国家与社会治理》，载《文史哲》2011 年第 1 期。

③转引自王建勋编：《自治二十讲》，天津：天津人民出版社 2008 年版，编者序第 2 页。另外，需要指出：董果良先生在翻译《论美国的民主》时，将这一段翻译为“乡镇组织之于自由，犹如小学之于授课。乡镇组织将自由带给人民，教导人民安享自由和学会让自由为他们服务。在没有乡镇组织的条件下，一个国家虽然可以建立一个自由的政府，但它没有自由的精神。”［法］托克维尔：《论美国的民主（上卷）》，董果良译，北京：商务印书馆 2003 年版，第 67 页。

④［法］托克维尔：《论美国的民主（上卷）》，董果良译，北京：商务印书馆 2003 年版，第 67 页。

⑤［美］卡尔·科恩：《论民主》，聂崇信等译，北京：商务印书馆 2005 年版，第 279 页。

人民出版社2010年版)、威廉·盖尔斯敦的《自由多元主义:政治理论与实践中的价值多元主义》(佟德志等译,南京:江苏人民出版社2005年版)和《自由多元主义的实践》(佟德志等译,南京:江苏人民出版社2010年版)、密尔的《论自由》(于庆生译,北京:中国法制出版社2009年版)、罗伯特·沃尔夫(Robert Paul Wolff)《为无政府主义申辩》(毛兴贵译,江苏:江苏人民出版社2006年版)、弗兰克·米歇尔曼(Frank I. Michelman)的《自治的踪迹》(应奇译,长春:吉林出版集团有限公司2010年版)等。

第三,或者将地方自治作为联邦共和国的重要要素来论述,或者论述地方自治具有诸多优点。詹姆斯·麦迪逊(James Madison)指出:联邦制共和政体是可取的,它能够保证宏观秩序和集中统一,同时也能够保证地方享有自治权,充分发挥社会自治及其功能。除了崇尚地方自治的联邦共和主体之外,"显然再没有其他政体符合美国人的天性,符合革命的基本原则或者符合鼓励每个爱好自由之士把我们的一切政治实践寄托于人类自治能力的基础上的光荣决定了。"① 文森特·奥斯特罗姆(Vincent Ostrom)也指出,虽然地方自治可能会出现"尾大不掉"、各自为政、"诸侯割据"、"地方保护主义"、对抗中央等现象,也可能会造成社会混乱或者公共政策无法推行,但是不能因此而忽视地方自治的一切价值,如果盲目信任国家的中央集权是自足理性的、万能的,将会导致不良后果。② 詹姆斯·布赖斯(James Bryce)在《现代民治政体》中对地方自治的要点进行了详细阐释。他指出:"地方自治第一个贡献,在于能养成人民对于公共事务的关切心,使人人都知道有监督公共事务之执行的责任";"地方自治的第二个贡献是使人民不仅能为公众尽力,并能得有效的协作";"最后,地方自治制度也许还能得到另一种利益,虽然比较偏于理论方面,但是也有真正的价值。地方自治制度可以促进地方思想中心和行动中心的发展。"概言之,"民治制度最好的学校及其成功的最好的保证,就是实行地方自治。"③ 在地方自治的角度探讨自治问题的还有:孟德斯鸠的《论法的精神》、吉村源太郎的《地方自治》(朱德权译,北京:中国政法大学出版社2004年版)、罗伯特·内夫(Robert Nef)的《论非中心制度》(秋风译,参见王建勋编:《自治二十讲》,天津:天津人民出版社2007年版)、礒崎初仁等的《日本地方自治》(张青松译,北京:社会科学文献出版

①[美]汉密尔顿等:《联邦党人文集》,程逢如等译,北京:商务印书馆1980年版,第192页。

②Vincent Ostrom. *The Meaning of American Federalism: Constituting a Self-governing Society*. San Francisco, CA: ICS Press. 1991.

③[英]詹姆斯·布莱斯:《现代民治政体》,张慰慈等译,长春:吉林人民出版社2001年版,第132页、第133页、第935页和第134页。

社 2010 年版)等。

第四,或者将自治作为民主的重要内容来论述,视自治为民主的本质表现。科恩在其名著《论民主》中多次表述:“我们说民主即人民自己管辖自己,人民即统治者”;“民主政体即自治政体,由人民自己治理”;“以社会为范围的自治或自主就是民主”;“如果一个社会最重要的决定系通过其成员的普遍参与而后作出的,我们就可以把这一社会称之为自治的”;“民主管理的社会是社会成员自治的社会”等。[①] 约翰·邓恩(John Dunn)在其所编《民主的历程》一书的序言中说道:“民主所以强大、诱人,乃在于一种自治的观念,即应当听由个人自由的选择。”[②]文森特·奥斯特罗姆也强调,民主在本质上就是自治,即人民能够作为主体自己管理自己,能够通过自我组织、自主治理的方式实现问题的处理。相反,如果治理的主体是外在的政府或国家(即政府治理、国家治理),是“去自治的”甚至是“反自治”的,那么民主充其量是口头上的存在,或者是一种毫无实际意义地虚幻。[③] 另外,帕特南的《使民主运转起来:现代意大利的公民传统》(王列译,南昌:江西人民出版社 2001 年版)、达尔的《多头政体:参与和反对》(谭君久等译,北京:商务印书馆 2003 年版)和《多元主义民主的困境:自治与控制》(周军华译,长春:吉林人民出版社 2006 年版)、萨托利的《民主新论》(冯克利等译,上海:上海人民出版社 2008 年版)、本杰明·巴伯(Benjarmin Barber)的《强势民主》(彭斌等译,长春:吉林人民出版 2006 年版)等也都对自治与民主的关系进行了阐释。

第五,或者探讨自治的历史渊源及其对于现代政治的影响。“路径依赖”理论强调政治社会发展具有很强的连续性,现有的政治制度和政治行为在很大程度上都可以在传统中找到依据。概言之:“历史是重要的”,现实的政治带有历史的烙印——历史对于当前的政治生活和社会生活是重要的,历史通过文化传统、生活习惯、社会记忆等方式对现实政治产生影响。无论是中国还是西方国家,在传统社会中都有着丰富的自治实践,这为后世的政治自治行为以及民主政治制度产生了重要影响。托克维尔在《论美国的民主》一书中就曾指出美国的社会自治(结社)深受新英格兰乡村自治、乡镇自治制度和实践的影响。[④] 帕

①[美]卡尔·科恩:《论民主》,聂崇信等译,北京:商务印书馆 2005 年版,第 7 页、第 8 页、第 9 页、第 10 页和第 32 页。

②[英]约翰·基恩:《民主的历程》,林猛等译,长春:吉林人民出版社 1999 年版,原序第 2—3 页。

③Vincent Ostrom. *The Meaning of American Federalism: Constituting a Self-governing Society*. San Francisco, CA: ICS Press. 1991.

④[法]托克维尔:《论美国的民主(上卷)》,董果良译,北京:商务印书馆 2003 年版,第 4 页。

特南在《使民主运转起来》一书中指出，有着良好的自治传统的地区，体现合作、互信、互惠等的社会资本存量较高，自治体系的发育程度也较高，更有能力自主治理自己的公共生活，并保持富有效率的政治制度。诸如，意大利北方早期具有多样化的自治历史和实践，诸如自治乡村、自治乡镇、自治城市以及同业公会，这种自治传统积累了丰厚的社会资本，对公共治理绩效提高以及政治民主的运行奠定了基础；而南方则更多以垂直的方式运行，具有的是“垂直”管理传统，而非“横向”合作、互惠的自治传统。这种差别使得北方的政治现代化程度要高于南方。[①] 康马杰（H. S. Commager）也曾指出：“美国人虽然是个人主义者，但也很愿意从事合作事业或合伙经营。除了英国之外，没有哪个国家像美国人那样为某种共同目的而联合起来，没有哪个国家私人的联合会那样多，那样卓有成效。”[②]而这与美国的历史关系密切。此类研究还有：罗伯特·威布（Robert H. Wiebe）的《自治：美国民主的文化史》（李振广译，北京：商务印书馆2006年版）、丹尼尔·布尔斯廷（Daniel J. Boorstin）的《美国人：开拓历程》（中国对外翻译出版公司译，北京：生活·读书·新知三联书店1993年版）、《美国人：建国历程》（谢廷光等译，上海：上海译文出版社2009年版）和《美国人：民主历程》（谢廷光译，上海：上海译文出版社2009年版）等。还有很大一部分学者从历史的角度来探讨古代的自治实践问题，诸如如亨利·皮雷纳（Henri Pirenne）的《中世纪的城市》（陈国樑译，北京：商务印书馆2006年版）、詹姆斯·汤普逊（James W. Thompson）的《中世纪经济社会史（300—1300）》（耿淡如译，北京：商务印书馆，1961年版）、亨德里克·房龙（Hendrik William van Loon）的《人类的故事》（秦立彦等译，北京：中国人民大学出版社2003年版）等。这些研究成果更多采用的是史学的方法，将城市自治、乡村自治、行会自治等具体自治实践作为历史事件来挖掘，为政治哲学研究自治问题提供了素材。但严格地说这些著作并不属于政治学。

第六，或者讨论自治与政治发展的关系及其对政治发展的促动作用。如朱莉·费希尔（Julie Fisher）《NGO与第三世界的政治发展》（邓国胜等译，北京：社会科学文献出版社2002年版）、埃里克·阿姆纳（E. Amna）等主编的《趋向地方自治的新理念》（杨立华等译，北京：北京大学出版社2005年版）等。费希尔曾言：“作为一个概念，政治发展更倾向于关注国家和公民社会之间公开的相互

①[美]罗伯特·帕特南：《使民主运转起来：现代意大利的公民传统》，王列等译，南昌：江西人民出版社2001年版，第五章。

②[美]康马杰：《美国精神》，南木等译，北京：光明日报出版社1988年版，第27页。

影响过程，而不是特定类型的政治体制。”重要的是，社会自治的重要形式非政府组织（NGO）是公民社会的主体性组织载体，非政府组织的发展程度决定了公民社会的自治程度，而公民社会的自治程度则决定了其与国家相互影响的效果。所以，政治发展是“一种根据权力的创建与解散、在政府和公民社会内部或之间、交互性地进行公共决策和学习的过程，该过程导致来自下面的逐渐增加的个人和团体自治，以及来自上面的更多的回应。”①杰勒德·克拉克（G. Clarke）也有类似观点。他认为：“非政府组织行动本质上是政治的，非政府组织的增长所引起的社团革命为政治科学家提供了丰富的研究议程”。因为，非政府组织的发展提高了社会的自治能力，使之与政府互动的筹码也随着增加；提升了社会的政治参与深度与高度；自治能力的增加以及自治行动的扩展为政治意识形态的变革提供了支撑；强化了公民社会的自治能力，并以此支撑了宏观的民主架构——这些都是政治发展的重要表现。②

第七，或者对自治机制的生成机理进行探讨和分析。上述第五点阐释的是自治行动、自治制度的历史渊源问题。除此之外，还有很多学者在论述社会团体形成、集体行动发生、社会资本凝聚、社会自组织生成的过程中，或直接或间接地讨论了自治机制的生成机理。如：曼瑟尔·奥尔森在《集体行动的困境》、培顿·杨（H. Peyton Young）在《个人策略与社会结构》等著作中从个体理性（即两害相权取其轻、两利相权取其重）出发，探讨了为什么个体会合作，并且通过合作结成团体、组织，开展集体行动；也阐释了个体不愿合作、不会结成团体并开展集体行动的缘由。③ 埃莉诺·奥斯特罗姆在《公共事物的治理之道》中基于个体理性，运用大量案例揭示了：自治及其组织机制依据人们的理性选择而出现。在这一过程中，“预期收益”、“预期成本”、“内在规范”和“贴现率”等四个因素起主要作用；另外，能否很好地解决“制度供给问题”、“可信承诺问题”和“相互监督问题”等也是自治及其组织机制作用发挥的关键要素。即：在既定制度环境中，经过长期博弈和成本-收益权衡，人们形成了自治意愿，建立了基于社会资本而发挥作用的自治机制。④ 詹姆斯·科尔曼（James Coleman）的论述

①[美]朱莉·费希尔：《NGO与第三世界的政治发展》，邓国胜等译，北京：社会科学文献出版社2002年版，第17页、第21页。

②[美]杰勒德·克拉克：《发展中国家的非政府组织与政治》，闫月梅译，载何增科主编：《公民社会与第三部门》，北京：社会科学文献出版社2000年版，第356—383页。

③[美]曼瑟尔·奥尔森：《集体行动的逻辑》，陈郁等译，上海：上海人民出版社1995年版。[美]H. 培顿·扬：《个人策略与社会结构》，王勇译，上海：上海三联书店、上海人民出版社2004年版。

④[美]埃莉诺·奥斯特罗姆：《公共事物的治理之道：集体行动制度的演进》，余逊达等译，上海：上海三联书店2000年版。

逻辑与奥尔森他们不同，而是在更广泛地意义上使用了“理性”这一概念，他在《社会理论的基础》一书中指出：除了经济方面的考虑之外，自我实现、公共责任、文化惯习等也是促使人们通过社会组织、集体行动等自治方式介入公共生活。或者说，追求自我实现、践行公共责任等作为一种“收益”，促动了人们积极践行自治，它们与经济利益收益一起成为促成自治的积极因素。① 另外，还有一些学者（尤其是一些政治社会学研究者）从利他主义的角度揭示了自治的初始动因。这里不再赘述。

第八，或者探讨自治对于公共管理社会化的作用及其对于“治理”的积极意义。此类研究更多以公共管理实务为导向，旨在研究通过什么样的公共治理格局来更有效地供给公共物品，提升社会福利。它们的观点在宏观上趋于一致：公共物品具有多种表现，因此适合于不同的供给机制来供给，政府机制、社会机制（自治机制）和市场机制的优势互补以及政府、社会组织和市场组织的协同行动是必要的。换言之，要改变由政府单一供给公共物品的情况，通过多元混合、协同行动机制来供给是较为理想的。这需要提高社会的自主性，也需要搭建多元化、制度化的参与平台。此间，社会组织参与公共物品的供给在本质上就是社会自己处理自己的事情，属于自治行为。此类研究成果很多，有代表性的如：文森特·奥斯特罗姆的《美国公共行政的思想危机》（毛寿龙译，上海：上海三联书店 1999 年版）、盖伊·彼特斯（B. Guy Peters）的《政府未来的治理模式》（吴爱明等译，北京：中国人民大学出版社 2001 年版）、莱斯特·萨拉蒙（Lester M. Salamon）的《全球公民社会》（贾西津等译，北京：社会科学文献出版社 2002 年版）和《公共服务中的伙伴：现代福利国家中政府与非营利组织的关系》（田凯译，北京：商务印书馆 2008 年版）、萨瓦斯（E. S. Savas）的《民营化与公私部门关系研究》（周志忍等译，北京：中国人民大学出版社 2004 年版）、康保锐（Bterhold Kuhn）的《市场与国家之间的发展政策：公民社会组织的可能性与界限》（隋学礼译，北京：中国人民大学出版社 2009 年版）等。

当然，自治问题也时常出现在国内政治学者们的研究成果中，如邓正来的《国家与社会：中国市民社会研究》、何增科的《公民社会与民主治理》、俞可平的《全球化：全球治理》和《增量民主与善治》、陈剩勇等的《组织化、自主治理与民主》等。

相对系统研究自治的专著当属桑玉成的《自治政治》，对自治政治的历史进

①［美］詹姆斯·S. 科尔曼：《社会理论的基础（上册）》，邓方译，北京：社会科学文献出版社 1999 年版，第 380—430 页。

程、基本原则、主要类型、依托机构、基本功能和运作过程等进行了阐释。[①] 王建勋主编的《自治二十讲》摘录了西方的孟德斯鸠、詹姆逊·麦迪逊等十多位政治哲学家有关自治的论述。[②] 徐增阳的论文《论马克思的自治思想》对马克思有关自治的起源、基本观点等进行了论述。[③] 另外，也有一些论文对传统自然安治与现代自治进行了比较与分析，对不同时代、不同政治实践情境中的自治的属性进行了探析，强调了现代自治是基于权利的政治价值。[④]

综上所述，学界对于自治问题关注有加，但在整体上，自治理论本身并没有作为他们的"专项"研究主题，自治问题的研究往往是"镶嵌"在其他研究主题和研究过程当中。

二、现有的自治研究更多偏向于"形而下"的实践问题

关于自治的研究还有另外一个特点，那就是集中于自治的"形而下"问题的研究。以我国学者为例，研究取向大致包括如下四方面[⑤]：

第一，关于地方自治、村民自治、社区自治、行业自治、社会自治、业主自治和组织自治等实践问题的研究成果很多，著作、论文不胜枚举。诸如，徐勇等的《乡土民主的成长：村民自治 20 年研究集萃》（武汉：华中师范大学出版社 2007 年版）、顾丽梅的《治理与自治：城市政府比较研究》（上海：上海三联书店 2006 年版）、于燕燕的《社区自治与政府职能转变》（北京：中国社会出版社 2005 年版）、赵一红的《中国村民自治制度中自治规章与国家法律关系研究》（北京：中国社会科学出版社 2008 年版）等。

第二，从历史的角度研究自治问题。有代表性的是马小泉的《国家与社会：清末地方自治与宪政改革》（开封：河南大学出版社 2001 年版）、虞和平的《商会与中国早期现代化》（上海：上海人民出版社 1993 年版）、刘建强的《湖南自治运

---

①桑玉成：《自治政治》，香港：三联书店（香港）有限公司 1994 年版。

②王建勋编：《自治二十讲》，天津：天津人民出版社 2008 年版。

③徐增阳：《论马克思的自治思想》，载《当代世界与社会主义》2009 年第 6 期。

④徐增阳：《自治：传统与现代的比较》，载《经济社会体制比较》2008 年第 1 期；韩冬雪等：《剧变中的断裂与传承：透视〈旧制度与大革命〉视野中的自治变迁》，载《江苏行政学院学报》2013 年第 4 期；周松青：《晚近西洋和中国传统自治形态之比较》，载《复旦政治学评论》2011 年卷；吴晓燕等：《回归与重塑：传统自治思想基础与现代基层治理机制创新——基于嘉陵江文化中自治思想的探讨》，载《中共四川省委省级机关党校学报》2013 年第 4 期；王建学：《地方自治观念在近代中国的嬗变：从政治意义上的自治到法律意义上的自治》，载《厦门大学学报（哲学社会科学版）》2011 年第 3 期；戴建国等：《水族自治方式的变迁：政治生态学视角的审视》，载《云南行政学院学报》2008 年第 3 期。

⑤由于"形而下"问题的研究非常多，因此这里仅仅将其大致归类，而其研究结论、研究方法和具体研究内容等则不予阐释。

动史论》(湘潭:湘潭大学出版社 2008 年版)、周松青的《上海地方自治研究(1905—1927)》(上海:上海社会科学院出版社 2005 年版)、魏光奇的《官治与自治:20 世纪上半期的中国县制》(北京:商务印书馆 2004 年版)、王建芹《从自愿到自由:近代社团组织的发展演进》(北京:群言出版社 2007 年版)、周泓的《群团与圈层》(上海:上海人民出版社 2008 年版)等。

第三,从非政府组织角度来研究自治问题。代表性成果有:王名主编的《中国民间组织 30 年:走向公民社会》(北京:社会科学文献出版社 2008 年版)、孙立平等的《动员与参与》(杭州:浙江人民出版社 1999 年版)、康晓光的《权力的转移》(杭州:浙江人民出版社 1999 年版)、俞可平等的《中国公民社会的制度环境》(北京:北京大学出版社 2006 年版)等。

第四,国外自治实践问题的研究,如和震的《美国大学自治制度的形成与发展》(北京:北京师范大学出版社 2008 年版)、郭冬梅的《日本近代地方自治制度的形成》(北京:商务印书馆 2008 年版)、胡平仁的《宪政语境下的习惯法与地方自治:萨摩亚方式的法社会学研究》(北京:法律出版社 2005 年版)、王绍光的《多元与统一》(杭州:浙江人民出版社 1999 年版)等。

至此,我们可以得出一个基本结论:目前国内外学界关于自治问题的研究并不少见,只是现行研究具有两个取向:第一,要么把“自治”问题镶嵌在其他政治问题的研究过程中,对于自治的理论阐释、自治的理论基础、自治理论学术史、自治的价值、自治的领域、自治的限度及其评估框架、自治的辨析标准、自治的运行机理等基本问题并没有成为学者们的研究主题。

第二,要么从“形而下”的角度来研究自治的实践及其具体问题(如自治历史、自治实践存在的问题等),将视角局限在某一领域(或地方、或村民、或社区、或行业)。这种研究倾向未免过于具体。在客观上,需要在宏观的理论上来系统深入地研究“自治理论”。因为,“对基本原则的较深刻理解确实会大大有助于更合理地处理实际问题。”①

三、本选题的研究价值

综上两点,可以看出本选题研究具有一定的理论和实际应用价值。在理论价值方面,自治问题的研究是国内外学界的一个热点问题,但是目前的研究在整体上集中于地方自治、村民自治、社区自治、行业自治、民族自治和社团自治等“形而下”的具体实践层面,而以政治哲学的视野系统、专门地研究和阐述自

①[英]伯纳德·鲍桑葵:《关于国家的哲学理论》,汪淑钧译,北京:商务印书馆 1995 年版,序言第 1 页。

治理论的研究成果尚不多见。具体地说，像研究“民主”、“自由”、“权利”、“权力”、“政体”、“宪政”、“共和”等问题一样深入、系统地研究“自治”问题的情况不多见。本研究则尝试在政治哲学的视野下，从自治的理论阐释、自治的理论基础、自治理论的学术史及其发展脉络、自治的价值与地位、自治的运行逻辑、自治的领域与内容、自治的限度与控制等几个方面来研究和分析关于自治理论的基本问题。这是本研究的创新点之所在，也是本研究的理论意义之体现。

学者邓正来曾指出：“中国现代化两难症结真正的和根本的要害，在于国家和社会之间没有形成适宜于现代化发展的良性结构，确切地说，在于社会一直没有形成独立的、自治的结构性领域。”①简言之，自治结构的缺乏、自治能力的不足、自治性格的欠缺既是中国现代化发展的“短板”，也是中国现代化发展所面临的“羁绊”。由是观之，本研究的实际应用价值表现在两个方面，一是“自治造就公民”、“民主仰赖自治。”②政治发展的重要趋势之一是：(1)相对于“国家”的“社会”具有较强的自主性和自组织能力，能够在国家、政府之外自行组织、自我整合、自我服务、自我管理，弥补政府机制在公共管理与公共服务领域存在的“缺口”；(2)相对于中央政府（或上级政府）的地方政府（或下级政府）具有较强的自治能力，根据具体的社会、政治、经济、文化、历史、生态等条件制定符合本地的公共政策，并具体实施这些政策，即自主创议、决策、执行并达到问题得以处理的目标；(3)相对于共同体的个体具有较高的自主性，不受外在力量尤其是所在共同体的任意干涉而自行管理和决定自己的私人事务，达到“自治以固本”的境界。在此意义上可认为，本研究有助于在“自治”领域促进政治发展与社会进步。二是地方自治、村民自治、社区自治、行业自治、民族自治以及社团自治等具体实践需要一定的理论作为指导。而目前的研究往往单纯局限在某一领域（或地方、或村民、或社区、或行业、或民族），并不能在宏观上指导自治实践。这需要在理论上系统深入地研究“自治理论”。这些又说明了本研究具有一定程度的现实针对性，并对中国自治实践的良性发展提供智力支持。

①邓正来等：《构建中国的市民社会》，载《中国社会科学季刊（香港）》1992年第1期。
②王建勋编：《自治二十讲》，天津：天津人民出版社2008年版。

第二章　自治的理论意涵

本章主要回答的问题是：在政治哲学中，自治的基本意涵是什么？自治的基本特征有哪些？有哪些政治概念容易与自治相混淆？它们的区别表现在哪些方面？在不同主体的视域下，应该如何理解自治的内涵？可以通过哪些标准来判定何谓"自治"，何谓"他治"，即如何在"自"和"他"之间辨识自治？

学者张凤阳在《政治哲学关键词》的引言中开门见山地指出："在人文社会科学领域，一些看似简单、基本的问题，常常引起学者们的激烈争论。政治哲学尤其如此。"①对于自治的具体意涵，自然也是"仁者见仁，智者见智"。在萨托利看来，"从概念上说，自治不难定义：它是指我们自己治理自己。"②然而，鲍桑葵却没有萨托利那样自信乐观，他指出："'自治'这个概念，如上所述，我们将发现，它包含着政治义务的真正根据与性质。但是，草率地运用这个概念，例如说个人完全与社会合二为一，因而社会采取影响他的任何行为都不会错，那完全是一个谬误的实例，而且可以公正地说，这乃是一种自称综合而实为混乱的思想。对这个概念和对许许多多概念一样，我们必须指出：断言这个概念自相矛盾的人对它的了解比大多数认为它不言自明的人要深刻得多。"③的确，我们完全可以想象，在"皇权不下乡"境况下的乡村自治（可被视为"自然安治"）和当今我国推行的村民自治之间注定存在诸多差别。因此，本章将从三个方面来探寻自治在政治哲学视野中的基本含义：一是从词源学的角度来分析考察自治的含义；二是在政治哲学视野下探析自治的含义及其属性；三是通过比较自治与其相近概念（如自组织、自我管理等），更进一步阐释自治的政治意蕴。

当然，需要强调，在概念上界定、分析自治对于学术研究而言可以框定研究范围和论述边界，也可以为开展学术对话奠定基础。但是，本章的目的并不仅仅在于此，而是旨在通过概念辨析"提供某种可理解的东西"——更好地认识和

---

①张凤阳等：《政治哲学关键词》，南京：江苏人民出版社2006年版，引言第1页。

②[美]乔万尼·萨托利：《民主新论》，冯克利等译，上海：上海人民出版社2008年版，第79页。

③[英]伯纳德·鲍桑葵：《关于国家的哲学理论》，汪淑钧译，北京：商务印书馆1995年版，第86页。

理解自治，提出某些标准来辨析何为自治，何为他治，这也是自治理论研究框架当中必不可少的内容。

第一节 自治概念的词源学探析

任何一个政治概念首先都是以语言文字的方式呈现在人们面前的，并且任何一个政治概念的形成和研究都与其现实语境密切相关。因此，有必要在词源学上对“自治”一词进行分析，这对政治哲学视野中“自治”的分析大有裨益。

一、汉语典籍中的“自治”

《现代汉语词典》中对“自治”的解释是：“民族、团体、地区等除了受所隶属的国家、政府或上级单位领导外，对自己的事务行使一定的权力。”[①]不难看出，这里的解释显得较为简单：一方面，在主体上，将自治的主体单一地视为民族、团体等“共同体”，而忽视了个体也有自治权；另一方面，在属性上，更多将自治视为某种程度上的“自我管理”，而忽视了其内在的政治价值和精神。

其实，自治由“自”和“治”两部分组成。“自”有两方面的含义：一是主体意义上的“自己”、“自我”、“自主”、“自觉”等含义；二是形式意义上的“自然而然的”、“自由发展的”等含义。[②] 与自治有关的“治”也有两层含义：一是动词意义上的“治理”、“处理”、“管理”等含义；二是形容词意义上的“安定”、“太平”、“有秩序”、“稳定”等含义。[③] 简单地说，“自”和“治”各个层面的含义两两搭配，就构成了自治的基本含义：一是“自己＋治理”。可引申为自我管理、自我组织、自己治理自己的事务、自己治理别人的事务、自行处理某种东西、通过内在修为完善自己等；二是“自己＋秩序”。可以引申为在自身内部达成某种秩序，实现自给自足，无需依赖别人就可以自足；三是“自然而然＋秩序”。可引申为自然安治，即顺其自然、毫无理性指向的情况下就实现了某种秩序；也可理解为放任自流，随其发展；四是“自然而然＋治理”。这种用法因不合乎语法而不被使用。正是基于“自＋治”的思维，“百度百科”认为自治具有五方面的含义：“自行管理或处

---

①中国社会科学院语言研究所词典编辑室编：《现代汉语词典(修订本)》，北京：商务印书馆 1996 年版，第 1760 页。

②中国社会科学院语言研究所词典编辑室编：《现代汉语词典(修订本)》，北京：商务印书馆 1996 年版，第 1666 页。

③中国社会科学院语言研究所词典编辑室编：《现代汉语词典(修订本)》，北京：商务印书馆 1996 年版，第 1623 页。

理”、“修养自身的德性”、“自然安治”、“犹自营”和“自治权”等。①

但是，笔者基于“中国基本古籍库”搜索、分析之后，认为“百度百科”的解释也有偏差，并没有完全概括出自治在中国典籍中的含义。笔者在“中国基本古籍库”中以“自治”为搜索词搜索到 9748 条记录，279 页。然后，将页码尾号为“5”的 27 页抽出，并统计分析每一页尾号为“6”的条目（即每页的第 6、第 16 和第 26 条）。如果遇到某一条非“自治”一词时（如，自治平二年），则直接由该页最后一条代替该条。统计结果发现在中国古籍中的“自治”大致有如下七种含义：(1)“自我修养”、“内在修为”；(2)自行处理自己的事务；(3)自行处理他人的事务；(4)自行处理、处置某种具体的物体；(5)自然安治；(6)自己能够独立，自行达成秩序，自给自足；(7)随自己的性子，随心所欲（如表 2-1 所示）。

为了论述方便，也便于理解，这里通过五个“模块”来具体解释自治在古代典籍中的含义：

第一，个体意义上的“自我修养”、“内在修为”。如，“苟以善自治，则无不可移”（《四书章句集注》）；“进以善自治，而不至于恶也”（《尚书精义》）；“籍欲免世之乱乎，自治可矣”（《金罍子》）；“成王谓思夫人之所以为人者，自治于威仪耳”（《书传会选》）；“好攻人之短，其自治必疏”（《清经世文续编》）等。这一种含义也是出现频率最多的。大概是与中国古代比较推崇“反求诸己”、“克己复礼”、“修身齐家治国平天下”的儒家思维逻辑有关。影响中国几千年的儒家思想一方面强调“君君、臣臣、父父、子子”的纲常秩序，具有强烈的自上而下的取向；但另一方面，儒家在追求这一秩序的时候也选择了自下而上的路径——每个个体通过“自治”即内在修为来完善自己、约束自己，进而实现宏观秩序。② 孔子言：“政者，正也。子帅而正，孰敢不正?”（《论语》）所诠释的也是这样的逻辑。当然，需要指出，自治在“自我修养”的意义上也有两种含义：一是自我修养、修为自身的行为及其过程；二是通过自我修养行为和过程达到了某种高尚境界。换言之，自治既是指自己治理自身修养的过程，也可以指通过某种过程达到了某种理想的结果——内在高尚的境界，有德性的境界。但是，无论是哪种含义，自我修养和内在修为与现代政治哲学中的自治都有着较大的差别。

---

①百度百科：“自治”条。

②邵军：《中国思想史漫步》，南京：江苏人民出版社 2003 年版，第 17—20 页。另外，此种论述和判断可参见张再林：《治论：中国古代管理思想》，西安：陕西人民教育出版社 1993 年版，第 137—156 页。

表2-1:中国基本古籍库“自治”一词抽样统计结果

含义	例句	频次	比例
个体意义上的“自我修养”、“内在修为”	“君子将治小人,必先自治”(《童溪易传》) “朕惟大器,先自治而后治人”(《宋朝大诏令集》) “故圣人自治于未形也,愚者遭其已成也”(《甲乙经》) “苟以善自治,则无不可移”(《四书章句集注》) “进以善自治,而不至于恶也”(《尚书精义》) “籍欲免世之乱乎,自治可矣”(《金罍子》) “成王谓思夫人之所以为人者,自治于威仪耳”(《书传会选》) “苟不以礼自治,何以示悠久”(《宋学士文集》) “好攻人之短,其自治必疏”(《清经世文续编》) “位高者戒若不能自克自治”(《周易述翼》)	43	53.75%
自行处理(自己的事务)	“……公曰,此事吾自治则可”(《名臣碑传琬琰集》) “夫百姓不能自治,故立君以治之”(《文章辨体汇选》) “……皆使民间自治门户之事”(《茶香室经说》)	19	23.75%
自行处理(某种物体)	“夫贡者,自治其所受田,贡其税縠。”(《周礼注疏》) “公主至其国,自治宫室”(《太平御览》) “……自治冠带”(《通鉴辑览》) “自治墨池”(《明儒学案》) “自治官书”(《闲道录》)	10	12.5%
自然安治	“……河不治而自治矣”(《行水金鉴》) “不治而自治也”(《古书疑义举例》) “任天下之自治者”(《庄子通义》)	4	5%
自行处理(别人的事务)	“入州自治领三县”(《元史》)) “黄氏曰:六乡之民,王所自治”(《周礼订义》)	2	2.5%
共同体意义上的“内在修为”	“今者,上策莫如自治”(《新唐书》)	1	1.25%
随自己的性子、放任自流	“丧朋相忘之义,听其自治不责”(《大易集义粹言》)	1	1.25%
合计		80	100.00%

上述资料来源于:“中国基本古籍库·安徽师范大学站点”。

注:上表数据虽然经过“抽样”统计所得,但严格地说它并不具有统计学意义,也无法据此实施总体推断,仅在于说明自治在中国古代文献中的几种基本含义。

第二,共同体意义上的“内在修为”。此种用法更多指的是某种主体(主要是共同体)可以在自身内部实现某种秩序,进而实现内部稳定、发展和自给自足。这一用法与个体意义上的“自我修养”、“内在修为”相似。只不过,它更强调某种共同体把目光放在自身内部事务的处理和内部秩序的形成之上,而不要把目光放在别的共同体那里,或者在自己内部秩序尚未形成的情况下,不要去干预和顾及其他主体的事情,有点“独善其身”、“自扫门前雪”的意味。只不过,“独善其身”、“自扫门前雪”的不是某个个体或家庭,而是共同体。如:“今者,上策莫如自治”(《新唐书》)。这属于是“穷则独善其身、达则兼济天下”的另一个版本——针对共同体的劝诫。与现代政治哲学意义上的自治有相近之处,但差别更为明显。

第三,“自行处理”。在中国古典文献中,这一用法由于自行处理的对象不同而出现了三种含义:一是自行处理自己的事务。即,对象“是自己的事务”。此种意义上的自治可以被视为是一种自我管理。如:“……公曰,此事吾自治则可”(《名臣碑传琬琰集》);“夫百姓不能自治,故立君以治之”(《文章辨体汇选》);“……皆使民间自治门户之事”(《茶香室经说》);二是自行处理他人的事务。即,对象是“他人的事务”。如:“服领以南,王自治之”《汉书·南粤传》);“入州自治领三县”(《元史》);“黄氏曰:六乡之民,王所自治”(《周礼订义》);三是自行处理某种具体的物体。即,对象不再是意义较广的“事务”,而是具体的物体。如:“贡者,自治其所受田,贡其税穀”(《周礼注疏》);“公主至其国,自治宫室”(《太平御览》);“自治冠带”(《通鉴辑览》);“自治墨池”(《明儒学案》);“自治官书”(《闲道录》)等。“自行处理自己的事务”,这一意义上的自治与现代政治哲学中的自治最为接近,而其他两种自治则与现代政治哲学中的自治差别较大。

第四,“自然安治”。即,自然而然地实现某种秩序,达到某种预期的效果。这与道家清静无为、无为而治的思想有关。道家在面对战乱、无序时设计了一套与儒家截然相反的路径:主张“不出户,知天下;不窥牖,见天道。其出弥远,其知弥少。是以圣人不行而知,不见而名,不为而成”(《道德经》)。意即通过顺其自然、无为而治、无为而无不为的方式实现公共秩序。当然,这种自然安治的思想也与传统社会公共权力系统的资源动员能力不高有关。公权机构要想有为,设计、实施很多的公共项目,必然需要从百姓那里攫取更多的资源(如税收、徭役等),而小农经济条件下家庭的剩余资源很少,根本无法承载有为的政府实施规模庞大的公共项目。这样,公共权力的责任范围就很窄,很多公共事务都由基层社会自行承担。基层社会此时所实施的自治就属于“自然安治”的范畴，是一种自发形成的秩序，体现的是对初级共同体的依赖情感，而并非现代意义上的自觉的政治权利诉求和公共权力配置格局的结果。比如，中国传统社会“皇权不下乡”情况下，乡村基层社会具有的就是这种自然安治特性。《淮南子·诠言训》中的这句话最能说明这一问题：“君子修行而使善无名，布施而使仁无章，故士行善而不知善之所由来，民澹利而不知利之所由出。故无为而自治。”当然，皇权体系在内心深处是“想下乡”的，只是小农经济基础使其没有更多的资源可动员，进而导致其没有渗透基层社会的资源基础。换言之，“皇权不下乡”是小农经济条件下皇权体系的一种无奈之举，是不得已而为之的。也正是这种无奈之举，催生了乡村基层社会的“自然安治”。即，在外部主体不可指望的情况下，自行处理自己的内部事务，以自给自足、自我行动的方式实现基层秩序，为内部成员提供某种服务。

第五，“随心所欲”。此种用法与上述用法相比要少见许多。指的是由着某主体的性子放任不管，使其可以随心所欲地做某些事情。如，“丧朋相忘之义，听其自治不责”(《大易集义粹言》)。这一意义与英文中的“self-will”十分接近，可被解释为“determined to do what one wants”，有任性的、固执的含义，贬义意味较重。[①] 显然，此种意义上的自治与现代政治哲学中的自治是截然不同的。

另外，从时间的角度看，“自治”一词最早出现于何时已无从考证。但从“中国基本古籍库”搜索的结果看，最早出现“自治”一词的是《子夏易传》，有两处使用了“自治”：一是“五之为主，不以形约，不以武禁，通其志而天下自治，岂人臣之为乎”(《子夏易传·卷六周易》)；二是“上下通志，柔顺其上，刚巽柔德，乘木于水，离行从逺，不待设禁而自治也”(《子夏易传·卷十一周易》)[②]。不难看出，这两处“自治”可取“自然安治”之义。还需要指出的一点是，通过“中国基本古籍库”的搜索，可以大致看出，“自治”一词在清末之后出现频率大大增加，在地方志(如《光绪顺天府志》、《光绪湖南通志》、《民国杭州府志》、《民国黑龙江志稿》，史书(如《东华续录》)等当中出现的次数较多，且多以“自己管理自己”为含义。还有一些学术性译著，如《群己权界论》(即密尔的《论自由》)、《群学肄言》(即斯宾塞的《社会学》)、《法意》(即孟德斯鸠的《论法的精神》)、《社会通诠》(即甄克思的《政治史》)、《原富》(即斯密的《国富论》)当中都多次使用“自治”一词(如表2-2)所示。

①[英]霍恩比：《牛津高阶英汉双解词典(第四版)》，李北达译，北京：商务印书馆1997年版，第1363页。
②卜商：《子夏易传》，清通志堂经解本。

表 2-2：清末主要翻译著作中“自治”一词使用情况

书名	出现“自治”频次	用法举例
《群学肄言》	6 次	“群其民必先于自治” “其民守法自治之风” “民合而自治”
《法意》	15 次	“国常有地方自治之规” “无自治之权” “当此之时，民主自治之规随地渐立” “教之至于长大而复能自治以养生也”
《群己权界论》	18 次	“其地方自治归于乡举之官；使州郡自治讼狱惠赈；” “今不能自治而自暴弃者”
《原富》	9 次	“穷理自治” “自律自治于国”
《社会通诠》	23 次	“地方自治之制；地方之自治者；地方自治之权” “以自治政府为民之所立；中央与自治者” “中央政权地方自治二者之分”

上述资料来源于“中国基本古籍库 · 安徽师范大学站点”。

注：上表数据虽然系搜索统计所得，但严格地说它并不具有统计学意义，也无法据此实施总体推断，仅在于说明自治在清末译著中的几种基本用法。

不难发现，清后期以来，“自治”一词因自治实践（如中国各地出现的县乡自治）和国外学术思想的引入而逐渐发生现代转型——由“内在修为”和“自然而然”为主转向自我管理和权利诉求为主。换言之，自治一词在我国随着自治实践和西方政治思想的引介而渐渐远离其原初含义，由自然而然的生活状态逐渐向政治权利的意涵发展。当然，在“内在修为”意义上使用自治一词的现象也存在，如《群己权界论》中的“今不能自治而自暴弃者”；《原富》中的“穷理自治”等含义。

二、英文视野中的“自治”

在外文当中，可以翻译成“自治”一词的词汇很多。仅以英文的政治学文献为例，就有 autonomy、self-construction、self-governance、self-rule、self-government、self-organize 等含义。如表 2-3 所示：

表 2-3:英文著作使用"自治"情况统计简表

作者	书名	用法
[英]昆廷·斯金纳 (Quentin Skinner)	《现代政治思想的基础》 The Foundations of Modern Political Thought	Self-government
[英]帕特里克·邓利维等 (Patrick Dunleavy etc.)	《国家理论:自由民主的政治学》 Theories of the State: The Politics of Liberal Democracy	Autonomy Autonomous state model(自治国家模型)
[英]凯特·纳什等 (Kate Nash etc)	《布莱克维尔政治社会学指南》 The Blackwell Companion to Political Sociology	Self-government Self-government right(自治的权利、自治权)
[英]恩斯·伊辛等 (Engin F. Isin etc.)	《公民权研究手册》 Handbook of Citizenship Studies	Self-government Self-determination Self-construction autonomy
[英]以赛亚·伯林 (Isaiah Berlin)	《自由论》 Liberty	Autonomy Self-determination Self-government Self-mastery(指自我管理,与自治相近)
[英]伯纳德·鲍桑葵 (Bernard Bosanquet)	《关于国家的哲学理论》 The Philosophy Theory of the State	Self-improvement as freedom (作为自由的自我完善) Self-mastery Self-government
[美]乔万尼·萨托利 (Giovanni Sartorial)	《民主新论》 The Theory of Democracy Revisited	Self-government Participatory democracy and self-government(参与是民主与自治);Self-government in polis(城邦自治)
[美]彼得·埃文斯等 (Peter B. Evans etc.)	《找回国家》	
Bringing the State Back	Autonomy: Autonomy of State(国家自主性);Autonomous cultural and political life(自治的政治文化与政治生活)	

（续表）

作者	书名	用法
[美]罗素·哈丁（Russel Hardin）	《自由主义、宪政主义和民主》Liberalism，Constitutionalism，and Democracy	Self-determination：Self-determination of people（民族自决权、自治权） Autonomy：Autonomy and democracy（自治与民主）；Autonomy and democratic participation（自治与民主参与）；Autonomy and group rights（自治与群体权利、自治与结社权利）；Autonomy and liberty（自治与自由）
[美]罗伯特·H. 威布（Robert H. Wiebe）	《自治：美国民主的文化史》Self-Rlue：a Cultural History of American Democracy	Self-rule Self-determination Self-help（指自助，与自治相近） Self-directed work（自我导向的工作和运行）
[美]威廉·A. 盖尔斯敦（William A. Galston）	《自由多元主义：政治理论与实践中的价值多元主义》Liberal Pluralism	Autonomy：Autonomy contrased with diversity（自治与差异）；Defined autonomy（保卫自治）；Liberalism and autonomy（自由主义与自治）
[美]乔恩·埃尔斯特（Jon Elster）	《社会粘合剂：社会秩序研究》The Cement of Society：A Study of Social Order	Self-control（指自我控制，与自治相近）
[加]威尔·金里卡（Will Kymlicka）	《当代政治哲学》Contemporary Political Philosophy	Autonomy Self-determination Self-government
[澳]菲利普·佩迪特（Philip Pettit）	《共和主义：一种关于自由与政府的理论》Republicanism：A Theory of Freedom and Government	Self-mastery Autonomy

注：上表并不具有统计学意义，也无法据此实施总体推断，仅在于说明“自治”一词在英文著作中的几种基本用法。

(一)英文中作为政治生活状态的自治

概括而言,英文中可以作为政治生活状态的"自治"有很多,包括autonomy、self-rule、self-governance和self-government等。

第一,作为自治的"Autonomy"。Autonomy是政治哲学家们最常用的"自治",其由两个希腊词语autos(意为"by oneself/indepent or indepently;靠自己的,有本身的,独自的,独自地"①)和nomcos(规则)合并而成的。因此,autonomy意为"self-government、independence;自治,自主,独立。"②从词语原初构成的角度看,autonomy与中国古典文献中的"自己+治理"基本相同。《朗文当代高级英语词典》将autonom解释为"freedom to govern a region,country etc without being controlled by anyone else;自治权。"③《柯林斯精选英语词典》对autonomy一词的解释是:"A country, organization, or group that is autonomous governs or controls itself rather than being controlled by anyone else"。④ 从上述权威词典的中英文解释来看,autonomy一词的涵义主要强调的是某一主体(可以是个体,也可以是共同体)不受外来控制的一种政治状态。在这一状态下,享有自治权的主体有自己独立的权威体系,构成一个独立行动的政治实体,可以相对独立地自行决定自己的发展方向、发展目标和发展策略。

第二,作为自治的"Self-rule"。Self-rule也被译为"自治"。美国政治学者威布以"Self-Rlue:a Cultural History of American Democracy"(《自治:美国民主的文化史》)为题对美国的公共生活现状及其政治文化渊源、美国的民主政治实践及其内在精神等问题进行了探讨,"通过对美国民主成长的历程的考察,分析了影响美国民主制度发展的各种主要因素,以及美国民主制度的演变历史。"⑤从词源的角度看,self-rule意指"government of a people by its own representatives。"⑥它强调规则、决策、责任等方面的自主,也有较强的政治意味和公共性。

第三,作为自治的"Self-government"和"Self-governance"。虽然《牛津高阶英汉双解词典(第四版)》和《朗文当代高级英语词典》中都没有self-governance

①[英]霍恩比:《牛津高阶英汉双解词典(第四版)》,李北达译,北京:商务印书馆1997年版,第81页。
②[英]霍恩比:《牛津高阶英汉双解词典(第四版)》,李北达译,北京:商务印书馆1997年版,第82页。
③英国培生教育出版有限公司编:《朗文当代高级英语词典》,北京:外语教学与研究出版社2004年版,第102页。
④转引自王金洪:《对"村民自治"及其相关概念英文翻译的一点看法》,载《政治学研究》2003年第1期。
⑤[美]罗伯特·H.威布:《自治:美国民主的文化史》,李振广译,北京:商务印书馆2006年版,"译者后记"。
⑥[英]霍恩比:《牛津高阶英汉双解词典(第四版)》,李北达译,北京:商务印书馆1997年版,第1363页。

和 self-government 两个词条，但两词词根“govern”意为“rule (a country，etc)；control or direct the public of (a city，country，etc)”，指“控制，支配，治理，管辖(城市、国家等)的公共事务。”①在此意义上，两个“自治”都有“自我管理，不受外力强制干涉之意”。虽然 self-governance 和 self-government 两个词更多在行动意义上强调自我管理、自主治理，在政治权利、政治责任等价值方面的意义不强烈。但是，由于其在使用时，更多针对国家、民族、城市、地方、乡镇等，因此具有较强的“公共性”。所以，常常被政治哲学家们用于“政治自治”。《布莱克维尔政治学百科全书》中就以 self-government 为词条进行了解释，并被邓正来教授译为“自治”。

综上，在某种意义上可以认为上述几个词语的意思基本相近，它们之间往往在“相互解释”。当然，近年来，国际学术界(尤其是政治学界和公共管理学界)正在流行一个新的学术概念“governance”，其中文的相应涵义被理解为“治理”，主要用来指与国家政治统治，政治管理不同的非政治、非国家方式的管理，代表着一种不同于以往“政治统治”话语的“治理”话语。② 因此，在某种程度上可以说“self-governance”更能涵盖“自治”的意蕴，所以本书更倾向于使用“self-governance”作为“自治”。③

这里想通过着重分析“governance”来增进关于“self-governance”的理解。“Governance”被翻译为“治理”，意在与“统治”，“管制”和“控制”(government)相区别。乔治·弗雷德里克森(H. George Frederickson)在《公共行政的精神》一书中指出：“治理和政府之间存在着明显的差异，人们显然把治理界定为多元组织系统的管理。”④盖伊·彼得斯(B. Guy Peters)在《政府未来的治理模式》一书中指出，治理“否认官僚体制在提供公共服务方面的核心地位，取而代之的是寻求合作方式和利用个人参与来强化政府效能。”⑤格里·斯托克(Gerry Stoker)则在《作为理论的治理：五个论点》一文中强调，“治理指出自政府、但不限于政府的一套社会公共机构和行为者。”⑥也就是说，治理理论反对国家中心

①[英]霍恩比：《牛津高阶英汉双解词典(第四版)》，李北达译，北京：商务印书馆 1997 年版，第 644 页。
②王金洪：《对“村民自治”及其相关概念英文翻译的一点看法》，载《政治学研究》2003 年第 1 期。
③学者王金洪也倾向于将“self-governance”作为“村民自治”的英译。笔者十分赞同。参见王金洪：《对“村民自治”及其相关概念英文翻译的一点看法》，载《政治学研究》2003 年第 1 期。
④[美]H. 乔治·弗雷德里克森：《公共行政的精神》，张成福等译，北京：中国人民大学出版社 2012 年版，第 56 页。
⑤[美]B. 盖伊·彼得斯：《政府未来的治理模式》，吴爱明等译，北京：中国人民大学出版社 2001 年版，第 71—72 页。
⑥[英]格里·斯托克：《作为理论的治理：五个论点》，载《国际社会科学杂志(中文版)》1999 年第 1 期。

主义，提倡公共治理格局的多中心化、分散化。不仅强调政府应该担任"元治理"角色，对公共事务的处理起远景规划、政策引导、资源支持的作用，是为"同辈中的长者"；同时，更强调社会自治力量（如社会团体）对公共事务的参与，主张建立国家与社会相互合作、互相赋权、协同行动的公共行动体系。简言之，从"统治"走向"治理"，诠释并昭示了自治传统在当代政治生活和公共行动体系中复兴①；从"统治"走向"治理"也意味着现代性的政治生活"反对将意义束缚在总体化、中心化的理论和系统之中"②；从"统治"走向"治理"也使得多元的"行为者能够通过对话机制交流信息，克服有限理性的欠缺，能够通过合作和合约机制，将行动者锁定在利害相关的网络中，较少交易费用和抑制机会主义。"③

我国学者胡仙芝对治理意义的概括也许能够更清晰地表达这一观点：

> "综合地说，所谓治理，是指各种公共的或私人的机构和个人管理其共同事务的诸多方式的总和。它是使相互冲突的或不同的利益得以调和并且采取联合行动的持续的过程。这既包括有权迫使人民服从的正式制度和规则，也包括人们同意或认为符合其利益的各种非正式的制度安排。治理的基本含义是指在一个既定的范围内运用权威维持秩序，满足公众的需要。治理的目的是在各种不同的制度关系中运用权力去引导、控制和规范公民的各种活动，以最大限度地增进公共利益。有关治理的这一定义，既有政治学的含义，同时也有行政学的含义。从政治学的角度看，治理是指政治管理的过程，它包括政治权威的规范基础、处理政治事务的方式和对公共资源的管理；从行政学的角度看，治理理论则强调一种多元的、民主的、合作的、非意识形态化的公共行政。"④

显然，治理理论对于社会自治力量及其发展有三方面的强调：一是治理理论对于多中心、分散化格局的强调，为政府之外的其他政治自治体的参与奠定了基础；二是治理理论视野下，政府和政治自治体之间不再是自上而下地单方面管理、控制关系，而是相互赋权、协同行动的关系。政府不仅对政治自治体的

①[英]戴维·赫尔德：《民主的模式》，燕继荣等译，北京：中央编译出版社1998年版，第373—419页。

②[美]道格拉斯·凯尔纳等：《后现代理论：批判性的质疑》，张志斌译，北京：中央编译出版社1999年版，第29页。

③张凤阳等：《政治哲学关键词》，南京：江苏人民出版社2006年版，第321页。

④胡仙芝：《从善政向善治的转变："治理理论与中国行政改革"研讨会综述》，载《中国行政管理》2001年第9期。

自治能力和愿望有着较高的期待,而且采取资源支持、项目促动(如政府购买服务)等方式切实地推动自治力量的发展;政治自治体对于政府而言也不再仅仅是"Say No 的反对者"和"作为社会之眼的监督者",而是公共行动的参与者,政府的合作者。目的不在于政治反对和权力制衡,而是通过切实的公共行动推动公共项目的实施、社会福利的提升;[①]三是治理理论视野下的政府与其他自治体之间的关系并非单向地命令、被命令关系,而是一种相互独立但相互依赖的关系。正因为如此,斯托克指出:一方面,"治理指行为者网络的自主自治";另一方面,"治理明确肯定涉及集体行为的各个社会公共机构之间存在的权力依赖。"[②]总之,不难看出,governance 比 government 对自治的期待更高,对自治的肯定也更多,对有助于自治体发展与功能发挥的政制设计更具体、明晰。治理理论"涉及民主治理模式下民主决策规则、公民经济社会权利平等、政府权力限制、多元组织运作等诸多问题。这些诸多问题无一不关系到合作治理制度安排的深层逻辑结构。"[③]所以,笔者倾向于使用"self-governance"作为自治的英文翻译。

(二)英文中作为生活状态的自治

在英文中还有很多与"自治"相似、相近但更多用于生活状态的词语,诸如,Self-help、self-supporting、self-sufficient、self-reliant、self-preservation、self-employed、self-discipline 和 self-control 等。这些词语偶尔也出现在政治哲学著作当中,但它们更多表示的是一种"自然安治"的生活状态,与政治哲学尤其是近现代以来政治哲学中的作为政治状态的自治有着诸多区别。对于生活状态的自治和政治状态的自治之间的区别,在下一节会具体阐释,这里仅仅从英文词汇的角度解释生活状态下的自治所呈现出来的特征。同时,通过这一部分的词汇解释也有助于在"比较"的意义上更好地认识"self-governance"等政治生活状态下的"自治"。

下面以霍恩比(A. S. Hornby)所著《牛津高阶英汉双解词典(第四版)》[④]为源来解释分析上述几个词语。若没有特别说明,下述引文皆来自该词典的 1362—1363 页,不再一一注明:

---

①比如我国党和政府当前就十分重视通过政府购买的方式加强和创新社会管理,改进公共服务供给模式,推动民间力量参与政府治理过程。为此,国务院办公厅于 2013 年 9 月出台了《关于政府向社会力量购买服务的指导意见》(国办发〔2013〕96 号)。

②[英]格里·斯托克:《作为理论的治理:五个论点》,载《国际社会科学杂志(中文版)》1999 年第 1 期。

③张凤阳等:《政治哲学关键词》,南京:江苏人民出版社 2006 年版,第 323 页。

④[英]霍恩比:《牛津高阶英汉双解词典(第四版)》,李北达译,北京:商务印书馆 1997 年版。

Self-help是指:"use of one's own efforts,resources,etc. to achieve things,without the help of others",通常被译为"自助"、"自立"。直译其英文解释为:"(某主体)利用自己的努力、资源去达到某种目标,而不需要任何其他主体的帮助"。显然,这里更多指的是自给自足的含义,政治权利、公共生活等方面的意味相对较弱。

Self-supporting与self-help的含义比较接近,《牛津高阶英汉双解词典(第四版)》是这样解释的:"(eg. of a person or a business) earning enough to support oneself or itself,without help from others"。可被译为"自食其力的"、"自我维持的"、"自给自足的"。显然,其"生活意涵"要明显地强于政治意涵。

Self-sufficient被《牛津高阶英汉双解词典(第四版)》解释为:"(in sth) able to fulfil one's own needs,without help from others"。Self-reliant被解释为:"Relying on one's own abilities and efforts;independent"。可见,但从意义上讲,self-sufficient和self-reliant在很大程度上是可以与self-supporting和self-help两词互译的,同样描述的是一种自给自足、特立独行和自立自为的生活状态,缺乏政治权利诉求和公共权力配置方面的含义。或者说,两词并没有明确的政治权利诉求和公共权力配置方面的指向。

Self-preservation有自我保护、自我保存之意,可被解释为:"protection of oneself from harm or destruction;natural urge to survive"。这一词多多少少与政治自治对免于无端干预和强制的诉求有关。只不过,它更多是一种日常生活方面的自我保护和保存,严格意义上并没有将自我保护和保存视为一种政治权利,也未将其纳入公共权力分配的范畴。换言之,self-preservation更多具有的是"自然"(natural)意味,而相对缺乏"权利"(rights)意味。

Self-employed是指"working independently for customers or clients and not for an employer"。对其直译后不难发现,self-employed与市场、生产经营活动关系密切,意指自我经营,政治意味也很弱。

Self-discipline与中国古典文献中的"内在修为"比较接近,意指自律、自我约束。《牛津高阶英汉双解词典(第四版)》的解释是"controlling one's own desires,feelings,etc."。显然,self-discipline更多强调个体意义上的自律和内在修养,是个人生活状态的一种表现,并没有"共同体"层面上的自制和自治等含义。

Self-control与self-discipline的含义和用法比较接近,强调"自制力"、"感情的自我控制力"、"自我克制"等,即"ability to control one's behaviour or not to show one's feelings"。不难发现，self-control 也常常在个体意义上使用，同自我修养、自律克制等意义相近，而非"共同体"意义上的政治自治。

(三)英文中与自治相近的政治概念

在英文当中，有很多词语与自治十分接近，也常常用于政治学研究，因此常常与自治混淆。

第一，Self-determination。Self-determination 也被很多英文原著所使用，且被译为"自决"、"自治"。其意为"right of a nation，people，etc to decide what form of government it will have or whether it will be of another country or not."[①]可见，其强调"right(权利)和 independent"(自主)的结合，具有较强的政治意味。换言之，从英文解释的角度看，self-determination 更多强调的是某种主体(可以是个体，也可以是共同体)具有自主治理的政治权利，而不是"自然安治"意义上的"生活状态"。当然，在国际政治与国内政治、国际法与国内法区分的角度上看，"self-determination"常常被视为国际法意义上的"自决"、"独立"，被视为国内法(宪政)意义上的"分立"、"分离"，与具有包容性权利属性的自治有较大差别。《布莱克维尔政治学百科全书》解释"self-government"(自治)是"指某个人或集体管理其自身事务，并且单独对其行为和命运负责的一种态度。更狭义地说，它是指根据某个人或集体所特有的'内在节奏'来赞誉自主品格或据此生活的品格(这需要摆脱外部的强制)的一种学说；因此，自治以自决权为先决条件。"该书同时将"self-determination"(自决)解释为"一种论证个人或团体的自主和独立的正当合理性的激进学说，它认为个人或团体具有独特的个性和自由意志。"[②]不难发现，"self-government"(自治)更加温和一些，且强调自主治理和免于无端干预两个层面；而"self-determination"(自决)相对激烈，且单方面强调独立。在本章第二节还要进一步区分这两个概念。

第二，Self-management 和 self-mastery。《牛津高阶英汉双解词典(第四版)》中没有 self-management 和 self-mastery 这两个词条，但是在很多政治哲学著作中使用了这些词(见表 2-3)。从相关用法的角度看，self-management 和 self-mastery 有时可指共同体(如社会团体、民族、地方)具有自我控制、自我整合和自我管理的能力。但需要指出，self-management 和 self-mastery 作为自我管理，更多在于说明个体在自我意识、自我调控、自我控制、自我调节、自我激励

①[英]霍恩比：《牛津高阶英汉双解词典(第四版)》，李北达译，北京：商务印书馆 1997 年版，第 1362 页。
②[英]戴维·米勒等：《布莱克维尔政治学百科全书》，邓正来译，北京：中国政法大学出版社 2002 年版，第 693 页。

和自我反馈方面的个性特征与能力素养。“自我管理是指主动调整自己的心理活动和行为，控制不当冲动，克服不利情境，积极寻求发展，取得良好适应的心理品质”。“这种心理品质的好坏是影响个体社会适应效果和活动绩效以及心理状况的重要因素。”①自我管理是指“个体自觉地对自己的思想、心理和行为进行调节、控制或约束。”②这与中国古典文献中内在修为的“自治”有些相仿，但与现代政治哲学中的自治的差别十分明显。下文第二节也会详细地比较这两个概念。

第三，Self-organize。Self-organize 被译为自组织，指的是某种系统能够自我组织起来形成有序状态，表现的是一种复杂系统的自我进化、自行组织的机制或能力。可见，自组织是在动词意义上使用的。“一个系统是否是自组织性系统的标志是看它是否存在着自组织行为。”③作为进化机制的自组织是一种重要的发展路径，对于复杂系统的外部适应性、功能合理性和运作有效性有着极大的促进作用，关系到系统的“生死存亡”。因此，自组织作为一种机制是“已经形成的一套有效利用自然资源、物质和能量的利用率高的循环方法和道路。”④当然，自组织最容易与自治相混淆的地方是，自组织强调复杂系统的自我进化，“自组织领域涉及的是事物自发、自主形成结构的过程，在这种过程中存在特有的自组织特征、条件、环境和动力学规律”；“所谓自组织系统即指：无需外界特定指令而能自行组织、自行创生、自行演化，能够自主地从无序走向有序，形成有结构的系统。”⑤组织、自组织与他组织（或组织）的关系可以简单地以图 2-1 来表示：

组织 → 自组织（无外界特定干预自演化）
组织 → 被组织（在外界特定干预下演化）

图 2-1：组织、自组织与他组织关系示意图

资料来源：吴彤：《自组织方法论研究》，北京：清华大学出版社 2001 年版，第 9 页。

从图示以及自组织的基本含义可以看出，自组织与自治的确存在诸多相似之处。但是，不能否认的是，自治具有较强的政治价值意义，而自组织仅仅是一种自然进化机制的解释和概括，“自组织是自然界和人类社会长期演化而选择

①王益明等：《自我管理研究述评》，载《心理科学》2002 年第 4 期。
②孔祥勇：《管理心理学》，北京：高等教育出版社 2001 年版，第 99 页。
③孙志海：《自组织的社会进化理论：方法和模型》，北京：中国社会科学出版社 2004 年版，第 18 页。
④吴彤：《自组织方法论研究》，北京：清华大学出版社 2001 年版，第 12—13 页。
⑤吴彤：《自组织方法论研究》，北京：清华大学出版社 2001 年版，第 2 页、第 3 页。

生成的复杂系统的进化方式。”[①]（在本章第二节还会继续阐释这一内容）

综上所述，在中国古代文献、在英文词汇当中主要有三种意义的“自治”。第一种是描述生活状态的，可被理解为自然安治、自给自足；第二种是描述个人德性的，可被理解为内在修为、自我修养、自我克制和自我调节；第三种是描述政治生活状态的，可被解释自主治理，既强调自治体可以自我管理自己的内部事务，也强调自治体拥有自治的权利和免于无端干预的自由，更强调自治体与外部主体（如上级政府、上级公共权力机构）之间的主体间性，自治体和外部主体在主体意义上都是独立的、平等的，在公共事务处理方面追求相互赋权、协同行动。自然，第三种含义才是本选题的研讨对象之所在。

第二节　自治的意涵：以政治哲学为论域

有学者毫不讳言地指出：“‘自治’一词的意义很广，甚至从不同的角度来认识自治的含义会得出不同的结论。因此要给自治下一个确切的定义是不容易的。”[②]但是，自治作为近代政治哲学中的重要概念之一，我们又的确需要把握它的要义。当然，正如桑玉成先生所指出的那样：“任何一个概念的定义，都不可能完全概括这个概念的本质特性和全部内容，只有当我们从不同角度去分析研究了这个概念所包含的内容之后，我们才能认识这个概念，把握这个概念。对于自治政治，我们的方针就是这样。”[③]笔者完全同意桑先生的意见，也准备在桑先生的研究基础上分析自治的哲学内涵。

但是，如何分析自治在政治哲学中的基本意涵呢？这里借用伊·拉卡托斯（Imre Lakatos）在《科学研究纲领方法论》中阐释的“科学研究纲领方法论”逻辑，将政治哲学中的自治理论视为一套“纲领”，着重分析该“纲领”包括核心的部分——“硬核”；而对其辅助的、边缘的部分——“保护带”则不过多分析。在拉卡托斯看来，“一切科学研究纲领都在其‘硬核’上有明显区别。”[④]纲领的内核是最基础的，也是不能被更改的，一以贯之的。如果纲领的“内核”遭到反驳或者不被认可，那么意味着该“纲领”就被颠覆，其意涵也就随之而被置换成别的东西了。相反，“保护带”的地位相对次要，其目的在于捍卫、解释、说明纲领的

①杨贵华等：《自组织：社区能力建设的新视域，城市社区自组织能力研究》，北京：社会科学文献出版社2010年版，第6页。

②王英津：《自决权理论与公民投票》，北京：九州出版社2007年版，第157页。

③桑玉成：《自治政治》，香港：三联书店（香港）有限公司1994年版，第6页。

④[英]伊·拉卡托斯：《科学研究纲领方法论》，兰征译，上海：上海译文出版社1986年版，第67页。

"硬核"。或者说,在时空转换的情况下,"硬核"的适应性是由"保护带"的调整来实现的,相对"固执"、"不可反驳"的"硬核"也因"保护带"的适时调整而具有一定的开放性和弹性。当然,如果"保护带"调整的深度、广度超过了"硬核"开放性的承受力,或者说"保护带"的调整触及了"硬核"的腹地,颠覆了"硬核"的"不可反驳"属性,那么,"硬核"本身的意蕴也就被置换,"纲领"也就由"A 纲领"变成了与之不同甚或相反的"B 纲领。"①

这一节将从不同的角度探析自治的"硬核",同时,也从概念比较的角度说明自治的"硬核"因学界的误用(或者草率地使用)而发生的偏移,即"保护带"的调整过度,侵蚀了自治本来的政治哲学意蕴。当然,通过对这些"硬核"要素的分析,我们可以掌握辨析自治与否的标准体系。

一、自治含义的梳理与分析

综观学界,有不少学者尝试给自治以明确的定义。如上所述的萨托利就曾明确指出,"从概念上说,自治不难定义:它是指我们自己治理自己。"②王建勋在其所编的《自治二十讲》中指出:"自治(self-governance),即自主治理,意味着个人或者共同体自行管理本人或者共同体的私人或者公共事务。自治,是相对于'他治'而言的;后者意味着他人或者其他共同体管理某个人或者他共同体的私人或者公共事务。"③这些定义的确触及了自治的"硬核"构成要素之一:自主治理。然而,这仅仅是自治纲领的"硬核"的构成要素之一而已。

目前,关于自治的含义有三种界定逻辑——民主说、自由说和政治说。

(一)自治含义的"民主说"

学界在界定自治时往往将其与民主直接相连。在汉语中,"民主"顾名思义,就是让人民自己做主,自行通过自己制定的规则处理自己的事务(非"为民做主、替民做主")。这与人民的自治十分相似。因此,民主与自治之间结下了不解之缘。在西文中,"民主"(democracy)的词源是古希腊语"demokratia",其中的"demos"即人民,"kratos"即统治。从字面上不难看出,源于"demokratia"的"民主"(democracy)就是"人民的统治",由人民当家做主,参与公共生活,处理属于自己的公共事务。民主强调人民在公共事务当中做到亲自"出场"、"在

①这一部分参见张凤阳等:《政治哲学关键词》,南京:江苏人民出版社 2006 年版,第 38 页。

②[美]乔万尼·萨托利:《民主新论》,冯克利等译,上海:上海人民出版社 2008 年版,第 79 页。

③王建勋编:《自治二十讲》,天津:天津人民出版社 2008 年版,编者序第 1 页。

场。"[①]这也与自治的含义几乎一致。也许正因为如此,"任何不假中介的'直接民主'都是'自治的民主'";"民主精神的完备体现,必定指向对公民自治的偏爱。"[②]

科恩在其名著《论民主》中直接指出:"民主政体即自治政体,由人民自己治理";"以社会为范围的自治或自主就是民主";"民主管理的社会是社会成员自治的社会。"[③]因为,在科恩看来,"只有在民主政体下,全体社会成员才能拿出自己的规则来管理共同事务,并将自己置于这些规则的约束之下。"[④]

戴维·赫尔德(David Held)在《民主的模式》一书的第九章中以"民主自治"为题阐释民主的模式。他在不同的地方都明确表述:"'自治'意味着人类自觉思考、自我反省和自我决定的能力。它包括在私人和公共生活中思考、判断、选择和根据不同可能的行动路线行动的能力。显然,如果像中世纪的世界观所认为的那样,政治权利、责任和义务与财产权和宗教传统是紧密相联的,那么,'自治'人的思想就不可能产生。""自治原则是区分合法权力的原则;它表明了对弄清民主赞同的基础的关注。""自治原则的地位如何呢?这个原则应该被视为现代民主思想所有传统的必要前提,因为它是特定的政治方案核心内容,这一政治方案的前提是个人有能力自由选择,决定并维护他们自己的行动,承担自己选择的义务,享有政治自由和平等的基本条件。"[⑤]

自治的"民主说"表明自治具有强烈的"权利"意味,与一般的"自己处理自己的事务"尤其是与"自然安治"差别明显。它一方面强调,作为"主人"的人民或某种主体有权利"主事"。这不涉及自己能否有能力、是否具备完备理性处理自身事务的问题,而是在自然法意义上所拥有的,人之为人应该拥有的权利。如果在别人直接干预和"主事"的情况下,自己过得很充裕,但这仍然是没有什么价值的,并不值得追求,因为你自己的主体性没有得到体现。简言之,民主自治昭示和彰显了自治体的主体性,这本身就具有极高的政治价值和现代意义,在政治主体性和权利意识的角度诠释了"不吃嗟来之食"。另一方面,它强调了自责自负。即民主也好、自治也罢,在很大程度上视个体或共同体为积极追求幸福的具有能动性的道德主体,并在此基础上担负自己行动所产生的后果。这

①张凤阳等:《政治哲学关键词》,南京:江苏人民出版社2006年版,第53页。
②张凤阳等:《政治哲学关键词》,南京:江苏人民出版社2006年版,第53页。
③[美]卡尔·科恩:《论民主》,聂崇信等译,北京:商务印书馆2005年版,第8页、第9页、第32页。
④[美]卡尔·科恩:《论民主》,聂崇信等译,北京:商务印书馆2005年版,第274页。
⑤[英]戴维·赫尔德:《民主的模式》,燕继荣等译,中央编译出版社1998年版,第380页、第381页、第383页。

体现了自治行动所包含的积极主动性和公共责任精神。

需要指出,自治的"民主说"忽略了两个非常重要的情形:自治主体有完备的理性能力处理自己的事务吗?在广度上、深度上有没有限制?关于第一个问题,鲍桑葵指出:"我们将不得不同意边沁和穆勒以及斯宾塞的意见,认为'自治'和'公共意志'都是毫无意义的幻觉,都是在实际经验中不可能统一起来的两个敌对因素的结合。"①自治能力的确是需要考虑的问题。如果不具备完备的理性能力处理自己的事务,自治系统将会混乱不堪直至崩塌。这为外部力量的介入提出了要求。所以,"政治生活中的普遍困境是:自治还是控制。"②对于第二个问题,萨托利指出:"可以获得的自治强度与所要求的自治广度成反比";"可能的自治强度与所要求的自治的持续性成反比"。③也就是说,自治及其行动受到很多因素的限制,如范围(小范围还是大范围)、时间(可持续性)、强度(参与领域的直接程度、涉及事务的具体程度)、内部成员(数量多少、异质性大小、分布领域大小)等因素的影响。所以,不假中介的纯粹的民主自治似乎是:"夸大了'不可能之事'而不是'不太可能之事'。"④

针对上述两个问题,政治学界对自治意涵的理解又增加了其它的要素。于是出现了"自由说"和"政治说"。"自由说"在某种意义上弱化了自治关于积极行动、自主治理的诉求,转而认为自治是一种免于无端干预的堡垒,构建了自由行动的空间。这种观点规避了"民主说"面临的第一个问题。"政治说"则引入了国家,强调自治与国家之间存在着有矛盾冲突但难以割舍的互动关系(甚至可以说是互补关系),这样就可以同时规避"民主说"所面临的两个问题。

(二)自治含义的"自由说"

有学者指出:"究竟怎样理解'自由',公众固有不同的看法,思想家亦秉持不同的立场。在某种程度上,说'自由'是一个被使用到严重混乱地步的概念,似乎并不为过。"⑤的确,自由的含义、自由的面貌在不同时代、不同地方、不同人群那里差别很大,见仁见智。但同时也不能否认的是,自由有一个相对稳定的、且被大家所认可的基本要求:自由的主体应该享有免于无理强制的权利,自由的制度应该搭建起一个免于无端干预的空间,自由的政治应该设置免于非法控

①[英]伯纳德·鲍桑葵:《关于国家的哲学理论》,汪淑钧译,北京:商务印书馆 1995 年版,第 104 页。
②[美]罗伯特·A. 达尔:《多元主义民主的困境:自治与控制》,周军华译,长春:吉林人民出版社 2006 年版,第 1 页。
③[美]乔万尼·萨托利:《民主新论》,冯克利等译,上海:上海人民出版社 2008 年版,第 79 页、第 80 页。
④[美]乔万尼·萨托利:《民主新论》,冯克利等译,上海:上海人民出版社 2008 年版,第 81 页。
⑤张凤阳等:《政治哲学关键词》,南京:江苏人民出版社 2006 年版,第 26 页。

制的防御性领域。即,自由应该从限制外部力量和约束“他治”主体的角度去理解。因理性能力的缺乏和宏观秩序的需要,适当的外部干预是必要的,只不过干预必须限定在特定的程度和范围之内,设置法制化的程序,并需要说明干预的理由。在此基础上,很多学者从“自由说”的角度来解释自治。

在《布莱克维尔政治学百科全书》中,“self-government”(自治)是“指某个人或集体管理其自身事务,并且单独对其行为和命运负责的一种态度。更狭义地说,它是指根据某个人或集体所特有的‘内在节奏’来赞誉自主品格或据此生活的品格(这需要摆脱外部的强制)的一种学说。”①显然,此处的自治虽然包括自主治理、自责自负方面的含义,但添加了一个新的更为重要的要素:“摆脱外部的强制”。达尔在《多元主义民主的困境:自治与控制》一书中的逻辑与此相差无几,他明确指出:“我认为政治意义上的自治就是不处于别人的控制之下。政治自治是控制的补充:β的决策以某种方式起作用——称之为行动χ——相对于另一个角色α是政治自治的,因为α并没有控制β做χ。既然这种意义上的政治自治也可以叫做独立,我将交替使用这两个术语。”达尔还在该著的另一处以同样的口吻写道:“一个组织是相对自治的,如果它采取的行动(a)被另外一个组织认为是有害的,并且(b)除非该行动者在如此行事时,所招致的成本超过了收益,否则没有其他组织,包括国家政府在内,能阻止或可能阻止它这样做。”②韦伯也指出:“自治意味着不像‘他治’那样,由外人制定团体的章程,而是由团体成员按其本质制定章程。”“因为自治的概念,为了不致失去任何明确性,是与一个根据其特征以某方式可以划定界限的人员圈子的存在相关联的,哪怕是特征会有所变化,这个人员圈子依据默契或者章程,服从一项原则上可由它独立自主制订的特别法。”“依据默契或者制订成章程的制度,赋予一个人员圈子的自治,在本质上也不同于纯粹的缔约自由。”③可见,韦伯强调的是相对于“国家控制”的社会自由,社会当中的各类有机体可以在没有外部直接干预和控制的情况下得以自治。

科恩虽然十分重视自治与民主的相关关系,但他也同样非常赞同自治与自由的关联,并且他在免受无端干预的意义上对自治进行了很全面地阐释。“自

①[英]戴维·米勒等:《布莱克维尔政治学百科全书》,邓正来等译,北京:中国政法大学出版社2002年版,第693页。

②[美]罗伯特·A.达尔:《多元主义民主的困境:自治与控制》,周军华译,长春:吉林人民出版社2006年版,第15页、第24页。

③[德]马克斯·韦伯:《经济与社会(上卷)》,林荣远译,北京:商务印书馆1997年版,第79页、第56页、第56页。

由既然是自治取得成效的条件，它必然是民主国家内政治论争的要点。”[①]科恩从四个方面系统地阐释了自治的意蕴，并与非自由状态——“他治”进行了对比[②]：一是支配他治社会的法律制度不是来自于成员自己，而是别人。自治与他治在法律来源上截然相反，“支配他治（heteronomy 中的 hetero 的意思是别人）社会的法律不是来自社会成员自己，而是有其它的来源。”在这种情况下，自由难以保证，因为，“即使法律是好的，也必然是对公民生活的侵入。”二是自治是由成员自己选定目标，他治恰恰相反，是以命令关系的形式出现的，要求成员承认自己的从属地位和命令来源的统治权威。“自主要求目标与手段都由内部产生而非外部加与”。显然，如果行动目的不是源于自身的理性，而是由外部其他主体确定，这无论如何都是一种外部的“加与”，意味着被其他主体所“驾驭”，这与民主、与自由都是矛盾的。三是自治承认成员的独立、自主等人格，他治则相反。“社会自主与承认各参与成员的尊严是密不可分的，这种尊严的普遍性是证明政治社会中民主合理性的关键。任何他治政府（即非民主政府——引者注），不论其统治如何贤明仁厚，都不能公正地对待这种尊严”。他治政府严重漠视社会主体的尊严和自主理性能力，直接会导致强制主义、专制主义思维及其制度模式的形成，销蚀社会的自主、自由和自治空间。四是自治可以充分对待成员的理性和自主性，他治却为成员理性和自主性的“发展而感到不安”。“自主社会为自己建立规则、法律时，其前提是公民有能力认识规则的必要性并懂得自加的义务始终一贯地运用、服从这些规则与法律。而且自主政府预先假定这种理性既深且广，足以容许公民自己设计、制定规则，不仅仅是服从别人制定的规则。”他治政府和制度不仅漠视社会成员的理性能力与自主性，反而尝试通过各种方式压制社会成员的理性能力和自主性。因为，社会成员的理性自主会对“他治者”的无端强制和干预发起反对行动、提出异议。从这个意义上讲，他治政府不仅会千方百计地压缩与侵蚀社会的自治空间，而且会压制与消解社会自治的基础。正是在上述四点论述的基础上，科恩进一步指出：“对自由的最大的危险来自那些不懂得实行自治的条件，为了保存民主而限制自由的人。”

以赛亚·伯林（Isaiah Berlin）的概括尤为明确：“大体上说，与别的制度相比，自治更能为保有公民自由提供保证，也因此受到自由主义者的捍卫。”“自我管理的要求，或至少参与我的生活由以得到控制的过程的要求，也许是与对行

①［美］卡尔·科恩：《论民主》，聂崇信等译，北京：商务印书馆 2005 年版，第 278 页。

②这一部分所引用的话均来自［美］卡尔·科恩：《论民主》，聂崇信等译，北京：商务印书馆 2005 年版，第 275—279 页。没有特殊情况，不再一一注明。

动的自由、领地的要求同样深刻的愿望，甚至在历史上还要更加古老。”①

（三）自治含义的“政治说”

“民主说”和“自由说”都在很大程度上揭示了自治的重要意蕴，但它们都遗留了一个待解的问题：自治行动有没有限制，应不应该有限制？自治的边界是什么，应该如何限定自治的边界？具体而言，“民主说”强调了自治是“自我做主”的行动和权利，“自由说”强调了自治是“免于无端干预”的空间和堡垒，两者都对政治自治体的理性能力和主体属性抱有较高的期望，且都从政治自治体内部的角度解释自治的政治意蕴。但问题是，政治自治体具备完备的理性能力吗？政治自治体的自治权利和行为边界都是绝对的吗？不需要任何外部限制和调控吗？“政治说”则相对辩证，从自治和控制（即政治）双向互动的角度对自治进行了界说。代表人物有我国的桑玉成和日本的吉村源太郎。先看看他们的论述然后再做解析：

桑玉成在《自治政治》一书中指出②：“严格来说，把‘自治’与‘政治’联系在一起，这似乎是矛盾的”，因为，“从词义来看，‘自治’意味着不需要统治，政治则正是言统治之事实。”但是，他进一步指出，这种矛盾仅仅是表面上的，自治与政治统治并存虽然使得各自都显得不再纯粹，但并存能够使两者优势互补，共同保证公共事务的处理和公共秩序的形成。也正是在这种矛盾两面的共存之中，可以使我们更好地理解自治的政治意蕴。在此基础上，桑先生给出了自治的四重要素，他的论述经典而全面，因此这里不妨大段地引述：

> “首先我们可以断定，自治是国家政治的附属物，是伴随着政治的产生而产生的。人类社会本没有国家本没有政治，在那生产力发展水平极其低下的民族或部落社会中，民族和部落的首领‘管理’着一切‘公共’事务。这是一种自然的演化，一种自然的秩序，所以既无所谓‘自治’，也无所谓受他人所治。作为治理社会的政治主体，它有意无意地会空着一些领域事务，交由它的人民自己去管理。相对于某一地域内的最高权力来说，这不属于最高权力整治范围的领域或事务，就是人民自治的领域或事务。正是在这个意义上我们可以看出，政治的概念一经提出，自治的问题也就产生，自治是政治的附属物。”

①［英］以赛亚·伯林：《自由论》，胡传胜译，南京：译林出版社2011年版，第178页、第179页。

②桑玉成：《自治政治》，香港：三联书店（香港）有限公司1994年版，第3—7页。需要强调指出，该著作是专以自治为主题开展研究的为数极少的重要著作。

"其次，我们可以推断，自治是国家政治的相对物。上文我们之所以说在民族制度下无所谓自治，并不是民族社会没有自我管理的领域和事务，而是说那种自我管理是自然秩序。自治一定要相对于国家政权的统治才能成立，这正如'我的'这个表述只有相对于'你的'这个表述才有意义一样。当着我们谈论国家政治的概念时，我们强调的是这个国家的最高的公共权力，而在这个公共权力涉足不到的或者不去涉足的地方，自治的概念就产生了。"

"再次，我们需要指出，自治是国家政治的补充物。无论是古代还是现代，无论是大国还是小国，任何一个国家就其需要治理的事务来说，是无论如何也无法列举穷尽的，而且，任何一个国家的统治者，即使是智力再过人、精力再充足的统治者，也不可能事无巨细、身必躬亲地治理好一个国家里里外外、上上下下的所有事务。所以，要使一个国家得以正常地健康运转，除了国家最高权力的积极治理之外，自治也就成为必须的了。"

"最后我们需要强调，自治的概念与分权的概念相联系。在一个国家内，公共权力的量相对来说是恒定的，而它在全国地域范围内的分布却是情况各异的。如果公共权力主要集中在或全部集中在中央，那么地方就很少或根本没有自治的余地；如果公共权力主要集中在或全部集中在掌握政权的机构或个人，那么人民就很少或根本没有自治的范围。"

吉村源太郎在其《地方自治》的第三章"自治之观念"中，写道①："行政中自治之定义若何？即公共团体②受国家之监督而处理生存目的之事务之状态之谓也。"一方面，自治既具有自行处理内部事务的含义，也具有公共性的含义，"自治制度不过国家行政方法中之一，因此，目的不可不在公共之事务。以公共之事务为公共生存之目的而自行处理之，即曰自治。即非自己生存之目的（即自行处理自己的事务——引者注），不得曰自治。即非社会生存之目的（即公共目的——引者注），亦不得曰自治。"另一方面，自治是国内政治范畴内的东西，而

①这一段所引材料皆来自[日]吉村源太郎：《地方自治（全二册）》，朱德权译，北京：中国政法大学出版社 2004 年版，第 9—10 页。没有特别情况，不再一一注明。

②按照吉村源太郎的说法，"行政之事务，曰自治事务；称自治事务之主体，曰公共团体，又曰自治团体"。当然，其所言的自治团体可以是相对于政治国家的社会组织，也可以是相对于中央政府的地方政府。参见[日]吉村源太郎：《地方自治（全二册）》，朱德权译，北京：中国政法大学出版社 2004 年版，第 9 页。

不是国际政治范畴内的国家自主权、自决权，且自治行动与公共权力的控制行动拥有各自边界。“自治必行动于国家监督之下。盖自治与自主(此处的‘自主’同‘自决’——引者注)异——自主者，自为一国家；自治者，必处一国家之下。故国家以内有自治，国家以外无所谓自治也。假使团体不受国家之监督，任自身之意思行动自由，则是离国家监督范围之外，几另成一国家，而国家统一乃于是乎大坏。因此，监督权限必当有一定之范围。而范围依何方法规定亦属困难问题。必一方不失自治之精神，一方能保国家之统一。”

细细品读上述两位学者的论述，我们可以在另一个层次上理解自治的政治意蕴：自治不再是传统社会中的“自然安治”，也不再是内部意义上的“自主治理”和“行动自由”，而是一种公共性论域中的行动策略。

第一，自治机制和公共权力的强制机制一样，都是公共事务处理的行动策略之一，目的都指向公共事务(或集体事务)。也就是说，政治自治体虽然容易犯“本位主义”的错误，并且因本位主义的行动取向而对宏观秩序、其他主体造成损害。但是，从论述语境和原初目的的角度看，政治哲学中的自治是以“公共性”为基本指向的。具体而言，公共权力的强制机制和自治机制都是以公共事务的处理为目的的，只不过两者在运作逻辑上不同：公共权力强制机制通过强制性的法律行动、行政命令等实现公共秩序，处理公共事务；自治机制依靠政治自治体内部的协商一致、合作意愿、互惠精神、信任机制等方式实现利益整合，维持内部秩序。

第二，自治机制和公共权力机制之间不是“水火不容”、“非此即彼”的，相反，两者各有行动边界和责任范围，相互配合，相互补充。在某种意义上，自治的确对公共权力形成制约之势，这也是自治对于政治而言最主要的功能之一；同时，公共权力的行动也的确对自治空间造成威胁。甚至事实上公共权力常常渗透进自治空间当中。但是，两种政治行动机制更多是一种“权力”划分的结果，它们在法律意义上分别享有各自的自主空间，拥有各自的职责范围；并且，两者各具优缺点，都无法单独完成政治秩序达成所赋予的责任。因此，从最理想的角度看来看，整个社会的政治秩序和公共事务需要两者分别在各自的责任空间中有效地发挥作用，同时相互监督、相互支持、相互赋权。换言之，自治机制和公共权力机制两者之间是一种协同行动、权力依赖的关系。“所谓权力依赖，指的是——(a)致力集体行动的组织必须依靠其他组织；(b)为求达到目的，各个组织必须交换资源、谈判共同的目标；(c)交换的结果不仅取决于各个参与者的资源，而且也取决于游戏规则以及进行交换的环境。”①可以说，想通过自治消灭一切公共权力的想法并不切合实际，犹如“无政府主义”一样不切合实际。自治是值得追求和推崇的，但是，万不能因此而像“无政府主义”那样直接宣称立即“消灭”政府，全面实现社会自治。或者说，自治的价值固然重要，但其价值并不足以证明：可以立即取消国家和政府，马上“建立没有任何政治权威的、绝对自由的自治生活。”②恩格斯在辩证唯物主义的基础上正确地指出，考察权威与自治的关系需要以经济社会发展的具体阶段为基础。在《论权威》中，恩格斯明确指出：“把权威原则说成是绝对坏的东西，而把自治原则说成是绝对好的东西，这是荒谬的。权威与自治是相对的东西，它们的应用范围是随着社会发展阶段的不同而改变的。”“如果自治论者仅仅是想说，未来的社会组织将只在生产条件所必然要求的限度内允许权威存在，那也许还可以同他们说得通。但是，他们闭眼不看使权威成为必要的种种事实，只是拼命反对字眼。”③

第三，自治不是绝对的、纯粹的，而是一个相对的概念。犹如卢梭（Jean-Jacques Rousseau）所言：“人是生而自由的，但却无往不在枷锁之中。自以为是其他一切的主人的人，反而比其他一切更是奴隶。”④自治与自由、民主等政治哲学概念一样，都不是绝对的、纯粹的。因为任何一个政治概念都要求切实的实践基础，而这些实践基础往往无法完备地达到。一方面，自治常常面临着政治自治体能力不足的困境，而无法形成内部一致、实现内部秩序，这需要外部力量的干预和介入。另一方面，自治也面临着政治自治体本位主义的风险，或者出现“尾大不掉”的情况，毁坏宏观秩序；或者出现损害“非成员”的利益，对其他主体造成不公平的结果；或者出现不同自治体之间的对立与“扯皮”，使政治决策成本增加，公共行动无法立即展开等。这也需要外部力量的干预和介入。总之，无论是个体还是共同体都必须在一定的环境中存在与发展，环境对特定主体必然产生特定的影响和制约，对其责任和义务产生特定的预期和要求。这就意味着在强调自治的同时，也还必须强调“政治”——自治是一种相对的而绝非绝对的概念，必须将自治的政治观念与无政府主义区分开来。

①[英]格里·斯托克：《作为理论的治理：五个论点》，载《国际社会科学杂志（中文版）》1999年第1期。
②马啸原：《西方政治思想史纲》，北京：高等教育出版社1997年版，第429页。
③《马克思恩格斯选集（第3卷）》，北京：人民出版社1995年版，第226页。
④[法]卢梭：《社会契约论》，何兆武译，北京：商务印书馆2003年版，第4页。

二、自治是一个现代性的概念：与自然安治相比①

自从人类社会产生以来就存在着一种社会管理形式——自我管理，即“自己的事情自己处理”。但自我管理在不同的历史时期具有不同的特征和属性。在传统社会，自我管理具有“自然安治”(self-help in natural state)的特征。近代以来，自我管理在人民主权理论的推动下发展成为现代性的“自治”(self-governance)，具有自主治理、主体间性和权力分配三重特征。如果单纯从自主治理的角度来理解具有现代性的自治的话，将会把自治实践引向歧途。所以，这里首先对传统的自然安治和现代的自治进行比较分析，阐释自治现代属性的具体表现。

在传统中国乡村社会开展的各种形式的自我管理活动维系着基层社会的正常运转，也为中央集权统治的稳定奠定了基础。② 具体而言，乡里组织、乡约、宗族和乡绅等在不直接依赖皇权和官僚体系的情况下，依据宗法伦理、地缘情感和熟人社会法则以互济互助的方式自行处理乡村社会内部的共同事务，如基础设施建设、提供社会保障、维护基层秩序、裁决彼此冲突、教化域内乡民等。一言以蔽之，“许多问题乡村皆自能解决。”③这是一种不可否认的自我管理形式，但与上述“自由说”、“民主说”和“政治说”相比，中国传统社会的自我管理具有强烈的“自然安治”属性。中国传统社会的乡村自治得以出现的主要原因是，在小农经济的条件下，皇权和官僚体系在政治上似乎可以囊括一切领域，但皇权和官僚体系在制度安排、机构设置、组织设计以及资源配置格局等方面存在不足，缺乏型构乡村社会之日常生活的能力，未能直接渗入到乡村社会的日常运作过程当中，这为乡村社会的自我管理预留了巨大的空间④。当然，在没有外部资源可以依赖的情况下，乡村社会也只能通过自行组织、自我管理的方式处理有关公共事务。同时，皇权专制制度在更大程度上是为了维护阶级统治、确保皇权秩序而不在于开展公共管理，所以也无意插手乡村公共事务。只要不危及皇权地位，公权力就会对乡村社会的自我管理活动持默许态度。这样就形成了以“国权不下县，县下惟宗族，宗族皆自治，自治靠伦理，伦理造乡绅”为特征

①这一部分的内容发表于《天府新论》2012 年第 3 期，原文标题为《自治的现代性及其培育》。此处有修改。

②薛冰等：《古代中国基层自治实践对现代公共管理的意义》，载《西北大学学报(哲学社会科学版)》2009 年第 2 期。

③梁漱溟：《梁漱溟全集(第 5 卷)》，济南：山东人民出版社 1992 年版，第 585 页。

④[英]安东尼·吉登斯：《民族国家与暴力》，胡宗泽等译，北京：生活·读书·新知三联书店 1998 年版，第 10—11 页。

的乡村治理格局。[①] 当然,这是一种自然安治意味浓烈的治理格局,缺乏权利、公共等意涵。

说传统乡村社会中的自我管理具有自然安治的属性,我们可以从如下几方面来理解:

首先,传统乡村社会的自我管理不是主体意识、权利意识昭示的结果,也非独立主体自责自负的公共行为,而是在皇权无力或无意涉足的空间内自发形成的秩序。开展自我管理的乡里组织、宗族、乡绅等并未在主体性的意义上体认到自我的价值和地位,缺乏作为独立主体参与政治过程、影响公共政策、监督官僚体系运作的诉求。

其次,传统乡村社会的自我管理不是国家制度的有机组成部分,乡村社会与公权力之间的界限并没有得到政治制度的认可与规范,官僚体系只要愿意就可以动用专制机器对某一乡村横加干涉。官僚体系对乡村社会的自主性没有什么期待,也无意对乡村社会的自我管理给予支持和指导。即,两者并非是相互依赖(资源依赖和权力依赖)和相互赋权的关系。

最后,传统乡村社会的自我管理往往采取宗法专制的管理方式,村民个体的权利和主体性并不被重视,甚至常常受到宗法专制的无节制盘剥。村民个体没有参与乡村共同事务、影响集体决策的权利,也缺乏相应的制度性渠道。

现代意义上的自治是在以人民主权为核心内容的权力政治确立之后才得以建构。此时的自治并非自发形成的秩序。[②] 可以说,现代自治"始于 17 世纪一系列深刻的社会结构和知识转型",[③]表达的是现代公共生活、政治行为所呈现出来的特有品质和状态,具有不同于自然安治的现代性特征:自主治理、主体间性和权力分配。"在现代之前,人们一向不被鼓励为他们的问题寻求解决方案,他们被期待依照他们的精神和世俗导师的指示行事。"[④]现代社会则不同,对社会个体以及社会力量的自治能力和自治意愿给予充分地肯定,且认为自治是社会个体和社会力量应有的权利。另外,从社会的组织形式的角度看,传统社会的社会组织结构更多因血缘纽带、地域纽带、裙带关系纽带而生成,往往是一种基于初级群体而形成的共同体。而现代社会则不同,虽然也存在数量众多、

①秦晖:《传统十论:本土社会的制度、文化及其变革》,上海:复旦大学出版社 2003 年版,第 3 页。

②[英]戴维·米勒等:《布莱克维尔政治学百科全书》,邓正来译,北京:中国政法大学出版社 2002 年版,第 693 页。

③Bauman Z. *Mordernity and Ambivalence*. Cambridge: Policy Press. 1991.

④[美]利昂·P. 巴拉达特:《意识形态起源和影响(第 10 版)》,张慧芝等译,北京:世界图书出版公司 2010 年版,第 3 页。

类型各异的初级群体，但是基于目标和利益的契约安排占据主流，以理性合意、交易契约而形成的属于“合伙”形式——诸如企业、社会组织等逐渐代替初级群体对人们的生活产生越来越重要的影响。如鲍·斯达(Poul Starr)所指出的那样：“我们现今所熟知的组织形式产生于17—18世纪的欧洲和美国，当时正值欧美政治和经济扩张时期和启蒙运动过程中。在此期间，不仅组织的数量和应用领域激增，而且发生了结构的转变，从先前的基于亲属纽带和个人关系的‘公社’形式，转变为基于除了对目标和利益的共同追求外无其他联系的个人之间的契约安排的‘合伙’形式。”①而契约本身强调立约双方的自由合意和理性判断，这暗含着对“自治”的肯定、推崇和高扬。综观世界政治的发展进程，政治现代化本身与契约从交易伦理转向政治伦理的过程相一致。② 因此，自治随着政治现代化的出现而被肯定。

(一)自治体现“自主治理”之品质

自治体现了社会自主性，是一种自主治理、积极作为的政治品质。在自治的空间内，自治体(基层社会、社会团体等)作为独立的行动主体，可以自主地创制、创议和决策，发挥自我服务、社会整合和自我管理的功能；可以自主地行动起来，追求自己认为正当的价值，实现自责自负。并且，这种自主性得到了政府的认可和支持。也就是说，自治倡导的是一种自主行动、积极作为的现代品质，它排除了外部的无端干预，在自己的价值偏好和理性需求的基础上选择自己的行为方式，表达自己对各类目标的追求。③

(二)自治彰显“主体间性”之理念

自治摒弃了国家中心主义的一元化思维方式，彰显了主体间性的现代治理理念。主体间性是指主体间互相把对方看作是平等、独立的行动者，提倡“对白”反对“独白”，强调用“圆桌会议”代替“主席台”，追求相互理解、沟通的交往理性。对于自治而言，主体间性可以从宏观和微观两个层面来理解。在宏观层面，是指自治体与政府之间相互承认、平等互动，是一种相互赋权和相互依赖的关系。首先，自治被政治制度所确认，是政治制度的有机组成部分。在自治体和政府之间存在着法定的行为边界，自治体和政府之间是共生并存、各有行动

①Paul Starr. *The Social Transformaition of American Medicine*. New York: Basic Books. 1982. 参见[美]W 理查德·斯科特等：《组织理论：理性、自然与开放系统的视角》，高俊山译，北京：中国人民大学出版社2011年版，第4页。

②张凤阳等：《政治哲学关键词》，南京：江苏人民出版社2006年版，第208—221页。

③[美]威廉·盖尔斯敦：《自由多元主义：政治理论与实践中的价值多元主义》，佟德志等译，南京：江苏人民出版社2005年版，第19页。

领域和责任范围的、平等互动的二元关系。此间，自治体不仅有自主处理内部事务的主体性格和行动能力，也有主动参与国家政治事务的主体意识和参与精神，拥有参与政治、反映诉求和影响政策的制度化渠道。其次，政府和自治体相互支持、相互赋权。政府对自治体的主体性、行为能力等有一定的期待，这种期待不是一种强制，而是信任和支持。为了提升自治绩效、维持自治秩序并充分发挥自治体的功能，政府在法定范围内对自治体给予一定的指导、帮助和支持。自治体并不是政府的"反对派"和"对抗者"，而是积极作为、自责自负的公共行动者，在某特定领域内发挥自我管理、自我服务和自我教育的功能，在一定程度上分担了政府的公共责任，因此可以说自治体与政府在这一领域中是一种合作共治的关系。最后，除相互独立、合作共治外，自治体和政府之间还有一种互相监督的关系。自治体并不仅仅单方面接受政府的管制；同时，自治意味着建立了一个多中心的政治秩序，每一自治中心都是独立自主的主体性存在，它们对政府也有一定的监督作用。正是在这种意义上达尔指出：现代自治作为监督权力（并非反对权力）的手段而被推崇，"独立组织有助于防止统治（domination），产生互相控制。"①在微观层面，主体间性意味着在自治体内部采用民主参与、多元互动的方式开展自主治理（而不是采取宗法专制的方式实施管理），自治体成员、成员们自主形成的自组织是活跃于自治体内部的多元主体，它们可以通过自由、理性的讨论、协商处理自治体的内部事务，并在此基础上形成一致和秩序。

（三）自治内藏"权力分配"之意蕴

自治是公共权力的配置方式之一，界定了不同层次和不同类型权力主体的权责边界和行动边界。在类似于中国传统社会乡村自治那样的"自然安治"状态下，乡村社会的各种自我管理形式更多是一种自然而然的结果。由于"皇权不下乡"——皇权体系因种种原因而无暇顾及乡村基层的公共事务，因此，教育、基础设施建设（水利、交通）、济贫救困和纠纷调解等事务不得不由乡村内部的权威主体来处理，在"皇权体系"之外形成了一种自我管理体系，也事实上发生了自我管理的行为。显而易见，这并非是公共权力配置的结果。而是在"皇权体系"之外自然形成的，也是"皇权体系"无暇渗透、也不愿意过多介入的结果。因为皇权体系更多关注皇权帝位的稳固，只要不威胁到皇权帝位、没有危及到江山社稷，皇权体系是不会主动介入基层社会的。而政治哲学视野下的自

①［美］罗伯特·A. 达尔：《多元主义民主的困境：自治与控制》，周军华译，长春：吉林人民出版社2006年版，第29页。

治则不同，自治是权力分配和权利诉求意义上的结果。一方面，自治是抵御外来干涉和影响的权利，“无论如何，自主权仍被评价为一座堡垒”[①]。也就是说，外部力量的干预是对权利的损害，外部力量对政治自治体不进行“无端干预”意味着是对自治权利的尊重，自治空间便是公共权力的行为边界。另一方面，政治自治体拥有自主治理的权利，这是对其主体性的直接肯定和主动确认（而自然安治的状态更多是一种“无意识的行为”，是一种“不经意间地巧合”），也是权力分配的结果，它同政府各有权利之边界和职责范围，并且这种边界和范围常常通过法律的方式予以确定。在自治空间当中，政治自治体有权自行创议、自行决策和自主治理。

综上所述，与自发形成秩序的自然安治不同，自治是一个现代性的概念，包含着相互缠绕、相互支撑的三个层面：自主治理、主体间性和权力分配。自治体对内具有自我管理、自我服务和自我教育等自我发展的功能，对外则担当整合利益、表达诉求和参与决策的角色。自主治理是主体间性的基础，如果没有自主治理、自责自负，自治主体的“主体性”就无从谈起，因此也就无所谓“主体间性”了。主体间性为自主治理设置了一种不受外部力量无端干预的屏障，构筑了一个自主治理得以开展的空间，形成了自行选择、自责自负的独立场域；同时，主体间性也使自主治理内蕴的价值实现了超越：既强调自治体参与公共治理，与政府合作共治、相互监督，又提倡成员在自治范围内民主参与、多元互动。权力分配将自治的生成动因和空间赋予视为是公共权力配置的结果，界定了不同层次和不同类型权力主体的权责边界和行动边界。这既为自主治理赋予了应有的空间，也为不同主体之间的独立自主、平等互动、协同行动提供了依据。因此，理解现代政治哲学范畴中的自治就必须从自主治理、主体间性和权力分配三个层面入手，缺一不可。这三方面也构成了我们辨识自治的基本标准。

三、自治体现权利诉求：与自我管理相比

自我管理（self-Management 或 self-Mastery）是新近出现的一次管理哲学转向。齐振海等在《管理哲学》一书中指出：“每一管理主体，为了确立和加强自己的主体地位，实现和发展自己的主体能力，都必须经常地把自己当作客体加以对待，对自己的思想、举止行为进行管理。人管理自己本身时，他便因之而成为‘自我’本身所管理的主体。人受自我本身管理时，他的‘自我’本身则成为管

①［英］戴维·米勒等：《布莱克维尔政治学百科全书》，邓正来译，北京：中国政法大学出版社 2002 年版，第 694 页。

理的客体。在一定意义上可以说,主体之所以为主体,实质上就在于他能够把自己当作客体,自我意识、自我评价、自我管理。世界上只有人才是主体,就是因为只有人才能把自己当作客体看待,分解为主体的'我'和客体的'我'。"[①]这一意义上的自我管理与自治十分相似。因此,容易将政治哲学视野下的自治与自我管理相混淆。的确,自治与自我管理十分相近、很多时候甚至可以互换使用。但两者存在很多不同。

(一)自我管理常常被用来表述个体的心理活动和行为过程,而自治则不同

"现代管理学之父"彼得·德鲁克(Peter F. Drucker)就将自我管理和知识管理视为新时代个人成功的个性基础,"在知识经济中,成功属于那些善于自我管理的人。"[②]"它将管理的对象由外部移到内部,转到人自身,将管理的主体与客体融为一人。这是管理思想史上的划时代的变革,也具有其更高的成就。"[③]也就是说,自我管理就像气质、素质等一样是个体所具备的一种属性,并且这种属性既是新时代对人们提出的一项新要求,也是新时代个体能够走向成功的基础。"作为一种新兴的管理,自我管理是与人的自我实现相联系的,是人自我实现的重要途径和手段。"[④]我国学者李家龙因此而指出[⑤]:

> "自我管理是指一个人主动调控和管理自我的心理活动和行为过程。同时,它又是一种管理能力的体现。自我管理的实质是自我控制,作为主体的自我,一个人需要进行自我意识、自我控制和自我调适;作为客体的自我,一个人需要进行自我调节、自我激励和自我反馈。它体现了人对自身的生理、心理和行为各方面的自我认识、自我感受、自我料理、自主学习、自我监督、自我控制和自我完善的能力。这种能力是随着年龄的增长、知识学历和社会阅历的提高,呈逐步提高的趋势,而且可以通过自主学习、自我监督、自我控制和自我完善而得以培养。
>
> 自我管理是一种涉及个体的多维度、多层次、集合性的心理和行为活动系统。从管理内容看,它表现为个体对自我意识、自我控制、自

①齐振海等:《管理哲学》,北京:中国社会科学出版社1988年版,第97页。
②王益明等:《自我管理研究述评》,载《心理科学》2002年第4期。
③郭海龙:《现代化与自我管理问题研究》,北京:中国社会科学出版社2007年版,导言第3页。
④郭海龙:《现代化与自我管理问题研究》,北京:中国社会科学出版社2007年版,导言第3页。
⑤李家龙:《自我管理要素与实现》,北京:机械工业出版社2011年版,前言第2页。

我调适、自我激励、价值观念、学习、时间、创新、目标规划、职业生涯、优势与效能、人际交往和健康等13方面的管理。这13项管理内容构成了自我管理的要素体系，在这个体系中，目标规划、职业生涯、学习、时间、创新、优势与效能、人际交往和健康等属于显性要素；自我意识、自我控制、自我调适、自我激励和价值观念等属于隐性要素。如果从自我管理的可实现性及实践性看，这些要素又可以区分为心理行为要素和可实践性要素。心理行为要素包括：自我意识、自我控制、自我调适、自我激励和部分的价值观念；可实践性要素包括：部分价值观念、学习、时间、创新、目标规划、职业生涯、优势与效能、人际交往和健康。”

不难看出，自我管理在很大程度上与我国古典文献中强调内在修为、自我修养的“自治”基本一致，只不过超越了单纯的道德修养层面，而体现为一种内在的管理能力、自控能力，是个体成功、发展的基础，也是个人获得成功、取得发展的必要途径。“历史上那些极成功的人——拿破仑、达芬奇、莫扎特，一直都在进行自我管理，在很大程度上，也正是自我管理使他们成为伟大的成功者。”① 当然，由于每个个体都具有自我管理素养和自我管理能力，组织运行和组织管理也将会十分顺利，成本极低。正因为如此，有学者指出：“自我管理，曾被叫做‘领导的替代品’，就是任更多的人管理他们自己的行为并实现与组织目标相一致的结果。”②显然，个体素养和个性特征意义上的自我管理与权利诉求、权力分配意义上的自治存在较大差别。从学科属性的角度看，自我管理更多可被视为心理学、行为科学、管理科学视野下的一种个体能力和个性特征，而自治则是政治哲学视野下的权利诉求与权力配置方式。

（二）自我管理更多具有的是效率意义，而自治则不同

正是由于自我管理更多属于行为科学、管理学意义上的概念，因此其研究者往往在“效率”的层面上对其推崇有加。换言之，如果在一个组织或团队当中，成员都是爱偷懒的、不主动承担责任的，那么管理者就必须花费更多的精力和成本用于监督、控制和激励，此种组织或团队的效率自然十分令人堪忧。相反，如果每一个个体都具有很强的自我管理意识和能力，都可以通过自我控制、自我调适、自我激励、自我学习等方式使自己与组织或团队目标要求相一致，那

---

①[美]彼得·杜拉克：《21世纪的管理挑战》，刘毓玲译，北京：生活·读书·新知三联书店2000年版，第159页。“彼得·杜拉克”即“彼得·德鲁克”：引者注。

②[美]弗莱蒙特·E. 卡斯特等：《组织与管理：系统与权变的方法》，傅严等译，北京：中国社会科学出版社2000年版，第459页。

么该组织或团队的效率自然会提升。因此，查尔斯·曼兹(Charles C. Manz)等指出："从成本—收益的角度看，自我管理是最令人向往的目标，因为它可以使组织减少用于管理的货币和时间成本，并且可以为管理者节省出更多精力处理更具战略意义的关键问题。"①

当然，除了个体意义上的自我管理能帮助组织实现高效能地管理之外，很多学者也在团体意义上对自我管理给予了较高评价。"自我管理型团队是独立个体的组合体，这些个体能够针对整个任务来自我调整他们的行为。"并且，无数学者也证实了自我管理型团队与高生产率、高质量、满意的顾客服务、安全生产、工作满意、对组织的承诺和组织的创新水平等呈正相关关系。②

从上述判断我们可以大致得出结论，自我管理更多追求的是工具理性，强调通过自我管理可以实现更有效的管理。犹如德鲁克所指出的那样，自我管理不仅有助于个体及其组织"做正确的事"(to get the right things done)，更有助于个体及其组织"正确地做事"(to do things right)。而政治哲学视野下的自治则有着很强的价值意义，具有自我管理所没有的"价值理性"。自治的"自由说"、"民主说"、"政治说"都表达出其具有很强的政治价值，而不单单是一种实现其他目的的工具和手段。在自治哲学中，对自治所蕴含的价值诉求更为推崇，并对其赋有伦理、美学等含义，而视之为与自由、与民主等相融通的价值目标和道德理想。当然，自治的效率也被政治哲学所认可。只不过，在政治哲学中，自治在自由、民主、共和等"意识形态"领域的功能也被高调宣扬。

四、自治是一种社会政治状态：与自组织相比

自组织(self-organize)也是与自治十分相似且经常与自治混用的一个概念。如哈肯(Hermann Haken)指出"如果一个系统在获得空间的、时间的或功能的结构过程中，没有外界的特定干涉，我们便说该体系是自组织的。这里的'特定'一词是指，那种结构或功能并非外界强加给体系的，而且外界实际上是以非特定方式作用于系统的。"③南非学者保罗·西利亚斯(Paul Cilliers)则强调自组织指的是复杂系统自我进化、自我演进的机制和能力。他指出："自组织是复杂系统的一种能力，它使得系统可以自发地、适应性地发展或改变其内部

①Charles C. Manz etc. *Self-management as a Substitute for Leadership: A Social Learning Theory Perspective*. Academy of Management Review, 1980, Vol 5, No. 3.

②李家龙：《自我管理要素与实现》，北京：机械工业出版社 2011 年版，第 14 页。

③[德]H. 哈肯：《协同学》，戴鸣钟译，上海：上海科学普及出版社 1988 年版，第 29 页。

结构，以更好地应付或处理它们的环境。”[①]也就是说，一个事物在与外界不断进行能量交换过程中能够自发地走向有序化的过程，外界输入的能量只是事物演化的条件，而不是事物演化的基本动因。自组织是通过事物自己自发、自主地走向组织的一种过程或结果；“被组织”则不是它自身的自发、自主过程，而是被外部动力驱动的过程或结果。

但是，我们不能否认，自组织及其理论是系统科学视野下的话语，它源于比利时物理化学家普利高津（L. Prigogine）的耗散结构（Dissipative Structure）理论、德国物理学家哈肯的协同学（Synergetics）、英国生物化学家艾根（M. Eigen）的超循环论（Hypercycle Theory）以及美国圣菲研究所学者们的复杂性科学（Complexity Science），旨在揭示诸如生命系统等复杂自组织系统的生成和发展规律，力图通过物理学、生物学乃至一些社会科学的学科交叉来解释复杂自组织系统如何从无序走向有序，从低级有序走向高级有序。[②]

有学者对自组织理论做了如下表述：

> “一个远离平衡状态的开放系统，其内部组分或子系统间通常会产生非线性相互作用，该系统能够通过与外界环境不断交换物质、能量和信息，使系统内的无序性自发减少，有序性自发增加，因而自发形成新的组织和结构，使系统由无序状态转化为时间、空间或功能上的有序。这种动态有序结构会不断向着复杂程度更高的方向演化，使系统的结构、功能等持续上升。”[③]

可以说，自组织这一概念以及自组织理论都与自然科学有着直接的关系，甚至在很大程度上自组织理论可以被视为是自然科学，更多解释的是自然现象。只不过，这种自然现象与人类社会的很多现象相近，因此在社会学、教育学、传播学、管理学等当中大量地借用了自组织这一概念，并用自组织理论来解释某种具体的社会现象，来建构某种面向未来的发展策略。哈肯也在此意义上对自组织理论向社会现象的嫁接表示乐观，他因此而指出：“如果没有外部命令，而是依靠某种相互默契，工人们协同工作，各尽职责来生产产品，我们把这种过程称为自组织。”[④]也正是这种借用使得学界混淆了自组织与自治的基本

①[南非]保罗·西利亚斯：《复杂性与后现代主义》，曾国屏译，上海：上海世纪出版集团2006年版，第125页。

②王京山：《自组织的网络传播》，北京：中国轻工业出版社2011年版，第9页。

③王京山：《自组织的网络传播》，北京：中国轻工业出版社2011年版，第15—16页。

④[德]H. 哈肯：《协同学引论》，徐锡申等译，北京：原子能出版社1984年版，第241页。

意义。

但是,透过自组织理论的基本关切点,笔者仍然要强调,自组织及其理论更多具有的是一种解释功能,并且解释的是自然现象,缺乏政治哲学意义上的批判和建构的功能。学者王京山指出自组织理论的基本要点是:“系统自组织的前提——开放和远离平衡状态”;“系统自组织的动力——系统内部各组成部分之间的非线性相互作用”;“涨落导致有序”;“自组织演变的方式——渐变和突变”等。[①] 此间,充满了自然科学的术语,很难与社会科学尤其是与政治哲学对接、契合。在此意义上讲,自组织及其理论充其量能够对自治予以补充和解释,我们也可以借用自组织及其理论的一些概念、理念来增进对政治自治的理解。但在本质含义上必须将两者予以区分:自治是一种社会政治现象,其间具有很多政治价值方面的含义,如民主、自由、权利和权力等;而自组织则源于自然科学,更多揭示的是一种自然规律,缺乏价值理性方面的意味。

当然,由于自组织现象在自然界、在人类社会当中较为常见,“实际上,社会不仅是一个系统,也是一个具有耗散结构的开放系统。社会的存在和发展不仅要与外部自然界进行物质、能量、信息的交换,而且要依赖内部众多共同体在物质、能量、信息交换基础上的协同作用。家庭、社区、各种业缘组织、民族等都是相对独立的社会共同体,都具有自组织的机制或能力。社会系统的进化实际上就是由众多社会共同体参与形成的一个自组织过程。”[②]也正因为如此,自组织与自治的关系才显得错综复杂。不过,笔者认为自组织是一种对社会现象和自然现象发展、进化规律的解释,与自治所强调的自主治理、主体间性和权力分配等存在诸多区别。只不过,由于自组织对社会的发展、进化现象具有相当的解释力,所以可以将自组织及其理论作为方法论来解释这些自治现象。概言之,自组织可以作为自治研究的方法论,但两者不能等同。

五、自治是一种包容性权利:与自决相比[③]

自决(Self-determination)也是与自治十分相近且常常被混用的概念。正如以色列学者耶尔·塔米尔(Yael Tamir)所指出的那样:“虽然绝大多数关于民族自决权的讨论都反映了这两者之间的混淆,但是自治与民族自决却是两个

①王京山:《自组织的网络传播》,北京:中国轻工业出版社 2011 年版,第 16—19 页。

②杨贵华等:《自组织:社区能力建设的新视域,城市社区自组织能力研究》,北京:社会科学文献出版社 2010 年版,第 6—7 页。

③王英津:《自决权理论与公民投票》,北京:九州出版社 2007 年版,第 159 页;李红杰:《由自决到自治》,北京:中央民族大学出版社 2009 年版,第 265 页。

不同的概念。”①自决更多表示的是在国际法意义上的国家独立、自主，是国家主权意义上的概念。自决权的拥有意味着对外部干预的完全反对和拒绝；而自治则是某一国家内部的权力分配的结果，属“国内法”、“国内政治”的范畴。虽然强调自治是一个免于外在干预的堡垒，但并不意味着政治自治体脱离并独立于国家，在某种程度上还要接受外部力量的“有条件”干预。概言之，自治是一种包容性权利，而自决则是一种异质性、对抗性诉求。日本学者吉村源太郎就曾明确指出：

> “盖自治与自主(即”自决“——引者注)异——自主者，自为一国家；自治者，必处一国家之下。故国家以内有自治，国家以外无所谓自治也。假使团体不受国家之监督，任自身之意思行动自由，则是离国家监督范围之外，几另成一国家，而国家统一乃于是乎大坏。所以，自治观念与国家观念有密切不可分离之关系，更有并行、不可冲突之理由。”②

自治与自决的混淆主要源于自决权的“内外划分说”。外部自决权有两重含义：一是指被压迫的殖民地人民和其他被外国压迫的民族所拥有的反抗、摆脱殖民压迫而获得独立的权利，这是最原初意义上的自决权利；二是指独立的国家及其人民有不受他国干预而自主、自由决定经济社会发展道路的权利。总之，“外部自决的概念中能够区别于其他国家法原则——国家主权平等、不干涉、自卫权等——而独立权存在的方面只有上述第一方面，即被压迫民族获得独立的权利。”③显然，在“外部自决权”看来，自决权的拥有者是被压迫民族和主权国家。这与国内政治领域范畴中的自治区别明显。但是“内部自决权”却大大地加强了自治与自决的混淆。

内部自决权的提出是因为“非殖民化运动”结束之后，自决权话语危机因为缺乏“主体”而出现，“为了使国际法上的自决权能够继续存在下去，西方学者主张将其延伸到国内政治领域，提出了‘内部自决权’的概念。”④在安东尼·卡塞斯(Antonio Cassese)看来，外部自决权是一次性权利，一旦拥有便结束(即，民族独立后就完成了)；而“内部自决权”是一持续性的权利，是一种真正的自治权

①[以色列]耶尔·塔米尔：《自由主义的民族主义》，陶东风译，上海：上海世纪出版集团 2005 年版，第 63 页。

②[日]吉村元太郎：《地方自治(全二册)》，朱德权译，北京：中国政法大学出版社 2004 年版，第 10 页。

③王英津：《自决权理论与公民投票》，北京：九州出版社 2007 年版，第 65 页。

④王英津：《自决权理论与公民投票》，北京：九州出版社 2007 年版，第 60 页。

(self-government)——人民自由的、自主的选择自己政治、经济、文化等制度体系的权利。① 按照内部自决权论者的观点,享有内部自决权的主体大致包括三类:"一是主权国家的所有人民;二是少数者团体,包括族类(ethnic)、宗教、语言的少数者及土著人;三是被拒绝参政的种族团体(racial group)。"②

不难发现,"内部自决权"混淆了国际法与国内法,混乱了国际政治与国内政治。不仅在概念上把自决(自决权)与人民主权、与民主、与自由、与自治等概念混淆了,而且实践上一方面极容易导致干涉他国内政的行为合法化——强权国家可以假借内部自决权的名义干涉他国内政;另一方面极容易导致国内分裂——别有用心者可以假借内部自决权的名义提出无理的独立诉求。季卫东先生在此意义上就曾指出:

> "在把自决权融化为个人权利之后,自决权将名存实亡。""国际法上承认的自决权是一种集体性的人权,其主体是殖民地和被压迫民族的人民或者主权国家内部的全体公民。虽然自决权的范围有扩大到国内少数民族、族群的倾向,但并没有改基本属性的定义。然而,当对内自决的标准改变为对市民自由权的保障,并且通过一人一票的表决来判断时,实际上自决权的主体就由复数的人民变成了单数的个人,集体性人权与个体性人权的界限也被抹消殆尽。在这样的情况下,人民自决的原则已经丢失了本来的内涵,甚至不再具有存续的意义。"③

学者哈斯特·翰纽姆(Hurst Hannum)也认为内部自决权会直接导致多民族国家的分裂。因为国家内部的民族会以"自决权"的名义要求独立,这是对多民族国家的最大威胁,也是自决(自决权)这一概念内在的异质性要素在"作怪"。当然,我们的确需要认真对待少数民族的权利。这就需要超越"自决",走向"自治"。"对现存国家的政治忠诚并不导致对民族和文化等差异的抹杀,而中央政府或多数派对多样性的认可与尊重也不至于导致分裂。"④而实现这一预期的途径就是"自治",因为自治具有强烈的包容性要素,不绝对地排斥外部力量的干预,只是反对外部力量的无端干预。

---

①Antonio Casssese. *Self-determination of People, A Legal Reappraisal*. Cambridge University Press, 1995.

②王英津:《自决权理论与公民投票》,北京:九州出版社 2007 年版,第 66—67 页。

③季卫东:《宪政新论:全球化时代的法与社会变迁》,北京:北京大学出版社 2005 年版,第 399—400 页。

④Hurst Hannum. Autonomy, *Sovereignty, and Self-Determination*. University of Pennsylvania Press Philadelphia, 1990.

至此,我们可以将自治与自决作如下区分:一是两者的存在领域不同,自治是国内政治的话语和概念,与民主、自由等权利相联系;而自决是国际政治的原则和权利,事关国家主权独立与否。二是两者的学科属性不同,自治是国内宪政意义上的概念,自决是国际法意义上的概念。三是两者的政治属性不同,自治是一种包容性权利,追求自主治理,但不会反对一切外部干预,自决则是一种异质性诉求,追求独立自主,反对一切外部干预。正因为如此,自决权的诉求往往伴随着战争以及社会政治失序,而自治则是权力分配的一种政治常态。四是两者的主体不同,自治的主体是国家内部的个体、地方、团体等,自决的主体则是被压迫民族和主权国家。五是两者的渊源不同,自治起源于社会优先与国家的权利,自决则起源于被压迫、被殖民的不公平的国际政治秩序。

六、自治的“硬核”:简单地总结

通过上述分析,我们可以对自治的“硬核”概述如下:自治与自然安治、与自我管理、与自组织、与自决等存在诸多差异。(1)自治内在地包括自主治理、主体间性和权力分配三个相互支持、共同存在的层面;(2)自治是政治领域的权利诉求,是一种政治社会状态;(3)自治是一种包容性的权利,是国内政治话语体系中的概念。

第三节　不同主体视域中的自治

按照现代语言使用惯例,“自治”之后一般不再添加其他词语作宾语。即,不再像中国古典文献中那样添加宾语来使用,如,自治冠带、自治宫殿、自治(别人的事务)等。因此,在理解政治哲学视野中的自治时可以不用考虑这一因素。但是,“谁”实施自治、“谁”享有自治权的问题却不能忽视。也就是说,自治虽然在语言惯例中不再添加宾语,但往往配以主语而使用,如,地方自治、基层自治、社会自治、行业自治、民族自治等。也可以说,自治是一个相对的概念,意味着在实践中需要处理多元的权力关系,不同的自治主体意味着存在不同的“他治”主体,在不同“他治”主体的情境中也意味着存在不同的自治主体。在具体的政治实践过程中,政治自治体与他治主体共存共生于既对立又统一、既相互监督又相互依赖、既协同行动又不乏紧张的关系情境当中;任何一个政治自治体,都不是绝对孤立的,必然受到环境因素的制约和上级系统的规制,与环境因素和上级系统发生这样那样的关系。所以,理解自治的政治意蕴就必须理解与审视不同主体视域中的自治。

一、自治与自决不同，其主体不包含主权国家

在进入正式阐述之前，需要首先强调一点，在政治自治的视野中，自治是国内法、国内政治层面的概念。即，自治的主体并不包含民族国家，自治与主权独立无关。虽然倡导"内部自决权"的学者因种种原因而将自治与自决等同，并且通过内部自决权的宣扬来延续和拓展自决理论的研究。但是，内部自决权自产生初期就被理论界和实务界所批判。这主要是因为自治与自决的原初含义和对政治实践的影响不同。

自治属于一种包容性的权利，在追求自主治理、主体间性的同时并不完全反对外在的合理合法干预，因为自治是美好的政治愿景，但自治也"创造了作恶的机会。组织可能利用这样的机会增加或维持不公正而非减少不公正。它也可能损害更广泛的公共利益来促进其成员的狭隘的利己主义，甚至有可能削弱或摧毁民主本身。因此，跟个人一样，组织应当拥有一些自治，但同时也应当受到控制。"①

相反，自决则强调独立、分立，丝毫不能受到侵蚀。正所谓国家主权不容侵犯，主权不容分割，主权不容争议和讨价还价。自决权是一种对身份获得、主权独立的追求，与一般意义上的公民自由权利追求不同。针对自决权的斗争不是为了权利平等，也不是为了做自己愿意做的事情的自由，而是为了获得主权层面上的承认、独立。它是针对外部压迫和殖民统治的政治行动，往往需要通过战争、革命来实现。在此意义上说："主权国家内的少数民族不享有国际法意义上的自决权，只享有国内宪政意义上的民族自治权。自决权原则不适用于国内少数民族，在以主权国家为单位的内部关系中，共同组成一个国家的多个民族都是 nationality，大家共同构成一个 nation。"②因此，主权国家内部的少数民族或其他特殊主体有权利享有自治权，可实施自治，更有义务维护国家统一完整，而不享有国际法意义上的、具有分裂趋向的自决权。也正因为如此，有学者指出，针对主权国家内部的少数民族或其他特殊主体，应该是"由自决走向自治"，而非绝对的"自决"，"历史使民族和民族国家殊途同归，似乎已经找到了彼此双赢的契合点——'自治'正在成为越来越多的民族和越来越多的民主的历史选

①[美]罗伯特·A. 达尔：《多元主义民主的困境：自治与控制》，周军华译，长春：吉林人民出版社 2006 年版，第 1 页。

②王英津：《自决权理论与公民投票》，北京：九州出版社 2007 年版，第 159 页。

择。"[1]《剑桥百科全书》也指出"内部自治通常是为替代分裂而提出的一种做法。"[2]

简言之，从表面上看自决与自治，"两者都含有自我决定的意思，但事实上，两者不属于同一个范畴。""自治的实践总是依照一国国内政治和族群关系的具体情况而设定的。"[3]因此，谈论"自治"时，就已经设定了一个潜在的前提——以国内政治实践为论域。换言之，在严格意义上并不存在国际法层面上的"自治"。

二、主体多元的自治实践

有学者指出，"现代政治学在民主或民治意义上使用的'自治'，主要描述两种情形：一是表明政治国家层面上的自治，它还包含着公共权力在中央和地方之间按一定原则进行划分和配置的机制，地方则为拥有自治权的实体。二是指不具有国家政权性质的社会自治。"因此，"自治权从内容上可以分为政治自治权和社会自治权，前者是指公民作为地方政治主体对地方国家事务的管理权。后者是指公民作为社团或社区成员，对本社团和社区共同体公共事务的管理权。"[4]这种判断无疑指出了自治最主要的两种主体：地方自治和社会自治。但是，这种判断似乎过于概括，忽视了自治的其它主体，如基层自治、个体自治等。总之，自治是纷繁复杂政治实践中的一种"复数关系"——在实践中，自治的主体有多种形式。

从政治自治体形式的角度看，自治的主体有个体和共同体，即个体自治和共同体自治；从权力分配的角度看，自治主体包括：中央集权与地方分权意义上的地方自治，国家与社会关系意义上的社会自治，国家政治事务与基层事务区分意义上的基层自治，多数派与少数派区分意义上的少数民族自治等。

（一）自由个体自治

个体自治表现为个人自主决定自己的生活方式、理想目标、价值模式等，主要针对的是个人事务，以个体为主体。日本学者长野郎曾指出，"自治的基调为个人性情的延长；而个人则以自己生活的安全为其根本自治系以自然为本，亦

①李红杰：《由自决到自治》，北京：中央民族大学出版社2009年版，第265页。
②[英]大卫·克里斯特尔：《剑桥百科全书》，丁仲华等译，北京：中国友谊出版公司1996年版，第565页。
③王英津：《自决权理论与公民投票》，北京：九州出版社2007年版，第158页。
④王英津：《自决权理论与公民投票》，北京：九州出版社2007年版，第155页。

以适当地满足人类生存欲为其基调。”①个人自治是前现代社会所不存在的。前现代社会是持守共同体本位和群体本位的，个体依附于城邦、家族、村社等共同体形式当中，共同体赋予个体以社会身份，也支配着个体的责任、义务和目标取向，共同体是个体最高的价值依归。亨利·梅因(Henry S. Main)指出，在传统社会中，“人们不是被视为一个个人而是始终被视为一个特定团体的成员。”“个人道德的升降往往和个人所隶属集团的优缺点混淆在一起，或处于比较次要的地位。”“个人并不为自己设定任何权利，也不为其自己设定任何义务。他所遵守的规则，首先来自他所出生的场所，其次来自他作为其中成员的户主所给他的强行命令。”②正是由于共同体对于个人不可置换的优先意义，被迫离开共同体或被共同体放逐则被视为是极大的惩罚：在西方古代，苏格拉底宁可被处以极刑，也不愿意离开自己所认可的城邦。在我国传统社会，去世之后无法进入祖坟(即不被共同体所接纳)，即是天地不容、人神共愤的表现。当然，这也是个体所无法接受、感觉恐惧的。贡斯当曾十分经典地指出：

> “古代人(这里更多指的是古希腊雅典城邦——引者注)的自由在于以集体的方式直接行使完整主权的若干部分：诸如在广场协商战争与和平问题，与外国政府缔结联盟，投票表决法律并作出判决，审查执政官的财务、法案及管理，宣召执政官出席人民的集会，对他们进行批评、谴责或豁免。然而，如果这就是古代人所谓的自由的话，他们亦承认个人对社群权威的完全服从是和这种集体性自由相容的。你几乎看不到他们享受任何我们上面所说的现代人的自由。所有私人行动都受到严格的监视。个人相对于舆论、劳动、特别是宗教的独立性未得到丝毫重视。我们今天视为弥足珍贵的个人选择自己宗教信仰的自由，在古代人看来简直是犯罪与亵渎。社会的权威机构干预那些在我们看来最为有益的领域，阻碍个人的意志。”③

正因为如此，有学者指出，“在某种意义上，自主独立的个体从传统纽带的包裹下挣脱出来，乃是现代文明进程中的头等大事。”④在共同体和群体本位的

①转引自杨志诚：《民主自治下的地方自治：从英美的地方制度探讨我国的地方自治》，载《中国地方自治》1997年第6期。

②[英]亨利·梅因：《古代法》，沈景一译，北京：商务印书馆1995年版，第105页、第73页、第176页。

③[法]邦雅曼·贡斯当：《古代人的自由与现代人的自由：贡斯当政治论文选》，闫克文等译，上海：上海人民出版社2005年版，第34—35页。

④张凤阳等：《政治哲学关键词》，南京：江苏人民出版社2006年版，第39页。

情境中，个体的自治是无法想象的。而近现代依赖的政治哲学将个体本位置于基础性的地位，视个体生命、独立、自主、财产、自由等都是人所拥有的自然权利，不容置疑更不容许无端践踏。因此可以说，对个体本位以及个体自治的肯定是导致传统社会瓦解的基础性行动。

自治权在最原初、最基础的意义上是个体范畴意义上的事，个体自治是人权和政治民主、自由等基本政治价值的逻辑起点。相反，如果把个体自治泛化，将自治这一概念“溢出”而加于社会性的政治生活领域时，自治的纯粹性就显得不足，自治的民主也就变为代议制民主了。或者说，在当代大型民族国家内部的各种自治实践，都源于个体自治，以个体自治为基础的。①

个体自治是人本目标的基本表现。“强制之所以是一种恶，完全是因为它据此把人视做无力思想和不能评估之人，实际上是把人彻底沦为了实现他人目标的工具。”②也就是说，无论何种形式的“他治”都不仅意味着是对“自治”的侵害，更重要的是对个体本位的颠覆，是将人作为实现他人目标的工具，也是对人本身的无情抹杀。相反，自治是对个体本位的彰显，它假定个体是可以自足自为的，有足够的理性能力和权利自行处理自己的事务，在无关他人的情况下（即密尔意义上的自我关涉、不危害其他主体的情况），可以自行设计发展目标，选择自己认为合理的发展路径和生活方式，评估自己以往的行为，并为自己的行为结果负责。这意味着个体具有价值优先性，而不是依附于他人、共同体、社会乃至国家，不是其他主体的工具和手段；也意味着任何来自外部力量的无端干预、命令、束缚和控制都是可以被反对的，而且应该被反对。

个人自治也是对政治哲学研究本体论的回归。边沁（Jeremy Bentham）曾指出：“社会利益是在伦理词汇中可能出现的最为普遍的用语之一。这就难怪它的意义常常把握不准了。如果它还有意义的话，那就是这样：社会是一种虚构的团体，由被认作其成员的个人所组成。那么社会利益又是什么呢？——它就是组成社会之所有单个成员的利益之总和。”③也就是说，只有个体才是具体的、实在的主体，个体自治因此而构成了民主的基础。如果个体不具备自治意愿和自治能力，民主政治便成为一种虚妄的设计。同时，如果个体自治被忽略

①王允武等：《“自治”理论及其中国实践》，载《西南民族学院学报（哲学社会科学版）》2002 年第 7 期；邹敏：《论民族区域自治权的源与流》，北京：中央民族大学出版社 2009 年版，第 20 页。

②[英]弗里德里希・冯・哈耶克：《自由秩序原理（上）》，邓正来译，北京：生活・读书・新知三联书店 1997 年版，第 17 页。

③[英]边沁：《道德与立法的原理绪论》，载周辅成主编：《西方伦理学民主选辑（下卷）》，北京：商务印书馆 1996 年版，第 220 页。

甚至被任意践踏，自由政治也将是一种虚构的幻想。由是观之，个体自治是现代政治的基础性要素。不仅需要尊重和支持个体的自治，而且应该在宪法和法律的基础上将自治权平等地扩展到所有公民个体身上，决不能因财产多寡、地位高低以及能力差异而"差别化"对待。

(二)地方自治

地方自治是最常见的也是最被肯定的自治形式，其主体是相对于中央政府的地方政府、权力机关等。在很多情况下，自治指的就是地方自治。台湾学者高应笃就曾指出："自治系指地方上的公共事务，由人民自行处理，或由人民选出之官员代为处理。""所谓自治权，就是地方自治团体，代表其本身的自由意志，运用国家所赋予权限，对于自治区域及居民，加以合法的支配与管理，可以强使全体居民服从的一种力量。地方自治团体，具备了自治权后，就可以推行地方自治的事业，并要求在自治区域内所有的居民，均须加以尊重，服从地方自治团体的命令。"①

不同的研究旨趣、不同的语言环境、不同的应用情境导致了人们对于地方自治的具体含义众说纷纭、见仁见智。

《简明不列颠百科全书》认为地方自治是："由中央或地方政府授予其下级政治单位的有限自主权或自治权。"②《世界地方自治宣言》(IULA WORLD WIDE DECLARATION OF LOCAL SELF-GOVERNMENT)指出："Local self-government denotes the right and the duty of local authorities to regulate and manage public affairs under their own responsibility and in the interests of the local population。"③即："地方自治指的是地方当局在其自身责任和当地公共利益的基础上，控制和管理地方公共事务的权利和义务。"《中国大百科全书·政治学卷》将地方自治解释为，"在一定的领土单位之内，全体居民组成法人团体(地方自治团体)，在宪法和法律规定的范围内，并在国家监督之下，按照自己的意志组织地方自治机关，利用本地区的财力，处理本区域内公共事务的一种地方政治制度。"④不难发现，虽然具体定义千差万别，但对于地方自治的基本精神还是有相当共识的。

一方面，地方自治不是地方分裂，而是在国家宪政范围内中央和地方的一

①高应笃：《地方自治学》，台北：台湾中华书局1982年版，第50页、第82页。

②简明大不列颠百科全书编辑部：《简明大不列颠百科全书》，北京：中国大百科全书出版社1995年版，第552页。

③http://www.21gwy.com/ms/qitzl/a/4158/414158.html。

④《中国大百科全书：政治学卷》，北京：中国大百科全书出版社1992年版，第56页。

种权力分配模式。日本学者吉村源太郎就从集权及分权与自治的关系角度明确阐释了这一观点①：

> "政治上有集权、分权之说，其关系与自治者若何？是比较说明如下：集权者何？即将权力统集于中央政府，虽地方官厅亦为行政机关，而丝毫不能自主，事无大小必受中央政府之指挥命令者也。
>
> 分权者何？将权力分予各地方官厅，使于行政之一范围内，可以意思活动独立处理事务，非重大情事不必受中央政府之指挥命令者也。
>
> 地方自治者，集权乎？分权乎？前云公共团体有独立人格，于一定范围内，可以自由活动，不受政府何等干涉，则地方自治亦可谓地方分权。"

显然，地方自治是相对于三权分立横向分权之外的纵向分权方式，是通过地方权力的获得而促成集权消解的路径之一。正因为如此，地方自治被近代以来的政治哲学家们所推崇。② 地方自治对于权力的纵向划分，可以避免中央集权，避免权力被中央政府垄断而导致国家专制主义。地方自治体可以形成独立的行动力量，对中央政府形成监督与制约，防止中央权力过大、过强而产生集权专制。集权在近现代的政治哲学看来是可怕的，在许多政治实践的结果看来也是危险的。"如果政府集权与行政集权结合起来，那它就要获得无限的权力。这样，它便会使人习惯于长期和完全不敢表示自己的意志，习惯于不是在一个问题上或只是暂时地表示服从，而是在所有问题上和天天表示服从。因此，它不仅能用自己的权力制服人民，而且能利用人民的习惯驾驭人民。"③

另一方面，地方在处理自身区域内部公共事务时拥有自主的权利，可以因地制宜、因时制宜地制定内部公共目标、执行内部公共决策、处理内部公共事务。在大型民族国家当中，各地的政治、经济、社会、文化、自然等情况各异，中央政府如果完全采取"一刀切"地方式实施管理的话，效果不会很好。因此，如果能够基于地方具体情况而开展相对自主的管理，有助于问题的解决。同时，如果给予地方以自治空间，使其可以自主的处理自己内部的公共事务，这也有助于调动地方的积极性和主动性。"中央政府的任务是保卫国土，维持治安；地方政府的任务是经

①[日]吉村源太郎：《地方自治(全二册)》，朱德权译，北京：中国政法大学出版社 2004 年版，第 13－14 页。

②Ruth Lapidoth. Autonomy: *Flexible Solutions to Ethnic Conflicts*. Washington D. C.: United States Institute of Peace Press, 1996.

③[法]托克维尔：《论美国的民主(上卷)》，董果良译，北京：商务印书馆 2003 年版，第 96 页。

营由少数人所不能经营的地方公共事业,为社会提供服务。很显然,从地方政府的服务性功能来说,它非常适宜于自治的治理形式。如果把这些功能也统一到中央,由中央集中治理,这既是不经济的,也是不明智的。"①

当然,地方自治不是绝对的,而是相对的。有学者指出,中央和地方关系模式包括两种模型:地方主义(Localism)和整合主义(Intergrationism)。前者可被视为自治模型,认为"由于地方政府与居民的问题和需求很接近,所以地方政府应该高度自治";后者可被视为整合模型,"认为国家是拥有至高无上的统治权的政治机构,但它可以给各种附属性政治机构授权"。虽然两者的区别明显,但"总的来说,经验上的地方政府和中央政府的关系既不是完全整合的也不是完全自治的,而是二者兼而有之。"②

对于地方自治的主体,表面上看是相对于中央政府的地方政府,其实这里面包括多种形式:一是一般意义上的地方政府,比如我国的省、市、县等;二是与少数民族或其他特殊主体直接有关的特殊自治主体,如我国的民族自治、港澳地区的高度自治等;三是基层自治,即由不属于政府系列,但又具有一定纵向特征的基层自治组织实施自治。如社区自治组织、村民自治组织等。当然,"基层"属于最广义的"地方"。在严格意义上,它也属于社会自治的范畴。

(三)社会自治

阿拉斯代尔·麦金太尔(Alasdair MacIntyre)在其名著《德性之后》中指出,在前现代社会,个人的角色期待、行为边界和身份地位都与家庭、宗族、城邦、国家等紧密相连,作为个体的"我"如果脱离了这些共同体,也就意味着没有了"我"——解释个体存在的意义和价值需要从共同体着手。他的原话是:

> "在大多数古代和中世纪的社会中,像在许多其他前现代社会中一样,个人是通过他或她的角色来识别,而且是由这种角色构成的,这些角色把个人束缚在各种社会共同体中,并且只有在这种共同体中和通过这种共同体,那种人所特有的善才可以实现;我是作为这个家庭、这个家族、这个氏族、这个部落、这个城邦、这个民族、这个王国的一个成员而面对这个世界的。把我与这一切分离开来,就没有'我'。"③

---

①桑玉成:《自治政治》,香港:三联书店(香港)有限公司 1994 年版,第 17 页。

②[瑞典]埃里克·阿姆纳等:《趋向地方自治的新理念》,杨立华等译,北京:北京大学出版社 2005 年版,第 4—5 页。

③[美]阿拉斯代尔·麦金太尔:《德性之后》,龚群等译,北京:中国社会科学出版社 1995 年版,第 216—217 页。

那么,在这种情况下,个体乃至社会自由被公共权力(或曰国家)无情地压缩到了极致。个人乃至社会除了被“逼上梁山”之时有反抗和诉求之外,鲜有主动要求公共权力承担公共责任的权利。换言之,此种情况下,个体乃至整个社会都处于国家的控制之下。马克斯·舍勒(Max Scheler)在《价值的颠覆》一书中也有此类论述,“以前,‘忠诚’是爱与信任伦理的自然延伸;其承担者视一切束约性的‘诺言’和需接受的‘契约’的要求为一种侮辱,因为那无非是对忠诚的怀疑,要求提出人为的保证。现在,‘忠诚’纯粹变成恪守诺言和契约的素质。”①正是由于群体本位和共同体本位的侵蚀,使得个体乃至社会的价值优先性被颠覆了。在某种程度上可以说,传统社会中个体和社会相对于公共权力而言只有义务没有权利,尤其是在封建专制社会当中,个体是毫无权利只有义务的“臣民”。用卢梭的话说:“臣民除了君主的意志以外没有别的法律。”②近现代以来政治哲学发生了转向,公民个体、社会获得了相对于国家而言的“价值优先性”,这为社会自治奠定了基础。

从臣民到公民的转向、从共同体价值优先到社会价值优先的转向导致了政治哲学一组关系的产生——社会自治和国家自主性。社会自治源于洛克等自由主义思想家,在他们看来政府(国家)产生于社会,是人们感觉到自然状态的诸多不便而通过“社会契约”的方式成立的。因此,政府(国家)是处于从属地位的工具和手段,其应该受制于社会、服务于社会;而社会则是自足的主体性、目的性存在,天然地拥有自治权。同时,洛克他们对政府(国家)持谨慎性看法。即,虽然对公共权力维持公共秩序、实现政治合作的作用并不怀疑,但公共权力的强制性极可能与个体权利和社会自治产生冲突,甚至可能对个体权利和社会自治造成损害和威胁。所以,他们强调在订立契约时,人们让渡的仅仅是部分权利;基于契约而产生的立法权和司法权必须要对社会负责;社会有权在政府失职时通过特定程序撤换政府。这一切都要求社会具有相当的自治意愿和自治能力,一方面通过自治来践行自由和民主的本质要求;另一方面,通过自治来提高自己的自主性、主体性,并以“社会之眼”的方式监督政府、制约政府。

在强调社会自治的同时,洛克等人也承认国家自主性的必要。人们对于社会整体安全的追求以及公共服务的偏好促使我们建立政府,并使政府真正地承担起公共责任。历史和常识不止一次地告诉我们,如果单纯依靠个体理性和市场机

①[德]马克斯·舍勒:《价值的颠覆》,罗悌伦等译,北京:生活·读书·新知三联书店1997年版,第144页。

②[法]卢梭:《论人类不平等的起源和基础》,李常山译,北京:商务印书馆1982年版,第146页。

制，是无法达成公共秩序的，如果没有政府机制的作用发挥，良善的公共生活也就无从谈起。所以，政府是一种必不可少的"恶"。犹如烫手山芋一样，政府也是一种"两难"的存在。"最好的政府"是权力强制风险最小、危险最少且担负公共责任最大的政府，在保护和赋予公民自由和社会自治权利方面是"小政府"；但在提供公共服务，提升社会福利等公共责任担当方面是"大政府。"①不过，历史和常识仍然告诉我们，"一个没有权力的政府事实上是无法对公共服务承担责任的。如果非要说有，要么是未来世界的乌托邦，要么就是骗人的鬼话。"②

在两难选择中，合理的秩序是社会自治机制和公共权力机制的完美组合，需要在整个政治领域内合理划分两种机制的责任范围和行动边界。这便是宪政民主机制产生的根源，既要让两种机制互相监督和制约，也需要通过完善的问责机制确保两种机制各司其职、各行其道。

上述两难选择在政治哲学界形成了两条学术进路。在英国政治哲学家迈克尔·奥克肖特(Michael Oakeshott)看来，这两条学术进路表现在对政府责任的两种政治文化观念上：一是个人主义政治文化观念，强调政府及其公共权力存在无法规避的风险和威胁，因此需将政府的职责范围限制在狭小范围内，仅在公共安全、裁决、规则制定等方面发挥主导作用；社会自治的空间和范围则相对较广，可以自行选择走向幸福的道路。二是集体主义政治文化观念，强调国家应该拥有更多的自主性和行动空间，在公共利益方面担当范围更大的公共责任，而不仅仅是公共安全、裁决、规则制定；社会因为理性能力不足，所以其自治空间相对较小。③ 在我国学者邓正来看来，这两种进路是公民社会(市民社会)与国家的理论分野，"市民社会的所有活动追求的是以个人为目的的特殊利益，是人们依凭契约性规则进行活动的私域，个人于此间的身份乃是市民；而国家关心的则是公共的普遍利益，是人们依凭法律和政策进行活动的公域，个人于其间的身份乃是公民。"这种理论分野表明，"原本只能在政治领域加以解决的事务，现在因其性质之不同可以在社会领域中获致原则上的解决。"④也就是说，社会自治在两种理论分野中开始得到确认。具体而言，代表公民社会的理论构架是以洛克为代表的自由主义者所倡导的"市民社会先于或外在于国家"的思

①秦晖：《权力、责任与宪政：关于国家"大小"问题的理论与实践》，载《二十一世纪(香港)》2003年12月号。

②张凤阳等：《政治哲学关键词》，南京：江苏人民出版社2006年版，第201页。

③[英]迈克尔·奥克肖特：《政治中的理性主义》，张汝伦译，上海：上海译文出版社2004年版，第48—98页。

④邓正来：《市民社会与国家：学理上的分野与两种构架》，载邓正来等主编：《国家与市民社会：一种社会理论的研究路径》，北京：中央编译出版社1999年版，第90—91页。

维逻辑；代表国家主义的理论构架是黑格尔（Georg Wilhelm Friedrich Hegel）所倡导的“国家高于市民社会”的思维逻辑。在“国家高于市民社会”思维逻辑中，社会自治不被倡导。但是在“市民社会先于或外在于国家”的思维逻辑中，存在着两种非常明确的思想导向：一是捍卫个人和社会权利而反对国家权力无端干预的、反专制权威的导向；二是“透过市民社会外于国家（或非政治）的规范框架而显示出的社会完全可以不需要国家权威干预而自己管理自己的导向。”①

在上述分析中，不难看出社会自治内藏着权力在国家与社会之间进行分配的含义。从具体的主体形式上看，社会自治主体包括：多元主义和法团主义以及公共治理理论视野下的各种利益群体、社会组织、集体行动等。我们可以概括地说，在政府之外，参与公共事务处理、提供公共服务的任何社会性主体都是社会自治主体。其在很大程度上说明了社会主体践行民主行动、担当主人角色、承担公共责任的主动性。缺失了社会自治机制的自治政治，个体自治的深度和广度将会大打折扣，地方自治也将缺乏有力依托，公共服务供给的总体资源和合力将大大减少，政府也因此而失去得力助手。正因为如此，有学者指出，在现代社会当中，“多中心治理实践的社会网络形式以及对公民社团的依赖，决定了政府需要按照公共治理的制度逻辑和行动逻辑对自身及社会进行重新构建”，而其中的社会建构的目标就是使社会具有相当程度的自治意愿和自治能力。②

①邓正来：《市民社会与国家：学理上的分野与两种构架》，载邓正来等主编：《国家与市民社会：一种社会理论的研究路径》，北京：中央编译出版社 1999 年版，第 91—99 页。

②王家峰等：《政府与社会的双重建构：公共治理的实践命题》，载《南京社会科学》2010 年第 4 期。

第三章　自治理论的历史考查

本章回答的问题是：不同的历史时期，政治哲学界在整体上是如何看待自治的？自治理论发展的基本脉络是什么？在政治学说发展的不同阶段关于自治的基本论述、代表人物及其主要关注点、主要特点等是什么？

要讨论自治的有关问题，我们就有必要首先探讨政治哲学界对于自治的学术旨趣。这不仅有助于进一步理解自治，同时也为我们进一步研究自治提供灵感。可以说，对于自治的褒扬和批判一直交织在一起，是所有时期的共同特点。但是，在不同的时期，政治哲学界对于自治的研究旨趣大相径庭。很多(虽然不是所有)政治哲学家或多或少、或直接或隐晦地讨论了自治的有关问题。如果详细论析每一学者的自治理论的话，是很繁琐的，也没必要。因此，这一部分从学术史的角度来讨论自治及其理论问题，内容大致包括：在政治学说发展的不同阶段关于自治的基本论述、代表人物及其主要关注点、主要特点等，尝试梳理出自治理论发展的基本脉络。

谈到学术发展的历史，不可避免地要先说明历史分期问题。在整个世界的发展过程中，15—16 世纪的地理大发现加速了世界范围内各部分的整合进程，整个人类社会开始急剧地摆脱相互隔绝和闭塞状态，世界各民族和各国家的互动、互融、互促和互赖态势愈发明显。因此，西方学术界在使用“Modern Time”时，“一般泛指 15—16 世纪地理大发现以来的历史概念。它包括了中国学术界现在习惯采用的‘近代’、‘现代’和‘当代’3 个时间段。”当然，西方学术界也使用“Late Modern Time”或“Contemporary Time”特别表示“现代”、“当代”。[①] 基于此，笔者采用三个分期来讨论自治的学术史——第一阶段，中世纪及以前，指的是 15—16 世纪之前，尤其是文艺复兴以前。第二阶段，近代，指的是文艺复兴运动兴起以来到 19 世纪。第三阶段，现代，指的是 20 世纪以来尤其是“二

①张建华：《世界现代史(1900—2000)》，北京：北京师范大学出版社 2006 年版，导论第 2—3 页。

战"以来。[①]

第一节　中世纪及以前：作为'生活'的自治和作为'争斗'的自治

如果非要"较真"的话，"中世纪及以前"的历史很复杂，也有很多不可考的时期。为便于分析，这一节主要从两个时段来分析：一是古希腊、古罗马时期的自治思想，时间跨度大约为公元前800年到公元476年，此时的政治思想主要以思辨理性为主，秉持的是自然政治观、整体政治观和伦理政治观，主要探讨政治制度等宏观政治问题。[②] 有代表性的学者有德谟克里特(Democritus，公元前460—前380)、苏格拉底(Socrates，公元前469—前399)、柏拉图(Plato，公元前427—前347)、亚里士多德(Aristotle，公元前384年—前322)和西塞罗(Marcus Tullius Cicero，公元前106—前43)等。二是中世纪时期的自治思想，时间跨度为5—15世纪。[③] 此时的政治思想以思想论辩为主，秉持的是神学政治观，也主要讨论宏观政治问题。代表人物有托马斯·阿奎那(Thomas Aquinas，1224—1274)等。

一、古希腊、古罗马时期的自治思想

这里从历史基础、基本关切点和主要特征三方面来阐释古希腊古罗马时期的自治思想。

(一)古希腊、古罗马自治思想的历史基础

社会存在决定社会意识，这是马克思主义唯物史观的基本论断之一。自治思想作为社会意识的一种，自然产生于特定的历史阶段，受特定历史情境所影响。古希腊、古罗马时期的自治思想产生于当时特定的历史情境。

第一，经济基础：自给自足的小农经济。厄奈斯特·巴克(Ernest Barker)曾明确指出："在《政治学》的许多章节中，亚里士多德表现出了乡下人的本能。他在讨论经济学时断言，农业是惟一自然的收获途径。他对受益人和零售商的职业有一定的偏见。"[④]虽然，古希腊的生产力发展状况、具体经济形势与当时地

①徐大同：《中西两种不同的政治思想体系》，载《政治学研究》2004年第3期；王乐理：《西方政治思想史(第1卷)》，天津：天津人民出版社2005年版，总序第7页。

②王乐理：《西方政治思想史(第1卷)》，天津：天津人民出版社2005年版，第23页。

③丛日云：《西方政治思想史(第2卷)》，天津：天津人民出版社2005年版，第4页。

④[英]厄奈斯特·巴克：《希腊政治理论：柏拉图及其前人》，卢华萍译，长春：吉林人民出版社2003年版，第23—24页。

处东方的中国有诸多不同。但有一点可以肯定,两者当时的生产力水平都很低,都以自然经济为基础。这种经济基础无法支撑庞大的官僚科层组织体系——家庭生产力低下的情况下充其量能够做到“自给自足”,没有富裕以缴纳支撑“国家”组织体系运作的税收,因此“国家”的发育程度很低。在这种情况下,人际关系的协调、共同利益的维护都寄希望于广大民众的积极参与和基层的自治机制。一方面,雅典城邦广场上的公民参与与辩论就成为必要,这是他们处理公共事务的基本方式;另一方面,在乡村基层,大量存在着像中国传统社会农村那样的自然安治组织体系。

第二,制度环境:小国寡民的城邦政治。雅典实行的是以公民大会、民众法庭等为主要自治形式的民主制度,这与雅典城邦的生产方式以及自然地理条件密不可分。其小国寡民的特点使得希腊城邦的公民“基本上生活在可望可及的范围内。”[①]为他们的直接参与实施自治奠定了空间基础。换言之,雅典城邦当时的空间范围较小,与当前大型民族国家的地域广袤截然不同。范围有限的政治空间一方面使得直接参与和人际交互成为可能,另一方面使得城邦内部的居民互为熟悉且异质性较小,社会分化不严重,公民之间相对匀质,他们对政治共同体的认同度较高,为城邦的“直接民主”奠定了心理基础。这里,城邦公民的直接参与、直接民主虽然具有很强的传统属性,更多是原始社会氏族部落处理公共事务方法的自然传承,与“权利诉求”并不相干,且参与率也低得吓人,但都不能否认这是一种公民自主治理城邦的表现。这一时期的自治思想与这种“直接民主”制度关联密切。巴克在《希腊政治理论》一书中对这种城邦自治的自然属性给予了准确地判断:

> “城市不仅是一个治理单位,它还是一个俱乐部。它不仅在政治上是自治的,它还拥有使自治成为可能的社会讨论的巨大自由。家庭对希腊人的意义要比我们少得多;集市一广场的户外生活的意义则要大得多。由于经常接触这样一种生活,所有阶层的人都会相遇,相互交谈;平等和言论自由的民主理想在这里有其天然之根。言论者群体和讨论圈子一天一天地自发形成;在公共谈话和公开讨论中,共同体事务是一个很自然的话题。”[②]

---

①房宁等:《西方民主的起源及相关问题》,载《政治学研究》2006 年第 4 期。

②[英]厄奈斯特·巴克:《希腊政治理论:柏拉图及其前人》,卢华萍译,长春:吉林人民出版社 2003 年版,第 25 页。

第三,文化条件:社群至善的共同体意识。按照麦金太尔的解释:城邦自治与民主之所以能够良性运作,很大部分原因就在于在公民看来城邦不是鼓励个体的原子式集合,而是一种"群体本位的生命归属系统。"①虽然,古希腊雅典城邦已具备文明社会的主要特征,与自然状态和原始社会存在质的差别。但是,此时的文明化程度相对较低,个体受制于共同体、依附于共同体。也就是说,个体的独立自主意识尚未完全建立,以共同体意识为主导的心理基础,"公民的首要职责便是关注自己的城邦事务,公民不仅要服从城邦的命令,而且还要理解这些命令。"②公民追求个人合法权利、宣扬个体独立自主的做法不被认可,反而被视为是对城邦共同体的颠覆和大不敬。米切尔·加加林(Michael Gagarin)等指出:"人具有关爱自己和忽略他人的自然取向,但在城邦的公共生活中,如果人不担负公共责任而忽略公共事务的话,即使他们没偷窃也没犯罪,也都会受到谴责。"③"这种秩序下的一个如此充分地自由而自治的社会,期待并受到了其成员毫无保留的奉献。"④也正因为拥有这样的文化基础,才使得人们以参与广场辩论、介入公共事务为荣耀。在这种近乎原始的直接民主、参与自治的公共生活中,"即便贫困潦倒,也比专制制度下的富足生活珍贵,犹如自由自治比奴役奴隶要珍贵一样。"⑤

第四,生活保障:歧视性的公民身份。古希腊雅典实行奴隶制度,奴隶不具备公民资格;雅典城邦中的妇女、儿童也不具备公民资格。他们不能参与公民大会,即实施自治的公民并非全体雅典城邦居民,而是带有歧视性的。奴隶的劳动和女人的居家劳作都为公民实施自治处理公共事务创造了物质条件和时间基础。"古希腊之所以能够创造出雅典伯里克利时代的城邦成员享受的广泛民主制度,也是与当时雅典盛行的奴隶制度不可分离的。如果没有奴隶劳动提供足够的社会产品,供作为奴隶主阶级的全体雅典公民享用,那么雅典城邦的民主制一天也不能存在,而且是根本不可想象的。"⑥

---

①[美]阿拉斯代尔·麦金太尔:《德性之后》,龚群等译,北京:中国社会科学出版社 1995 年版,第 196 页。
②王乐理:《西方政治思想史(第 1 卷)》,天津:天津人民出版社 2005 年版,第 74 页。
③Michael Gagarin etc.. *Early Greek Political Thought from Homer to the Sophists*. Cambridge University Press,1995. p. 157.
④[英]厄奈斯特·巴克:《希腊政治理论:柏拉图及其前人》,卢华萍译,长春:吉林人民出版社 2003 年版,第 36 页。
⑤Michael Gagarin etc. *Early Greek Political Thought from Homer to the Sophists*. Cambridge University Press,1995.
⑥王乐理:《西方政治思想史(第 1 卷)》,天津:天津人民出版社 2005 年版,第 38 页。

(二)古希腊、古罗马自治思想的具体关切点

这一时期的自治思想具有如下几方面的关切点：

第一，自治体现在共同体事务的参与和民主决策。“在本质上说，城邦就是自由公民的自治团体，是公民在法律之下分享权利和义务的政治体系。”①如：亚里士多德一方面指出，“人在本性上是政治的动物”；②另一方面强调，探讨什么样的城邦有利于公民过得上良善的生活，才是政治学的研究对象。正是基于这两点，古希腊人将民主界定为“人民的统治”、“人民自己当家作主”，那么，城邦事务就像是属于自己的事务一样，应该由人民进行议决和处理。因此，在疆域范围相对较小的情况下，公民普遍参政，亲自出场来处理和管理城邦公共事务就成为了现实选择。这在本质上就是公民自己治理自己，即自治。不难看出，这里的自治是一种追求向善的生活方式，是“公民”你就应该参与城邦事务，介入城邦集体，否则就不是“公民”。“在我们这里，每一个人所关心的，不仅是他自己的事务，而且也关心国家事务：就是那些最忙于自己事务的人，对于一般政治也是很熟悉的——这是我们的特点：一个不关心政治的人，我们不说他是一个注意自己事务的人，而说他根本没有事务。”③言外之意，参与城邦的公共事务、融入城邦公共生活是人本质的一部分，否则就算不上一个完善的人。

柏拉图和亚里士多德都以城邦正义为最高的正义标准，公民的荣耀和天职就是通过参与自治的方式实现城邦正义。柏拉图指出：“把正义看作最重要的和最必要的事情，通过促进和推崇正义使自己的城邦上轨道。”④柏拉图甚至强调，在社会生活中，说谎无论是善意的还是恶意的，都是非正义的，是“好”公民所不能做的。但是，如果为了城邦的整体利益，说谎则是可以被原谅的和认可的。⑤ 亚里士多德指出：正义须“以城邦的整个利益以及全体公民的共同善业为依据。”⑥那么，如何才能实现城邦的正义呢？“宅”在家里，追求家庭的富足生活；独善其身，追求自身的高风亮节，这些都不是追求城邦之善的公民举措。只有积极参与公共事务，在广场辩论、积极参与的基础上融入城邦公共生活，才是真正的公民应该做的。亚里士多德甚至强调，如果做不到积极参与公共事务、融入城邦，就连人的资格都不配，“人是一个天生的政治动物，天生要过城邦生

①徐大同：《西方政治思想史》，天津：天津教育出版社 2000 年版，第 19 页。
②苗力田主编：《亚里士多德全集(第 8 卷)》，北京：中国人民大学出版社 1994 年版，第 4 页。
③[古希腊]修昔底德：《伯罗奔尼撒战争史》，谢德风译，北京：商务印书馆 1997 年版，第 130 页。
④[古希腊]柏拉图：《理想国》，郭斌和等译，北京：商务印书馆 1986 年版，第 310 页。
⑤[古希腊]柏拉图：《理想国》，郭斌和等译，北京：商务印书馆 1986 年版，第 6 页。
⑥[古希腊]亚里士多德：《政治学》，吴寿彭译，北京：商务印书馆 1965 年版，第 153 页。

活”;“凡隔离而自外于城邦的人——或是为世俗所鄙弃而无法获得人类社会组合的便利或因高傲自满而鄙弃世俗的组合的人——他如果不是一只野兽,那就是一位神祇。”[①]可见,从当时的学术旨趣看来,学者们在最根本的意义上是把城邦自治和城邦民主当作一种生活方式来看待的。而不是什么权力的分配和权利的享有,政治价值色彩方面的倾向并不强烈。

第二,自治依赖个体,更依赖“好”公民。一方面,公民参与处理城邦公共事务的途径和方法有很多,但是参与行为是以个体的形式发生的。也就是说,城邦自治的基础是一个个的个体公民。另一方面,城邦自治以城邦公共事务和整体利益为旨归。而个体公民不可避免地具有一种关爱自己的自然本性,如何协调城邦公益和个体私利之间的矛盾?这一问题促使古希腊、罗马的思想家们不得不面临一个问题:如何建构城邦自治的公民基础?学者戴维·格雷纳(David Grene)指出:“雅典民主政体缺乏某种代议制,这点经常被提及。由于缺乏这种制度,民众的意志便由碰巧在公民大会现成的数量随机的公民来表达。虽说存在出席率时而低迷的时段,但大部分时间,公共政策的事项、战争的大致理由以及左右和平或战争的决定(正如公元前432年),都由一群数量上千的外行人做决定,这批人对更大范围的公众,完全没有承担起个体的责任。”[②]正因为如此,厄奈斯特·巴克指出:“代议制绝不是(希腊哲学家所构想的)希腊国家的基本理念。哲学家们的关键词不是代表,而是教育。”[③]具体而言,古希腊、罗马的自治实践并非建构在明确的制度体系(如代议制)之上,这就需要公民具备良好的“德性”,即需要依赖“好”公民的出场。在此时的学者看来,“好”公民应该具备如下三方面的德性:

一是“天下为公”的基本精神。如,柏拉图认为,“比较优秀和聪明的”城邦治理者虽然避免不了受“快乐与痛苦”法则的侵扰,也避免不了受追求自我满足的自然取向的左右,但是他们绝不是追求自身欲望和个性满足的人,而是把追求城邦最高善作为目标的人,为此他应该懂得自我节制,在内心深处拥有正义的美德——“应当安排好真正自己的事情,首先达到自己主宰自己,自身内部秩序井然”;并且这种内部秩序“是一种心灵的健康,美而强有力。”[④]“人的灵魂在

①[古希腊]亚里士多德:《政治学》,吴寿彭译,北京:商务印书馆1965年版,第7页、第9页。

②[美]戴维·格雷纳:《古希腊政治理论:修昔底德和柏拉图笔下的人的形象》,戴智恒译,北京:华夏出版社2012年版,第42—43页。

③[英]厄奈斯特·巴克:《希腊政治理论:柏拉图及其前人》,卢华萍译,长春:吉林人民出版社2003年版,第50页。

④[古希腊]柏拉图:《理想国》,郭斌和等译,北京:商务印书馆1986年版,第172页、第173页。

年轻时或在尚不可理喻时如果不受控制，那么他就不可能担负起社会最高权威的重担，而且会染上最糟糕的心灵疾病，亦即愚蠢，疏远他的最亲密者。当这种情况发生时，灵魂很快就会毁灭，失去它的所有力量。”①柏拉图认为法律是规避情欲（快乐、痛苦）等生物性影响的重要方式，有助于人们按照城邦的公共要求行事，培养人们“天下为公”的基本精神。“预见痛苦的专有名称是恐惧，预见痛苦对立面的专有名称是自信。在此基础上还要判断，用来察觉这些状态中哪些较好，哪些较差，当这些判断拥有了由城邦公共决定的形式，它的名字就是法律”；“一个人事实上必须服从某一种拉力，但同时也要抗拒其他所有绳子所起的作用——也就是说，必须服从以城邦公共法的名义出现的判断。”②亚里士多德在《政治学》中强调：需要有成文的法律以给人们明确的行为依据，它可以规避情欲对人们行为的不当影响，帮助人们形成“天下为公”的理念。③对此，亚里士多德如是说：

> “节制和艰苦的生活是不为多数人所喜欢的，特别是对青年人。所以要在法律的约束下进行哺育，在变成习惯之后，就不再痛苦了。然而，作为青年人只是正确地哺育还是不够的，就是在长大成人之后还应继续这种训练，并且养成习惯。我们还需要与此相关的法律，总的说来，关于整个一生的法律。”④

二是“说服辩论”的基本能力。参与自治的人应该具备说服别人的能力，为实现说服别人，还必须拥有“知识、善意和诚实”（柏拉图语）。换言之，如果参与者没有说服论辩的基本能力，哪怕是他参与了公民大会，也无法真正地发挥其参与者“参政议政”、践行公责的作用。如果所有的参与者都缺乏相关的能力，那么，公民大会这种自治机制也就无异于形同虚设。柏拉图为此曾指出：“用你的话语去说服法庭上的法官、议事会的议员、公民大会的民众或其他公民集团。拥有这种力量，你可以造就医生，可以使教练成为你的奴隶，使你的商人不为自己挣钱，而为他人挣钱，因为你能对众人说话，可以说服他们。”⑤

三是“遵守法律”的基本义务。“天下为公”的基本精神体现了公民的道德，

①［古希腊］柏拉图：《法律篇》，《柏拉图全集（第3卷）》，北京：人民出版社2003年版，第447—448页。

②［古希腊］柏拉图：《法律篇》，《柏拉图全集（第3卷）》，北京：人民出版社2003年版，第390页、第391页。

③［古希腊］亚里士多德：《政治学》，吴寿彭译，北京：商务印书馆1965年版，第168—169页。

④苗力田主编：《亚里士多德全集（第8卷）》，北京：中国人民大学出版社1994年版，第233页。

⑤［古希腊］柏拉图：《柏拉图全集（第1卷）》，王晓朝译，北京：人民出版社2003年版，第326页。

为参与自治的公民承担公共责任奠定了德性基础;“说服辩论”的基本能力体现了公民的素质,为参与自治的公民承担公共责任奠定了能力基础。这两方面都属于公民的“内部条件”。但是,古希腊、古罗马思想家们并没有止于此,他们并不完全相信公民内在纯洁的完全性。因此,主张从外部规制公民的行为,以保证自治秩序和自治绩效。一方面,自治需要在法律框架下运行。参与自治的公民虽然可以自由地进入公共生活场域,但是他们不是无拘无束、“绝对自由”的,需要遵守特定的法律的规定。因此,“好”公民是守法的公民,“好”公民也需要用法律来制约以使其不至于变“坏”。梭伦具有明确的法治思想,强调公民自治需要既定的规则体系和法治规范。“他所做的只是颁布我们刚才已经描述过的一系列规则,它们指导国家官员,意在支配他们的执政行为。由于把这些官员看作是法律的仆人,他就用文字来详细说明法律,以至于成文的法律取代了不成文的惯例;在他如此把希腊的法治观念付诸实际的同时,他也含蓄地建立起了以法律的至上性为基础的宪法大纲。”①

另一方面,自治需要在良善政体(Good Government)的框架下运行。如,梭伦在其诗篇中指出:

> “一些贪财无德的人将给我们伟大的城邦制造混乱,
> 这种灾难源于平民领袖的居心叵测和傲慢,
> ……
> 邪恶的政体(因无法规制人们的贪婪和愚蠢——引者注)使城邦陷于灾难;
> 良善的政体则令城邦秩序井然,
> 它的法律使贪婪和愚蠢的恶徒无处藏身;
> 良善政体可以消弭分歧、中道温良、恪守谦俭,
> 防止混乱。
> 良善政体可以明辨是非、减少纷争、接受忠言,终结争端。”②

柏拉图、亚里士多德、西塞罗等都主张通过混合政体来约束自私和腐败。比如,西塞罗就曾指出,良善政体应该包含:“卓越的王政因素,同时把一些事情

①[英]厄奈斯特·巴克:《希腊政治理论:柏拉图及其前人》,卢华萍译,长春:吉林人民出版社 2003 年版,第 60—61 页。

②Michael Gagarin etc.. *Early Greek Political Thought from Homer to the Sophists*. Cambridge University Press,1995. 也可参见王乐理:《西方政治思想史(第 1 卷)》,天津:天津人民出版社 2005 年版,第 63—64 页。

分出托付给显贵们的权威，把另一些事情留给民众们协商和决定。”①之所以这么安排，是因为，“混合政体理论家们认为任何一种单一的政体，不管是君主制还是民主制或贵族制，都不可避免地衰败，而三种政体的混合却能有效地维持政体的生命力。罗马共和国的政治体系因为包含分别代表君主、民主和贵族的执政官、公民大会和元老院等结构因素，相互之间形成了一种制衡，因而趋于稳定和长久。”②三种政体的混合实质上是混合了多种要素参与政治过程，多种要素之间的制衡和监督使参与者不得不自我约束，这是“好”公民出场的一种方式。

至此，我们可以结合第一和第二点得出结论，古希腊、古罗马的自治思想遵循这样的论述逻辑：共同体的整体利益要求每一个公民参与公共事务、融入公共生活，成为政治过程的自治体；为保证自治的秩序和有效性，需要公民有高尚的“德性”，具备知识、说服等基本素质；同时，也需要公民在法律框架和政体框架下开展自治。

第三，自治是理性主义的产物。理性主义（Rationalism）是古希腊、罗马政治哲学所坚持的分析思路。虽然在当时，神祇以及神秘的自然仍令人敬畏，哲学思辨时常被诉诸神谕和自然。但此时人们已经开始从人的视角观察和思索政治，视政治为人的事务，城邦为人所组成的。因此，城邦的公共事务由活生生的具体的公民参与，且借助人的德性、理性来分析城邦的产生、运作，借助“好”公民的出场来实现城邦之善。比如，赫拉克利特（Heraclitus，约公元前 540—前 487）曾断言，“理解是人所共有的属性”（Understanding is shareed by all）。③ 伯里克利（Pericles，约公元前 495 年—前 429 年）曾强调，“人是第一重要的，其他一切都是人的劳动成果。”④普罗泰戈拉（Protagoras，公元前 481—前 411）曾讲，“人是万物的尺度，是存在的事物存在的尺度，也是不存在的事物不存在的尺度”。⑤ 虽然这是一种主观唯心主义的命题。但在当时具有革命性意义，他颠覆和否定了神祇和自然的力量，将人的理性确立为“尺度”，而不再请示“神谕”、诉诸神秘的自然。黑格尔因此而指出：“普罗泰戈拉宣称人是这个尺度，就其真正的意义说，这是一句伟大的话。”⑥当时的戏剧、文艺作品也开始使用人的面貌而

---

①[古罗马]西塞罗：《论共和国 论法律》，王焕生译，北京：中国政法大学出版社 1997 年版，第 60 页。
②张凤阳等：《政治哲学关键词》，南京：江苏人民出版社 2006 年版，第 118 页。
③G. S. Kirk. *Heraclitus' the Cosmic Fragments*. Cambridge University Press, 1954.
④转引自[古希腊]修昔底德：《伯罗奔尼撒战争史》，谢德风译，北京：商务印书馆 1997 年版，第 18 页。
⑤北京大学哲学系编译：《古希腊罗马哲学》，北京：商务印书馆 1982 年版，第 125 页。
⑥[德]黑格尔：《哲学史讲演录（第 2 卷）》，贺麟等译，北京：商务印书馆 1959 年版，第 29 页。

不是神的面貌，反映了较强的理性主义色彩。[①]柏拉图在《理想国》中提到一个神话故事，该故事中的“神”虽然给每个人的来世都预设了可供选择的多种生活，但这仅仅是预设而不是直接地干预和决定，最终的决定权在人自身那里[②]。这无疑体现了其对理性主义的认可，并遵循理性主义的思维方式来思考政治。有学者因此而指出：“在柏拉图的政治哲学中，尽管神和来世依然被强调，但神并不干扰人的现世生活，政治是人的事务，人的价值实现与否，取决于人自己的选择。”[③]亚里士多德也指出：“要真正配得上城邦这一名称而非徒有其名，就必须关心德性(arete)问题。”[④]这里指的是“人”的德性，而非神祇和自然的德性。西塞罗、波利比阿(Polybius，或译为波利比奥斯)笔下的“共和”(拉丁文“Res Publica”)指的就是“人民之事业”，而非神明的昭示，也非自然力量之结果。[⑤] 此间，人是独立自足的主体，是神明和自然力量之外的主动性的存在。这将政治研究从神或原始崇拜、从自然转向人以及人的理性。关于城邦自治的参与者自然也就是以活生生的人作为主体了，城邦是作为“政治动物的人”的活动场域和生存空间而存在；并且，为了实现自治的秩序和绩效，需要公民拥有符合城邦正义的“德”与“行”。

第四，自治与政体类型有关。在古希腊、古罗马学者的笔下，根据参与者数量的不同，存在着多种政体形式，它们各有优劣。其中的“民主政体”强调公民的直接参与，实现自治。柏拉图和亚里士多德等学者的具体分法虽然存在差别，但在思路上基本一致。他们都以参与者的数量多少为基本标准来划分政体类型，同时根据是否依法运行并符合整体利益为标准来区别政体是正宗的还是变态的。以亚里士多德为例来说明，他将政体分为六种：正宗政体有三种，参与人数由少到多包括君主政体、贵族政体和民主政体；与这三种政体形式相对应的变态政体是僭主政体、寡头政体和平民政体。[⑥]这里可以发现如下几点：一是政体本身分好坏，但是政体评价以是否依法和符合整体利益以为依据。这与现在不同。在当下，“民主”似乎是具有价值优先性和不证自明的良善政体。但是在亚里士多德等人那里，民主政体也会变坏。二是以自治为主要表现的民主政体是一种正宗政体，但是因公民不守法、德性不高等原因的存在，民主政体会堕

①[古希腊]埃斯库罗斯等：《古希腊戏剧选》，罗念生等译，北京：人民文学出版社 1998 年版，第 4 页。
②[古希腊]柏拉图：《理想国》，郭斌和等译，北京：商务印书馆 1986 年版，第 416—418 页。
③王乐理：《西方政治思想史(第 1 卷)》，天津：天津人民出版社 2005 年版，第 119 页。
④苗力田主编：《亚里士多德全集(第 8 卷)》，北京：中国人民大学出版社 1994 年版，第 91 页。
⑤[古罗马]西塞罗：《论共和国 论法律》，王焕生译，北京：中国政法大学出版社 1997 年版，第 39 页。
⑥[古希腊]亚里士多德：《政治学》，吴寿彭译，北京：商务印书馆 1965 年版，卷五。

落为变态政体，即平民政体。因此，需要综合君主政体、贵族政体和民主政体三种政体的优良因素，形成一种具有混合特性的共和政体。三是崇尚自治的民主政体容易变质表明自治不是完美无缺的，而需要通过其他方式规避其缺陷。

需要指出，古希腊、罗马时期的政治学者虽然讨论了关于多数人统治和少数人统治的利弊问题，但并未从政体的角度系统讨论权力问题。比如亚里士多德通过“统治者的数量”和“统治者是否尊重他人还是图谋私利”两个维度来评判他所提出的六类政体。他的这种研究“反映了古希腊民主政体的兴衰。”[①]这种现象有两种影响：一方面，其更加模糊了当时自治研究的倾向，让我们感觉到他们似乎已经将作为“self-governance”的自治当作研究主题了。这其实是假象。关于政体问题的讨论仍然是服务于追求善的生活的，没有把自治作为一种政治模式予以探讨。其并非在权力归属和权利诉求的意义上讨论自治问题的，这与近代以来的自治研究截然不同。但另一方面，关于参政者数量问题的讨论是后世学者开展自治研究的重要学术渊源，它们仍然是自治理论的思想基础。

第五，自治需要适当的控制。在古希腊、古罗马政治哲学中，已经明确表明纯粹、绝对的政治是完全的虚妄，是一种历史虚无主义的表现。也就是说，在观念上可以追求极致。但是政治实践却不能追求极致，因为政治生活现实具有复杂性，任何一种纯粹的、绝对的政治概念、政治观念、政治制度都无法完全适应这种复杂性。因此，“混合”、“中庸”的政治也许才符合现实的历史情境。自治亦然。正如古希腊、古罗马思想家们所指出的那样：首先，自治可能受到自治者理性不足、德性不够的侵害，所以需要通过节制以提升德性水平，通过教育、训练等提高理性能力。其次，没有规矩不成方圆，自治秩序可能因为规则的缺乏或对规则的漠视而崩塌，因此，自治需要法律作保障。最后，自治是民主政体下的一种政治行为，但是，民主政体会受到空间广袤、运行成本限制、成员一致性等因素的制约，也可能出现“多数人的暴政”，因此需要混合民主、共和等，取不同政制之优长，实现取长补短、优势互补。“现实可行的良好的民主是‘复合型’民主。‘纯粹’的民主逻辑无法解决少数人的权利保护和政府体系的权力制约等重大问题。如果说，这些问题现在已经解决，且被视为民主政体优越性的突出表现，那么，其中的机关奥妙，并不能用‘纯粹’的民主来解释，倒应通过共和、自由、宪政对民主的限制性保护来阐发。在这个意义上，现代民主政体之所以‘卓越’，是因为它‘民主’得不那么‘纯粹’了。”[②]简言之，自治也不能过分纯粹，

①[美]乔万尼·萨托利：《民主新论》，冯克利等译，上海：上海人民出版社2008年版，第308页。

②张凤阳等：《政治哲学关键词》，南京：江苏人民出版社2006年版，第78页。

否认外部适当控制的纯粹自治并不符合现实——这是古希腊、古罗马政治思想家为我们留下的一种至关重要的观念。

(三)古希腊、罗马自治思想的简评

城邦自治以及学界宣扬的城邦民主在某种程度上与作为"self-governance"的自治现象有着几分相似。但我们不能被这种相似所蒙蔽,因为它仅是一种适应当时社会历史条件的生活方式,并非是追求某种政治价值的主动行动,也不是权力分配的政治结果。"现代思想的出发点是个人的权利,并认为国家的存在是为了确保个人发展的条件,而希腊思想的出发点是国家的自治和自立的权利,个人则被认为要促进国家的那种存在状态。"①从日常生活的角度看,民主自治就是为了生存和发展,个体或共同体对自己的生活实施自我处理。其间的自治不含有政治价值问题,不存在权力的分配问题,也不存在政治权利实施和责任承担问题。人类学家路易斯・摩尔根(Lewis H. Morgan)指出,在原始社会,"一种强有力的民主精神弥漫于整个有机体中",②氏族重大事务通常由氏族内部成员以面对面的方式集体议决。这种俗称为"大树底下的民主"本质上是一种工具性的生活方式,而非具有政治价值的现代意义上的民主模式和权力共享。进入文明社会以后,承袭氏族民主遗产的古希腊雅典城邦采用了"公民大会"这一自治形式,公民大会的参与者是所有的公民,其议题是城邦的政治事务。这里是一种"直接民主",是真正"自治的民主",因此萨托利把这种直接参与的自治形式称为"民主原教旨主义"。但问题是,这种自治充其量是"全体平民参加集会而已",是一种自然演化、天然形成的生活方式。③

古希腊、罗马自治思想是在小国寡民和自然经济基础上形成的。"如此而结成的有活力的社会自然是也必然是自治的(与氏族部落中的全民自治相似——引者注);希腊共同体的自治,本质上不可避免地源于家族聚落的性质。"④也就是说,当时的自治思想并非是在"国家"与"社会"区分的基础上提出来的。或者说,当时压根就没有什么"国家"观念,而完全是在血缘、地缘共同体意义上谈论公共政治生活的。正如,列奥・施特劳斯(L. Steaus)所评论的那样:"'城邦'(polis)是一种合作关系,是联合体或共同体,亦即共同分享或持有

①[英]厄奈斯特・巴克:《希腊政治理论:柏拉图及其前人》,卢华萍译,长春:吉林人民出版社 2003 年版,第 36—37 页。

②[美]路易斯・亨利・摩尔根:《古代社会》,杨东莼等译,北京:商务印书馆 1981 年版,第 139 页。

③[美]乔万尼・萨托利:《民主新论》,冯克利等译,上海:上海人民出版社 2008 年版,第 307 页。

④[英]厄奈斯特・巴克:《希腊政治理论:柏拉图及其前人》,卢华萍译,长春:吉林人民出版社 2003 年版,第 36 页。

某些东西的一群人。……必须将亚里士多德的观点与下述为人所熟悉的观点加以区别:'国家'的作用仅仅在于它是构成'社会'的各种私人团体的工具。然而,如果以为在亚里士多德看来各种不同形式的'国家'都因而不过是'社会'的奴仆,那就错了。因为'社会'与'国家'的区别对于亚里士多德的思维方式来说是陌生的。"①巴克也以同样的口吻指出:"希腊人,用黑格尔的术语来说,从未足够清晰地区分过'社会'与'国家'。"②简言之,古希腊时期的政治思想并没严格区分"国家"与"社会",而是在共同生活的意义上使用"城邦"这一概念,其间并没有将自治作为一种主动行动、不受无端干预的权利。

当然,也不能否认,古希腊、古罗马的自治思想也为后世自治思想的研究提供了重要的学术资源:一是自治是一种积极的政治品格,表现为民主自治和积极自由。可以说,虽然城邦自治不具备现代性,与近代以来的权利政治观视野下的民主自治和积极自由相差很远,但是此时的城邦自治实践为后世的民主自治和积极自由提供了重要的样板;同时,城邦政治学思想也成为后世的政治哲学思想的学术源头,学者们在开展民主自治和积极自由研究时,自觉不自觉地从城邦政治哲学思想那里寻找灵感和依据;二是对自治的辩证看法为后世带来了无尽的启示。古希腊、古罗马政治思想家们基于自治实践以及"中庸"思维,对自治的优长之处和潜在风险进行了分析。这些论断无疑是精准的,后世的许多研究结论都源于这些论断;三是从"好"公民的培养、法律法规体系建设、混合政体建构等角度来改进自治绩效、规避自治风险。这些论断也构成了后世许多研究的学术资源,洛克、孟德斯鸠等影响重大的政治思想也都或多或少烙有古希腊、古罗马政治思想的印记。

二、中世纪时期的自治思想③

中世纪的政治思想在整体上遵循的是"神学政治观",其自治思想的表现和指向都与神学有着千丝万缕的关系。

(一)中世纪自治思想的历史基础

中世纪自治思想的历史基础可以从四方面来理解:经济基础、政制基础、文

①[美]列奥·施特劳斯等主编:《政治哲学史(上册)》,李天然等译,石家庄:河北人民出版社1993年版,第141—142页。

②[英]厄奈斯特·巴克:《希腊政治理论:柏拉图及其前人》,卢华萍译,长春:吉林人民出版社2003年版,第14页。

③这一部分的撰写以及参考文献的查找都参考了丛日云:《西方政治思想史(第2卷)》,天津:天津人民出版社2005年版;[英]沃尔特·厄尔曼:《中世纪政治思想史》,夏洞奇译,南京:译林出版社2011年版;马啸原:《西方政治思想史纲》,北京:高等教育出版社1997年版。特此说明。

化基础和自治实践基础。

1. 经济基础：手工业、商业贸易的发展是自治诉求的经济前提

中世纪的中晚期，手工业得以恢复和发展，商品经济取得较大发展，货币流量、商业贸易量等明显增加。经济基础的夯实与发展使市场愈加繁荣，市场当中平等交易、理性契约、自由合意等原则对社会个体产生了重要影响，这种影响也使得理性、契约、平等、自由等原则逐渐进入政治领域，为经济现代化和政治现代化奠定了基础。另外，11 世纪以来，随着手工业、商业贸易的发展，城市等商业中心大量出现，与手工业等相应的行会也增速显著。此时的城市和行会都具有较强的自治特征，也为自治思想的出现奠定了基础。简言之，虽然不能否认中世纪是漫长的、黑暗的，但其经济的发展为西方文明向现代文明的迈进提供了基础，也为政治方面"自治诉求"的提出奠定了经济基础。

2. 政制基础：教权和王权之争、封建契约制度为自治思想提供了政制条件

教权和王权之争，政教权力体系的二元分立、并存是西欧中世纪独特而显著的政治特性，这种政制现实为自治思想提供了基础。教权和王权（也可称为政权、俗权）是高悬于西欧中世纪上空的"两把剑"：

> "两者各自独立，相互平行并立，各有各的权力范围。政权以皇帝和各国国王为代表，教权由罗马教会掌握，最终集中于罗马教皇。两个平行的权力体系从纵向上分割了西欧社会，一个社会共同体或政治体内，并存着两套权力机构、两套法律和司法系统。人们的生活被分成两部分，一部分要向国家负责，另一部分要向教会负责。"①

中世纪政治思想主要是教权派和王权派争斗实践的产物。"政治思想都是从各自的官方声明和历史进程本身之中提炼出来的"，反映在官方的文告、国王的敕令和国会颁布的法令乃至政府制度和政治家的具体行动中。因此，此时的政治思想很少有理性的加工和抽象的推演，也没有产生系统完整的政治哲学体系。② 更重要的是，基督教神学占有绝对的统治地位，政治学是神学的分支和"婢女"——分析、解释政治问题都是从基督教信仰出发的。因此，这一时期有关自治的问题的探讨也就具有了"争斗"的特性。当然，其间主要涉及的是王权相对于教权的自治问题。在中世纪，政教二元化权力并存。教权负责精神生活和宗教事务，王权负责物质生活和世俗事务。但这种看似明确的分工却为中世

①丛日云：《西方政治思想史（第 2 卷）》，天津：天津人民出版社 2005 年版，第 10 页。

②丛日云：《西方政治思想史（第 2 卷）》，天津：天津人民出版社 2005 年版，第 17 页。

纪的政治家和政论家创设了一个数百年激辩的论题：两种权力各自的性质、范围、依据以及如何处理两者的关系，哪个更高，权力界限何在等。对此，学者沃尔特·厄尔曼(Walter Ullmann)曾写到：

> “人们一直在问，原初的公共权力最终来自何处？是什么使法律具有约束力？为何法律具有约束力？在今天的西方，这是不难回答的。但今天的思维方式(以及实践)是激烈的流血牺牲斗争的结果，它完全是由形成于中世纪的意识形态力量所造成的。历史地看，在中世纪存在着两种主要的政治和法律观点。这两种观点都在发挥作用，在一段时间里以其一为主，在另一段时间里又以另一种为主。”①

厄尔曼的话一方面说明了中世纪西欧的“两把剑”存在且各自从学理上探寻和论证各自的自治权利；另一方面说明，中世纪政治思想史就是“两把剑”的争论史，中世纪政治观念也是在“两把剑”争论和斗争的过程中产生、发展和演化的。他所指出的两种政治理论，一是指“自下而上的理论”或称“下源论”；一是指“自上而下的理论”或称“上源论”。“自下而上的理论”强调社会主权，“其主要特征是，原初的权力是属于人民或社会团体本身的”；“自上而下的理论”强调神祇主权，“原初的权力属于最高的存在者，按照流行的基督教观念，也就是神本身，”一切权力都来源于上帝，属于上帝。② 这里不对两种理论及其争论做具体阐释，而只强调四点：一是两者都在试图证明某种权力相对独立于另一种权力的独立、自治属性，或者说权力体系的多元化存在及其斗争暗含了一种假设：各自都是独立的、自主的、自治的。斗争迫使大家去思考，迫使大家必须在独立、自主的意义上去思考。二是“自下而上的理论”或称“下源论”在当时虽然不成熟，也具有很多传统属性，但是其对于人民主权、社会自治等现代政治观念有着重要的启示和促动作用。三是教权和王权在论争中自觉不自觉地开始讨论权力的最终归属问题，这是近代以来政治学探讨的核心问题，为权利诉求和权力划分视野下的自治思想的产生提供了源流。这一点在中国的传统社会中是不存在的，传统中国的学者在学术论说中往往直接以董仲舒意义上的“君权神授”为前提。像陈胜吴广起义时“王侯将相，宁有种乎”的呼喊十分少见。因此，权力归属问题也就成为中国传统社会中极少讨论的问题。四是在强调权力归属的同时，双方都不愿意接受对方的直接控制和干预，或者说双方都有一种

①[英]沃尔特·厄尔曼：《中世纪政治思想史》，夏洞奇译，南京：译林出版社 2011 年版，第 8 页。

②[英]沃尔特·厄尔曼：《中世纪政治思想史》，夏洞奇译，南京：译林出版社 2011 年版，第 8—9 页。

追求自由的内在冲动，这为免于无端干预的自由自治奠定了基础；同时，为了自己的自由自治，就必须防止其他权力主体的干预，就需要限定各自的行动范围，对一切权力予以限制，这就为宪政思想的出现提供了温床，且主张通过政治自治体的培育来实现宪政。总之，中世纪的自治思想在这种斗争的情境中得以缓慢地发展。

中世纪基本的社会制度——领主与附庸之间的契约关系，也为自治思想提供了基础。日耳曼人入主西罗马废墟之后，建立了采邑制度，并依托采邑制度建立了封建等级制度，这是中世纪的基本社会制度。封建制度的核心是领主与附庸之间的契约关系。即：国王（领主）将土地等分封给属下——亲兵、贵族（被称为附庸、陪臣），受封者再向下分封，形成新的领主与附庸关系。层层分封，形成多重领主与附庸关系。这一关系吸纳了当时西欧社会的每一个人。他们处于不同层级，享有该层级所预设的权利，也承担特定的义务。一个人，可能是国王，也可能是贵族、骑士，还可能是农奴。但他们被镶嵌在领主——附庸的层层关系网络之中。重要的是，西欧封建社会的领主——附庸关系与秦汉以来中国的臣属裙带关系不同。秦汉以来的中国臣属裙带关系依靠的是强力控制和宗法文化等纽带。而西欧封建社会的领主一附庸关系以“契约”为基础，以当时的习惯和法律（也许不是正义的法律）为纽带，通过习惯、法律等来设置领主和附庸之前的契约关系，并确定各自的权利和义务。虽然双方的权利和义务并不平等，但这毕竟通过契约、习惯等形成了一种双方互动、理性同意的关系；双方都受到契约内容的规范和限制，与中国传统社会中的“君君，臣臣”关系差异显著；双方都有在对方履约效果不佳时诉诸有关救济程序，可通过法律调节，也可以通过结束自己履行义务的行为，“以脚投票”。这一契约关系是秦始皇、汉武帝等所无法理解的，也是秦汉至明清的士绅、平民所无法理解的。[①] 政治学者丛日云的一段话对这种领主与附庸之间的契约关系进行了精准的描述：

> “领主与附庸的关系是以契约为基础，由封建习惯和法律来保障的权利与义务关系。附庸必须宣誓效忠领主，成为领主的人，任何时候不得背叛领主。当领主有战事时，需承担为领主服役的义务；而领主有义务保护附庸，公正地裁判他们间的诉讼等。双方权利义务并不平等，但双方同等地受契约的约束，如有一方不履行义务，另一方

①丛日云：《西方政治思想史（第2卷）》，天津：天津人民出版社2005年版，第8－9页。

可诉诸法律，或解除自己的义务。”①

契约的意义及其实践至关重要。它为平等、自由等观念奠定了基础。契约作为一种人际交往，总是伴随着相互博弈、互换交易、理性权衡、自主判断、主体平等和忠实履约等内容而发生。“在这种人际交往中，当事双方或各方必须设法找到彼此的利益结合点，不但要达成共识，而且要作出承诺，由此形成一种权利和义务得到明确界定的锁链式约束。”②这为自治思想的发展与阐释提供了现实参照。因为，一方面，契约各方都必须保证一定的“自治”方才需要订立契约。中国王权主义专制的政治体系中是无需契约的，因为王权是至高无上的，而其他主体则缺乏独立、自由等“自治”特性。另一方面，契约各方都必须保证一定的“自治”才能够订立契约。如果契约订立过程中，各方或某一方不具备独立、自由等“自治”特性，契约要么是毫无意义的，要么意味着为非“自治”一方设定了一条无形的但又实在的锁链，无法实现权利与义务对等。洛克说得好，契约在政治领域能够发挥良善功效，需以拥有自然权利的自治主体为基础，“按照他们认为合适的办法，决定他们的行动和处理他们的财产与人身，而毋需得到任何人的许可或听命于任何人的意志。”③概言之，无论西欧中世纪的契约观念带有多么浓厚的传统色彩，也无论西欧中世纪的契约关系在宗法关系、神俗关系中处于多么边缘的地位，都在实践层面上促进了自治观念的发展。

“我的附庸的附庸不是我的附庸”也是西欧中世纪所盛行的一条实践原则。指的是，隔层的附庸不受隔层的领主控制，无需向隔层的领主效忠，隔层的领主与附庸之间不具备直接的权利和义务关系。换言之，领主与附庸关系不具有传递性，仅限于直接的“契约双方”，而对于非直接的、隔层的契约关系并不适用。显然，“我的附庸的附庸不是我的附庸”的原则有些“地方自治”的味道，或者说，低层次的领主与其附庸之前的关系，不受高层次的领主（其附庸是低层次的领主）的直接控制和干预。④这样，在低层次的领主和他的附庸之间形成的契约关系就具备了“自治”的属性。虽然自治程度可能不高，且在不同的领主－附庸关系当中自治程度大小也有所不同，但它无疑形成了一种自治空间。因此，在这一实践原则下形成的自治空间促进了自治思想的丰富和发展。

3. 文化基础：神学政治观以及多元文化为自治思想提供了文化条件

①丛日云：《西方政治思想史（第2卷）》，天津：天津人民出版社2005年版，第9页。
②张凤阳等：《政治哲学关键词》，南京：江苏人民出版社2006年版，第209页。
③[英]洛克：《政府论（下篇）》，叶启芳等译，北京：商务印书馆1982年版，第5页。
④丛日云：《西方政治思想史（第2卷）》，天津：天津人民出版社2005年版，第10页。

在中世纪，基督教神学具有至高无上的统治地位。人们的思考、论说，学者的写作、研究，政治权威的辩论、争执等等都是在基督教神学的基础上进行的，政治学因此也成为了基督教神学的“婢女”。至于基督教为什么会在中世纪享有如此地位，中世纪政治思想的研究权威厄尔曼给予了如下分析：

> “应该认识到，在5世纪12世纪之间，在一个这片大陆上的广袤区域尚未得到开拓的时期里，一个社会成长了起来，它必须学会如何安排公共生活秩序所要求的根本原则和基本原理。没有‘历史’的先例；不可能靠别人的经验教训来学会如何进行治理；它是一个年轻的社会，对外面的世界所知甚少，必须找到一个属于自己的处事方式……基督教和《圣经》包含着现成的‘哲学’，可以从中获得许多关于政府问题的知识。西方同时接受了基督教和拉丁化的《圣经》，这解释了罗马（兼有异教与教会意义的罗马）在中世纪的压倒性影响。”①

概言之，中世纪需要实现公共秩序的哲学，而此时基督教和《圣经》作为现成的学说和思想体系就被当时顺理成章地树立为标杆了。重要的是，恰恰在此时除了基督教和《圣经》之外没有形成“百家争鸣”的局面，基督教神学成为备选清单当中的唯一选项。就这样，中世纪的“政治期待和理性都与宗教信仰”结下了不解之缘。② 因此，中世纪自治思想的任何蛛丝马迹都与神学政治观存在着千丝万缕的关系。

需指出，基督教及其思想本身无涉政治。比如，威廉·丹宁（William Dunning）就曾指出：“基督教的创始人似乎对于政治思想和政治理论一点都不感兴趣。”③在很大程度上，可以说基督教及其传播是以天国的生活向往为旨归的，不在于进行政治动员，不在于解释政治、评判政治，更不在于发动政治运动，通过政治革命、改革等改造现世。也许正因为如此，《圣经·约翰福音》中耶稣有一句简短但十分经典的话：“我的国不属于这个世界”；《圣经·希伯来书》中也说道：“我们在这里没有常存的城，乃是寻求那将来的城。”显而易见，基督教的眼光殊少关注现世政治，而将目光专注于彼岸的天国。有意思的是，基督教虽本意无涉政治，但在中世纪，首先是人们在为了达成公共秩序而寻找“济世良方”时，选定了它；其次，在那种政教对立的情况下，人们又毫无例外地从基督教

---

①[英]沃尔特·厄尔曼：《中世纪政治思想史》，夏洞奇译，南京：译林出版社2011年版，第227—228页。
②See William A. Dunning. *History of Political Theories*. Macmillian Company, 1905. Vol(Ⅰ).
③William A. Dunning. *History of Political Theories*. Macmillian Company, 1905. Vol(Ⅰ).

义中寻找依据，利用基督教解释政治行为。这样，就把基督教推上了政治的“风口浪尖”之上。

中世纪的文化以神学为主导，甚至很多时候神学统治了一切文化的创造。但也不能否认，中世纪的政治思想和社会生活方式还受多元文化范式及其融合的影响。日耳曼人主西欧时携带了自己拥有的具有原始民主性质的文化传统，其间包含着“自然安治”的成分。随着发展，这种具有自治基因的文化与古希腊政治文化、古罗马法学传统和政治思想、基督教神学思想以及拜占庭文化、阿拉伯文化和犹太文化等相融合，吸取了多元的文化要素。[①] 需要指出，这些多元文化要素中的日耳曼原始民主文化、希腊政治文化等当中都含有自治思想，这些原初的自治思想加上中世纪的政治实践共同促进了自治思想的发展。更为重要的是，这种“多元”文化在寻求各自存在感的过程中多少有独立、自主和自治的意味；当然，多元文化中的“多元”基因本身也是自治思想发轫的基础。

4. 自治实践：城市自治、行会自治为自治思想提供了行为基础

随着手工业、商业贸易的发展，在西欧国家的12—13世纪兴起了一次巨大的“经济革命”——城市兴起。由于城市是随着经济的发展逐渐发育起来的，且受市场的平等交换、自由合意、理性契约等原则影响，城市的运作遵循着“涉及众人之事应得到众人同意”[②]的原则，并以公民制度、议会制度等为主导法则，封建时代司空见惯的领主与奴役、领主与附庸等关系则走向式微、逐步消解。而且，城市与教会、国王之间的关系也并未被纳入领主与附庸关系序列。即，一方面，城市内部实行市民自治；另一方面，城市相对于外部主体具有较强的自治权。正如历史学家詹姆斯·汤普逊(James Westfall Thompson)所指出的那样，中世纪城市可能差别很多，但“各类城市的议会，都是主权实体；每个城市都是一个自治的市民社会，各自制定法律，自行征税、自管司法、自行铸币，甚至根据各自需要结成政治联盟、自行宣战或媾和。”[③]

在西欧中世纪，现代意义上的国家并未建立，所谓的“国家”形态充其量是不同层级的领主一附庸关系联结的领地之和，即国王与大贵族、大贵族与小贵族直至骑士、农奴的私人效忠关系形成的领地的简单拼合。“王国和帝国被当

①参见[英]沃尔特·厄尔曼：《中世纪政治思想史》，夏洞奇译，南京：译林出版社2011年版，第227—228页；丛日云：《西方政治思想史(第2卷)》，天津：天津人民出版社2005年版，第1—26页。

②Antony Black. *Political Thought in Europe*, 1250－1450. Cambridge: CambridgeUnversity Press, 1992.

③[美]詹姆斯·W.汤普逊：《中世纪晚期欧洲经济社会史》，徐家玲等译，北京：商务印书馆1992年版，第174页。

作更大的单位亦即整个基督团体的一部分，并不被视为单独、自足、自主、有主权的团体。”[①]也就是说，民族国家的概念被基督教的“天国”概念所淹没，至少在13世纪亚里士多德的学说得以广泛传播之前，国家概念在人们心中是不明确的。在这种情况下，基于经济发展而形成的城市就拥有了更为广阔的自主范围，自治不仅是必须的而且是可能的——城市一方面必须通过自我管理来实现内部秩序；另一方面必须防止国王等的侵入，以实现经济的自由发展。

在教会、世俗王权的夹缝中，还存在着一种非常重要的自治实践形式——行业自治(或称行会自治)。“在强大的封建势力包围下，市民为了保护自己的自由身份和从业安全，便不得不组织起来成立行会。尽管其重要性更在于它们的商业与工业活动。”[②]行会作为社会性主体之一，对内实行自我管理，对外以集体的力量参与宏观政治博弈，参与公共生活。“‘行会被国王约翰的法令破坏了’之说与事实相去甚远。一切都表明行会继续存在。……国王约翰的法令对行会制度表示宽容甚至尊重；它仅仅为了公众的利益规定了物品的价格；它在行会中坚持‘开放’政策，并废除了某些限制。”“无论中世纪行会的根源——或诸根源是什么，有两个事实是很清楚的：即它们与市民阶级的产生和城市的形成同时发生；而且，在它们萌芽时，就是组织起来的自由商人或手艺人团体，以保护他们摆脱不自由的竞争和同等团体的竞争。”[③]

虽然，“鉴于不可能把行会的起源归于任一种特别的原因或基础，我们可以认为，行会是中世纪倾向于社团联合的一种自然表现，仅此而已。”[④]也就是说，中世纪的城市自治、行会自治都不是什么权利诉求的结果，都属于自然安治的范畴。但是，这种自治行为无疑为自治理论的发展提供了实践基础。它们锻炼、培养了人们的自治意识，提升了人们的公民能力。对自治理论和自治实践的现代转型的作用是毋庸置疑的。

(二)中世纪自治思想的基本关切点

首先需要强调，中世纪政治思想并不系统，因此其自治思想也不系统。而仅仅是潜藏在权力论争等当中。

1.“凯撒的物当归给凯撒，上帝的物当归给上帝”——二元自治思想

①[英]沃尔特·厄尔曼：《中世纪政治思想史》，夏洞奇译，南京：译林出版社2011年版，第12—13页。

②丛日云：《西方政治思想史(第2卷)》，天津：天津人民出版社2005年版，第482页。

③[美]詹姆斯·W.汤普逊：《中世纪晚期欧洲经济社会史》，徐家玲等译，北京：商务印书馆1992年版，第535页、第539页。

④[美]詹姆斯·W.汤普逊：《中世纪晚期欧洲经济社会史》，徐家玲等译，北京：商务印书馆1992年版，第539页。

一方面，教会在很多场合强调教会对于世俗王权的价值优先性。“因为没有权柄不是出自神的”(《圣经·罗马书》第13章)。教会是超越于现世政治主体和政治实践的，具有相当的自治属性。“我对论坛、军营、元老院不负任何义务”；“既不当官也不当兵，我已经从社会的世俗生活中撤离”；“我们也一点不想去参加你们的公共集会，国家的事在我们看来也是与我们完全无关的。”[①]这种做法虽然有逃离现世、避免王权干涉之嫌。但是，其无疑表达出追求教会独立、自治的思想。米兰主教、教父安布洛斯也曾以相同的口吻强调教会的独立自治思想，不过其论断更为明确、果敢——“宫殿属于皇帝，教堂属于主教”，在宗教事务方面，教会有自我管理、自我裁判的权利；同时，皇权不是毫无边界、笼罩一切的，教会尤其神职人员应该拥有免于世俗司法审判的权利。[②] 学者卡莱尔(R. W. Carlyle)指出，这种思想“标志着一种教会相对于国家的独立、自治的情绪。”[③]

另一方面，世俗王权也时常强调教会要接受王权的“管理”，因为世俗王权是在上帝感召下执行上帝意旨，致力于惩恶扬善。因此，“你们为主的缘故，要顺从人的一切制度，或是在上的君主，或是君主所派罚恶扬善的臣宰。”(《圣经·彼得前书》第2章第13节)“凡掌权的都是神所命的，所以抗拒掌权的，就是抗拒神的命。抗拒的必自取刑罚。”(《圣经·罗马书》第13章)这两方面的述说和论辩是中世纪政治哲学的中心议题和出发点。[④]

两方面都在各自的逻辑上找到了适合自己期待的结论。不过这两方面暗含了一种多元权力均衡、各自寻求自治的思想。即，教权与王权的平衡、服从上帝权威与服从世俗权力的平衡；同时，将两种权力、两种权威各自的权利边界和行动空间所区隔，它们各自形成一种独立、自主、自在的自治空间。这种思想可用《圣经》中一句话来概括：“凯撒的物当归给凯撒，上帝的物当归给上帝”(《圣经·马太福音》第21章第21节)。奥古斯汀(Aurelius Augustine，354—430)的“上帝之城”与“世人之城”的说法也表达了这种观点。

上述教权与王权二元分立的思想在公元5世纪末的教皇格拉修斯(Gelasius)那里成熟、完善，最终形成了主导中世纪基督教政治哲学的核心思想——教权和王权二元政治观，也称格拉修斯原则。格拉修斯原则的基本思想

①王晓朝：《基督教与帝国文化：关于希腊罗马护教论与中国护教论的比较研究》，北京：东方出版社1997年版，第67页。

②王晓朝：《信仰与理性：古代基督教教父思想家评传》，北京：东方出版社2001年版，第231—240页。

③转引自丛日云：《西方政治思想史(第2卷)》，天津：天津人民出版社2005年版，第70页。

④William A. Dunning. *History of Political Theories*. Macmillian Company, 1905. Vol(Ⅰ).

在他写于469年的一段话中被清晰表述：

> “当基督这位真正的王和牧师莅临后，国王不再享有牧师的头衔，牧师也无权得到皇权的荣耀……按这种安排，精神行为远离尘世的侵害，‘上帝的战士’也不会卷入世俗事务，而那些从事世俗事务的人也不再掌管神圣事务。这样，两种秩序都保持着其谦卑，它们都不会通过使另一方屈从于自己而得到提升，每一方都履行特别适合于自己的职责。”①

不难看出，格拉修斯虽然不否认精神权力和上帝神谕绝对的、最高的权威地位，但其二元自治思想更为明显：教权和王权各有职责范围和行动边界；它们平行存在，相互分离，各自在自己的空间内自我管理，自行处理自己的内部事务。

2.“贬低国家，高扬教会”——限制国家、推崇社会自治的思想

奥古斯汀指出，人类是堕落的，受自爱的情感和各类欲望（如物质财富、权力地位）支配，也有嫉妒、报复、虚荣和贪婪等劣根性。这一切还会促使人们陷入征战、争斗等不能自拔的状态。这显然不是人们所期望的生存状态。为此，人们运用理性，设计、成立国家（动物没有理性，因此永远无法摆脱战争状态）。此间，国家因人之“恶”而出现。但是，履行国家职能的人虽然拥有消除人类之“恶”、实现公共秩序的职责。不过，其不能因此而超越于“人”，仍然是堕落的，是“恶”的。这样的话，其可能依托国家权力做更大的“恶”。可见，在奥古斯汀眼里，国家源于人类之“恶”，但国家同样拥有“恶”习，可能导致“恶”果，会带来恐惧、混乱和痛苦等。这种论断显然与亚里士多德、西塞罗笔下的“最高善”不同。

亚里士多德认为城邦是最高的善，居于正义之巅；西塞罗认为共和国是人民之事业，中道温良，弃恶扬善。而奥古斯汀并没有将国家作为终极性的公共“善”，认为国家仅仅是减少了人类罪恶的某些表现，规避了人类贪婪、欲望的某些影响。但仅仅是“某些”，而不是全部。一言以蔽之，奥古斯汀眼中的国家并非是完美无缺的济世良方，充其量是一种权宜之计，如果单纯依靠国家，人类追求的最高“善”、正义、秩序和美好等都将徒劳无益，所有努力因此而付诸东流。

奥古斯汀的思想虽然旨在“贬低国家，高扬教会”。但是，他的论述以及“悲观的国家观”在近代以来得到了回应，为洛克等自由主义思想家提供了理论资

①转引自丛日云：《西方政治思想史（第2卷）》，天津：天津人民出版社2005年版，第95—96页。

源。当然,他的思想也为限制国家、推崇社会自治的政治思想开了先河。

3."上源论"抑或"下源论"——王权观念中的自治思想

厄尔曼在《中世纪政治思想史》一书中指出中世纪王权思想受到"上源论"和"下源论"(上文已阐述这两个理论的基本关系)的双重影响,国王也兼具"领受神命的王"和"接收附庸忠诚的领主"双重身份。这种王权观念尤其是"下源论"中蕴含了多个层面的自治思想。一般而言,"上源论"对社会权利持漠视态度,而"下源论"则为社会价值优先性、社会自治等预留了空间。因为,在"下源论"中,国王的权力源于生活共同体和附庸在契约中表达的忠诚与义务。那么,国王虽居于"高位",但仍属于社会共同体之内的一种力量,受到社会共同体的习惯、法律以及其他主体的约束。这为"社会"摆脱无端干预、追求自治埋下了浓重的伏笔。具体而言,"下源论"中有如下几方面的自治思想:

第一,契约与自治思想。在中世纪欧洲,契约原则以及领主一附庸之间的契约关系是"下源论"的实践来源。如前文所述,中世纪欧洲的封建等级关系本质上是一种契约关系,依赖附庸与领主之间的契约框架而运行。这既需要双方对权利和义务的理性认识,也需要双方对权利和义务的认真履行。国王作为高级领主不是天然地享有权力,而是需要附庸的契约认可;国王作为高级领主而拥有的权力也不是一成不变的,而是需要以国王自己的履约实践为基础,即国王的合法性来源于契约以及国王自身的履约行为和履约效果。"领主的主要职能是提供每个社会必须生产的公共产品——保护和公正,而佃农和农奴则部分靠自己的财产、部分靠领主的财产提供自己的劳动作为交换。"[①]虽然当时的契约实践和思想对社会自治观念的影响有限,有限得"犹如遥远的闪电",但它毕竟打破了王权优先性的神话,为社会优先性、社会的自主与理性提供了基础;当时以及后世的政治思想家也从政治契约中推导出了宪政、自治等思想。[②]

第二,协商与自治思想。一方面,契约的达成在很多时候需要以协商为基础;另一方面,"封建王权的契约性质以及中央权力'统而不治'的政治格局决定了国王不得不以协商作为他的主要统治手段。"[③]可以这么说,如果国王等当权者在处理某些事务时与其他人商议,这并不具有什么值得注意的政治价值。但是,如果当权者将协商作为一种治理手段,且将与其他主体的协商置于法律、程序之中并作为政治生活中的常态的话,协商的政治价值就尤为显著。另外,在

---

①[美]道格拉斯·诺斯等:《西方世界的兴起》,厉以平等译,北京:华夏出版社 1999 年版,第 39 页。

②Kern Fritz. *Kingship and Law in the Middle Ages*. Grennwood Presss,1948.

③丛日云:《西方政治思想史(第 2 卷)》,天津:天津人民出版社 2005 年版,第 182 页。

中世纪,“习俗”而不是“王的意志”是法律观念以及法规条文的来源。因此,法令的形成、颁布等都需要通过国王与其他社会主体如主教、伯爵、公爵等协商。也只有通过协商才能在终极意义上证明法律条令是得到社会认可的,具备合法性的。[①] 总之,协商防止了专断,切断了通往权力垄断、专制暴政的道路,为社会自治的思想提供了生根发芽的土壤。

第三,同意与自治思想。在罗马法研究复兴的过程中,“关涉大家的事应由大家同意”的司法原则被引入公共生活领域;1200 年前后,教会法学家在论证宗教大会性质时也强调,“关涉到整个共同体的事情应该由代表着全体成员的代表们的集会决定”;13 世纪中期学者艾维乌斯(Hervaeus)也写道“除非经由社会本身的同意,否则对社会的强制就是不正义的”,即强制行为需要得到同意和授权,这为“免于无端干预”的自由、自治提供了有利支撑。[②] 萨拜因在《政治学说史》中提到康茨坦宗教大会及其理论在原则上确立了成员(信徒)管理组织事务(宗教事务)的原则,将组织权威及各级管理者(教皇以及神职人员)置于全体成员(信徒整体或曰宗教全体)的同意之上。这种类似于古希腊城邦的公民大会、现代的代表大会(理事会)制度及其思想,成为了团体自治思想(成员参与组织或团体的治理)的重要线索。[③]需要指出,虽然这种同意实践以及有关思想阐释在中世纪中后期频繁出现,但是并没有形成合法统治需建基于社会同意的系统理论。不过,值得肯定的是,这种思想作为法律和政治哲学基础,为后世同意理论的形成发挥了毋庸置疑的作用。[④] 厄尔曼形象地表达了这一观点:“占主导地位的封建王权是一部笨拙、沉重、吱吱作响的机器,它的运行必须得到大佬和贵族们的赞同和建议,它一点也没有神性国王身上的闪耀装备。不过,正是它为宪政的发展提供了基础,其影响远远超出了宪法本身的范围,也远远超出了中世纪。”[⑤]

第四,《大宪章》与自治思想。英国宪政史上的重大标志性事件《大宪章》(也称《自由大宪章》)的签订含有值得一提的自治思想。《大宪章》是“人类历史上有史以来第一个具有近代人权性质的宪法性文件。”[⑥]概括地说,《大宪章》的

---

①丛日云:《西方政治思想史(第 2 卷)》,天津:天津人民出版社 2005 年版,第 182 页。

②转引自丛日云:《西方政治思想史(第 2 卷)》,天津:天津人民出版社 2005 年版,第 184—186 页。

③[美]乔治・萨拜因:《政治学说史(上)》,盛葵阳等译,北京:商务印书馆 1986 年版,第 314—315 页。

④Brian Tierney. *Rights, Laws and Infallibility in Medieval Thought*. Ashgate Publishiing Company, 1997.

⑤[英]沃尔特・厄尔曼:《中世纪政治思想史》,夏洞奇译,南京:译林出版社 2011 年版,第 149 页。

⑥程华:《传统与变革:英国宪政的成长之路》,载《法学评论》2002 年第 4 期。

主题思路是：在社会同意的基础上，倡导王权有限、限制王权。虽然不能否认它在订立当时具有浓重的传统色彩、对王权的限制和社会自治的倡导都十分狭隘。但是，它无疑具有划时代的“激进性”，在王权有限的前提下框定了一块免于王权无端干预的自治空间，并且打下了一个基础——随着社会力量的发育，进入该自治空间的人将会越来越多，受该自治空间自行处理的事务也越来越多。同时，它还包含有壮大社会力量、通过社会力量制衡、限制王权的思想。《大宪章》的社会自由、自治思想还具有传统的“朴素”的特征，其中条文、订约的原初目标在很大程度上仅仅是针对当时约翰王权力范围的，是一个具体、单一权力斗争的结果，并不具备普遍意义，也不是在现代意义上的权利诉求、权力配置的前提下出现的。但是，这一个具体的、单一的斗争行为产生了举世瞩目的效果，其中内蕴的“王权有限、限制王权”思想作为“源头活水”源源不断地促进着英国乃至欧洲的政治思想的发展，其包含的社会自治思想也随之而发展。总之，《大宪章》虽然是单一斗争的实践，但其具有衍射性和“乘数”效应，为自治思想的发展奠定了基础。

4.“亚里士多德研究的复兴”——城市自治实践与城邦自治思想的相得益彰

伴随着商业贸易的发展，中世纪城市逐渐兴起。在封建王权和基督教神学的包裹之下，城市自治却得以施行。亨利·皮朗（Henri Pirenne）在《中世纪欧洲经济社会史》中写道：

> “随着司法自治而来的是行政自治。由于城市集团没有传统的统治者，而且传统的统治集者既缺乏手段，又没有帮助他们的意图，城市集团不得不为他们自己提供一系列的防御措施。市民阶层凭着自己的努力，在11世纪时期，已经使市政组织初具规模。12世纪时，他们已经掌握了一切主要的市政机构。”①

当然，城市自治权的获得不是一帆风顺的，它伴随着一系列的斗争、论辩而演变、发展。在斗争、论辩过程中，城市自治论者需要理论资源来为自己辩护，从神学政治中显然难以找到合适的理论依据。因此，他们就将视角转向了古代，亚里士多德的城邦理论自然就被推向了前台。另外，随着商业和经济的发展，作为个体的人的自我、自主、自治意识也在增长，这与基督教神学是背道而驰的，为摆脱基督教神学对自治的侵蚀，也要求寻找理论支撑，亚里士多德的思想由此而被重新挖掘。萨拜因就曾明确指出，基督教神学对于灵魂、精神以及

①[比]亨利·皮朗：《中世纪欧洲经济社会史》，乐文译，上海：上海人民出版社1964年版，第48页。

天国等观念与人的理性、国家的自然发展、自然法等思想存在天然之别，即基督教神学中的真理及其论证逻辑等“这一切同亚里士多德哲学的气质是不协调的，同他的社会思想也格格不入。因为他的政治理论的实质是这样一个假设，即国家是社会自然发展的结果，它的存在之所以合理是因为其具有道德价值，而无须任何明确宗教的认可。”[①]按照伯特兰·罗素的说法，基督教神学关注的是彼岸世界和超验命题，而亚里士多德的政治学传统则关注经验世界和实践命题。[②] 这一方面说明，亚里士多德的思想传统与基督教神学存有天壤之别，对其阐释和挖掘有相当阻力；另一方面说明，正是因为有天壤之别，对其予以挖掘和阐释才是必要的。托马斯·阿奎那是调和信仰与理性，阐发亚里士多德政治学传统的代表人物之一。当然，受当时基督教神学的影响，此时的“阐发”更多体现为基督教神学和古代政治学传统的调和和兼容。

在重新阐释亚里士多德政治思想的过程中，中世纪的思想家们强调了如下几方面自治思想：一是国家（犹如城邦、城市）是现实生活中的政治共同体，是由具体的、活生生的公民所组成。因此，国家的形成是自然发展的结果，与人的理性有关。因此，国家及其运作受到自然法决定。这即是说，国家是独立于教会的具有自治属性的政治共同体。

二是国家（城邦、城市）作为理性的产物，受自然法则决定，因此其遵循的法律、依赖的逻辑都应该具有自在自为属性——根据实际情境，进行创议、讨论、决策。这无疑是一种自我满足、自我管理的自治状态，它符合人的本性，也符合国家的产生与发展逻辑。

三是城市自治思想强调对现实政治生活的关切，城市的土地边界、人口规模、公共事务、基本秩序、经济状况等具体的对象成为了政治学研究的对象（不再是上帝、天国之类的超验内容），这为近代民族国家观念的出现奠定了基础。众所周知，在欧洲中世纪的大部分时间里是缺乏国家观念的，人们要么是在超验的天国世界里畅想自己的共同体，要么是在领主一附庸链条中感知自己的社会地位，要么是在身处其间的范围不大的城市中体验自己的生活世界。而随着城市自治运动的发展，国王为了反对教会而支持城市发展，加之城邦政治理论的阐发，具体的有形的民族国家观念就逐渐形成。这为后世自治思想的现代转型提供了理论资源。

①[美]乔治·萨拜因：《政治学说史（上）》，盛葵阳等译，北京：商务印书馆 1986 年版，第 311 页。
②[美]伯兰特·罗素：《西方哲学史（上）》，何兆武等译，北京：商务印书馆 1976 年版，第 529—530 页。

(三)中世纪自治思想的简评

对于中世纪的自治思想,有三个特点:一是自治思想的表述并不直接,而往往是"潜藏"在教权和王权的论争和权利斗争之中;由于自治思想的"潜藏"特征,因此中世纪的自治思想并不系统,逻辑也不严密。二是中世纪自治思想仍然具有传统特性,自治的要求和体现都是在权力争夺实践中的一种不受控制的具体诉求,而并没有上升到政治权利的价值领域;自治的要求和体现只是现实政治生活中内在权力冲动的表现,而非政治领域中的权力划分。三是中世纪自治思想虽然具有传统属性,但其很多论断都成为文艺复兴、启蒙运动中近现代政治思想的基础。用萨拜因的话说,17—18 世纪以来的政治思想与中世纪政治思想之间有一条直接发展、一脉相承的线路,中世纪政治思想是近现代政治思想的直接渊源,近代政治思想是中世纪政治思想的"果实。"①厄尔曼也指出:"我们的现代概念、我们的现代制度、我们的政治义务与宪政观念,不是直接起源于中世纪,就是在直接反对中世纪的过程中发展起来的。"②政治自治思想亦然。

三、古希腊古罗马自治思想与中世纪自治思想的比较

通过上述阐释,不难发现古希腊古罗马的自治思想与中世纪自治思想存在两点重要差别:一是古希腊古罗马的政治自治思想以人的理性、自然法观念为主导,具有较强的理性主义;而中世纪的政治自治思想虽然与传统有着千丝万缕的联系,但更多以基督教神学为主导,具有较强的"超理性"色彩。

二是古希腊古罗马的政治自治思想中更多表现出民主自治和共和自治的趋向,即强调公民对于公共事务的民主参与,以践行治理国家的职责,实现自治;强调民主参与的目的不是自私自利,而是"天下为公",这是"共和"观念的主要表现。中世纪的政治自治思想更多表现为自由自治和宪政自治,即强调自治是不受无端干预、自主自由的表现;强调自治体的主动作为形成了一种有机力量,可以限制、制衡其他主体,防止专制和强制,且自治空间的建构需要以限制国家权力的无边界行为为基础(如图 3-1 所示)。这是两个时代不同的政治实践情境所致。古希腊古罗马以城邦为最高善为主题,因此强调公民对于公共事务的参与,并通过参与实现公共之善;中世纪则以教权与王权之争、领主与附庸等级关系为主题,因此强调某一主体不受另一主体的无端干预,强调自由,同时主张限制一切权力的无边界行为。所以,后世的民主与自治、共和与自治、自由与

①[美]乔治·萨拜因:《政治学说史(上)》,盛葵阳等译,北京:商务印书馆 1986 年版,第 270 页。
②[英]沃尔特·厄尔曼:《中世纪政治思想史》,夏洞奇译,南京:译林出版社 2011 年版,第 227 页。

自治、宪政与自治等思想关联都可以在这一时期找到源头。

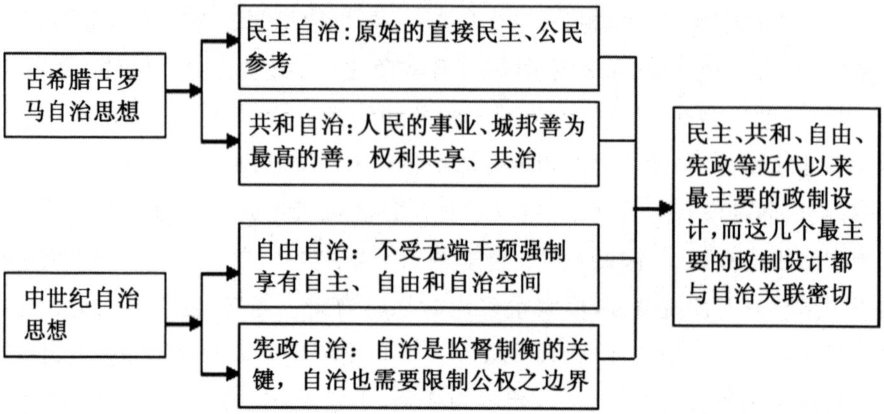

图 3-1:古希腊古罗马自治思想与中世纪自治思想比较及其对未来影响示意图

注:该图系笔者所绘

第二节　文艺复兴到 19 世纪末:自治的价值化研究倾向

从文艺复兴到 19 世纪末,民族国家兴起,罗马基督教的统治走向衰落,现代政治理念逐步形成,政治学研究进入了“理性主义时代”。在这一时期,政治学研究主要以理性思考、逻辑推理和假设、抽象观念等为手段,对政治问题进行哲学思辨,研究主题包括国家如何形成、政府的目的、形式以及政府权力的基础和构建等。当然,自治问题的研究也与这种研究倾向一致:表现出强烈的理性色彩,对各种自治现象有了比较抽象、完整、系统的理论分析,重视探讨自治政治的一般抽象原则。

一、文艺复兴到 19 世纪末的经济社会发展状况

这一时期虽然没有“中世纪及其以前”长,但是在这一时期发生的历史事件及其对政治思想的影响要复杂很多。从政治思想史的角度看,在这一时期,可以大致分为三段:一是 14－16 世纪,这一时期主要是封建社会向资本主义发展的转型时期,也是近代政治思想奠基与国家新观念的形成时期;二是 17－18 世纪,以资产阶级革命为实践主题,是近代政治学(以权利政治观为主导)的确立时期;三是 19 世纪,资本主义的自由竞争时期,在政治思想方面,继承和批判了革命时期的政治思想,同时以资本主义改革发展为主题形成了政治哲学的多元

化发展趋向。[①]

14—16世纪，生产力取得较大发展，资产阶级开始形成并逐渐登上历史舞台，因此这一时期可以被视为是西方由封建社会向近代资本主义社会转型时期、过渡时期。这一阶段西欧（此时的政治思想以西欧为主体）的经济社会发展特点有五[②]：一是生产力发展，经济取得新成就。新航路开辟、新大陆发现、世界市场扩大，商业贸易空前发展；城市发展迅速，城市经济体如雨后春笋般地出现，如意大利的米兰、佛罗伦萨、威尼斯等；采矿、印刷、冶炼、纺织、造船和金融等新行业发展迅速，以自给自足为特征的农业经济、手工业经济逐渐走向式微，资本主义性质的、具有扩张特质的、规模较大的农牧场、工场手工业等开始出现，资本主义生产关系逐渐形成，对封建等级制度造成了巨大冲击，并逐步瓦解了封建社会赖以存在的经济社会基础。

二是资本主义市场关系开始形成。随着经济社会发展和资本主义生产关系的形成，资产阶级开始登上历史舞台，并在政治思想、政权制度、管理实践等方面反抗封建势力和教会势力。

三是民族国家开始出现。伴随着经济发展和资产阶级登台，民族国家开始出现，虽然很多国家建立的是君主制，如法国、西班牙、瑞典等。然而，“王权依靠市民打败了封建贵族的权力，建立了巨大的、实质上以民族为基础的君主国，而现代的欧洲民族和现代的资产阶级社会就在这种君主国里发展起来。”[③]

四是文艺复兴运动爆发。新兴资产阶级为反对封建势力和神权势力，在思想领域吸收借鉴了古希腊、罗马文化，用人性反抗神性，形成了影响久远的文艺复兴运动。新的理论话语和学科体系因之而出现，古老的学科因之而更新——近代政治学开始形成。文艺复兴时期的思想家秉持人文主义思想，“他们提倡理性，反对神性；提倡个性自由，反对封建等级桎梏；提倡个人现世的幸福，反对教会的禁欲主义。他们把理性、个人自由和追求个人幸福看作是人类普遍的、永恒的本性，以此论证他们摆脱封建制的束缚，追求自由与幸福的要求的合理性。”[④]文艺复兴是在资本主义生产关系产生的基础上出现的一种思想文化运动，涉及领域很广，对于政治学的近代化影响十分直接。恩格斯对文艺复兴运动评价道：“这是人类以往从来没有经历过的一次最伟大的、进步的变革，是一

①参见高建：《西方政治思想史（第3卷）》，天津：天津人民出版社2005年版；吴春华：《西方政治思想史（第4卷）》，天津：天津人民出版社，2005年版。

②徐大同：《西方政治思想史》，天津：天津教育出版社2000年版，第91—95页。

③《马克思恩格斯选集（第4卷）》，北京：人民出版社1995年版，第261页。

④徐大同：《西方政治思想史》，天津：天津教育出版社2000年版，第93页。

个需要巨人而且产生了巨人——在思维能力、激情和性格方面，在多才多艺和知识渊博方面的巨人的时代。”①

五是宗教改革运动兴起。“宗教改革运动是15、16世纪欧洲社会中最重要的政治事件。”②宗教改革运动是资产阶级反封建斗争、人文主义思想传播的纵深发展。在某种程度上可以说，文艺复兴运动更多是思想层面的反封建、反教会行动，宗教改革运动则兼具思想性和实践性，既在思想上通过表达、倡导了自由、民主、平等等近代政治思想，又在实践上对封建势力进行了削弱。

概言之，14－16世纪的生产力发展促使了资产阶级逐步登上历史舞台，推动了反封建、反教会行动的发生，为近代政治思想的出现奠定了现实基础；文艺复兴和宗教改革则直接在思想上为政治思想的转型提供了基础，使权利政治观逐步形成，并占据主导地位，进而也为自治思想的现代转型提供了可能。

17－18世纪西欧经济社会发展具有如下几方面特点③：一是资产阶级的革命斗争蓬勃发展。生产力和经济更加发展，工商业、航运业等发展壮大，地理大发现以及殖民活动加速了资本的原始积累，机器工业快速发展，这都使得资本主义生产关系发展迅速，新兴资产阶级逐步成熟并成为在经济领域居于统治地位的力量。因此，为了更全面地打破封建制度的束缚，针对封建势力的革命斗争频发，为资本主义发展奠定了制度基础，同时依照自由、平等、民主等原则设计新制度并在此基础上取得了政权。二是天文学、物理学、数学等领域取得大发展，如哥白尼的“太阳中心说”，伽利略提出了自由落体运动定律，伽利略和笛卡尔等开创了以实验和采用精密数学分析方法的新物理学方法，代数上三次四次方程解法被发现、几何学深入发展等。这为哲学、政治学等的发展奠定了基础。三是启蒙运动如火如荼。一方面为资产阶级革命寻找理论依据，一方面在面对西欧混乱的经济社会秩序（常常因革命而起）时探寻人类未来的发展方向，从法国开始兴起了对现实、对未来影响很大的启蒙运动。启蒙运动在继承人文主义的基础上进一步宣扬了理性主义，“他们从‘人的眼光’出发，以天赋人权为旗帜，以自然法、契约论为理论武器，无畏地向封建专制制度、教会、宗教神学进攻。”④权利政治观在这一时期确立并走向成熟，恩格斯曾言：“代替教条和神权的是人权，代替教会的是国家。以前，经济关系和社会关系是由教会批准的，因

①《马克思恩格斯选集（第4卷）》，北京：人民出版社1995年版，第261－262页。

②徐大同：《西方政治思想史》，天津：天津教育出版社2000年版，第93页。

③高建：《西方政治思想史（第3卷）》，天津：天津人民出版社2005年版，第3－7页；徐大同：《西方政治思想史》，天津：天津教育出版社2000年版，第118－123页、第165－168页。

④徐大同：《西方政治思想史》，天津：天津教育出版社2000年版，第167页。

此曾被认为是教会和教条所创造的。而现在这些关系则被认为是以权利为根据并由国家创造的。”①自治思想在这种权利政治观中具有重要的地位，政治自治也正是在权利政治观中得到完善：自治与自由、与民主、与共和以及与宪政等政治思想主题开始相互缠绕；自治开始作为一种政治权利诉求正式进入人们的视野；自治开始作为一种权力分配的主题进入了政治思想领域和现实政治实践中。正如有学者所指出的那样：

> “这种权利政治观第一次将个人权利作为国家与社会的基础，从此个人主义和人权成为西方主流政治思想的基本价值。也正是在这种权利政治观的影响下，以主张法治、确认和保障个人权利、怀疑和限制公共权力的自由主义或称宪政自由主义思想成为西方近现代政治思想的主流思想。”②

18 世纪末 19 世纪以来，资产阶级革命取得胜利，资本主义政治制度在很多国家中得以确立，资本主义进入了高速增长期。生产力得到飞速发展，西方国家走向近现代工业社会。此时，资本主义的一些缺陷开始显现，国内资产阶级与无产阶级的矛盾开始取代资产阶级与封建势力之间的矛盾成为主导性的社会基本矛盾，国内的阶级斗争、政治斗争开始出现并对国家秩序产生“震荡”性影响。因此，在资本主义制度范围内的改革成为政治主题。在这种情况下，反思性、批判性的政治思潮开始兴起，加上资本主义的传统政治思想，政治思想开始多元化，既有坚持、继承和发展自由主义传统的，也有批判、改造自由主义的，还有另起炉灶，形成新型政治思想的。有学者因此而指出：“综观这一时期的政治思想，其发生、发展和演变，是资本主义经济自由发展、资产阶级民主制度不断修正、无产阶级力量日益壮大和成熟的结果，是社会历史状况的真实反映。尽管法西斯主义曾经猖獗一时，但自由主义、社会主义、保守主义等各种思想及其流派，决定着西方政治思想发展的基本面貌和繁杂格局。”③在多元政治思想的基础上，此时的自治思想出现了一些新的发展，如马克思主义政治自治思想、无政府主义自治思想等。

---

①《马克思恩格斯全集(第 21 卷)》，北京：人民出版社 1965 年版，第 546 页。

②高建：《西方政治思想史(第 3 卷)》，天津：天津人民出版社 2005 年版，第 5 页。

③吴春华：《西方政治思想史(第 4 卷)》，天津：天津人民出版社 2005 年版，第 11 页。

二、文艺复兴到19世纪末自治思想的基本关切点[①]

在这一时期，政治思想以权利政治观为指导，以权力配置为主题，从权利和权力两个层面对政治问题进行了系统、全面地研究。自治作为一种权利诉求和权力分配方式也被众多政治学者所关注。

(一)人文主义与权利政治观：现代自治思想之基

在资产阶级逐步登上历史舞台的过程中，为了反对封建势力和教会神学，借用古希腊、罗马时期的文化——从“人”的角度、用“人”的眼光来反对封建等级制度和神权政治。因此，文艺复兴运动高扬人文主义旗帜，启蒙运动高扬理性主义旗帜，在此基础上将人的权利作为政治权力分配的终极参照点。现代自治思想正是以此为基础而逐渐实现现代化转型。

文艺复兴的先驱性人物但丁(Dante Alighieri，1265－1321)指出：“人的高贵，就其许许多多的成果而言，超过了天使的高贵。”[②]莎士比亚(William Shakespeare，1564－1616)借哈姆雷特之口说：“人是多么了不起的一件作品！理性是多么高贵，力量是多么无穷！仪表和举止是多么端正、多么出色，论行动，多么像天使！论了解，多么像天神！宇宙的精华，万物的灵长！”[③]启蒙运动领军人物孟德斯鸠也指出，宗教等外部强制“对人性是一种灾难，”人就应该遵循自己独有的理性而生活。[④] 狄德罗(Denis Diderot，1713－1784)也明确指出，宗教等外部强制是“一切恶事中最大的恶事”，因为它忽视乃至蔑视人的理性，将人置于外部力量的奴隶之下，而不是理性的主人，也不能依靠自己的理性做自己的主人。[⑤]

正是因为人具有“高贵”、“德行”、“理性”等特征，人才具有了自我塑造和自由意志。皮科(Giovanni Pico della Mirandola，1463－1494)指出：“还有谁不愿意赞美人的呢？……因为人可以自己把自己塑造。”[⑥]托马斯·莫尔(Thomas

①这一部分的撰写以及参考文献的查找都参考了高建：《西方政治思想史(第3卷)》，天津：天津人民出版社2005年版；马啸原：《西方政治思想史纲》，北京：高等教育出版社1997年版；徐大同：《西方政治思想史》，天津：天津教育出版社2000年版；周辅成编：《从文艺复兴到十九世纪资产阶级哲学家政治思想家有关人道主义人性论言论选辑》，北京：商务印书馆1971年版。特此说明。

②转引自马啸原：《西方政治思想史纲》，北京：高等教育出版社1998年版，第160页。

③[英]莎士比亚：《哈姆雷特(第2场)》，北京：人民文学出版社1957年版，第63页。

④[法]孟德斯鸠：《论法的精神(下)》，张雁深译，北京：商务印书馆1982年版，第142页。

⑤转引自周辅成编：《从文艺复兴到十九世纪资产阶级哲学家政治思想家有关人道主义人性论言论选辑》，北京：商务印书馆1971年版，第463页。

⑥转引自周辅成编：《从文艺复兴到十九世纪资产阶级哲学家政治思想家有关人道主义人性论言论选辑》，北京：商务印书馆1971年版，第35页。

More,1478－1535)在《乌托邦》中也因此而强调:人的行为、政治架构等都不应该听从上帝或其他,而应该遵循人的理性,依靠理性自我管理,“一个人在应该追求什么和应该避免什么这类问题上听从理性的吩咐。”①恩格斯对这种人文主义、理性主义称赞道:“他们不承认任何外界的权威,不管这种权威是什么样的。宗教、自然观、社会、国家制度,一切都受到了最无情的批评;一切都必须在理性的法庭面前为自己的存在作辩护或者放弃存在的权利。思维者的知性成了衡量一切的唯一尺度。”②

启蒙运动思想家们还将人性、理性的高扬与对君主专制的批判相结合,指出君主专制是对“人”本身的极大蔑视和侵蚀。如,卢梭指出,理性的王国,符合人性的王国应该是非专制的,因为在专制王国中,国家的运行和发展都是与人的利益冲突、对立的,扼杀了人的自主性,消解了人的全面发展的基础。“国王的私人利益首先就在于人民是软弱的、贫困的,并且永远不能抗拒国王。”③托马斯·潘恩(Thomas Paine,1737－1809)也指出,君主制犹如魔鬼一样,总是让愚人、恶棍、下流的人得志,贫穷、战争、混乱等因此而此起彼伏,却将平等、人性、理性等美好的东西拒之门外,“一个国王所能做的事情,往往并不外乎挑起战争和卖官鬻爵,直率地说,这是使国家陷于贫困和制造纷争。”④马克思对此评论道:“君主政体的原则总的说来就是轻视人,蔑视人,使人不成其为人。”⑤

当然,政治思想家们并没有将论述止于“关注人”这一层面,而是进一步将人及其权利诉求作为政治制度、政治权力分配的终极源头。不同的学者对于“权利”的具体指向有不同的论述,包括生命、财产、自由、平等、安全等权利。不过,思想家们对权利的属性却有着基本一致的看法:权利具有自然的属性,是自然法使然。如,格劳修斯(Hugo Grotius,1583－1645)从自然法的角度来说明人的权利之源,在他看来,将人视之为人的前提是人拥有自然权利,“自然权利是正当的理性命令,它根据行为是否和合理的自然相谐合,而断定其为道德上的卑鄙,或道德上的必要。”并且,权利不仅是所谓的公道的表现,也是人道的前提。⑥ 卢梭也指出,“放弃自己的自由,就是放弃自己做人的资格,就是放弃人类

①[英]托马斯·莫尔:《乌托邦》,戴镏龄译,北京:商务印书馆1982年版,第73页。

②《马克思恩格斯选集(第3卷)》,北京:人民出版社1995年版,第355页。

③[法]卢梭:《社会契约论》,何兆武译,北京:商务印书馆2003年版,第90－91页。

④[英]托马斯·潘恩:《潘恩选集》,马清槐等译,北京:商务印书馆1981年版,第10页。

⑤《马克思恩格斯全集(第1卷)》,北京:人民出版社1956年版,第411页。

⑥转引自周辅成编:《从文艺复兴到十九世纪资产阶级哲学家政治思想家有关人道主义人性论言论选辑》,北京:商务印书馆1971年版,第222－223页。

的权利……这样一种弃权是不合人性的；而且取消了自己意志的一切自由，也就是取消了自己行为的一切道德性。”①因此，国家、政治制度等都是维护权利的工具，权利是权力合法性的终极来源，也是权力配置的基本依据。犹如狄德罗所言：“权利是正义的根据和基本理由。”②潘恩也指出：“公民权利就是人作为社会一分子所具有的权利。每一种公民权利都是以个人原有的天赋权利为基础，但要享受这种权利光靠个人的能力无论如何是不够的。所有这一类权利都是与安全和保护有关的权利。”③其间，透露出三种自治意蕴：一是每个人都有追求安全、幸福、平等等权利的资格，这是一种自在自为的状态，具有自治特性，可被称为自治权利。犹如杰斐逊（Thomas Jafferson，1743－1862）所言：“地球上的每一个人，每一个人群，都有自治的权利。他们是从自然那里连同生命一起得到这种权利的。”④二是权利是原初性的，具有价值优先性，公共权力则是衍生性的，是因权利保护而设置和分配的，因此个体拥有无端干预的权利堡垒，这是一个不受外界无端干预的自治空间。这属于消极意义上的自治。三是权力配置、公共权力运行都是以权利保护与实现为目的的，因此，权利的拥有者天然地具有了参与权力、实施自治的资格。这属于积极意义上的自治。

（二）社会契约论：自治思想导向之源

如果说人文主义和权利政治观仅仅是自治成为可能的基础的话，那么，社会契约论对于国家起源的论述则直接成为自治思想的基本导向。

社会契约论是近代西方政治思想史上最重要的论述之一。它是一套比较系统的关于国家和法起源的理论，不仅是反封建专制和教会神学的利器，而且是近代资产阶级革命的思想先导。⑤ 一般认为，最早提出较为完整的社会契约思想的是格劳修斯。在他看来，人类社会早期曾是没有国家、等级、财产等的“自然状态”，此时，人们按照自然本性和自然法生活，虽然孤独但尚算和平，虽然贫穷但尚可自足。但是，随着社会发展，生产力提高，出现了私有财产，面对财产的争夺和人身的威胁，个人及其家庭显得微不足道、力不从心。为此，受人类理性的昭示，人们之间达成约定，成立国家以防止纷争、惩戒暴力、仲裁冲突。从这个角度看，国家“不是神法的产物，而是独立的家庭保护其自身软弱的经验

①[法]卢梭：《社会契约论》，何兆武译，北京：商务印书馆 2003 年版，第 12 页。

②转引自周辅成编：《从文艺复兴到十九世纪资产阶级哲学家政治思想家有关人道主义人性论言论选辑》，北京：商务印书馆 1971 年版，第 446 页。

③[英]托马斯·潘恩：《潘恩选集》，马清槐等译，北京：商务印书馆 1981 年版，第 142 页。

④转引自马啸原：《西方政治思想史纲》，北京：高等教育出版社 1997 年版，第 274 页。

⑤马啸原：《西方政治思想史纲》，北京：高等教育出版社 1997 年版，第 227 页。

的产物”，国家的目的是为了维持公共秩序、保护个体权利。[①]

霍布斯(Thomas Hobbes，1588—1679)也认为在国家出现之前存在一个没有私有财产、没有产权(你我)之分的自然状态。由于人类的贪欲缺乏裁判者和制度约束，自然状态是“人人互相为战的战争状态”；“最糟糕的是人们不断处于暴力死亡的恐惧和危险中，人的生活孤独、贫困、卑污、残忍而短寿。”[②]显然，自然状态是糟糕的，无法容忍的。“然而这种状态却有可能超脱。这一方面要靠人们的激情，另一方面则要靠人们的理性。”[③]正是受理性驱使，为了避免自然状态的一切危害，为了和平和安全，为了每个人的应有权利，人们订立契约，放弃自己的权利，并将之交由“利维坦”——国家来实现这些目的。国家及其政府通过立法权、司法权和行政管理权等来行使维护公共秩序、实现社会权利的职能。

斯宾诺莎(Benedict de Spinoza，1632—1677)与霍布斯的论述很相似。他指出，“在自然状态下，无所谓人人共同一致承认的善或恶，因为在自然状态下，每个人皆各自寻求自己的利益，只依照自己的意思，纯以自己的利益为前提，去判断什么是善，什么是恶，并且除了服从自己外，并不受任何法律约束，服从任何人。”[④]显然，自然状态不利于公共秩序，任何人的权利都将无以依赖。因此，在理性启迪下订立契约，建立国家，并通过国家来节制人们的欲望。“一种感情只有通过和它相反的，较强的感情才能克服和消灭”，国家发挥的就是这种约束和节制的作用。[⑤] 当然，国家的强制和控制不是没有边界的，也不是以消除社会的一切自治为目的的，而仅仅是提供秩序、保障权利，为社会自治创造条件：“政治的目的绝不是把人从有理性的动物变成畜牲或傀儡，而是使人有保障地发展他们的心身，没有拘束地运用他们的理智；既不表示憎恨、忿怒或欺骗，也不用嫉妒、不公正的加以监视。实在说来，政治的真正目的是自由。”[⑥]

与上述论者相比，洛克(1632—1704)笔下的自然状态要温暖一些。“为了正确地了解政治权力，并追溯它的起源，我们必须考究人类原来的自然地处在什么状态。那是一种完备无缺的自由状态，他们在自然法的范围内，按照他们认为合适的办法，决定他们的行动和处理他们的财产和人身，而毋需得到任何

①法学教材编辑部等编：《西方法律思想史资料选编》，北京：北京大学出版社1983年版，第144页。
②[英]霍布斯：《利维坦》，黎思复等译，北京：商务印书馆1985年版，第96页、第95页。
③[英]霍布斯：《利维坦》，黎思复等译，北京：商务印书馆1985年版，第96页。
④[荷兰]斯宾诺莎：《伦理学》，贺麟译，北京：商务印书馆1981年版，第185页。
⑤[荷兰]斯宾诺莎：《伦理学》，贺麟译，北京：商务印书馆1981年版，第162页。
⑥[荷兰]斯宾诺莎：《神学政治论》，温锡增译，北京：商务印书馆1997年版，第272页。

人的许可或听命于任何人的意志。”[①]然而，“完备无缺的自由状态”也存在三大问题：一是缺乏法律；二是缺乏依照法律实施裁判的公正的裁判者；三是缺乏支持裁判决定的强力。为规避上述三大问题，人们订立契约、成立国家，将公共权力“交由他们中间被指定的人来专门加以行使，而且要按照社会所一致同意的或他们为此目的而授权的代表所一致同意的规定来行使。这就是立法和行政权力的原始权利和这两者之所以产生的缘由，政府和社会本身的起源也在于此。”[②]

还有卢梭(1712—1778)等学者通过社会契约论来解释国家的起源问题。在很大程度上可以说文艺复兴、启蒙运动当中的学者似乎都自觉不自觉地按照社会契约论逻辑来解释国家及其权力缘由问题。他们的具体论述可能差异很大，但是论述逻辑基本一致——从自然状态的缺憾谈起，然后指出理性昭示人们订立契约，交出自己原有的一部分权利给国家，让国家行使公共权力以规避自然状态的种种不足，以实现社会的各种权利。社会契约论的这一论述逻辑确立了一种基本分析框架：国家、政府、公共权力和政治制度都是工具性手段，而权利(个人和社会)则具有价值优先性。这无疑形成了两种导向：[③]一是捍卫权利、反专制强制的导向。个人和社会的权利构成了国家权力的边界，即权利搭建了一种自治堡垒，享有免受公共权力无端干预的自由。二是不需要国家权威而实施自治的导向，“这表现为近代社会的基本组织原则已然开始从宗教、政治等传统权威式组织原则向自由放任经济的自发性组织原则的演化”，并将自治原则从经济领域扩展至全社会。第一个导向属于消极意义上的自治；第二个导向属于积极意义上的自治。

需要指出，社会契约论虽然为国家主义和自由主义都提供了理论依据，不同的学者从社会契约论中推导出不同的结论，有以霍布斯为代表的国家主义，有以洛克为代表的自由主义。或者说，社会契约论所衍伸的结论可以是反对自治的，也可以是支持自治的。但单就社会契约论本身而言，它为社会自治提供了理论先导。后世的自治理论如公民社会理论、公共领域理论等都与它一脉相承。

(三)政治权力的配置：自治思想之魂

从文艺复兴到19世纪末，政治哲学的研究基本上围绕着政治权力及其配

①[英]洛克：《政府论(下篇)》，叶启芳等译，北京：商务印书馆1982年版，第5页。

②[英]洛克：《政府论(下篇)》，叶启芳等译，北京：商务印书馆1982年版，第77—78页。

③邓正来：《市民社会与国家：学理上的分野与两种架构》，载邓正来等编：《国家与市民社会：一种社会理论的研究路径》，北京：中央编译出版社1998年版，第94—95页。

置展开，自治作为权力配置的一种参照成为了学者们笔下常见的主题。

1. 自治是民主参与之体现

在古希腊，民主政体是与君主政体、贵族政体并提的政治分析概念，没有太多的价值指向。而在近代以来，民主成为反对君主专制、对抗封建暴政的价值准则。也就是说，民主在近代以来被赋予了天然的正当的价值，民主是一个“好”东西[①]，可以用民主来证明其他行为的合法性，可以用民主来为权力的合法性提供依据。反民主、对抗民主成为了“冒天下之大不韪”的不法之举。为什么说民主“好”呢？是因为民主体现了“人民当家作主”，是公共权力服务于人民权利的前提。不让人民当家做主，就难以在根本上确保权利的实现，权利政治观的核心即在于此。

无论怎样定义民主，都包含这么一个内容：“所有的或大部分人民集体握着权柄”，人们通过各种渠道参与国家事务，发表自己的观点，表达自己的诉求，使公共决策体现人们的意志。因此，在民主政体中，“公民服从统治权的命令，命令是公民的利益，他自己包括在内。”[②]在此意义上不难看出，民主就是人们参与公共事务，通过参与自治自身事务的权利；民主就是全体公民自治的另一层含义。托克维尔指出：“在民主时代，由于彼此都相同，所以谁也不必信赖他人。但是，这种相同性却能使人人对于公众的判断怀有几乎无限的信任，因为在他们看来，如果公众的判断不与他们大家拥有的相同认识接近，绝大多数人是不会承认它是真理的。”[③]显然，民主视公众（权利享有者和自治者）为最高的权威，公共权力在实质上是掌握在公众手中的，公共权力的实际执掌者需要在公众的意见下行事。卢梭指出，实现自由，保障自由权利的真正实现，需要公民对政治公共事务的亲自参与，即民主精神对公民在公共事务中的出场、对公民自治有着某种特殊的偏爱。因为，如果把权力都交由“代表”来行使，公民却从不参与，此时公民被冠以的“主人”名号就仅仅是一个名号了，与“零”无异。[④]

当然，由于直接的自治——直接民主受到很多限制，以洛克为代表的学者放弃了对“城邦民主”模式的追求，而将民主作为权力来源的合法性依据。在这里，民主不再是具体的公共权力的行事过程，公共权力被区分为所有权（主权）和行使权（治权）。[⑤] 虽然这一思路缩小了民主自治的强度，但是无疑扩展了民

①学者俞可平对这一论题进行了十分经典的论述。
②[荷兰]斯宾诺莎：《神学政治论》，温锡增译，北京：商务印书馆 1997 年版，第 218—219 页。
③[法]托克维尔：《论美国的民主（下卷）》，董果良译，北京：商务印书馆 2003 年版，第 526 页。
④[法]卢梭：《社会契约论》，何兆武译，北京：商务印书馆 2003 年版，第 118—125 页。
⑤[英]洛克：《政府论（下篇）》，叶启芳等译，北京：商务印书馆 1982 年版，第 59—76 页。

主自治实施的空间。经过这一扩展思路，民主成为了世界性的霸权性的话语，没有哪个概念能与之匹敌，“各种各样的观念、主张、行为及制度安排等，都纷纷贴上民主的标签，以宣示自己的合法性与正当性。”①总之，从文艺复兴到19世纪末，在权利政治观确立的基础上，以参与为主要内容的民主自治正式进入了政治生活，成为使用频率最高也是最具终极解释价值的政治词汇之一。而在古希腊城邦和中世纪城市那里，民主自治更多是一种共同体本位意识驱使下的日常生活。

2. 自治是免于无端干预之堡垒

自由是文艺复兴以来呼声最高的政治概念之一。新兴资产阶级在政治上要想获得独立，经济上取得发展，革命斗争上取得胜利，就必须摆脱封建专制势力和基督神权的束缚，取得独立。此时，自由就成为了一种斗争的武器。因为，自由从本质上体现为一种免于封建势力和基督神权干预、控制而自治的权利，且自由的含义非常清晰明确，可被任何一个人理解，自由自治因此极具号召力。

自由是摆脱外部束缚实施自治的表现。这是自由自治思想得以提出和大范围论证的第一步。文艺复兴时期的政治思想家大都持有此类观点，将专制、束缚作为自由的敌人，而将自由作为反封建、反神权斗争的思想武器。他们反对将人视为上帝、王权的奴隶和工具，而将人类具有的普遍的共同本性提了出来——人就是人，每一个人都是平等的，都拥有自己的理性、意志，是自由自主的。费尔巴哈(Ludwig Andreas Feuerbach，1804－1872)说得好：“为了使上帝富有，人就必须赤贫；为了使上帝成为一切，人就成了无。”②这显然是与人的理性、意志相违背的。因此，必须得承认人是自由的，人可以利用理性、按照自己的自由意志和判断选择自己的生活目标，探索自己的生活道路。文艺复兴时期思想家蒙台涅(Michel Eyquemde Montaigne，1533～1592)在此意义上说道：“我们必须打开那些强大的束缚；从今日起，我们可以爱这爱那，但是却只能与我们自己结婚。那就是说，让其余的东西成为我们的，但是却不要与它们结合或胶粘得过于牢固，以致当离别时，它们会不得不带走我们的一块皮，并从我们身上撕一片去。世界上最伟大的事情即是去学知我们怎样依归自己。”③黑格尔的说法也很经典，他指出：“自由乃是于他物中发现自己的存在，自己依赖自己，

①张凤阳等:《政治哲学关键词》，南京：江苏人民出版社2006年版，第51页。

②[德]路德维希·费尔巴哈:《基督教的本质》，荣震华译，北京：商务印书馆1984年版，第58页。

③转引自周辅成编:《从文艺复兴到十九世纪资产阶级哲学家政治思想家有关人道主义人性论言论选辑》，北京：商务印书馆1971年版，第192页。

自己决定自己的意思。”①

如果说自由思想的第一步是反对封建势力和基督教神权的束缚和控制而自治的话，那么，自由思想的第二步则是反对一切外部束缚和控制。也就是说，在完成了自由思想的第一步后，思想家们“惊奇”地发现，权力握在封建势力那里是一种祸害，握在资产阶级政权那里也是祸害。即，所有权力都有侵入个人自由自治空间的冲动。资产阶级革命成功后的种种表现充分地说明了这一点。因此，自由就成为了反对一切权力侵蚀和干预的思想武器和政治设置了——自由是国家权力和个体权利之界分的概念。在此意义上可以说，严复将约翰·密尔（John Stuart Mill，1806—1873）的《论自由》翻译成“群己权界论”的确相当恰当，且深得自由观念之要义。自由在任何一种权力分配体制中都意味着是一种自治的堡垒，不受外部力量的干预而自主运行。比如，洛克、潘恩等自由主义学者关于“政府是必要的恶”的观念构成了自由主义限制国家权力、崇尚社会自治的主要依据。这里，自治不仅是限制政府、实施自治的工具性手段，其本身就是一种实现政治目的，是人民主权的体现。另一方面，自治也是权力横向和纵向划分的结果。在横向上，为了保证权力的廉洁、高效，提倡权力分立，不同的权力实施自治，在此基础上实现制衡。洛克、孟德斯鸠是其中的典型代表。在纵向上，论证并提倡地方自治，即地方共同体的成员根据本地的政治、经济文化、历史等条件自主治理本地的公共事务，不受或者少受中央政府的干预，在纵向上建立一个多中心（polycentric）而非单中心（mono-centric）的秩序。麦迪逊等倡导的联邦主义便是其中的典型代表。托克维尔也极力强调：地方自治乃是自由民主社会的根基。②

自由思想的第三步更进一步地思考了如下问题：自由权利和国家权力之间的边界如何，即自治空间的范围和程度有多大呢？以约翰·密尔为代表的政治思想家指出，社会自由不仅是对权力暴虐的防御（这是第二步的观点），更重要的自由是免于无端干预的自治。即，在纯粹个人世界中，自治是完备意义上的，不应该受到任何干预。但是，在关涉他人的领域，自由自治都是有条件的。如果威胁到他人利益或公共利益时，自治不是完备的。正因为如此，思想家们认为自由不是绝对的，而应该受如下三方面的修正：

一是自治的自由必须在正当法律范围内发生。如孟德斯鸠指出：“政治自由并不是愿意做什么就做什么”；“自由是做法律所许可的一切事情的权利，如

①［德］黑格尔：《小逻辑》，贺麟译，北京：商务印书馆1962年版，第307页。
②［法］托克维尔：《论美国的民主》，董果良译，北京：商务印书馆1997年版。

果一个公民能够做法律所禁止的事情,他就不再有自由了,因为其他人也有同样会有这个权利。"①洛克指出:"法律按其真正的含义而言,与其说是限制还不如说是指导一个自由而有智慧的人去追求他的正当利益。假如没有法律他们会更快乐的话,那么法律作为一件无用之物自己就会消灭。""法律的目的不是废除和限制自由,而是保护和扩大自由。""哪里没有法律,那里就没有自由。"②当然,自由自治所遵循的法律是正当法律——体现公共意志且具有普遍性,而不是因某个人的偏好和随心所欲制定的法律。否则,法律就会真正地侵犯自由自治的空间,将其"堡垒"攻陷,对其实施直接干预和控制,消解其自由意志和自治理性。

二是自治的自由不能对他人利益产生损害。密尔在《论自由》一书中指出:"权力能够违背文明共同体任何成员的意志而对他进行正当干涉的唯一目的,便在于防止他对于他人的伤害。"③或者说,特定主体的行为如果违背了法律、悖离了人之为人应该担负的责任、辜负了特定岗位对其角色的正当期待,"该情况便被排除出自治类型之外",需要外部主体对其实施干预和控制,自由的边界亦在于此。④这里,密尔实际上为自由自治设定了一个"伤害原则"(harm principle):如果自治体发生的是"自我关涉"(self-regarding)的行为,其他主体则无可厚非,充其量可以进行劝告、教导和说服,对其实施的任何形式的强制都是不正当的。相反,如果自治体发生的是"关涉他人"(other-regarding)之行为,则需要"差别化管理",如果该行为没有发生任何有害于公共利益的行为,也不会对公共利益和其他主体的利益产生威胁,那么,不必对其实施控制和干预;如果该行为对公共利益是不负责任的,且对公共利益和其他主体的利益产生威胁,那么,该自治体的行为就不在自由的范围之内了,外部主体的控制和干预就是正当的。正如黑格尔所言:"一个人要想成为真正的人,就必须是一个特定的存在,为达此目的,他必须限制自己。"⑤

三是对自治自由的控制和干预需要遵循特定条件。如必须在正当自治的边界之外,控制和干预才被视为正当的;控制和干预必须给予充分地正当理由,且依法行使,需要法定主体行使(不是任何人都可以担当"执法者"职责,而只有法定主体才有此权力);控制和干预行为还必须遵循法定的程序,不能任意实

①[法]孟德斯鸠:《论法的精神(上卷)》,张雁深译,北京:商务印书馆1982年版,第154页。
②[英]洛克:《政府论(下篇)》,叶启芳等译,北京:商务印书馆1982年版,第36页。
③[英]约翰·密尔:《论自由》,于庆生译,北京:中国法制出版社2009年版,第13页。
④[英]约翰·密尔:《论自由》,于庆生译,北京:中国法制出版社2009年版,第124页。
⑤[德]黑格尔:《小逻辑》,贺麟译,北京:商务印书馆1962年版,第204—205页。

施；控制和干预行为发生之后允许自治体提出异议，并慎重对待这一异议。也就是说，控制和干预的目的仅仅在于约束和防止自治的自由给其他主体、社会整体带来威胁，而不在于消解自治的范围、压缩自由的空间，“在一个真正按照理性来划分社会各部门的国家里，一切法律和措施都只是按照自由的本质的规定性来实现自由。”①

自由自治思想的“三步”发展逻辑可以如图3-2表示：

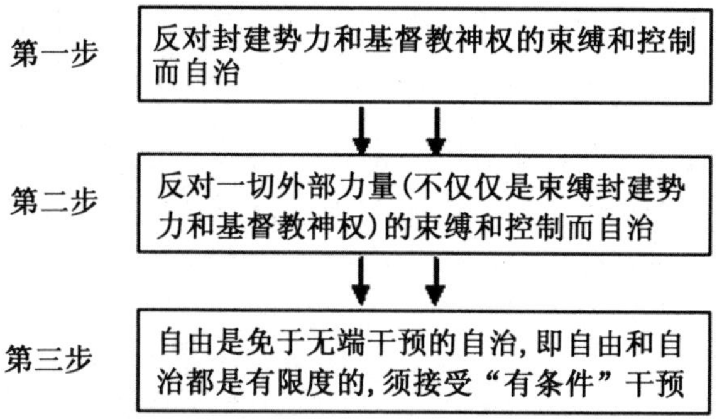

图3-2：自由自治“三步曲”示意图

注：该图系笔者所绘

3. 自治是限制权力之工具

自治除了被视为民主的体现、自由的堡垒之外，还被学者们视为限制权力、防止暴政的工具。著名政治学者徐大同先生曾指出，杰斐逊等学者对民主共和国原则推崇有加，主张通过自治来防止暴政，实现民主共和：

> “杰斐逊特别强调地提出反对和防止暴政的问题。他曾警告说：万一在美国出现个人独裁的暴政，一切为了争取自由而参加独立战争的人，‘都一定会感到困惑和沮丧’。为了防止暴政的出现，他提出必须把人民自治作为代议民主制的基础和保证。杰斐逊认为人民自治要以个人自治为基础。个人自治就是个人凭借其单独意志自我决定、自我管理。个人自治的首要原则是个人的自由。”②

的确，杰斐逊虽然认为代议制是大型国家的必要政制选择，但是他仍然担心以总统为代表的公共权力过大而侵犯、遏制人民权利。因此，民主共和国应

①转引自周辅成编：《从文艺复兴到十九世纪资产阶级哲学家政治思想家有关人道主义人性论言论选辑》，北京：商务印书馆1971年版，第532页。

②徐大同：《西方政治思想史》，天津：天津教育出版社2000年版，第214页。

该建立在“每一个贡献财力或人力以支持国家的成年人的民治”①的基础之上。即，只有在保证公民个体自治的基础之上，才能真正实现民主，也才能有效遏制政府对人民权利的侵蚀。当然，人民自治除了人民自己处理自己的事务之外，还表现为人民的政治参与。重要的是，政治参与是防止独断专权、恶法暴政的基石。他因此而指出：“如果不在社会的多数人那里寻找正义权力的源泉，那么能在什么地方找到它呢？难道是在少数人中间吗？还是在少数人中间的某一个人身上呢？”②

杰斐逊还主张通过地方自治的方式限制中央集权。即，民主自治制度的题中应有之义应该是在中央和地方上实施“层层分权”，把中央权力分散到层层地方之上，一方面加强地方的自治，并通过地方自治水平的提升促使基层民众对地方事务的参与，训练人民的参政和自治能力，培养人民关心公共事务的精神；另一方面通过地方自治而防止中央权力过于专断和暴虐。③

麦迪逊(1751－1836)在《联邦党人文集》中除了强调地方自治对于限制中央权力、对于复合共和国的建立的重要性之外，还提出社会自治对于防止暴政的重要作用。即，利益集团、党派教派、社会团体、多数人的联合(如集体行动)等社会自治的表现形式可以将社会的意见带入政府，促使政府决策回应社会诉求，“倘若社会在一个实际范围内，它越大，就越能充分实行自治。”这种社会自治体以团体的方式行动，对个体权利形成一种保护，不仅能够防止公共权力的暴政，而且能够防止多数人的暴政——“它所有的权力将来自社会并从属于社会，社会本身将分为如此之多的部分、利益集团和公民阶级，以致个人或少数人的权利很少遭到由于多数人的利益结合而形成的威胁。”④

托克维尔(1805－1859)亦对多数人暴政问题十分担忧，他也认为各种各样的自治社团对于防止多数人暴政十分有益。在“多数人”面前，个体是十分脆弱的，因此加入团体可以以集体的力量发出声音，这无疑会限制多数人的专制，对少数个体的权利形成保护。

综上所述，从文艺复兴运动到19世纪末，政治思想家们不仅十分推崇自由，更是强调需要通过自治的方式限制暴政，保障自由。自治的方式有：人民个体的自治、地方自治和社会自治等，它们在不同的层面上对公共权力形成了监

①[美]菲利普·方纳：《杰斐逊文选》，王华译，北京：商务印书馆1963年版，第36页。
②[美]菲利普·方纳：《杰斐逊文选》，王华译，北京：商务印书馆1963年版，第18页。
③徐大同：《西方政治思想史》，天津：天津教育出版社2000年版，第215页。
④[美]汉密尔顿等：《联邦党人文集》，程逢如等译，北京：商务印书馆1980年版，第267页、第266页。

督。因此，自治成为宪政主义者们常用的工具。

(四)无政府主义：自治思想之唯心论

无政府主义(Anarchism，又译作“安那琪主义”)“主张立即取消国家和政府，建立没有任何政治权威的、绝对自由的自治社会。”①无政府主义的思想渊源可以追溯到古希腊时期的斯多葛派的芝诺(Zenon，约公元前336—前264)、犬儒学派的安提斯泰尼(Antisthenes，前445年—前365年)和第欧根尼(Diogenēs，约公元前404—前323)。中世纪的一个教会团体“兄弟姐妹自由精神派”也持有反对国家、教会、法律和政治制度等一切外部约束的思想，主张建立完全自治的社会。18世纪以来，随着资本主义弊病的出现，无政府主义开始兴起。到19世纪40年代后，无政府主义的影响随着工人运动的兴起而得以广泛传播。代表人物有英国的威廉·葛德文(William Godwin，1756—1836)、德国的麦克斯·施蒂纳(Max Stirner，1980—1956)、法国的比埃尔·蒲鲁东(Pierre-Joseph Proudhon，1809—1865)、俄国的米哈伊尔·巴枯宁(Михаил Александрович Бакунин，1814—1876)和克鲁泡特金(Пётр Алексеевич Кропоткин，1842—1921)等。②可以说，无政府主义的自治思想是非常纯粹、绝对的，也正因为如此，其自治思想具有某种唯心色彩，与当时的经济社会发展趋势是背道而驰的。正如施蒂纳所言，“我是我的权利的所有者和创造者”，“除了我之外我不承认任何其他的权利来源”，国家是“我”的束缚，压制了我的自治空间，所以，“我是国家的敌人”。③

无政府主义的自治思想可以分为两个模式：一是空想式的自治思想，以葛德文、巴枯宁为代表，主张建立无政府的自治小公社；二是传统式的自治思想，以蒲鲁东、克鲁泡特金为代表，主张回到近乎于原始社会和古代社会中的自然安治状态。

1. 空想式的自治思想

葛德文在《政治正义论》一书中指出，因为人类的罪恶、愚昧和错误，所以建立了政权和国家。“人们在社会生活状态中的非正义行为和暴力行为产生了对政权的要求。人类的恶行把政权强加在人类头上，所以政权通常是人们愚昧和错误的产物。”④但是，无论政权产生的理由多么冠冕堂皇，也无论何种假设下

---

①马啸原：《西方政治思想史纲》，北京：高等教育出版社1997年版，第429页。

②马啸原：《西方政治思想史纲》，北京：高等教育出版社1997年版，第429—430页。

③[俄]普列汉诺夫：《无政府主义和社会主义》，王荫庭译，北京：生活·读书·新知三联书店1980年版，第38页。

④[英]威廉·葛德文：《政治正义论(第1卷)》，何慕李译，北京：商务印书馆1980年版，第10—11页。

的政权，都是糟糕透顶的，都是对人类最理想的自治状态——社会状态的一种侵蚀和颠覆。第一种政权产生于强者对弱者的压迫和强制，是为“强力说”。这种观点在葛德文看来根本就不值得一驳，因为，“它粗暴地结束了一切政治学的研究；其唯一目的是说服人们安于现状，无论处境多么不利，也不要为他们所蒙受的损害去努力寻求对策。”①第二种政权产生于上帝的安排，从神权当中寻找政权的起源，是为“神权说”。葛德文认为“神权说”纯属无稽之谈，因为它“意义不够明确”，缺乏有说服力的证据。第三种政权来源于契约，是为“社会契约论”。他认为这种假定的思路貌似完美，但是它同样遇到各种难题，最关键的是，“原始契约的整个原则是建立在认为遵守约定是一种义务这个基础上的”，没有参与缔约或不承认约定条款的人可以不履约，这样的话，“约定和合同在任何意义上都不是道德的基础。”②

另外，葛德文指出，任何政体都会从产生之初的“正义假定”演变为现实社会中的“不正义事实”。对于君主政体，他指出“一切国王，本质上都是暴君”；“君主政体是以欺骗为基础的”。对于贵族政体，他指出贵族政体的特权和垄断等属性导致了“权术和欺诈”横行，这使得“它的统治却是建立在比君主政体更为阴暗和更为违反社会的原则之上的。”对于民主政体，他认为虽有值得倡导之处，但其仍是不稳定、猜疑、争斗等的根源，也容易在野心家的煽动下显得疯狂，更可怕的是会出现“多数人暴政”这一无可救药的弊病——“多数必须压制少数，而少数在提出反对意见和表示异议后，实际上竟然屈从于自己表示过异议的意见。”③

正是基于政权和政体的不可靠性，葛德文构建了一个以自治小公社为核心的无政府的自治制度。“葛德文构想了一个绝对自治的无政府制度，在这种制度下，社会分解成无数分散的小公社，每个小公社由一小群人组成，人们在公社中实行绝对自治，过着既不贫困也不想发财的简朴生活，彼此自由地、友爱地而又明智地共同劳动，平等地分配劳动所得。”④

巴枯宁是主张“空想式自治思想”的另一个学者。他认为自由是人类本性的本质和纯粹表现，自由也是社会秩序的唯一基础。“自由，这是人支配自己本身和按照自己的观点和信念来行动的权利。”然而，教会、国家等一切权威都是

①[英]威廉·葛德文：《政治正义论(第1卷)》，何慕李译，北京：商务印书馆1980年版，第126页。

②[英]威廉·葛德文：《政治正义论(第1卷)》，何慕李译，北京：商务印书馆1980年版，第127页。

③[英]威廉·葛德文：《政治正义论(第2卷)》，何慕李译，北京：商务印书馆1980年版，第326页、第343页、第381页、第394页。

④马啸原：《西方政治思想史纲》，北京：高等教育出版社1997年版，第434页。

侵蚀自由的罪魁祸首。他明确指出,“上帝的观念却意味着人类的理性和正义被抛弃;它是对人类自由最坚决的否定,在理论上和实际上结果都必然使人类沦为奴隶。”“国家是什么呢?是对它所有成员的个人自由的否定的总和;或者说是它的所有成员为了共同福利而放弃自己那份自由而做出的牺牲的总和。……所以,哪里开始了国家,那里的个人自由就要结束,反之亦然。”[①]正因为如此,巴枯宁以实现自由之名,提出消灭一切权威,建立起以自由组合的公社(协作社、小社团、小社群、村社)为主体组织形态的社会,公社享有绝对自治权,因此每个人在其中也享有“充分的、无条件的”、“无限制的”自由。[②] 对此,巴枯宁在《国家制度和无政府状态》中写道:“既然在社会和人民之间有一条鸿沟,那么,要到民间去,就只有完全而永远地抛弃社会,抛弃社会的一切联系、道德关系、感情、思想、习惯和物质利益,抛弃一切文明社会的生活方式。”[③]此处的“社会”指的是有政府体系、法制框架的大共同体;而“民间”则是葛德文等无政府主义学者所推崇的具有自治特征的小公社。

2.传统式的自治思想

蒲鲁东的《什么是所有权》一书是从所有权及其政制形式的角度来阐释人类社会的政治发展的。关于所有权形式,他写道:

> “共产制——社会性的最初表现——是社会发展的第一项,即正题;与共产制相反的私有制是第二项,即反题;当我们已经发现第三项,即合题时,我们就可以得到所要求的解答。要知道,这个合题必然是从用反题来纠正正题的过程中产生出来的,所以必须通过最后一次对于它们两者的特点的研究,来消灭那些与社会性相抵触的特征。两个剩余部分的结合将给予我们人类联合的真正形式。”[④]

显然,在蒲鲁东那里,共产制是人类社会的第一个阶段,但它并非理想的。因为共产制强调“所有人”的共同性,没有自己私有的东西,这种共同性给人们系上了必须劳动、必须承担社会责任等枷锁,“由于这种绝对所有制的原则,本来只应该是大自然加于人类的一种条件的劳动,就变成一种人为的诫命,因而就成为可厌的了;那种与具有思考能力的意志无法调和的消极服从就被严格地

①中央编译局:《巴枯宁言论》,北京:生活·读书·新知三联书店1978年版,第83页。

②中央编译局:《巴枯宁言论》,北京:生活·读书·新知三联书店1978年版,第76页;马啸原:《西方政治思想史纲》,北京:高等教育出版社1997年版,第447页。

③[俄]巴枯宁:《国家制度和无政府状态》,马骧聪等译,北京:商务印书馆1982年版,第242页。

④[法]蒲鲁东:《什么是所有权》,孙署冰译,北京:商务印书馆1982年版,第270页。

规定下来了。”①因此，他的结论是：

> “共产制是压迫和奴役。人很愿意遵从责任的法则，为祖国服务，并帮助他的朋友；但他希望做他所乐意做的工作，在他乐意劳动的时候去劳动，他乐意劳动多少就劳动多少。他希望能够随意支配自己的时间，只受必要性的支配，能够自由选择他的朋友、消遣方式和锻炼方式；根据判断而不是根据命令进行活动；由于自爱而不是由于奴役性的义务而自我牺牲。共产制在本质上是与随意最使用我们的能力、与我们的高尚的倾向、与我们的最深切的感情相抵触的。”②

当然，对于“反题”——私有制，蒲鲁东也持有批判态度。私有制的不平等、不公正以及维护私有制而采取的专制统治都是对自由意志的极大侵害，“它是通过专属权和收益权而侵犯平等，并通过专制主义而侵犯自由意志的。”③

总之，无论是采取共产制还是私有制，这两种所有权形式及其政制设计都会有一个结果，“最后，人抛弃了他的个性、自发性、天才、情感以后，就不得不在公共‘法律’的权威和严格性面前低首下心地自趋灭亡；”“君主政体也好，寡头政体也好，民主政体也好，王权或人统治人的政制是不合法的和荒谬的。”④只有在“合题”中——消除共产制和私有制错误的基础上才能得到一种符合人的自由本性的社会形态。这一社会形态就是没有政府的自治社会，回到自给自足的小生产者所构成的具有传统色彩的自然安治状态。他的观点可以用一句话概括：“不要政党，不要权力，而要人和公民的绝对自由”。⑤ 当然，蒲鲁东虽然否认政府，但是并不反对法律，也不反对一切组织或权威。法律是维系自治秩序、规范社会关系的必要性的东西，也是自治社会所需要遵循的必要性的条款；同时，民间的组织及其权威是配置资源、协调人际关系、规划发展远景所必须的主体。

显然，蒲鲁东具有明显的“复古”倾向，试图通过社会倒退、回到自然安治的过去来解决现世的社会问题。恩格斯因此而指出，蒲鲁东忘记了他所处的时代，要实现他的自然安治状态，“他首先必须把世界历史的时钟倒拨一百年。”⑥

---

①[法]蒲鲁东：《什么是所有权》，孙署冰译，北京：商务印书馆 1982 年版，第 272 页。

②[法]蒲鲁东：《什么是所有权》，孙署冰译，北京：商务印书馆 1982 年版，第 273 页。

③[法]蒲鲁东：《什么是所有权》，孙署冰译，北京：商务印书馆 1982 年版，第 273 页。

④[法]蒲鲁东：《什么是所有权》，孙署冰译，北京：商务印书馆 1982 年版，第 272 页、第 288 页。

⑤[俄]普列汉诺夫：《无政府主义和社会主义》，王荫庭译，北京：生活·读书·新知三联书店 1980 年版，第 46 页。

⑥《马克思恩格斯选集(第 2 卷)》，北京：人民出版社 1995 年版，第 155 页。

克鲁泡特金引述大量生物进化和社会发展的资料证明“互助也和互争一样，同样是一条自然法则”，因此，互助是人类社会存在与发展的基本方式。① 在野蛮状态时，因互助而形成的村落公社、中世纪封建制度夹缝中的村民公社、中世纪城市中的同盟会、兄弟会、友谊会、行会等自治组织等都表现了自由联合、自我管理的绝妙功用。也可以说，以互助的方式实现自由联合、自我管理是人性之天才表现，互助也增强了基层社会的互相信任、互相依赖、互相包容。“对我们现在寻求产生这些伟大成果的力量时，我们所发现他们所以获得成功，不在于个别英雄的天才，也不在于巨大国家的有力组织或其统治者的政治才能，而在于有这种互助和互援的潮流”；“扩展互助的范围，就是我们人类更高尚的进化的最好保证。”②

在克鲁泡特金看来，虽然自治的互助组织功勋卓著，但是国家、公共权力等却并没有认识到或不愿意认识到这一点，往往视自治互助组织为国中之国，因此它们千方百计地侵蚀自治互助组织的生存空间，摧残、消灭各种自治互助组织和互助形式。概言之，“‘国家之内不允许再有国家’！唯有国家和国教才能处理同大众有关的事务，至于人民，则只能是没有特殊联系的个人的涣散的集合体”；“国家吞没了一切社会职能，这就必然促使为所欲为的狭隘的个人主义得到发展。对国家所负义务愈多，公民间相互的义务显然将愈来愈少。”③从这个意义上讲，国家、公共权力是互助这一人类自然本性的仇敌，消灭国家，恢复无政府的社会才算是“回复到真理的路上”。人类社会的主要事务“由团体的自由合意和个人的自由发意来做，才能够得到更大的成功。”④

不难发现，克鲁泡特金和普鲁东都对传统社会中的村落公社、行会等抱有深深的眷恋，并以它们的自然安治状态作为批判现实问题、改造现世政治的武器，用复古的方式寻找济世良方。

（五）马克思主义：自治思想之唯物史观⑤

在马克思和恩格斯的著述中，我们并不能直接找到专门论述政治自治的著作与篇章。但是，作为划时代的思想家，在他们的《黑格尔法哲学批判》、《神圣

①［俄］克鲁泡特金：《互助论》，李平沤译，北京：商务印书馆1984年版，第41页。

②［俄］克鲁泡特金：《互助论》，李平沤译，北京：商务印书馆1984年版，第151页、第265页。

③［俄］克鲁泡特金：《互助论》，李平沤译，北京：商务印书馆1984年版，第205页。

④［俄］克鲁泡特金：《面包与自由》，巴金译，北京：商务印书馆1982年版，第39页。

⑤这一部分原载《西北大学学报（哲学社会科学版）》2010年第6期，与陈萍合作。此处有修改。特此说明。另外，学者徐增阳的《论马克思的自治思想》一文（载《当代世界与社会主义》2009年第6期）也对马克思主义的自治思想进行过探讨，值得一读。

家族》、《德意志意识形态》、《家庭、国家和私有制起源》、《哲学的贫困》、《共产党宣言》、《论权威》和《法兰西内战》等当中都包含有丰富的且十分有见地的自治思想。关于马克思主义的自治思想，足够写多部专著。限于篇幅，这里简单梳理如下：

1. 马克思政治自治思想的基本关切

马克思主义包含有十分丰富的政治哲学思想，自治仅仅是其中的重要组成部分之一。具体而言，马克思主义的政治自治思想的基本关切点包括如下几个方面：

第一，自治的"本体"是自治的基础。近代以来，西方哲学取得的进步之一便是在认识论上抛弃"上帝"而确立理性、崇尚理性，用理性来形容人、理解人，进而在理性的基础上讨论政治。然而，他们对于理性的崇拜过了头，由近代以前的"上帝万能"转向了"理性万能"，因此而丢失了自治的"本体"。① 比如，黑格尔认为，作为本体的"绝对精神"，既是"实体"也是"主体"。② 更为重要的是，绝对精神的功能十分强大，强大到"能够发现自己"也"能够恢复自己"。③ 现实中的人因此而笼罩在绝对精神这一抽象世界之中，并被这一抽象世界所吞噬。"在这种抽象的世界里，个人不得不用抽象的方式在他的内心中寻求现实中找不到的满足，他不得不逃避到思想的抽象中去，并把这种抽象当作实存的主体。"④马克思对此正确地评论道：黑格尔眼中只有"纯粹的、永恒的、无人身的理性"，并无具体的、实践的和自治的实体，理性也因此而丧失了实存的主体基础。⑤

费尔巴哈也发现了黑格尔的问题。他指出黑格尔的哲学逻辑创造了另一种宗教，束缚甚至奴役、吞噬人的理性至上的宗教。即，理性本应是人的理性，但理性的强大摧毁了其赖以存在的实存的主体基础。⑥ 但我们不能因此而欣喜地认为费尔巴哈比黑格尔高明多少。因为，他所谓的人本哲学只不过是将人视作被理解、被认识和被感知的对象，他在骨子里用"抽象的人"取代了黑格尔的"绝对精神"，仍然没有将具体的、实践的和自治的人作为哲学的主体，实存的人

①白刚：《自治的本体论》，载《人文杂志》2005年第2期。

②[德]黑格尔：《精神现象学(上)》，贺麟等译，北京：商务印书馆1979年版，第10页。

③[德]黑格尔：《哲学史讲演录(第1卷)》，贺麟等译，北京：商务印书馆1959年版，第28页。

④[德]黑格尔：《哲学史讲演录(第3卷)》，贺麟等译，北京：商务印书馆1959年版，第8页。

⑤《马克思恩格斯选集(第1卷)》，北京：人民出版社1995年版，第138页。

⑥[德]路德维希·费尔巴哈：《费尔巴哈哲学著作选集(上)》，荣振华等译，北京：商务印书馆1984年版，第45—84页。

也被抽象世界所吞噬。因此，费尔巴哈和黑格尔一样，都没有跳出“他治本体论”思维。

马克思则在批判黑格尔和费尔巴哈的基础上，建立起了“自治本体论”。“人，作为历史的经常的前提，也是人类历史的经常的产物和结果，而人只有作为自己本身的产物和结果才能成为前提”①。即，具体的、实践的和自治的人作为哲学的主体，“他们是什么样的，这同他们的生产是一致的——既和他们生产什么一致，又和他们怎样生产一致。”②显然，马克思主义哲学中指涉的本体却是实际实践关系中的人，是实存的主体，政治自治既是这种实践关系的表现，也是这种实践关系未来发展的需要。不过，在资本主义社会中，因种种原因，导致了人的异化，所以需要通过自治的方式来减少甚至消除这种异化。需要指出，自治的本体论在根本上使得马克思主义自治思想具有了较强的实践针对性，具有历史唯物主义属性。

第二，消除“异化”是自治的目标，自治是消除异化的主要途径。如果说，自治的本体论构成了马克思主义政治自治思想的基础的话，那么，可以说异化理论是马克思政治自治思想的逻辑起点。马克思主义的异化理论已被许多著作所论及，读者对这一理论肯定也十分熟悉。这里不做详细阐释，只对其概括如下：劳动是人的本质属性，也是人之为人的前提，资本主义私有制使人异化了，不再与其本质属性相一致，因为，劳动者与自己的劳动产品相异化了，劳动者与劳动行为相异化了，劳动者与人的类本质相异化了，人与人也相异化了。总之，“劳动者在自己的劳动中并不是肯定自己，而是否定自己”；“异化劳动把自主活动、自由活动贬低为手段，也就把人的类生活变成维持人的肉体生存的手段”。③那么，如何改变这种“异化”的现实呢，如何消除导致“异化”的原因呢？马克思开出的药方是：自治，即劳动者掌握生产资料和资本，主导生产关系及其实践，否则人仍然会依附于他者——生产资料、资本，进而导致异化现象发生。换言之，自治在本质上造就了这么一种政治状态——政治过程由人民自己来创造，公共生活体现人民自己的“尺度和需要”，公共决策因此而成为人民自己的“作品”，并由此使个体与政治共同体融通和共生，而不是异化和分离。

第三，政治自治与国家机器消亡相联，事关人类解放。马克思主义认为，国家机器作为统治阶级的工具，有它的历史合理性，但是国家机器不会永远存续。

①《马克思恩格斯全集(第26卷Ⅲ)》，北京：人民出版社1974年版，第545页。

②《马克思恩格斯选集(第1卷)》，北京：人民出版社1995年版，第68页。

③《马克思恩格斯选集(第1卷)》，北京：人民出版社1995年版，第41—47页。

因为,国家机器产生于阶级及其统治行为,所以,"随着阶级的消失,国家也不可避免地要消失。在生产者自由平等的联合体的基础上按新方式来组织生产的社会,将把全部国家机器放到它应该去的地方去";[①]"国家政权对社会关系的干预在各个领域中将先后成为多余的事情而自行停止下来。"[②]在《共产党宣言》等著作中,马克思、恩格斯指出,在未来的共产主义社会,国家机器将会被取代,被具有自治属性的、实施自我管理的自由人联合体所取代。从国家与社会关系的角度可以粗略地说:自治的共同体将会取代消亡了的国家机器。自然,由于运作方式不同,对待人的方式不同,所以"生产者的自治政府"[③]能够消除剥削制度下的异化现象。

当然,在共产主义社会中,不仅自治的共同体发挥着自治的功能,同时每个人也都是自治、自主的。一方面,在未来的自治共同体中,人们"使自己作为个性的个人确立下来"[④],个体不再被异化了的国家机器所操控,也不再被吃人的剥削制度所吞噬,实现了个体的解放。另一方面,在未来的自治共同体中,"代替那存在着的阶级和阶级对立的资产阶级旧社会的,将是这样一个联合体,在那里,每个人的自由发展是一切人的自由发展的条件。"[⑤]即,人与人之间不再是"零一和"博弈,而是共同全面发展,协同走向解放,这也有助于消除异化。

也就是说,在共产主义社会中,每个人都具有自主的人格。这种自主的人格将个人的发展置于他自己的控制之下,而不是被国家机器以及其他社会力量所操纵。因此,"每个人通过国家才完全成为一个人"的资产阶级政治哲学观点是错误的,无产阶级应当"从社会自由这一前提出发,创造人类生存的一切条件。"[⑥]

第四,无产阶级民主的实质就是政治自治。从基本观点上看,马克思恩格斯与其他政治哲学家一样,都认为自治与民主存在本质一致的关系。不过,马克思、恩格斯指出了资产阶级民主内在的虚伪性,只有无产阶级民主才具备真实性和包容性,是超越资产阶级民主的民主。马克思在评述巴黎公社时指出:"用最简单的概念来说,公社意味着在旧政府机器的中心所在地——巴黎和法国其他大城市——初步破坏这个机器,代之以真正的自治,这种自治在工人阶

①《马克思恩格斯选集(第4卷)》,北京:人民出版社1995年版,第174页。
②《马克思恩格斯选集(第3卷)》,北京:人民出版社1995年版,第631页。
③《马克思恩格斯选集(第3卷)》,北京:人民出版社1995年版,第56页。
④《马克思恩格斯选集(第1卷)》,北京:人民出版社1995年版,第82页。
⑤《马克思恩格斯选集(第1卷)》,北京:人民出版社1995年版,第294页。
⑥《马克思恩格斯选集(第1卷)》,北京:人民出版社1995年版,第14页。

级的社会堡垒——巴黎和其他大城市中就是工人阶级的政府。"[①]进一步说，公社的民主性正是体现在它是工人群众的自治组织，"这是社会把国家政权重新收回，把它从统治社会、压制社会的力量变成社会本身的生命力；这是人民群众把国家政权重新收回，他们组成自己的力量去代替压迫他们的有组织的力量；这是人民群众获得社会解放的政治形式，这种政治形式代替了被人民群众的敌人用来压迫他们的假托的社会力量。"[②]

第五，自治也包括多种具体形式。在历史唯物主义看来，经济基础决定上层建筑，不同的政治经济历史条件造就不同的政治制度，自然也就形成了不同的自治机制，具有不同的自治形式。一方面，包括直接自治和间接自治。"无产阶级革命将建立民主的国家制度，从而直接或间接地建立无产阶级的政治统治。"[③]至于如何在直接自治和间接自治当中选择，就需要依据不同国家的不同条件和不同实践。另一方面，包括地方自治和民族自治两种具体的自治形式。就国家结构形式而言，"公社的存在本身自然而然会带来地方自治，但这种地方自治已经不是用来牵制现在已被取代的国家政权的东西了"，而是防止国家机器吞噬一切、促进地方乃至社会自治的一种具体形式。[④] 同时。马克思恩格斯还指出，在设计保证国家统一同时维护民族利益的政治制度时，可以考虑类似于民族区域自治的制度（非分裂性的民族"自决"，当然，马克思也承认民族国家层面社会的自决权），这既是地方自治的一种创新性实践，也是防止权力垄断的有力杠杆。[⑤]

2. 马克思主义政治自治思想的基本特点

马克思主义政治自治思想是在其历史唯物主义理论指导下确立的，与西方政治哲学（即非马克思主义政治哲学）相比较，在内在依据、论述逻辑和思想取向等方面有着自己的鲜明特点：

第一，从内在依据上看，自治源于"人"以及"人的全面发展"，而不是"抽象的权利"和"人的理性"。如上述，马克思、恩格斯思想中的自治产生的依据是实践的人本身，以及人的全面发展和解放。"资本具有独立性和个性，而活动着的个人却没有独立性和个性"，因此，推翻剥削制度，改造奴役人的制度，实现人的

①《马克思恩格斯选集(第 4 卷)》，北京：人民出版社 1995 年版，第 120—121 页。
②《马克思恩格斯选集(第 3 卷)》，北京：人民出版社 1995 年版，第 95 页。
③《马克思恩格斯选集(第 1 卷)》，北京：人民出版社 1995 年版，第 239 页。
④《马克思恩格斯选集(第 3 卷)》，北京：人民出版社 1995 年版，第 58 页。
⑤徐增阳：《论马克思的自治思想》，载《当代世界与社会主义》2009 年第 6 期。

"个性、独立性和自由"以及人的全面发展等,才是自治的内在依据。[①] 在前文所述中,洛克等思想家的自治思想可谓是内涵深刻、思维缜密,但是他们的出发点却是"权利",是在权利政治观的昭示下,利用虚构的"社会契约论"等建构自治思想的,目的在于防止权力对于权利的侵蚀,维护自由等权利,激发人的理性——实施自治、发挥理性之功能。

第二,从论述逻辑看,马克思主义政治自治思想依据具体的制度实践。如上述,马克思恩格斯从资本主义制度及其导致的"异化"入手,指出自治是消除这种制度实践的不二良方。而洛克等西方政治思想家则从纯粹的理性思辨出发论证自治。从自然状态到社会契约再到自治实践等便是他们的基本论述逻辑。显然,马克思主义政治自治思想更加符合唯物史观,更加具有实践针对性,自然也就更有说服力。

第三,从思想取向上看,马克思主义政治自治思想具有"二元观"。如上述,马克思主义将自治与国家机器的消亡相联系,从人类解放的高度来认识自治与国家机器的关系,认为自治将会在未来取代国家机器。而西方政治哲学则将自治作为一种分权模式,为自治与国家权力分别设定行为边界,自治与国家并行、并存。

三、文艺复兴至19世纪末自治思想简评

这一时期,在人文主义指导下确立了权利政治观,自治思想作为一种权利而被提了出来;同时,自治也作为权力分配的方式而被强调。

第一,以人本主义为指导,从个人的切身利益出发探讨自治问题。自治问题的研究开始摆脱宗教学、伦理学和传统生活观念的影响,用"理性的逻辑"观察和解释政治现象。认为国家权力、政治生活等都是个人理性的结果。比如,潘恩反复强调,社会是由需要而产生,在没有国家干预的情况下,人的理性也会自行克服冲突和不合作,达成"一致同意"。并且社会越完善越发展,自己就会更多的管理自身的事务,就会越少地给国家留有机会和空间。个人权利和公共利益最终还得靠社会的自治得以实现。而国家是由人们的邪恶而引起的,"从而消极地增进我们的幸福"。总之,在潘恩看来,由于人们对社会的向往以及社会的自治能力有助于实现普遍权利,"可是政府呢?即使在最好的情况下,也不过是一件免不了的祸害;在其最坏的情况下,就成为不可容忍的祸害。"[②]

①《马克思恩格斯选集(第1卷)》,北京:人民出版社1995年版,第287页。
②[美]托马斯·潘恩:《潘恩选集》,马清槐等译,北京:商务印书馆1981年版,第3页。

第二，自治问题与政治权力直接相连，这在根本层面上为自治赋予了现代性，并认为自治是一种政治价值。此时政治哲学视野中的自治超越了单纯“生活”和“争斗”的范畴，变成了一种权力分配的政治框架，不仅具有工具性意义，更是一种政治价值的体现。

第三，自治的实体化“形而下”研究也已出现。主要有两个表现：一是对地方自治的研究取向。如麦迪逊、孟德斯鸠等对联邦共和国等分析和研究；弗朗索瓦·基佐对欧洲自治市镇的起源、地方自治精神、古罗马自治市与中世纪自治市的差异等的研究；托克维尔对地方自治的衰落与法国专制政体起源、美国和英格兰乡镇自治以及对美国民主影响的研究等。二是社会自治形式（如社团、社区自治）的研究取向。托克维尔是其卓越代表。他在《论美国的民主》一书的第十二章中，对美国人的自治情节、自治对于政治生活的影响、欧美在自治方面的比较等方面进行了较为系统的研究和分析。需要指出，此时有关自治的“形而下”研究也仍然具有较强的哲学思辨特征，甚至可以说是将自治的“形而下”研究镶嵌到了政治哲学研究之中。

另外，对自治的价值和局限问题的研究并行，出现了理论分野的现象。一是以洛克、潘恩等为代表的思想家推崇的人们的理性、道德，这是自治的人内在依据，也是抵抗国家、限制国家的利器，政治模式必须体现这一依据。当然，他们也知道，绝对的自治在大型民族国家内部无法实施，因此社会自治的重要替代形式代议民主制便成为了思想家们的热门话题。二是以霍布斯、马基雅维利、黑格尔等为代表的思想家，认为人性有固有的缺陷，导致社会自治本身无力克服自己的缺陷，更无力消除自身内部的冲突。这是国家等“他治”主体出现的内在依据。① 国家关心的是公共利益和普遍权利，维系纽带是强制性的法规制度和暴力手段，能够解决社会所不能解决的许多问题。前者是以社会为本位的，后者是以国家为本位的。后世的学者总是偏向它们中的一个。三是唯物史观与唯心史观的分野，即马克思主义与非马克思主义的分野，其在自治的依据、论述逻辑、基本取向等方面存在明显差异。

第三节　20 世纪以后：自治的多元化研究倾向

进入 20 世纪以来，资本主义从自由资本主义向垄断资本主义发展，政治思想家们在继承、深化前人研究的同时，面对越来越多的现实问题开展研究，加上

①自治的局限以及对其实施控制的必要性在下文第七章“自治的限制与控制”还会详细论述。

政治研究方法向科学化、跨学科化(即学科交叉)方向的发展,使得政治学研究也出现了重要转向:从对宏观政治制度的研究更多走向具体的政治行为的研究,从"应然"思维走向"实然"思维等。① 自治理论研究也随着这种转变而呈现了新的特点。

一、20 世纪以来的经济社会发展状况

虽然在 20 世纪人类经历了两次世界大战,也经历了"经济大萧条",但仍然不能否认 20 世纪是"伟大的",人类社会在 20 世纪发生了翻天覆地的变化,政治、经济、文化、科技和社会等都取得了显著发展,整个世界实现了由传统社会向现代社会的转型。

20 世纪初到"二战"结束,这一时期以战争、危机和革命为历史主题。第一,战争导致了秩序的损害和重构,使以西欧为中心的旧国际关系体系解体,形成了以美苏为中心的东西方对抗的国际格局。战争也导致了国内政治、经济和社会秩序的重构,如英、法、德、意等国普遍爆发工人运动,"亚非拉"民族解放运动也随着战争而兴起。第二,战争"拉动"了新的科技革命爆发和技术进步,尤其是军工技术向民用技术的转变,使得第二次世界大战后促发了以原子能、电子计算机和空间技术为代表的第三次工业革命。第三,战争对国内、国际秩序的冲击也诱发了人们对民主主义和个人主义为核心的观念的怀疑,导致包括政治学研究在内的思想、文化领域的变革。② 列宁因此而指出:"战争使最文明的、文化最发达的国家陷于饥饿的境地。不过从另一方面来看,战争这一巨大的历史过程又空前地加速了社会的发展。"③

"二战"结束后到 20 世纪 70 年代,虽有"冷战"、"霸权"、"民族解放运动"等历史主题,但在整个世界范围看,这一时期较为稳定,经济、政治、文化、科技和社会等在这一时期取得迅猛发展,被称为"黄金年代"。20 世纪 70 年代以来,和平、发展与改革成为世界之主题,科技革命对人类社会产生了直接而深远的影响,经济、政治等各个领域都获得了全方位地发展,人类社会因此而进入了全新的历史时期。④ 正是这种良好的经济社会发展环境,政治学的研究视角从宏观的政治制度研究转移至微观的政治行为研究。一方面,由于国家的稳定,政治学者不再需要从理论上寻找政治制度的未来走向,具体的政治行为研究因此进

---

①马德普:《西方政治思想史(第 5 卷)》,天津:天津人民出版社 2005 年版,第 5 页。

②张建华:《世界现代史(1900—2000)》,北京:北京师范大学出版社 2006 年版,导论第 7 页。

③《列宁全集(第 33 卷)》,北京:人民出版社 1985 年版,第 171 页。

④张建华:《世界现代史(1900—2000)》,北京:北京师范大学出版社 2006 年版,导论第 7—13 页。

入了政治学者们的视野；另一方面，民主、自由、共和、宪政、人权等政治主题在整体上取得共识，除此之外的“细节”问题则因此而成为学者们所关注的主要问题。受科学技术发展的影响，自然科学的研究方法也逐步进入政治学研究，政治学研究的纯哲学化取向受到挑战。同时，政治研究主题从宏观的、追求价值理性的民主、自由等政治主题转向微观的、具体的政治行为，这也要求政治研究从单纯依靠哲学方法转向大量使用科学方法。这两方面共同作用，“终于在20世纪的二三十年代出现了一股要求政治学研究科学化的学术运动，即要求在研究中排除价值判断，把重点放在制度背后可以观察和描述的人的行为上。”① 自治的研究自然也受到这种研究方法和研究主题转变的影响。学界开始用心理学、系统科学、人类学、生物学等其他学科的方法和成果来研究自治问题。

当然，政治问题天然地带有“价值”意涵，因此行为主义的科学化研究方法在20世纪70年代开始受到质疑，对于自治的规范研究也因此愈加增多，如公民社会与社会自治问题、民主与自治问题等。

二、20世纪以来自治思想的主要关切点

概略地说，有关自治的论述在20世纪以来仍然延续了前人的三条论证路线：一是自治是民主参与之体现，被民主、共和的研究者屡屡论及，如罗伯特·达尔(1915—2014)、乔万尼·萨托利(1924—)。二是自治是免于无端干预之堡垒，被政治自由的崇尚者褒扬有加，如哈耶克(1899—1992)、以赛亚·伯林(1909—1970)。三是自治是限制权力之工具，被宪政主义者所推崇，如雷蒙·阿隆(Raymond Aron，1905—1983)、汉娜·阿伦特(Hannah Arendt，1906—1975)。由于这“三条路线”在上文已经提及，因此这里概括介绍几种对自治十分强调和推崇的理论范式。

(一)多元主义理论：自治是民主架构之中介

多元主义(Pluralism)理论可以追溯到托克维尔。他在《论美国的民主》、《旧制度与大革命》等著作中对多元存在的、具有自治属性的团体表示出了极大的关切。他一方面认为，个体的权利容易在“多数人”的诉求和呼声中被淹没，甚至在“多数人”的名义下个人被无情、无理、无法地整肃，个体的生命、财产等权利因此而毫无保障。所以，个体需要融入团体，由团体来为个体权利提供保障，对抗“多数人的暴政”。另一方面他强调，在“个体”的范畴下，政治参与往往

①马德普：《西方政治思想史(第5卷)》，天津：天津人民出版社2005年版，第6页。

是无效的，因为个体的声音、影响力和政治技能都是有限的，远不及团体；个体化的参与也容易导致社会的碎片化，团体在整合成员诉求、推动政治一致方面则作用非凡；在团体内部互动和参与的过程中，个体的包容性、政治参与精神和参与技能都可以得到锻炼。因此，多元存在的自治团体是民主制度得以实施的基础型架构。

在托克维尔的基础上，奥托·基尔克(Otto von Gierke)在1868年明确阐发了多元主义理论；19世纪末20世纪初，梅特兰(F. W. Maitland)、哈罗德·拉斯基(Harold J. Laski)等全面分析了"团体真实人格理论"，强调国家主权在国际法中是适用的，但在国内政治中则是片面的。在国内政治中，单纯强调"国家"的主权，压缩了"社会"的存在与运行空间；并且，社会中存在着多元化的自治主体(如各种各样的利益集团、社会组织等)，它们同样活跃于政治领域，政治是多中心的，公共权力的运行过程是多元化的。因此，"多元论着手要改造国家。"①确切地说，这一改造措施就是，用多元存在的具有自治属性的社会力量来使政治变为"多中心"的，颠覆国家专制权威无所不包、公共权力毫无限制的"一元论"。萧公权在此意义上指出：

> "多元主义国家无非是这样一种国家，在那里，不存在全能的和无所不包的唯一的权威渊源，也即主权；不存在统一的法律体系；不存在行政的中央集权机构；不存在政治意志的普遍化。相反，它在本质上和表象上都是一种多样性(multiplicity)，它能够并且也应该被划分成各个部分。"②

虽然这段话看起来有些绝对，但无疑表明了多元主义的一种态度——对一元论表示担忧和质疑，推崇多元论。因此，多元主义对国家与社会的分立、社会多元自治表现出极高的期待。社会自治体自行制定自己的内部规则，并规制自己的内部关系，形成一个个有序运行、自我整合、独立自足的"社会单元"；这些社会单元对成员的权利形成保护，并代表成员表达诉求；甚至，有些社会单元不仅对表达诉求、政治参与十分感兴趣，而且还致力于扶贫、救助、就业服务等，通过具体的、实在的公共行动介入公共事务。

多元主义的集大成者当属罗伯特·达尔。他在《多头政体：参与和反对》、《规模与民主》、《民主理论的前言》以及《多元主义民主的困境：自治与控制》等

①萧公权：《政治多元论：当代政治理论研究》，周林刚译，北京：中国法制出版社2012年版，第1页。
②萧公权：《政治多元论：当代政治理论研究》，周林刚译，北京：中国法制出版社2012年版，第6页。

著作中对多元主义进行了系统、辩证地阐述。在他看来，现代政治面临着巨大威胁：一是个体之间的异质化程度不断加大，如果每个个体都直接参与政治决策，那将是“乱哄哄”的，且自说自话，这为政治一致的达成埋下了隐患。二是由于个体的政治功效感差异很大，且对政治事务、公共问题的兴趣也不一样，有些人甚至毫不关心政治问题，这使得人人参与变得犹如业余闲扯，或者沦为乡间地头的休憩聊天，或者演变为无聊的街头巷议。三是个体的影响力十分有限，无法对政府形成压力，使民主退变为一种毫无实质的“程序”。四是在大型民族国家中，每个个体的直接参与是不可能的，受到空间、时间和成本等限制，这迫切需要“中介性”的自治团体代表个体参与政治，践行民主。①

为消除上述威胁，多元主义为现代政治设计了一种三元构架：国家－多元自治体－社会个体。第一，多元自治体是社会个体的整合者，在自治体内部实现一致，具有自我管理、自我服务的作用；多元自治体代表成员向政府提出利益诉求，参与政治决策。待决策形成后，作为执行者要求成员遵从。当然，多元自治体不具有排斥性，某一个个体可以同时参加多种团体，通过不同的团体实现自己的特定诉求。第二，政府直接与多元自治体接触，根据自治体的诉求选择政策。此间，政府作为多元自治体的仲裁者而存在。既听取自治体的意愿，也在公共利益和长远发展愿景的基础上修正有关诉求；也会在不同利益诉求之间发挥协调作用，使诉求双方通过协商、妥协、包容等达成共识。第三，社会个体不直接参与政治，而是加入各种各样的团体，参与团体内部的互动，并由团体代表自己参与政治。在这一政治架构中，多元存在的社会自治体起着承上启下的中介作用。“在多元主义者看来，社会中权力的安排不是等级式的，而是竞争的。权力是众多代表不同利益的集团——例如商业组织、工会、政党、妇女机构、宗教组织等——之间‘无休止的讨价还价过程’的一个不可分割的组成部分。政治决策则是政府行政部门试图调和这些集团之需要的结果。”②

也可以说，多元主义倡导的是一种“组合民主”(consociational democracy)。它超越了一人一票制式的民主观念，强调独立的、自治的多元主体在政治民主方面的重要性；它超越了个体权利优先并通过“权利”制约国家的观念，强调通过社会之眼制约权力、通过社会自治制约权力的重要性；它超越了孟德斯鸠等的“以权力制衡权力”(如三权分立)的观念，强调“以社会制约权力”的重要性；

①[美]罗伯特·A.达尔：《多头政体：参与和反对》，谭君久等译，北京：商务印书馆2003年版，第17－43页。

②[美]罗伯特·A.达尔：《民主理论的前言》，顾昕等译，北京：生活·读书·新知三联书店1999年版，第216页。

它超越了精英主义基于"群氓"逻辑而否定任何社会自治形式的观念，强调社会自治可以通过团体的形式实现。[①]

(二)法团主义理论：社会自治组织与政治国家相互赋权

法团主义(Corporatism)也被译为社团主义、社会合作主义。[②] 有学者认为它发端于近代欧洲斯堪的纳维亚地区的权威主义政体，并且在"二战"时期与法西斯政权长期紧密联系在一起。因此其带有名声欠佳的基因。到上世纪70年代经菲利普·施密特(Philipper C. Schmitter)系统概括，并用于区别多元主义理论，法团主义自此实现了"华丽转身"，得到了政治学界的重视。[③]《布莱克维尔政治学百科全书》是这样介绍法团主义的：

> "这个术语流传最广的现代用法突出了介乎于国家和公民社会之间的利益组织的作用。多数著述者追随施密特的观点，强调社团主义和多元主义的差别。在多元主义的制度下，许多自愿组成利益团体在人员、资源和与政府的关系方面彼此竞争，以便影响公共政策的方向；在社团主义制度下，拥有强制性或半强制性成员资格的非竞争组织的数量是有限的，这些组织均享有某种特权地位，与政府共同制定政策，并通过训导其成员接受经讨价还价达成的协议而对政策的实施负责。"[④]

可见，法团主义与多元主义一样，强调国家与社会的二元界分，反对政府一元论，对社会的自治取向和自治能力抱有较高期望。只不过，多元主义强调多元社会自治体之间的竞争；强调政府作为多元自治体的仲裁者、均衡者角色。而法团主义则强调社会自治体的"垄断身份"，因此在某一领域中社会自治体并非是多元的、相互竞争的，而是数量有限的；法团主义还强调政府与社会自治体之间的相互赋权、协同治理，此间，政府不再仅仅扮演仲裁者的角色了，而居于重要地位，主导政治决策、负责政治战略制定等。[⑤]即："国家具有重要地位，它合法参与经济决策，主导工业发展方向；而社会参与则以行业划分的功能团体形

---

①Arend Lijphart. *Democracy in Plural Societies: A Comparative Explain*. New Haven CT: Yale University Press, 1977.

②[英]戴维·米勒等:《布莱克维尔政治学百科全书》，邓正来译，北京：中国政法大学出版社2002年版，第173—174页。

③张静:《法团主义及其与多元主义的分歧》，北京：中国社会科学出版社2005年版，第21页。

④[英]戴维·米勒等:《布莱克维尔政治学百科全书》，邓正来译，北京：中国政法大学出版社2002年版，第175页。

⑤Philipper C. Schmitter etc. *The Corporatist Sisyphus: Past, Present and Future*. PVS, Summer, 1997.

式存在。它们互相承认对方的合法性资格和权利,并相互协商制定有关的政策。”①

具体而言,法团主义在自治方面的关注点有如下几点:

第一,对社会自治体及其利益代表作用的强调。法团主义在本质上是反对政府一元论的,更是对精英主义所宣扬的因“群氓”存在而诉诸精英主导政治的思维逻辑嗤之以鼻。认为具有相对垄断特征的社会自治体是一个“利益代表系统”,正是这一利益代表系统发挥了社会自我整合的作用,并将民间的诉求融合进国家决策结构当中。它所构建的政治结构与多元主义一样,都可以概括为“国家—社会自治体—公民个体”。只不过,多元主义视野下的社会自治体是多元的、相互竞争的,而法团主义视野下的社会自治体数量相对较少,且具有相对垄断属性,并与政府有着千丝万缕的联系。②

第二,对社会自治体与政府制度化合作的强调。③ 法团主义政制的核心特征是通过社会自治体的整合作用,“有序地将分散的社会利益,组织、集中、传达到国家决策体制中去,以促进国家和社会团体的制度化合作。”之所以称之为“制度化”合作,是因为:(1)作为社会自治体的功能团体得到政府的批准,并在地位获得、组织支持、需求表达等方面获得政府的帮助。作为“回报”,社会自治体在领袖选择、行动方式等方面受到政府的相对控制。即,功能团体的自治特征是相对的,而非绝对的。(2)功能团体在自己内部实现自治,协调成员的异质化诉求,在达成内部一致的基础上与政府互动,向政府表达诉求,扮演中介者角色;功能团体与政府共同制定政策,待决策确定后,功能团体督促成员遵循决策,扮演决策执行者的角色;功能团体实施自我管理,约束成员行动,防止其发生过激行为,扮演社会稳定器角色。(3)功能团体作为社会自治的力量,在政治参与方面有着制度化的渠道,其参与权、参与方式等都受到法律保护。(4)每个领域内的社会自治体是分层的,“以层级秩序排列(hierarchically ordered),这反映了它们与国家接近的机会和距离”,这也是保障参与秩序的重要基础。

第三,对个体自由的担忧和社会自治的强调。法团主义的出现与经济自由主义的局限有关。“二战”以来,以凯恩斯主义为代表的理论流派开始反思资本主义市场的自我协调能力,并在此基础上指出现代社会面临的问题并非是个体

①张静:《法团主义及其与多元主义的分歧》,北京:中国社会科学出版社 2005 年版,第 26 页。

②Philipper C. Schmitter. “*Still the Century of Corporatism?*” In Philipper C. Schmitter and Lehmbruch eds. Trends Toward Corporatist Intermediation. Beverly Hills: Sage, 1979.

③张静:《法团主义及其与多元主义的分歧》,北京:中国社会科学出版社 2005 年版,第 26 页。

自由的不足，而是社会自治程度的不足。为解决这一问题，一方面需要政府对社会事务的适当干预；另一方面需要通过提升社会的组织化程度，进而提升社会的自治能力，规避个体理性的缺憾，使个体因进入社会自治体而有“身份位置”之感，并以此提升个体的责任感和公共性。[①]

谈到责任感和公共性，这里有必要提一下新自由主义和社群主义。在新自由主义那里，自治永远是反对无端干预的坚强堡垒，自治也是个体利益和权利的基本保障。如萨特(Jean-Paul Sartre，1905－1980)所主张的那样：“人除了他自己外，别无立法者。”[②]当然，新自由主义也不否认个体可能会出现损害他人的行为，也可能会无视公共利益的实现。因此，新自由主义一方面强调个体的自治必须限定在特定的边界之内——无碍于良善公共生活的达成、无碍于其他主体合法权利的实现。另一方面强调个体需要通过各种各样的社会自治体(如法团主义和多元主义论域中的各种团体)来防止多数人暴政，并通过它们表达诉求、参与政治、影响政策。然而，新自由主义视野下的团体自治并非是出于公心，而是以彰显个体权利为先导，是以确保个体权利为优先取向的。社群主义则相反，认为新自由主义的这种功利性自治容易导致社会分裂。因为，功利性自治以个体为先导，本质上是“原子化”的。如果辅以团体的力量，将会扩大社会裂隙，无益于良善公共生活的实现。因此，社群主义更喜欢在公共责任的基础上讨论团体自治，就犹如法团主义那样。中庸地说，新自由主义理论和社群主体理论分别代表了自治这一“硬币”的两面。一面是自治体权利的倡导；一面是公共责任的担当，自治既是实现权利的途径，通过自治体参与政治也是担当公共责任的表现。

(三)治理理论：自治体是政府的协同力量

1989年，作为政治概念的治理(Governance)一词首次出现在世界银行关于非洲公共管理模式研究的报告——“治理危机”(Crisis in Governance)中。此后，治理作为“统治”(Government)的替代概念而被频频使用。那么，何谓治理呢？我想先列举三段著名论述。

著名政治学者斯托克在《作为理论的治理：五个论点》一文对治理理论的概括最为经典。他认为，“治理”包括五方面的核心要素[③]：

---

①P. J. Williamson. *Varieties of Corporatism*: *A Conceptual Discussion*. Cambridge University Press, 1992.

②[法]让-保罗·萨特：《萨特哲学论文集》，潘培庆等译，合肥：安徽文艺出版社1998年版，第114页。

③[英]格里·斯托克：《作为理论的治理：五个论点》，载《国际社会科学杂志(中文版)》1999年第1期。

(1)“治理指出自政府、但不限于政府的一套社会公共机构和行为者”；

(2)“治理明确指出在为社会和经济问题寻求解答的过程中存在的界线和责任方面的模糊之点”；

(3)“治理明确肯定涉及集体行为的各个社会公共机构之间存在的权力依赖”；

(4)“治理指行为者网络的自主自治”；

(5)“治理认为，办好事情的能力并不在于政府的权力，不在于政府下命令或运用其权威。政府可以动用新的工具和技术来控制和指引；而政府的能力和责任均在于此。”

全球治理委员会在《我们的全球伙伴关系》中指出[①]：

“治理是各种公共和私人的机构管理其共同事务的诸多方式的总和。它是使相互冲突的或不同的利益得以调和并且采取联合行动的持续的过程。这既包括有权迫使人们服从的正式制度和规则，也包括各种人们同意或以为符合其利益的非正式的制度安排。”

张凤阳等在其《政治哲学关键词》一书“治理”词条中指出[②]：

“当治理理论在政治学界兴起以后，从词语本身到理论旨趣，对治理与统治差异的讨论成为治理问题研究的一个关键内容。一般认为，治理与统治两者的差异体现在本质和运行两方面。具体看来，其差异主要是：首先，治理与统治最基本甚至可以说是本质性的区别在于主体性质。治理虽然需要权威，但这个权威并非一定是政府机构；而统治的权威则必定是政府。统治的主体一定是政治机构，而治理的主体既可以是公共机构，也可以是私人机构，还可以是公共机构和私人机构的合作。因此，治理是一个比统治更宽泛的概念。其次，运作过程中权力运行的方向不一样。政府统治中的权力运行方向总是自上而下的，它运用政府的政治权威，通过发号施令、制定和实施政策这些政治手段，对社会公共事务实行单一向度的管理；治理却是一个上下互动的管理过程，它主要通过合作、协商、伙伴关系，确立认同的目标等

①转引自俞可平《全球化：全球治理》，北京：社会科学文献出版社 2003 年版，第 3 页。
②张凤阳等：《政治哲学关键词》，南京：江苏人民出版社 2006 年版，第 316 页。

方式完成对公共事务的管理，管理的实质在于形成共识和建立合作。”

通过上述阐释，不难发现治理理论强调公共事务处理过程中的公私伙伴关系。政府之外的力量作为治理主体参与公共治理需要社会自治体的发展，或者说，对社会自治能力和自治精神抱有较高期望，治理格局中的公私伙伴关系需要各类社会自治体发展，国家中的社会自治程度越高，治理的实现程度也越高。① 或者说，人们的自主治理是治理实现的基本要求，也是治理格局的客观氛围——实现治理，“我们需要一个灵活的和亲民的政治运行氛围，而不是高高在上的官僚主义。”②

治理最起码有两方面不同于统治。一方面，治理强调政府和社会自治体（如社会组织、利益集团等）的合作行动，共同面对公共问题、处理公共事务。此间，社会自治体作为治理格局的一极而存在，是治理体系的基础载体。如果社会自治能力不足、社会自治精神缺乏，那么，公共治理格局的运行将是蹩脚的。另一方面，治理强调政府和社会自治体的协同行动，相互合作、赋权而不是对立、冲突。这不仅要求社会有相当的自治能力和自治精神，而且需要拥有一定的自治空间和自治资源。换言之，如果政府囊括一切政治空间，直接控制社会中的每一个领域，社会主体缺乏自由运行空间；如果政府垄断所有的资源，社会主体缺乏可资运行、自主整合的资源。那么，治理格局的形成和运行都将是“空中楼阁”。正是在此基础上，邓正来指出：“首先必须从认识上实现一种思维的转向，不能像以往的论者那样，把目光的聚焦点只放在政治权威的转型上，因为中国现代化两难症结真正的和根本的要害，在于国家和社会之间没有形成适宜于现代化发展的良性结构，确切地说，在于社会一直没有形成独立的、自治的结构性领域。”③

治理理论代表了一种研究取向：在公共管理过程中政府唱独角戏的时代已经过去，必须充分重视社会自治力量的发展，在公私伙伴关系、在政府与社会自治体协同行动的基础上处理公共事务。这种研究取向在公共管理研究中得到广泛的回应，盖伊·彼得斯（B. Guy Peters）的《政府未来的治理模式》、迈克尔·麦金尼斯（Michael Mcginnis）的《多中心治道与发展》、康保锐（Berthold Kuhn）的《市场与国家之间的发展政策：公民社会组织的可能性与界限》、萨拉蒙的《公共服务中的伙伴》、萨瓦斯的《民营化与公私伙伴关系》等著作都反映了

①[法]让－皮埃尔·戈丹：《何谓治理》，钟震宇译，北京：社会科学文献出版社 2010 年版，第 20 页。
②[法]让－皮埃尔·戈丹：《何谓治理》，钟震宇译，北京：社会科学文献出版社 2010 年版，第 96 页。
③邓正来等：《构建中国的市民社会》，载《中国社会科学季刊（香港）》1992 年第 1 期。

治理理论的基本观点。

(四)公民社会理论:自治是“三驾马车”之一

如果说治理理论更多从关系视角讨论自治问题,公民社会理论则直接从自治主体的角度阐释自治。公民社会的英文翻译是“Civil Society”,又译市民社会(虽然两种译法存在一些差异,但这里不做区分)。这是一个古老的概念,在古希腊被用于区别“野蛮社会”、“自然状态”,具有“文明社会”、“开化状态”的含义。学者丛日云等指出:“当代学者所谈论的作为独立于国家的以志愿性社团组织体系(或网络)为核心的‘公民社会’概念对那个时代的思想家来说还是陌生的,他们心目中想到的是较为模糊意义上的社会或政治共同体。他们关心个人权利的保护,着意维护教会不受国家干预和控制的独立性,主张经济生活的自主,所有这些充其量构成当代‘公民社会’概念的雏形。”①换言之,以国家与社会的分离、社会自治的推崇为主题的公民社会概念是近代以来才被确立。

准确地讲,公民社会理论形成于 17—19 世纪。它是伴随着资本主义的发展以及资产阶级反对封建专制、捍卫个体权利的斗争实践而出现的。黑格尔、马克思和托克维尔在公民社会理论的形成方面发挥了举足轻重的作用。黑格尔开创了公民社会与国家分离之先河,他认为国家以行政命令、权力控制和强制约束为主要基础的,而公民社会是“外在的国家——建立在需要基础上的和理智所想象的国家。”②马克思在唯物史观的基础上,提出公民社会(市民社会)是“物质生活关系的总和”,其与政治国家虽相互联系,但区分明显,相互独立。黑格尔和马克思虽然没有系统阐释公民社会的内部结构与运行逻辑,但基本上确立了“国家一社会”这一二元分析框架。托克维尔则在现代意义上相对系统地阐释了公民社会理论。为了避免“多数人暴政”的发生,托克维尔十分看重社会自治体——形形色色的社团的作用,认为社会自治体在政治参与、社会监督、自我管理、公民性培育、民主政制实施、秩序维持等方面有着重要意义。体现为社会自治的公民社会是在政府之外发挥公共作用的重要主体,是极为重要的领域之一。托克维尔的观点因此而成为当前公民社会研究的直接来源。不过,因当时对市场自治的推崇有加,而将社会自治置于边缘地位。由此,自黑格尔、马克思和托克维尔之后,公民社会理论归于沉寂,甚至被渐渐遗忘。

上世纪 70 年代以来,公民社会理论得以复兴。原因主要有三:一是上世纪 70 年代以来,西方左翼学者、东欧学者在反思“斯大林模式”时,发现公民社会理

①丛日云等:《西方公民社会理论的复兴及特点》,载《教学与研究》2002 年第 1 期。

②[德]黑格尔:《法哲学原理》,范扬等译,北京:商务印书馆 1982 年版,第 183 页。

论对社会自治的推崇、对国家主义的反对与其主张极为相似，且相对中道温良，比极端的无政府主义更符合社会现实。因此，他们纷纷拿起公民社会理论这一武器，用以倡导个人权利、社会自治，改变国家的直接行动范围。二是上世纪 70 年代以来在世界范围内发生了新一轮的“民主化浪潮”和“全球结社革命”，前者直接与公民社会理论倡导的社会自治、压缩国家直接行动范围相关，后者与公民社会理论期待的社团组织蓬勃发展一致，因此公民社会理论成为解释现实、推动改革的重要理论资源而被学者们频频提及。三是上世纪 70 年代以来，人们逐渐认识到政府失败和市场失灵同时存在，单纯在政府和市场两者中选择发展道路就显得“前途渺茫”，因此纷纷开始寻找“第三条道路”——形成了“政府一市场一社会”三元分析范式。公民社会(市民社会)即是三驾马车中的重要一极。

公民社会理论内容繁杂、派系林立。但是其基本关注点是：

> “他们认为不受制约的国家权力、不断扩张的国家干预对人类的自由和权利构成了持久的威胁。因此他们主张维护公民社会和政治国家的分离，依靠一个活跃的、强有力的公民社会来制衡国家权力，同时扩大公民社会的自治范围，缩小国家的活动范围。”①

显然，公民社会理论在本质上遗传有自由主义的基因，它对个体自由、社会自治、政治权利的价值优先性持肯定态度，对政治国家则是“又恨又爱”。一方面它知道缺乏公共权力的社会容易陷入混乱，另一方面又对公共权力的威胁保持警惕。于是，公民社会理论首先主张限制国家的直接行动范围，扩大社会自治的边界。正如吉迪恩·贝克(Gideon Baker)所言：“无论是就摆脱国家干预的社会而言，还是就多种利益的多元主义代表来说，或者是就缩小经济和国家权力的范围而论，所有理论家都将公民社会看作是自主的。”②

其次，期待社会自治性格和自治能力提升，实现社会的自我管理、自我服务和自我整合，只有这样才能“让政府放心地退出”。戈登·怀特(Gordon White)指出：“这一领域(即公民社会——引者注)由同国家相分离的组织所占据，这些组织在同国家的关系上享有自主权并由社会成员自愿地结合而形成以保护或

①何增科：《公民社会与第三部门》，北京：社会科学文献出版社 2000 年版，第 12 页。

②[英]吉迪恩·贝克：《公民社会和民主：理论和可能性之间的差距》，何增科译，载何增科主编：《公民社会与第三部门》，北京：社会科学文献出版社 2000 年版，第 182 页。

增进他们的价值或利益。”[①]如果社会的自治性格不足，不能有效供给自治机制；或者社会的自治能力不足，无法有效地开展自治行动。那么，将存在诸多管理真空，秩序无法形成，政府将在“不得已而为之”的情况下扩大自己的直接行动范围——在这种情况下的“扩大”反而是政府公共性的体现。

最后，对社会自治体的影响力也抱有较高期望，只有这样才能推动政治参与，影响政府决策，并以强有力的社会自治能量督促政府，使政府高效、廉洁且富有回应性。约翰·霍尔(J. A. Hall)就明确指出：“公民社会是社会的一种特殊形式，它欣赏社会的多样性并能够限制政治权力的劫掠。”[②]

公民社会的实践形态需要一定的结构要素——如公共领域、第三部门(即NGO)等来支撑。因此，与公民社会理论直接相关的还有公共领域理论和第三部门理论。

“公共领域”(Public Sphere)研究的权威人物尤尔根·哈贝马斯(Juergen Habermas)指出：

> “所谓‘公共领域’，我们首先指我们的社会生活的一个领域，在这个领域中，像公共意见这样的事物能够形成。公共领域原则上向所有公民开放。公共领域的一部分由各种对话构成，在这些对话中，作为私人的人们来到一起，形成了公众。那时，他们既不是作为商业或专业人士来处理私人行为，也不是作为合法团体接受国家官僚机构的法律规章的规约。当他们在非强制的情况下处理普遍利益问题时，公民们作为一个群体来行动；因此，这种行动具有这样的保障，即他们可以自由地集合和组合，可以自由地表达和公开他们的意见。当这个公众达到较大规模时，这种交往需要一定的传媒和影响的手段；今天，报纸和报刊、广播和电视就是这样的媒介。”[③]

不难发现，在哈贝马斯看来，公共领域是一种具有开放性的公共场域，公众在此场域中相互交流、评判政治、讨论决策等。在现实社会中，公共领域不是实在的物理性场地，而是因公众参与、交流、评判和辩论而型构的一种具有公共

①[英]戈登·怀特：《公民社会、民主化和发展：廓清分析的范围》，何增科译，载何增科主编：《公民社会与第三部门》，北京：社会科学文献出版社2000年版，第64页。

②[英]约翰·霍尔：《探寻公民社会》，何增科译，载何增科主编：《公民社会与第三部门》，北京：社会科学文献出版社2000年版，第55页。

③[德]尤尔根·哈贝马斯：《公共领域》，载汪晖等主编：《文化与公共性》，北京：生活·读书·新知三联书店2005年版，第125—126页。

性、批判性和自主性的社会文化系统。从这个角度看，公共领域可以追溯至古希腊城邦，当时的公民在广场上就城邦公共事务进行辩论、决策，无疑具有公共领域的属性。威迪欧·纳克(Vidal Naquet)曾指出："城邦创造了一个全新的社会空间——一个以市政广场及其公共建筑为中心的公共空间，在这里，人们就涉及共同利益的问题进行争论。"①我国学者敬海新对城邦公共领域也给予了肯定，"城邦制度和公民行为构成了古典公共领域的社会性形态，以宪政理性为基本内容的城邦精神则构成了古典公共领域的观念性形态。三者的有机统一就构成了古典公共领域的希腊传统。它既是古希腊城邦制度的产物和特点，又是古希腊人解决个人之间、个人与社会之间冲突的基本途径、手段和方式。"②

不过，城邦公共领域并非现代性的。比如其参与主体——公民具有较强的排斥性，外邦人、妇女、奴隶等都因不具备公民身份而无法参与，这说明其公开性有限。哈贝马斯正是在这一角度指出现代公共领域应具备三个前提基础：一是公民，即公共领域中的人应该是"公共"之民，具有公民应该具备的公共意识、权利意识。并且，既然是"公共"之民，就不应该具有特定排斥性，而应具有开放性。二是媒介，即公共领域的交流、评判需要以方便、有效的媒介为基础，如报刊、电视、广播等。如果缺少媒介，公共领域也就缺失了存在之基。三是共识，即公共领域具备一个文化特征——寻求共享观念，而不是制造纷争、扩大裂隙。换言之，公共领域中的交流、评判旨在形成一致行动和政治共识，这是其公共性的最根本表现。如果不以共享观念和政治共识为目标，公共领域则无异于乱哄哄的群氓纷争。汉娜·阿伦特(Hannah Arendt)也十分看重公共领域的合作、共享属性。她说："作为一个共有的世界，公共领域可以说把我们聚在一起，又防止我们彼此竞争"。③

至此，我们可以得出结论，公共领域理论强调在"政治国家之外"存在着一种场域，该场域虽非实体，也不像房屋、道路那样具体可见。但是，该场域因社会公众的广泛参与、深入辩论、公共评判等而对政府形成压力。因此，公共领域是社会自治的一种表现，公共领域越自主，社会自治表现得就越充分；社会自治性格和自治能力越强，公共领域表现得就越活跃。

与公共领域的"虚拟化"属性不同，第三部门理论则以实实在在的社会自治体——社团组织为研究对象。

---

①转引自杨仁忠：《公共领域论》，北京：人民出版社2009年版，第44页。

②敬海新：《公共领域理论形成的历时态分析》，载《江西教育学院学报(社会科学版)》2007年第2期。

③[美]汉娜·阿伦特：《人的条件》，竺乾威等译，上海：上海人民出版社1999年版，第41页。

第三部门(the Third Sector)是相对于政府组织和市场组织而言的,是公民社会的实体化表现。因此,有学者将第三部门称为"公民社会组织"(Civil Society Organization)。除此之外,第三部门还常常被称为:非政府组织(Non-governmental Organization,简称 NGO)、非营利组织(Non-profit Organization,简称 NPO)、非营利部门(Non-profit Sector)、公益团体(Commonweal Organization)、免税组织(Tax-exempt Organization)、民间组织(Civil Organization)、慈善组织(Charitable Organization)、志愿者组织(Voluntary Organization)、独立部门(Independent Sector)、邻里组织(Neighborhood Organization)、社区组织(Community Organization,又译"共同体组织")、草根组织(Grassroots Organization)、社会经济(Social Economy)等。[①] 对此,萨拉蒙曾指出:"每一种称呼都至少会部分地误导着人们的视线;但同时,每一种称呼又反映了该领域的某一方面的性质"。[②]但是无论何种称谓,都承认其如下两个属性:一是非政府性或民间性,这是其区别于政府的一面。与政府依靠行政命令、规章制度、公共权力等运作逻辑不同,它是依靠志愿机制运行的。因此,它并不是政府的附属,而是具有自治属性的社会主体。二是非营利性或公共性,这是其区别于市场组织的一面。与市场组织追求利润的取向不同,它并不在组织内部实施分红,而是以公共目标为导向的,活跃于济贫救困、环境保护、政治发展、公共参与等领域。

朱莉·费希尔(Julie Fisher)曾指出"作为一个概念,政治发展更倾向于关注国家和公民社会之间公开的相互影响过程,而不是特定类型的政治体制。"重要的是,社会自治的重要形式第三部门是公民社会的主体性组织载体,第三部门的发展程度决定了公民社会的自治程度,而公民社会的自治程度则决定了其与国家相互影响的效果。所以,政治发展是"一种根据权力的创建与解散、在政府和公民社会内部或之间、交互性地进行公共决策和学习的过程,该过程导致来自下面的逐渐增加的个人和团体自治,以及来自上面的更多的回应。"[③]杰勒德·克拉克(G. Clarke)也有类似观点。他认为:"非政府组织行动本质上是政

①吴东民等:《非营利组织管理》,北京:中国人民大学出版社 2003 年版,第 2 页;林修果:《非政府组织管理》,武汉:武汉大学出版社 2010 年版,第 1—2 页;康晓光:《非营利组织管理》,北京:中国人民大学出版社 2011 年版,第 3 页;徐彬:《探索与前行:社会组织研究论文集》,芜湖:安徽师范大学出版社 2014 年版,第 2 页。

②转引自李亚平等:《第三域的兴起:西方志愿者工作及志愿组织理论文选》,上海:复旦大学出版社 1998 年版,第 31 页。

③[美]朱莉·费希尔:《NGO 与第三世界的政治发展》,邓国胜等译,北京:社会科学文献出版社 2002 年版,第 17 页、第 21 页。

治的，非政府组织的增长所引起的社团革命为政治科学家提供了丰富的研究议程”。[①]显然，在政治发展的视野中，第三部门是“社会发育”的表现，可以以社会自治的方式搭建起一种政治活动空间，并在此空间中践行民主治理，参与政治过程。莱斯特·萨拉蒙的判断更具结论价值：

> “我们是置身于一场全球性的‘社团革命’之中，历史将证明这场革命对20世纪后期世界的重要性丝毫不亚于民族国家兴起对于19世纪后期的世界的重要性。其结果是出现了一种全球性的第三部门，即数量众多的自我管理的私人组织，它们不是致力于分配利润给股东或董事，而是在正式的国家机关之外追求公共目标。这些团体的激增可能永久地改变了国家和公民的关系，它们的影响已经远远超过了它们所提供的物质服务。”[②]

(五)社会资本理论：自治是解决公共事物治理问题的药方

与上述理论的宏观视角不同，社会资本理论将视角放在具体的基层问题之上。这些具体问题主要包括四种理论模型：

一是“囚徒困境”(Prisoner’s dilemma)。该模型由美国兰德公司于1950年所提出。其直接解释是：两个囚徒被分别关在不同囚室，不能交流。如果两者都不招认，将会受到较小惩罚，这是最优策略；如果两人中有一人招认一人顽抗，招认者将会被从轻处罚，顽抗者将被从重处罚；两人都招认，则都会受到相应处罚。在这种情况下，两个囚徒将会因惧怕从重处罚而皆招认，这并非双赢策略，而是“双输”选择。该模型的寓意是：理性个体往往选择对自己有利的策略，并且不信任另一个对局人会采取对自己有利的策略，因此而采取“非合作博弈”，结果发生“理性不经济”行为，出现对整体而言不是最优的结局；相反，如果都已别人的最低受罚为目标，那么将会得到对整体而言最优的结局。[③]

二是“公地悲剧”(the Tragedy of the Commons)。该模型由加勒特·哈丁(Garret Hardin)于1968年正式提出。该模型的直接解释是：在一个开放的牧场中，每一个牧民都想多养一定数量的牛。因为每多养一头牛其自身即可获得更多收益。但是，牧场的承受能力是有限的，每个牧民都在个体理性驱使下养

---

①[美]杰勒德·克拉克：《发展中国家的非政府组织与政治》，闫月梅译，载何增科主编：《公民社会与第三部门》，北京：社会科学文献出版社2000年版，第356—383页。

②[美]约翰·霍尔：《非营利部门的兴起》，何增科译，载何增科主编：《公民社会与第三部门》，北京：社会科学文献出版社2000年版，第243—244页。

③林修果：《非政府组织管理》，武汉：武汉大学出版社2010年版，第60页。

更多的牛，最终结果将是牧场消失，牛群饿死，每一个牧民也都因此而遭受损失。该模型的寓意是：有限的公共资源将会因自由进入和不受限制的使用而被过度开发，个体理性和公共收益之间因此而发生矛盾。①

三是"集体行动的困境"(Dilemma of Collective Action)。该模型由曼瑟尔·奥尔森在《集体行动的逻辑》一书中提出。其主要思想是，理性的个体有"搭便车"的行为取向，因此其不会主动提供具有非竞争性非排他性的公共物品。因为，非竞争性非排他性的公共物品无法排除那些不付费的人享有，犹如灯塔，任何一个路过的船只都可以利用其光亮导引方向，而无论其是否为修建灯塔付费。换言之，对于公共物品，每一个人都可以无差别地享有，这使得理性个体不愿意主动参与公共物品的生产行动。"除非一个集团中人数很少，或者除非存在于强制或其他特殊手段以使个人无法按照他们的共同利益行事，有理性的、寻求自我利益的个人不会采取行动以实现他们共同的或集团的利益。"②

四是"公共池塘资源问题"(Problems of Common-pool Resources)。公共池塘资源问题由埃莉诺·奥斯特罗姆所重点阐发的。公共池塘资源是难以排他但是共同享用的，广泛存在于渔场、地下水流域、牧区、灌溉渠道等领域。公共池塘资源问题与公用地悲剧十分相似，"如果你在渔场中放纵那种经济上自利的行为，让任何人在他想捕鱼时捕鱼，尽情获取不属于任何个人的资源，那么你就将以毁灭你的邻居和你自己而告终。"③

不难看出，上述四种模型的核心思想都是个体理性与公共理性(或集体理性)的冲突。那么，如何解决这一冲突就成为了公共事物治理的常态。在奥斯特罗姆看来，以利维坦(即政府机制)和以私有化(即市场机制、明确产权)都无法完全解决这一问题。相反，基于社会资本而产生的自治组织却在公共事物治理方面"拔得头筹"。自治组织研究的核心问题是："一群相互依赖的委托人如何才能把自己组织起来，进行自主治理，从而能够在所有人都面对搭便车、规避责任或其他机会主义行为形态的情况下，取得持久的共同利益。"④而回答这一

①[美]埃莉诺·奥斯特罗姆：《公共事物的治理之道：集体行动制度的演进》，余逊达等译，上海：上海三联书店2000年版，第10—13页。

②[美]曼瑟尔·奥尔森：《集体行动的逻辑》，陈郁等译，上海：上海人民出版社1995年版，第2页。

③[美]埃莉诺·奥斯特罗姆：《公共事物的治理之道：集体行动制度的演进》，余逊达等译，上海：上海三联书店2000年版，第21页。

④[美]埃莉诺·奥斯特罗姆：《公共事物的治理之道：集体行动制度的演进》，余逊达等译，上海：上海三联书店2000年版，第51页。

问题，就必须回答另外三个问题[①]：一是制度供给问题，即由谁主动启动自治组织，并设计自治组织的制度。也可以说制度供给问题就是自治组织初始可能性如何增加、人们的自治能力和自治取向如何提升、在没有外部特定干预的情况下人们通过自治组织解决公共池塘资源问题的能力和取向如何提升等。

二是可信承诺问题，即自治组织成员在没有外部强制（惩罚规则）的情况下能否抵挡得住个体利益的诱惑而遵守最初协议。奥斯特罗姆在《公共事物的治理之道》一书中就明确写道："在初始阶段，一个占有者对在大多数占用者同意遵循所提出的规则的情况下，他或她的未来预期收益流量做了计算后，可能会为了与他人和睦相处而同意遵守这套规则。但在以后时期，占用者违反这条或那条规则所唾手可得的利益，常常可能是较高的。"[②]这便需要可信承诺出场了。如果未能信守承诺或者不相信别人也会严格信守承诺，那么，自治组织将不会持久。

三是相互监督问题，即设计了自治制度，且需要可信承诺，自然也需要在制度运行、协议实施过程中对相关行为者进行必要的监督。否则，自治组织的持续性会大打折扣。"没有监督，不可能有可信承诺；没有可信承诺，就没有提出新规则的理由。"[③]

总之，奥斯特罗姆笔下的自治组织是基于人们之间的信任、互赖和合作而产生的。个体与个体之间因长期的共同居住、沟通、交互而形成了相互信任感，彼此之间通过长期互动（重复博弈）而形成了都认可并自愿遵守的行为准则和合作方式。这实际上是一种实现共同利益、处理集体事务、解决公共事物治理问题的自治组织。人们以自治组织为平台，采取集体行动，实施自主治理，这既不是政府机制也不属于市场机制，但却比政府的外部管制和市场交易效果更好。奥斯特罗姆在《公共事物的治理之道》一书中介绍了大量的实例，利用了严格的数理逻辑并通过制度分析和经验分析的方法，证明了自治组织的可取性。

实际上，奥斯特罗姆的证明说明了社会资本（Social Capital）的重要性。社会资本这一概念由美国经济学家洛瑞（G. C. Loury）于 1977 年提出。[④] 社会资

①[美]埃莉诺·奥斯特罗姆：《公共事物的治理之道：集体行动制度的演进》，余逊达等译，上海：上海三联书店 2000 年版，第二章。

②[美]埃莉诺·奥斯特罗姆：《公共事物的治理之道：集体行动制度的演进》，余逊达等译，上海：上海三联书店 2000 年版，第 72 页。

③[美]埃莉诺·奥斯特罗姆：《公共事物的治理之道：集体行动制度的演进》，余逊达等译，上海：上海三联书店 2000 年版，第 74 页。

④卜长莉：《社会资本与社会和谐》，北京：社会科学文献出版社 2005 年版，第 26 页。

本理论成型于1980年，以布尔迪厄(Pierre Bourdieu)的《社会资本随笔》为标志。简单地说，社会资本蕴含于人际关系之中，是指因民间的合作、信任、互赖而形成的能量。波特斯(Alejandro Portes)曾指出："个人通过他们的成员资格，在网络中或在更宽泛的社会结构中，获取短缺资源的能力。获取(社会资本)的能力不是个人固有的，而是个人与他人关系中包含的一种资产。"[①]也有学者指出，社会资本是"实际的或潜在的资源的集合体，那些资源是同对某种持久的网络占有密不可分的。这一网络是大家共同熟悉的，得到公认的，而且是一种体制化的关系网络，换句话说，这一网络是同某团体的会员制相联系的，他从集体性拥有资本的角度为每个会员提供支持，提供为他们赢得声望的'凭证'，而对于声望是可以有各种各样的理解。"[②]不能否认，社会资本蕴含的信任、互赖和合作，可以减少集体行动过程中的交易成本，有助于消除"囚徒困境"、"公地悲剧"、"集体行动的困境"和"公共池塘资源问题"当中个体理性与公共理性(或集体理性)的冲突，减少机会主义发生，促使可信承诺的实施，进而促成指向于共同利益的集体行动。这为公共事物治理提供了一个有意义的理论工具，"随着社会的发展和社会资本概念研究的不断深入，人们越来越认识到社会组织中人们之间的彼此信任和相互合作所蕴含的价值比物质资本和人力资本更为重要，因此，社会资本的概念被越来越多地应用于公共管理研究领域，成为学术界一个具有较强解释力的跨学科分析框架。"[③]

帕特南经过在意大利的持续调查以及数理分析后也充分证明了社会资本的价值。首先，社会资本所蕴含的互惠、互信和互赖等有助于提升自治组织初始可能性。"政治生活越接近互惠原则基础上的政治平等的理想状态，政治生活就越采取自治的形态。"[④]人们在日常生活中必不可少的会出现价值取向差异和利益诉求冲突，那么，互惠、互信和互赖有助于帮助大家相互包容、求同存异。因此，通过自治组织谋求共同利益的可能大大提升。

其次，社会资本所蕴含的互惠、互信和互赖等有助于提高自治组织的可信承诺。机会主义是自治组织的最大威胁，而"信任的网络使得公民共同体更容

①[美]托马斯·福特·布朗：《社会资本理论综述》，载《马克思主义与现实》2002年第2期。

②包亚明：《布尔迪厄访谈录：文化资本与社会炼金术》，上海：上海人民出版社1997年版，第202页。

③尹保华：《社区建设创新与社会管理》，北京：知识产权出版社2012年版，第242页。

④[美]罗伯特·帕特南：《使民主运转起来：现代意大利的公民传统》，王列等译，南昌：江西人民出版社2001年版，第101页。

易克服经济学家所说的'机会主义'。"[①]不信任常常助长个体背叛集体行动的动机，机会主义因此而频繁发生。机会主义的频繁发生又进步一强化了个体的孤立感和不信任感，奥斯特罗姆所期待的可信承诺因此而无影无踪。

最后，社会资本所蕴含的互惠、互信和互赖等因自治组织的运作而强化。自治组织作为合作的社会结构，一方面提高了社会自治的程度，为多元主义、法团主义视野下的民主架构奠定了组织基础。在自治组织发展良好的地区，政府治理的绩效也相对较高，民主秩序也相对较好。另一方面训练、提高了成员的互惠、互信和互赖意识。也就是说，持续地互动、重复地博弈使得理性个体认识到机会主义行为必然导致"两败俱伤"，而互惠与合作才是实现共同利益并保证自我利益的最优策略。持续的互动也可以训练个体的公共精神，诸如协商、妥协、包容、合作、责任和公益等。

三、20 世纪以来自治思想简评

20 世纪以来的自治思想兼具科学化和价值性双重特征。科学化研究拓宽了自治问题的研究视野，也提升了自治思想的实践指导意义；价值性的规范研究虽然延续了以前的主要研究主题，但对自治在政治领域的重要性给予了更明确的肯定。

(一)自治的"科学化"研究模式

受政治科学的影响，在这一阶段自治的出现了三个新的取向：一是在理性人的假设下，研究自治的可能性、自治对于集体行动和公共利益的影响。如奥尔森、阿罗、奥斯特罗姆等在理性人的基础上，利用实证案例、数理模型等讨论了社会自治体的初始可能性、可信承诺、可持续性等问题。二是通过实证调研，研究自治对于公民社会、社会资本以及政治民主的影响。如，帕特南及其同事在对意大利进行了长达二十年的实证调查和统计学赋值分析后，表明基于自治的社会网络、社会信任以及社会资本对于政府绩效、政治民主乃至社会生活都有重要的意义[②]。安东尼·奥罗姆(A. M. Orum)甚至认为：受其著作《使民主运转起来》的影响，人们对于自治的公民社会的研究开始复兴，很多学者开始搜集和研究诸如民间社团、自治网络等实证数据[③]。费希尔通过对第三世界国家

①[美]罗伯特·帕特南：《使民主运转起来：现代意大利的公民传统》，王列等译，南昌：江西人民出版社 2001 年版，第 101 页。

②[美]罗伯特·帕特南：《使民主运转起来：现代意大利的公民传统》，王列等译，南昌：江西人民出版社 2001 年版。

③[美]安东尼·奥罗姆：《政治社会学导论》，张华清等译，上海：上海世纪出版集团 2006 年版，第 93 页。

的实证研究后，明确提出了自治组织 NGO 对于第三世界政治发展的独特贡献。① 三是通过实证调研搜集自治组织的相关数据，开展相关分析。如，萨拉蒙对西欧、北美洲、亚洲、中欧和东欧、拉丁美洲等 22 个国家的自治组织进行系统的资料收集之后，对这些组织的基本规模、结构、收入基础以及它们在不同的国家的表现有何不同；什么因素促进或阻碍了这些组织的发展；这些组织实体的特殊属性是什么等进行了讨论分析。②

这些研究虽然并不属于严格意义上的“政治哲学”范畴，但是实证研究拓宽了自治研究的视野，提高了自治问题研究的形象化、实体化，使人们可以更加真实、具体地感知到自治的存在以及自治的价值。

（二）自治的“价值性”研究模式

政治科学运动的影响很大，行为主义研究取向到现在仍然被很多学者所遵循。但是，它们关于“价值祛除”的观念以及研究的“技术化”取向也招致了很多批判。尤其是在政治研究领域，哲学化、规范化的研究在 20 世纪 60、70 年代以后重新“抬头”。这种趋势也体现在了自治的研究当中，延续了前人研究的价值取向，对政治自治的价值推崇有加。

不过，需要强调，这一时期对自治的价值并非简单重复前人，而是将其具体化了。比如，将社会自治实体化为多元社会自治体（多元主义）、功能团体（法团主义）、社会自治组织（社会资本理论），并将社会自治体融入“国家一社会自治体一公民个体”这一宏观构架当中，强调社会自治体的中介作用。同时，对社会自治体的政治功能具体化了。如多元主义理论将自治设定为民主架构中的中介，法团主义理论强调社会自治与政治国家的相互赋权、合作行动，治理理论则直接视社会自治体为政府的协同力量，公民社会理论将自治力量作为社会发展的“三驾马车”之一而予以强调，社会资本理论则将自治机制作为解决公共事物治理问题的良方等。

---

①[美]朱莉·费希尔：《NGO 与第三世界国家的政治发展》，邓国胜等译，北京：社会科学文献出版社 2002 年版。

②[美]莱斯特·萨拉蒙：《全球公民社会：非营利部门视界》，贾西津等译，北京：社会科学文献出版社 2002 年版。

第四章　自治的政治价值及其地位

本章主要回答如下问题：自治在政治哲学中的地位是什么？支撑自治的政治理论基础是什么？自治与政治哲学的关键主题，诸如民主、共和、宪政和自由等的内在关系是什么？自治在哪些方面支撑了其他政治哲学主题，其政治价值具体表现在哪些方面？如何理解自治的重要性，自治是手段还是目的？

在很大程度上可以认为，政治的主题是权利和权力。权力及其分配是政治哲学研究的核心议题；而权力的分配目的是为了实现权利，权利是权力的旨归。这样就引出了三条线索：有以积极行动、主动建构为主题的；有以消极防护、谨慎限制为主题的；也有两者兼有的。它们分别表现为民主共和、宪政和自由。而自治之所以重要，就在于自治分别对民主共和、宪政和自由构成重要支持，这也决定了自治在政治哲学中的地位。同时，自治也与民主等政治主题融通交互，是具有目的意义的政治价值。在本书的第一章“研究自治及其理论问题的必要性”中对这一问题进行过简单阐释。这里分三节详细论述自治对其他政治哲学研究主题的支撑作用及其地位：第一节讨论自治与民主共和的关系，第二节讨论自治与宪政的关系，第三节讨论自治与自由的关系。

第一节　自治：民主共和的体现

在最简单的意义上，“民主就是人民作主的政治。”①也就是说民主不是“为民做主”，而是“让民做主”——人民握有公共权力，在公共事物治理方面扮演主导者的角色，“就是国家是人民所共有，政治是人民所共管，利益是人民所共享。”（孙中山语）也正因为民主对于“公共”的如此强调，才使得“民主是与任何特定的理念或目的没有关系的一种理论。”②也就是说，民主类似于一种终极价值，它可以为其他一切提供合法性证明，而无需来自其他方面的证明。“各种各

①曹伯韩：《民主浅说》，长沙：岳麓书社2013年版，第2页。

②[美]卡罗尔·佩特曼：《参与和民主理论》，陈尧译，上海：上海人民出版社2012年版，第3页。

样的观念、主张、行为及制度安排等，都纷纷贴上民主的标签，以宣示自己的合法性与正当性。”①赫尔德也明确指出：“当他们(指民主的倡导者——引者注)信奉参与、代表和责任的恰当原则、规则和机制时，一直是把民主作为赋予政治决定合法性的机制而予以支持的。”②在现代政治生活中，民主战胜了其他政治词汇，成为世界性的“霸权话语”，跃升为政治哲学中使用频率最高、最具终极性的词汇。施密特等在《民主是什么，不是什么》一文中戏谑但不失准确地指出民主在政治实践和政治哲学中的泛滥程度：“民主这一词语作为贬值的通货在政治市场上流通。”③自治是民主的本质表现，亦是实施民主的手段，还是规避民主困境的途径。

一、自治是民主的本质表现

无论在何种意义上界定和理解民主，也无论在何种情况下实施与践行民主，民主都与人们对于公共事务的参与有关，而公民的参与即意味着亲自“出场”，扮演“主人”和“主事”双重角色，这在本质上表现为人们自己参与公共事务的处理，即人民的统治——“自治”。意大利学者诺伯特·波比奥(Norberto Bobbio)因此明确指出：“民主和专政的对立则是自凯尔森、康德以降哲学上自治和他治之对立在普通语境中的再现。”④

(一)自治与“大树底下的民主”

从民主模式分类的角度看，原始社会中盛行的“大树底下的民主”是作为当时人们生产、生活、繁衍的集体组织方式而自然存在，显得简单、质朴。但是，此时有“一种强有力的民主精神弥漫于整个机体之中，并影响其活动。”⑤凡涉及重大事务如物资分配、战争、生产等，都以全体成年男女直接参加氏族会议的方式所做出，每个参与者都有平等的发言权，他们通过讨论、协商取得共识。按照人类学家摩尔根说法，“这是一种民主大会，因为参加会议的每一个成年男子和女子都对他们所讨论的一切问题有发言权。”⑥社会公共事务在这种民主大会、人人参与的情况下，即使是在“大树底下”，仍然充分地体现了人们的自我治理。

①张凤阳等：《政治哲学关键词》，南京：江苏人民出版社 2006 年版，第 51 页。

②[英]戴维·赫尔德：《民主的模式》，燕继荣等译，北京：中央编译出版社 1998 年版，第 376 页。

③[美]菲利普·施密特等：《民主是什么，不是什么》，载刘军宁主编：《民主与民主化》，北京：商务印书馆 1999 年版，第 20 页。

④[意]诺伯特·波比奥：《民主与独裁：国家权力的性质和限度》，梁晓君译，长春：吉林人民出版社 2010 年版，前言第 1 页。

⑤[美]路易斯·亨利·摩尔根：《古代社会》，杨东莼等译，北京：商务印书馆 1981 年版，第 139 页。

⑥[美]路易斯·亨利·摩尔根：《古代社会》，杨东莼等译，北京：商务印书馆 1981 年版，第 82 页。

并且，是毫无中介的直接参与、"在场"治理。当然，摩尔根也承认，"当社会处在这种初级状态时，人的个性被氏族所掩盖了。"①也就是说，"大树底下的民主"除了具备自治形式之外，并非以"权利"为驱动源。此时的自治实践更多是在生产力水平较低的情况下，人们自然形成的以集体形式实现生活、生产和繁衍的目标，并通过集体决策的方式选择做或者不做，以及做什么、怎么做。人们并没有为这种自治实践赋予权利诉求的意义，也未将参与视为权利的享有与实现。同时，参与对于个体而言也不是以个体利益诉求为动力的，而是面向集体的。对于个体而言，其不愿也不能离开集体而存在，因此在自治参与的过程中自觉不自觉地以实现集体利益和促成集体行动为旨归。用梅因的话说，"在原始社会组织中，必须首先了解的一点是，个人并不为自己设定任何权利"；"人们不是被视为一个个人而是始终被视为一个特定团体的成员。"②概言之，"大树底下的民主"可被视为是"民主原教旨主义"（萨托利语），是自治的民主，尽管自主治理的主体（氏族成员）可能并没有意识到自己是"主人"，他们的主体意识、权利意识也许一丁点儿也没有。

（二）自治与"城邦民主"

古希腊雅典城邦继承了氏族民主自治实践的"遗产"。将民主自治从"大树底下"移至"城邦广场"，由氏族全体成年男女参加的"氏族会议"改变为拥有"公民"资格的人参与的"公民大会"，由自然而然地氏族集体决定升级为制度化的公共选择。当然，两者在表现形式上一样，都是人们亲自出场，自己既是公共事务所关涉的对象，也是处理、商讨和决定公共事务的管理者，实现了自治——治者与被治者合二为一。

"大树底下的民主"和"城邦民主"还有另外一个共同点，都没有为民主赋予现代的权利意涵，而只是将民主作为一种处理公共事务的方法。对此，萨托利明确指出："我们不能过分地从字面上理解直接民主（和自治）的概念，以为古代城邦的统治者与被统治者是二而一的关系。就连当时出类拔萃的民众领袖克莱翁，也从未主张如此理想化的表述这种制度。"③因此，也就难怪城邦学者仅仅将民主政体视为处理公共事务的方法之一，而不是终极合法性的价值来源。比如，亚里士多德根据掌握政权人数的多少以及政体是否正宗（即符合公共利益），将政体分为六种（如表 4-1 所示）。不难看出，从分类的角度看，亚里士多德

①［美］路易斯·亨利·摩尔根：《古代社会》，杨东莼等译，北京：商务印书馆 1981 年版，第 83 页。
②［英］亨利·梅因：《古代法》，沈景一译，北京：商务印书馆 1995 年版，第 176 页、第 105 页。
③［美］乔万尼·萨托利：《民主新论》，冯克利等译，上海：上海人民出版社 2008 年版，第 280 页。

并没有对民主政体特别赞扬，而是对公共利益“情有独钟”。如果统治者是为公共利益的，而不是全身心地投入到“为己、谋私”行动中，那么无论是一个人统治、少数人统治还是多数人统治，都是值得称道的。相反，如果统治者关心自己的利益甚于关心他人和公共利益，那么即使是多数人统治也是不合理的。为了更方便地实现公共利益，亚里士多德比较钟爱“混合政体”，因为只有混合政体才能均衡多元利益，且形成相互牵制，使得当权者不至于退变为自私自利者。马基雅维里就曾指出，古罗马共和国的政体之所以优良，就是因为它设有执政官、元老院和公民大会，它们分别代表着君主政体、贵族政体和民主政体，三种政体因素的混合保持了权力共享，也实现了权力制衡，“它在授权于贵族时，未全然放弃君主制的品质；在授权于平民时，亦未攫尽贵族的权力。在这一体制下，它创建了一个完美的共和国。”①在这里，笔者不想对政体品质进行讨论，只在于说明：在民主作为一种政体分类结果和权力分配方式的情况下，它是以人民自治的形式呈现的。当然，自治民主受到疆域面积的制约。麦迪逊指出：“在民主政体下，人民会合在一起，亲自管理政府；在共和政府下，他们通过代表和代理人组织和管理政府。所以，民主限于一个小小的地区，共和政体能扩展到一个大的地区。”②

表 4-1：亚里士多德政体分类一览表

	一人统治	少数人统治	多数人统治
正宗政体	君主政体	贵族政体	共和政体（即民主政体）
变态政体	僭主政体	寡头政体	平民政体

资料来源：[古希腊]亚里士多德：《政治学》，吴寿彭译，北京：商务印书馆，1995 年版，第 132—134 页。

（三）自治与“作为斗争工具的民主”

在神权和王权的压制下，民主话语在漫长的中世纪归于沉寂。但是，中世纪后期，伴随着生产力的发展和资产阶级的壮大，作为权利获取、权力争斗以及突破封建势力束缚的工具，城邦民主的价值被重新得以挖掘和利用。尤其是中世纪城市的兴起，为了获得更大程度的发展，摆脱外部束缚，以城市为单位争取自治的斗争取得节节胜利。但是，这种局限于城市的自治也已无法满足资本主义力量扩展的要求。于是，西方世界开始以人文主义、理性等为工具向神权和

①[意]尼克洛·马基雅维里：《论李维》，冯克利译，上海：上海人民出版社 2005 年版，第 52 页。
②[美]汉密尔顿等：《联邦党人文集》，程逢如等译，北京：商务印书馆 1989 年版，第 66 页。

王权发难，并逐渐形成“人民主权”的观念，强调神权、王权政治观念所宣称的代表上帝的做法后果很严重，既可能偏离人民对公共利益的需求，也可能抹杀与泯灭人的主体地位。因此，实现统治者与被统治者(治者与被治者)的合二为一才真正符合自然法。[①]在此基础上，资本主义力量宣扬的“天赋人权”、“人民主权”、“民主、自由”等观念逐渐取代神权、王权观念。在这一过程中，民主自治观念也逐渐代替了城市自治观念。原因很简单，民主自治观念可推广至全人类，而不再仅仅局限于城市。这为资本主义的发展清除了神权、王权等障碍。显然，作为斗争工具的民主在形式上与城邦民主并无二致。只不过，城邦时代的民主是人们为了实现共同体利益而实施的，强调亲自参与才是城邦成员之体现；而作为斗争工具的民主是为了取消神权和王权的绝对统治，目的是通过人民自己当家作主来消解神权和王权的统治，即以自治反抗他治。

从这个意义上看，民主与共和归于一致，都是反抗“君政”、“专制”的工具。强调权力属于君主一人，且在君主家族世代承袭，这是一种卑劣且极易化天下之大公为一己之私的政体。“普天之下莫非王土，率土之滨莫非王臣，”“朕即国家”等等君主专制的表述都将天下归于一人，将人民视为“牛羊”来牧养。这显然是违背人文主义的，将人之理性、主体性视为“刍狗”。自然，人民大众的自我治理也就成为断不可能之事。因此，民主和共和观念都将其视为天敌和妖魔，必须推翻和颠覆。潘恩为此而指出：“一切世袭制按其本质来说都是暴政。一项世袭的王冠，一个世袭的王位，诸如此类异想天开的名称，意思不过是说人是可以世袭的财产。继承一个政府，就是把人民当作成群的牛羊来继承。”[②]而共和国则将人的理性视若“上宾”，提倡人民通过各种途径参与公共事务，以此实现“人民之事业”。对此，孙中山指出：“专制政体乃东家一人之生意，无论若干伙计，所得利益尽归东家一人，且如伙计，又皆受东家一人管辖；共和政体则不然，犹如合资营业之公司，人民尽属股东，公司赔赚，各股东自然痛痒相关，各股东不但有监督公司之权利，且对公司负有出资之义务。”[③]潘恩的论述也很经典：

> “所谓共和国并不是什么特殊的政府体制。它完全体现了政府应当据以建立与行使的宗旨、理由和目标；res-publica 意为公共事务或公共利益；或可直译为公共的事。这个词原来的意义很好，指的是政

①[法]卢梭：《社会契约论》，何兆武译，北京：商务印书馆 2003 年版，第 18—24 页。
②[美]托马斯·潘恩：《潘恩选集》，马清槐等译，北京：商务印书馆 1982 年版，第 237 页。
③孟庆鹏：《孙中山文集(上册)》，北京：团结出版社 1997 年版，第 506 页。

府应有的性质和职责;从这个意义来说,它自然同君主国这个词儿对立。君主国原来的涵义很坏,指的是个人擅权,在行使这种权力时,目标是
他本人,而不是公众。”①

(四)自治与“作为终极合法性价值来源的民主”

作为斗争的工具,共和与民主两种政治观念、政治设计“义不容辞地参与了讨伐君主专制的革命大合唱”,并且取得了成功。②然而,为了矫正消极自由存在的缺憾,以积极公民的政治参与、自主治理为主要表现的民主则被逐渐推向“主席台”,而共和则被置于幕后,除了在国号上存有一席之地之外完全被民主所淹没。③学者张凤阳发人深省地指出,共和传统与民主观念在反君主专制的斗争中一路高歌猛进,成绩辉煌,令人振奋,“但耐人寻味的是,也正是在反君主专制的大革命中‘共和’向‘民主’移交了现代政治话语的主导权,而且,除美国制宪论辩时的历史性辉煌外,似乎再也无力与‘民主’争当革命魁首了。为什么会这样?”④对于这个问题的回答,阿伦特强调,这与民主共和的历史使命有关,或者说,与民主共和在近现代以来得以复兴的历史情境有关——封建势力作为敌对方被赶下台之后由谁扮演本来由君主、上帝等占有的统治地位,即“要寻找一种新的绝对性来取替神圣权力的绝对性。”⑤共和传统要求均衡、混合,对君政要素并不是要全部肃清,而民主观念则彻底纯粹,且可以在每一个人内心深处激荡起无限的期待。因此,民主观念更容易深入人心,也更容易作为权力合法性终极来源的支点。也就是说,在革命的时代,在寻求人类政治发展方向的时代,“那个堪为‘最高实在’的主权者,不能从上层而只能从底层来找寻。卢梭及雅各宾党人给出的终极答案是:只有诉诸‘人民’,才能填补传统神权和王权体系崩塌后留下的价值空场,并一劳永逸地解决革命政权的正当性来源问题。”⑥就这样,民主的压倒性主导地位得以确立。

在这一过程中,民主也由“工具手段”升格为“本位价值”。民主不仅为反封建势力的革命发起号召和激发能量,而且成为衡量一切政治行动和公共生活的

①[美]托马斯·潘恩:《潘恩选集》,马清槐等译,北京:商务印书馆 1981 年版,第 243 页。
②张凤阳等:《政治哲学关键词》,南京:江苏人民出版社 2006 年版,第 84 页。
③[德]尤尔根·哈贝马斯:《包容他者》,曹卫东译,上海:上海人民出版社 2002 年版,第 281 页。
④张凤阳:《共和传统的历史叙事》,载《中国社会科学》2008 年第 4 期。
⑤[美]汉娜·阿伦特:《论革命》,陈周旺译,南京:译林出版社 2007 年版,第 10 页。
⑥张凤阳:《共和传统的历史叙事》,载《中国社会科学》2008 年第 4 期。

标准。符合民主的，便是正义的，备受垂青；不符合民主的，则成为罪恶的源泉，极易导致群情激愤，令人唾弃。当然，只能粗略地界分作为工具的民主和作为终极价值的民主。换言之，由工具到目的的身份转换并不具备清晰的时间节点和标志事件，而是在反封建斗争中不经意间产生了这种转换。从这个角度上看，以权利为依据，以积极公民为基础的现代民主犹如一种“副产品”。只不过，该“副产品”问世以来得到了更为广泛、持久、强烈地追捧。在此基础上，政治哲学界对民主的研究也更加精细。开始深挖三方面的问题：一是怎样才算民主？由于民主已上升为其他政治设计的合法性来源，因此“为什么要民主”的问题不再被关注，而开始进一步讨论怎样才算民主。达尔就是这方面的代表，他指出：“民主思想之繁杂，形成一道庞大的难以穿越的灌木屏障。”①因此，需要为民主设计一套指标体系，达尔为此指出民主制度应该至少满足如下几条标准：有效的参与，选票的平等，充分知情权，对议程的最终控制，成年人的公民权等。二是怎样实施民主？民主的“好处”显而易见，那么如何实施民主的问题便被学界所关注。围绕民主制度的实施，形成了直接民主与间接民主、强势民主与弱势民主、自治民主与代议民主、宏观政治民主与基层民主、平等民主与自由民主等实施民主的模式。三是怎样评价与测量民主？伴随着民主化浪潮的推进以及各个国家对民主制度形成的宣称，学界又进一步思考如何测量具体国家的民主程度。比如，拉斯韦尔和卡普兰在《权力与社会：一项政治研究的框架》中就从权力分配、权力范围、权力分布、精英吸纳、责任、价值分布、决策等角度来测度民主的程度。②

但是，无论如何精细化地研究民主，都避免不了要直面萨托利所提出的如下两个命题：一是“可以获得的自治强度与所要求的自治广度成反比”；二是“可能的自治强度与所要求的自治的持续性成反比”。③简单地说，民主问题作为一种政治价值无可厚非，但是作为一种政治实践，就面临着疆域范围、决策成本等方面的限制。所以，“主人”和“主事”之间是合二为一还是相互分离就成为了民主实践中的头等大事。最纯粹的“主人”就是亲自“主事”，但这受到诸多限制；将“主事”完全委托于他人，无疑会消解“主人”的权利。因此，在当前大型民族国家中，“主人”与“主事”分离是最具技术操作性的。“民主理论的核心是，承认

①[美]罗伯特·A. 达尔：《论民主》，李风华译，北京：中国人民大学出版社 2012 年版，第 33 页。

②[美]哈罗德·拉斯韦尔等：《权力与社会：一项政治研究的框架》，王菲易译，上海：上海人民出版社 2012 年版，第 211 页。

③[美]乔万尼·萨托利：《民主新论》，冯克利等译，上海：上海人民出版社 2008 年版，第 79 页、第 80 页。

和保护个人尊严和自治的最有效的方法是让人们通过他们自己的代表来管理他们自己。”[①]所以，需要通过一系列的制度措施来确保“主事”之人切实的代表、服务于“主人”，或者说“主事者”只是直接行动者而已，政治决策、公共事务的最终决定权和价值依据仍然掌握在“主人”那里。否则，民主就是虚伪的。从这个角度看，民主的实践形式可能不是直接出场自治，但其本质必须是人民的统治，仍然是人民的自治，虽然这种自治显得不那么纯粹。达尔正是在此意义上声称：“只有民主政府能提供一个最大的机会让人们去践行自主决定的自由，也就是说，生活在自己选择的法律下”。[②]让·布隆代尔(Jean Blondel)也说：“民主政治需要自治、自主的公民。”[③]

二、自治是实施民主的手段

“民主”作为一个词语，可以有多种理解。一是“为民做主”，这显然与自治意义上的民主背道而驰。二是“让民做主”，这是自治意义上的民主。但是，做主之民愿意做主吗？具备做主的能力吗？如果回答是否定的，民主就等于是空谈。因此，民主制度的实施需要特定的社会基础。对于这些基础而言，包括很多，诸如包容的政治文化、顺畅的参与渠道、制度化的选举、开放的信息来源等。除此之外，各种自治主体、自治实践和自治机制在其中也扮演着不容忽视的角色。

第一，个体的自治精神与能力是民主的首要基础。“如果一个国家的公民和领导人强烈地支持民主的观念、价值和实践，那么这个国家稳定的民主前景将更加光明。当信仰和倾向渗透到一个国家的文化当中，并且大体能一代一代传承下去，这就是民主最可靠的依赖。”[④]也就是说，如果公民个体不具备民主精神和参政能力，那么，民主即是“无根之木”。民主参与需要公民具有主体意识，在内心深处将自己视为独立自主、自责自负的主体，而不是依附于某种外在的主体，因此自己有权利、也有义务参与公共事务；同时，主体意识还表现为一种强烈的政治功效感，即认为自己的参与不仅是必要的，而且能够影响公共事务，并非是“有我不多，没我不少”。这种自治精神是民主政治的基石。另外，公

①[美]沃尔特·墨菲：《普通法、大陆法与宪政民主》，载刘军宁等编：《经济民主与经济自由》，北京：生活·读书·新知三联书店1997年版，第230页。
②[美]罗伯特·A.达尔：《论民主》，李风华译，北京：中国人民大学出版社2012年版，第46页。
③[法]让·布隆代尔：《民主与宪政》，载[日]猪口孝等：《变动中的民主》，林猛等译，长春：吉林人民出版社1999年版，第94页。
④[美]罗伯特·A.达尔：《论民主》，李风华译，北京：中国人民大学出版社2012年版，第132页。

民个体还得具有一定的理性能力，比如是非辨别能力、公共论辩能力、问题分析能力等，否则公民参与无异于盲从。只能导致勒庞（Gustave Le Bon）①笔下的“群氓”行为发生，无益于政治一致的达成和良善公共生活的实现。

第二，自治的社团是培育民主精神和技能的重要渠道。存在于社会领域当中的各类社团为公民的自我管理搭建起了一种场域。在该场域中固然可能存在一种向政府施压甚至反抗政府的取向，但在更积极的意义上，它体现了社会自主性，搭建了一个自我管理、自我教育和自我服务的平台。人们参与其中，在互信、互赖的基础上持续互动，就团体内部存在的问题展开协商谈判、集体行动，或者直接产生集体性的公共物品，如矛盾化解、互惠服务等，在团体内部将问题和矛盾化解掉，而无需推向宏观政治领域；或者就团体目的达成一致，以团体的名义向政府施压、表达利益诉求。②

前者有利于培养人们之间的互惠、包容、协商、参与等主体意识和公共意识；也有利于人们训练自己参与公共事务的技能。因此，达尔指出：“独立的社团也是一个公民教育和启蒙的源泉。它们提供给公民的不仅是信息，还给公民提供了一个讨论、协商和获得政治技能的机会。”③

后者则体现了社团作为民主中介的功能，社团作为个体与政府的桥梁，既在社团内实现利益整合，又代表成员参与宏观政治事务，待决策之后，又在团体内部推行政策执行。莱斯利·雅各布（Lesley Jacobs）曾指出：“直接民主在大工业社会缺乏可行性。民主的参与模式之议题就是，间接民主怎样才能设计出来以方便普通公民的更多参与。”④对于参与模式，有两点必须强调：一是基层自治层面的参与，如乡村自治、社区自治；二是通过中介性多元社团的参与，如法团主义、多元主义视野下的社团自治及其参与途径。“多元主义的核心是自治，而法团主义体系也可能导致中介机构的大量增加。”⑤

第三，地方自治也是培育民主精神和技能的基本途径。托克维尔在《论美国的民主》一书中对美国民主的基石——自治精神给予了很高的评价。在他看来，自治精神不是什么上天赋予之物，而是在日常的社会生活实践中训练出来

①参见[法]古斯塔夫·勒庞：《乌合之众：大众心理研究》，冯克利译，北京：中央编译出版社2004年版。

②郭道晖：《社会权力与公民社会》，南京：译林出版社2009年版，第149页。

③[美]罗伯特·A. 达尔：《论民主》，李风华译，北京：中国人民大学出版社2012年版，第83页。

④[加]莱斯利·雅各布：《民主视野：当代政治哲学导论》，吴增定等译，北京：中国广播电视出版社2000年版，第49页。

⑤[美]朱莉·费希尔：《NGO与第三世界的政治发展》，邓国胜等译，北京：社会科学文献出版社2002年版，第25页。

的。新英格兰的乡镇生活中，人们以“主人翁”的态度参与管理，这些基层事务虽小，但在小事务中的参与和锻炼仍然可以培养人们的自治精神，久而久之，自治精神、民主能力以及全社会的民主自由价值观就得以形成。①礒崎初仁等指出，“通过拥有地方民主主义与民主自治的要素，才能期待在地方自治中培养支撑民主主义体制的市民，即市民教育(civic education)机能。”②布赖斯在《现代民治政体》一书中也指出：地方自治发达的地方，民主制度就可以更加顺利的实施，民主精神和能力最好的训练场、民主制度最有力的保障，就是自治。自治实践的贡献之一是：

> “人的常识，理解性，决断力，以及群性都会因此发达了。凡时常作共同协商的人自然会知道互让及调和的必要。在自治团体中，人人都有表现能力的机会，都能使别人知道他。此外更可养成两种有用的好习惯：一为承认知识及处理公务能力的重要；二为论人不惟其言而惟其行。”③

三、自治是解决民主困境的途径

在很大程度上可以说，西方政治哲学所论证的民主观念就像“菜谱”一样，听起来极具诱惑，看起来味道鲜美，想起来令人心动。但是，当自己走向厨房亲自操作时就面临着很多困难。即使是完全按照菜谱上的要求那样，食材品种一样、数量一样，按照菜谱要求的程序一步一步炒出来的菜肴却极可能令人大失所望。民主观念的具体实践也会遇到这样那样的困境。比如，受到实施范围大小、决策情境紧急与否、参与者异质性大小、参与成本限制、人们的政治功效感强烈程度等。拉里·戴蒙德(Larry Diamond)在其《民主政治的三个悖论》中就明确指出“民主存在分歧与一致、民众意志与代表能力、同意与效率等困境。”④因此，多元主义、法团主义倡导通过自治性的社团担当个体与国家的中介，搭建起“个体一自治中介一国家”三元关联的政治架构。这是自治支撑民主实践的表现之一。

当然，“如果希望取得人类的持续发展，即‘民有、民治、民享的发展’，民主

---

①[法]托克维尔：《论美国的民主》，董果良译，北京：商务印书馆2013年版，第76页。

②[日]礒崎初仁等：《日本地方自治》，张青松译，北京：社会科学文献出版社2010年版，第6页。

③[英]詹姆斯·布莱斯：《现代民治政体》，张慰慈等译，长春：吉林人民出版社2001年版，第133页。

④[美]拉里·戴蒙德：《民主政治的三个悖论》，载刘军宁编：《民主与民主化》，李柏光等译，北京：商务印书馆1999年版，第122—123页。

作为一种授权于民的政治制度就十分必要。”[1]也就是说，如果将民主视为授权于民的政治实践，而不是“大树底下”的那种直接出场的自治，问题就更容易理解。在价值上认可“民有、民治和民享”，而在实践中通过变通的方式（如代议民主、团体自治）等方式实现授权于民即可具备合法性。

不过，这里仍需要强调，无论是人们的直接自治还是通过其他方式参与政治，民主都面临着另外一个不容忽视的问题：“多数人的暴政”。民主在本质上确认了每一个个体都有权利参与政治，并都有自己不容侵犯的合法权益。民主颠覆了“个人专制”，这有助于保护和实现人民的权利。但是，民主制度所确立的“人民的统治”采取何种方式决策的问题随即而来，是所有的人都同意还是多数人同意即可？如果在大型民族国家里采用“所有人同意”的决策方式，则面临着“异质性”的挑战，致使决策无法达成。因为，在多元化发展、多元化需求、多元化利益的异质性明显的情况下，冲突、矛盾无法避免。这样，“多数人决策”（无论是简单多数还是绝对多数）就成为了一个“次优”的选择。这在表面上体现了公共性。但也带来了另外一些问题：多数人的偏好是最优的吗？体现多数人利益的决策正义吗？回答是否定的。如何解决这两个问题呢？自治的“出场”成为必要。

先看例子[2]：有十个人，共同得到一笔奖金。如何分配呢？有九个人赞同去酒店里喝上一顿酒，然后再去 KTV 唱歌，把这笔钱花掉。有一个人认为这样不妥，“好钢用在刀刃上”，这笔钱通过喝酒、唱歌的方式消费有点浪费。但在，民主多数的情况下，喝酒、唱歌作为“公共意志”的表达而成行。对于这个例子，我们有理由怀疑，多数决策可能的确符合程序正义，但其结果未必是最优的。

接上述例子：十个人在多数决策之后，走进酒店。点菜时，其中一个人十分讨厌吃某一种菜，但是其他九个人又都一致决定点这个菜。显然，此时的少数派“吃亏”了，十个人共有的钱，而只能九个人分享。虽然少数派可以通过吃别的菜而同样填饱肚子，但在面对菜品分歧时他的利益被忽视了。“公共意志”、“多数人利益”淹没了少数派利益，这在结果上显然是不正义的。

再接上述例子：十个人在酒店包间里吃饭，有人提议抽支烟。不巧的是十人中有九人抽烟，而一人从不抽烟。在多数决策的情况下自然是九人开抽，而另一人无奈只能吸“二手烟”了。如果说点菜时仅仅是忽视了少数派的利益的

---

①［缅甸］昂山素姬：《自由、发展与人的价值》，载刘军宁编：《民主与民主化》，李柏光等译，北京：商务印书馆 1999 年版，第 115 页。

②这些例子都是笔者虚构而来的，特此说明。

话，那么，抽烟带来的负外部性（抽烟者并非直接故意让被动吸烟者吸烟，但其抽烟行为不可避免地会“污染”空气）就是直接对少数派利益的侵害了。

还是上述例子：九个人开始抽烟，其中一个人提议请那个不抽烟的人也抽一支。于是九个人又动用多数权力来迫使那一个人抽烟。在这里，情况又发生了变化：虽说被动吸烟带来的危害对少数派而言是一种侵害，但这种侵害并非是故意的；而此时的强迫吸烟则意味着多数对少数的直接且故意地侵害，且程度更为严重。

上述例子虽是虚构的，但在现实政治生活中有与之相类的很多情境。也正因为如此，托克维尔提出要警惕“多数人的暴政”；杰斐逊在《联邦党人文集》中提出了“反多数难题”。这一问题出现的根本原因有二：一是质量和数量的冲突。公共行动在理想意义上应该追求“质量”，包括可持续的现代化、长远发展、政治价值等，但是民主多数决策仅仅依据“数量”。这难免会使决策有失偏颇。二是同质与异质的冲突。随着发展，社会的多元化程度日趋强烈，但政治一致、政治合作又是多元化社会所必须的。一致与合作在经过民主多数决策时，将异质性逐步消解，而以同质的方式开展行动。此间，一致与合作是值得追求的，但对异质性的消解尤其是对少数派诉求、权利的侵蚀便是无可辩驳的不正义。或者说，差异的消除有利于达成一致和合作，但这一过程中不应该对个体的独立和自由造成损害。对此，《联邦党人文集》第五十一篇明确写道：

> “不仅要保护社会防止统治者的压迫，而且要保护一部分反对另一部分的不公。在不同阶级的公民中必然存在着不同的利益。如果多数人由一种共同利益联合起来，少数人的权利就没有保障。只有两个办法可防止这种弊端：其一是在不受多数人约束，也就是不受社会本身约束的团体中形成一种意愿；其二是使社会中包括那么许多各种不同的公民，使全体中多数人的不合理联合即使不是办不到，也是极不可能。”①

如何规避多数人的暴政呢？可以通过司法保护、权力制衡等方式规避。但是，托克维尔他们对政治自治体的关注有加。

一方面，各类政治自治体客观上构成了个体权利的堡垒。个体的声音、影响力都远低于群体。因此，在多数暴政面前个体虽然可以歇斯底里地喊着“这

①［美］汉密尔顿等：《联邦党人文集》，程逢如等译，北京：商务印书馆 1980 年版，第 266 页。“那么许多”表述是原文。

是我天然享有的权利”，但依然难以避免被多数派忽视、侵害乃至整肃的命运。如果个体是以群体的方式参与政治，那么即使其群体属于少数派，但是其诉求的影响力会得到较大程度的重视，政治决策会多多少少体现其利益诉求。同时，政治自治体的存在客观上构成了一种制约的力量，使其他各方不得不给予关注和重视。

另一方面，各类自治体的参与促成了民主政治过程的协商。多元政治自治体的存在及其对政治过程的参与，会形成一种类似于“市场竞争”的多头局面，各自治体都在这一过程中极力表达自己的诉求，并试图影响其他主体；各自治体之间也会惮于对方的群体压力而不得不倾听和考虑对方的意见，多元协商、讨论、妥协甚至互赖的格局因此而形成。在此格局中，各自治体不仅表达了自己的诉求，而且也逐渐学会了包容，放弃机会主义行为取向和“吃独食”的策略。显然，这种民主政治的结果具有更强的包容性，会销蚀“民主暴政”的影响。

总之，政治自治虽不是医治民主暴政的唯一“药方”，但其却是防治民主暴政而不可或缺的一味“草药”。“社会本身将分为如此之多的部分、利益集团和公民阶级，以至个人或少数人的权利很少遭到由于多数人的利益结合而形成的威胁。”①当然，各自治体的自治能力越强，其对自身权利的维护程度也就越强，在政治参与过程中表现出来的主体性也就越强。

第二节　自治：宪政主义的工具

宪政主义(Constitutionalism)也被译为“立宪主义”或“宪政”。宪政主义的根本精神是：任何公共权力的握有者，无论是专制王权还是民主政权都有越界的冲动，并因此而对人民的权利造成损害，所以需要通过预防性控制和限制性措施以确保其“安分守己”。孟德斯鸠指出：“一切有权力的人都容易滥用权力，这是万古不易的一条经验。有权力的人使用权力一直到遇有界限的地方才休止。”②所以，针对权力的制衡和约束是必须的。麦迪逊也形象地指出，“野心必须用野心来对抗。……如果是天使统治人，就不需要对政府有任何外来的或内在的控制了。”③萨托利则概括性地指出：“有理由作出这样的结论，随着绝对主义时代的衰落，人们开始寻找一个词汇，以表示用以控制国家权力之运作的种

①[美]汉密尔顿等：《联邦党人文集》，程逢如等译，北京：商务印书馆1980年版，第266页。
②[法]孟德斯鸠：《论法的精神(上)》，张雁深译，北京：商务印书馆1982年版，第154页。
③[美]汉密尔顿等：《联邦党人文集》，程逢如等译，北京：商务印书馆1980年版，第264页。

种技术。"[①]这个词被政治哲学家们设定为"宪政",它不仅能够"赋予形式",而且能够实质性地制约政府行为,由此而成为保护自由权利、形成政治秩序的利器。哈耶克也强调,宪政是不信任和质疑的谨慎性行为,是为了保持和维护自由权利至上性而创设的,"剥离掉一切表层以后,自由主义就是宪政。"[②]

宪政主义的具体策略有很多,诸如宪法法律(法治)、有限政府(将政府行为边界限定在狭小范围内)、分权制衡(通过权力分化与制约防止其"异化")、民主参与(将政府权力置于民众的眼界之内以减少其发生机会主义行为)等等。

当然,政治自治也是宪政主义的制度安排之一。布隆代尔指出:"不尊重宪政的国家,大多压制公民自治"。[③]一方面,实现政治权力的横向界分,由"社会"掌控一部分,通过"社会之眼"的方式实现宪政,这须以社会自治为基础。另一方面,实现政治权力的纵向划分,通过地方自治的方式分解一部分中央权力,防止绝对无限的专横权力形成。

一、社会之眼

路易斯·亨金(Louis Henkin)指出,除了法治、有限政府和权力制衡外,"宪政还意指广泛私人领域的保留和每个权利的保留。"[④]这无疑带有社会自治的味道。即,没有政治国家的自然状态固然可怕,但是,将社会的自治权毫无保留地交由国家来掌控则更为可怕。在自然状态下,个体遇到的"敌人"是个体,而在毫无限制的国家权力下,个体遭遇的敌人是国家暴力,后者的危害性比前者有过之而无不及。"基于这样一种原则或精神,宪政反对一切绝对的、无限的政治权力,尤其反对那种对社会进行无孔不入的渗透、将整个社会囚禁在政治权力管辖之下的极权主义(totalism)。"[⑤]

换言之,无论如何强调政治国家的重要性,都不能忽视另外一点——社会自治。如果对国家权力完全放心,而对其丝毫不予警惕,完全依赖政治国家的支配,向国家让渡社会的一切自然权利。意味着将人们所拥有的生命权、自由

①[美]乔万尼·萨托利:《"宪政"疏义》,载刘军宁等:《市场逻辑与国家观念》,北京:生活·读书·新知三联书店1995年版,第113页。

②[英]弗里德利希·冯·哈耶克:《自由秩序原理(上)》,邓正来译,北京:生活·读书·新知三联书店1997年版,第243页。

③[法]让·布隆代尔:《民主与宪政》,载[日]猪口孝等:《变动中的民主》,林猛等译,长春:吉林人民出版社1999年版,第95页。

④[美]路易斯·亨金:《宪政·民主·对外事务》,邓正来译,北京:生活·读书·新知三联书店1996年版,第11页。

⑤张凤阳等:《政治哲学关键词》,南京:江苏人民出版社2006年版,第122页。

权和财产权等基本人权完全放弃。这是一种不负责任的政治观念,如果将这一观念付诸实践,将危害无穷。在这一意义上可以说,社会自治与公权干预同等重要,既需要利用公共权力来弥补社会自治的某些不足,也需要为社会自治预留一定的空间,并用社会自治力量抗衡公共权力的无边界行为。理想的政治制度不能缺失宪政安排,而理想的宪政制度必然包含社会自治与公共权力之间的适度平衡。沃尔特·墨菲(Walter Murphy)指出,"宪政主义试图通过降低政治的赌注来限制自由和尊严所面临的风险。民主理论则试图通过直接或间接促进政府程序中的参与来限制这种风险。这两个理论的基本区别不是对于人类的尊严和自治的重要性的争论,而是如何最好地表达和保护这两个基本价值之间的争论。"①民主的本质是自治,通过自治实现民主;而宪政的本质是对权力的不信任,需要通过自治来实现制约。

这一思想脉络是从洛克开始的。而谈论洛克就有必要从霍布斯谈起。因为,霍布斯与洛克完全相反,他虽然通过自然法、自然状态论、社会契约论等演绎出一个结论:国家的出现是为了解决社会的混乱,国家是工具意义上的政治建构。但是,他并没有因此而将国家置于附属地位,反而主张国家权力的无限性。即,主权者的权力是人们通过契约授权而获得的,因此按约建立的主权者拥有无限的、不受约束的权力,人们要无条件的服从主权者的管理。服从主权者就是服从自己。②显然,在霍布斯那里,人们本来拥有多种自然权利,但是经过立约授权给政府之后就全部转让了,在权利意义上变得"一贫如洗"了。而在洛克看来,霍布斯的观念是可怕的。在主权者人性假设上属于是过于乐观,在结果上属于是"过犹不及"。他在政府权力来源于社会的观念上与霍布斯没有差别,但在程度上和方向上则完全不同。即,政府权力源于社会,其合法性是对社会权利的维护和实现,如果政府权力"反客为主",对社会权利造成了侵害或者没有切实保障个体的权利和自由,社会有收回权力的资格,且收回权力的行为符合正义。此间,社会的权利让渡是有限的,政府获得的权力也是有限的,如果政府的权力边界超越了社会所让渡的边界,就应该受到制约。③洛克的这种观念影响深远。至少包括三方面:一是为社会自治预留了空间,并且强调了社会自治的积极意义——在政府行为越界时需要通过社会力量的制约予以纠正。

①[美]沃尔特·墨菲:《普通法、大陆法与宪政民主》,载刘军宁等编:《经济民主与经济自由》,北京:生活·读书·新知三联书店 1997 年版,第 237 页。

②参见[英]霍布斯:《利维坦》,黎思复等译,北京:商务印书馆 1985 年版。

③[英]洛克:《政府论(下册)》,叶启芳等译,北京:商务印书馆 1982 年版。

二是政府权力具有双面性，既可以在维持秩序、保障安全、裁决矛盾等方面发挥作用，也可以侵入社会，对个体的生命、财产和自由造成威胁。所以，政府的行为应该有边界，不能无端干预和侵犯个体的自然权利。三是政府和社会都是能动的，尤其是在政府有限的行动边界之外，需要社会自已形成秩序。正因为如此，戴维·赫尔德说道："洛克明确代表着自由主义宪政传统的发端。"①

当然，洛克在基本观念上将社会自治与宪政联系在了一起，肯定了它们各自的价值。另外，洛克更多是在个体的意义上和社会整体的意义上谈论社会自治的。后世的学者将社会自治的载体更加明晰化，也不再局限于个体层面或社会整体层面，而将视角转向各类社会自治体（如社会团体、利益集团等）。托克维尔、哈贝马斯、达尔等是其中的卓越代表。

托克维尔强调社会自治体现了社会自主性，增加了解决社会问题的资源来源和能量来源。"一个中央政府，不管它如何精明强干，也不能明察秋毫，不能依靠自己去了解一个大国生活的一切细节。"②各种各样的自治形式（如社会中介团体、地方自治体）作为"个人的努力和社会力量结合，常会完成最强权和最强大的行政当局所完不成的工作。"③当然，这仅仅是自治政治功效的一个方面。另一方面，社会自治可以作为"社会之眼"监督国家权力。在托克维尔看来，社会自治搭建的自主空间、形成的行动力量构成了一道屏障，既防止国家权力无端侵入，又直接形成一种监督制衡的力量，减少国家权力的肆意行动。托克维尔指出社会自治的宪政作用可分为三种层次：一是舆论层次，即形成思想体系自治。在公共场域形成的针对某种学说、主张、判断的理想，构成一种思想导向、舆论影响和精神压力，对国家权力的行动构成监督。二是集会层次，即形成行动自治。通过各种形式的集会扩大某种观点、偏好和诉求的影响，用集体行动等非文字的方式呈现一种能量，影响政策，防止国家权力肆意行动。三是结社层次，即形成社会自治体。通过利益团体、社会组织等方式介入政治过程，表达利益诉求，直接参与政策制定，从另一个角度使政治过程"透明化"，对国家权力的行动构成监督。④

概言之，托克维尔眼中的理想政治状态应该具备这样一种特点：各种权力和行动力量都以一种分散的方式而存在，由多元的自治体来行使。这种多元自

①[英]戴维·赫尔德：《民主的模式》，燕继荣等译，北京：中央编译出版社 1998 年版，第 95 页。
②[法]托克维尔：《论美国的民主（上卷）》，董果良译，北京：商务印书馆 1988 年版，第 100 页。
③[法]托克维尔：《论美国的民主（上卷）》，董果良译，北京：商务印书馆 1988 年版，第 106 页。
④[法]托克维尔：《论美国的民主（上卷）》，董果良译，北京：商务印书馆 1988 年版，第 214—216 页。

治体既有助于防范公共权力的异化，也有助于提升社会的自主性格和自主能力。因此，有学者指出，“托克维尔从结社中看到了一种手段，它不仅有助于缓和多数的暴政，而且也有助于克服民主制的平庸化的倾向。”①

遗憾的是，托克维尔的思想在当时并没有受到重视，也未能够在学界形成一种摧枯拉朽式的浪潮。一直到上世纪 80 年代，他的思想才随着反国家专制主义的思潮而得以“复兴”，即公民社会（市民社会）理论的复兴。

哈贝马斯凭借着其公共领域理论而成为这一思潮中的排头兵。他在《公共领域的结构转型》、《合法化危机》等著作中沿袭黑格尔、葛兰西的“国家－社会”二分的分析框架。②“国家”指的是以政治国家形式存在、以权力层级节制方式运行的公共权力领域；“社会”指的是与公共权力领域发生关系但彼此分离，独立于国家的私人自治领域。其中，私人自治领域分为两个板块，一是市场领域，其以资本主义私有制为基础，以平等交换为手段，以满足私人利益和需求为目标，包含劳动市场、资本市场、商品市场等。二是公共领域，“一个由私人集合而成的公众的领域；但私人随即就要求这一受上层控制的公共领域反对公共权力机关自身，以便就基本上已经属于私人，但仍然具有公共性质的商品交换和社会劳动领域中的一般交换规则等问题同公共权力机关展开讨论”。“包括教会、文化团体和学会，还包括了独立的传媒、运动和娱乐协会、辩论俱乐部、市民论坛和市民协会，此外还包括职业团体、政治党派、工会和其他组织等。”③显然，哈贝马斯笔下的公共领域具备双重含义：一是民间性，不具备国家身份，也不依赖于国家权力，而是以自治的方式运行；二是公共性，不拘泥于私人利益，不以私人利益为唯一目标，而是指向公共事务。用哈贝马斯自己的话说，公共领域“一方面明确划定一片私人领域，不受公共权力管辖，另一方面在生活过程中又跨越个人家庭的局限，关注公共事务，因此，那个永远受契约支配的领域将成为一个‘批判’领域，这也就是说它要求公众对它进行合理批判。”④

可见，哈贝马斯在某种程度上承认了黑格尔的观点，认为将“社会”构建成一种完全追求私人利益的“争斗场”是不合适的。但他也超越了黑格尔，因为他同时还看到了社会的公共性，“社会的国家化与国家的社会化是同步进行的，正

①[美]列奥・施特劳斯等编：《政治哲学史（下册）》，李天然等译，石家庄：河北人民出版社 1993 年版，第 896 页。

②确切地说，“国家－社会”二分法源于黑格尔。只不过，在黑格尔那里，国家具有优先价值。而“社会”则是私人利益的“争斗场”。哈贝马斯的思想倾向显然与之不同，它并没有全盘否定私人领域。

③[德]尤尔根・哈贝马斯：《公共领域的结构转型》，曹卫东等译，上海：学林出版社 1999 年版，第 32 页。

④[德]尤尔根・哈贝马斯：《公共领域的结构转型》，曹卫东等译，上海：学林出版社 1999 年版，第 23 页。

是这一辩证关系逐渐破坏了资产阶级公共领域的基础，亦即，国家与社会的分离。从两者之间，同时也从两者内部，产生出一个重新政治化的社会领域，这一领域摆脱了'公'与'私'的区别。"[①]也就是说，公共领域虽没有公共权力领域那样完全指向"公共性"，但其兼具"公"与"私"两种属性——非政府公共性。"非政府"是指其运作方式和社会身份是民间的，"公共性"是指其目的指向公共事务，或者通过参与公共事务来实现私人利益。公共领域以非政治（民间性）和非经济（公共性）的规则进行自我调适和自主治理，以既合作（面向公共事务和公共问题而行动）又制衡（凝聚成一种来自社会的能量对政府构成有形无形的压力）的方式参与公共事务和政治过程，从而构建和延续了"国家－社会"二分的框架。对此，哈贝马斯如是说：

> "构成其建制核心的，是一些非政府的、非经济的联系和自愿联合，它们使公共领域的交往结构扎根于生活世界的社会成分之中。组成市民社会的是那些或多或少地出现的社团、组织和运动，它们对私人生活领域中形成共鸣的那些问题加以感受、选择、浓缩，并经过放大以后引入公共领域。旨在讨论并解决公众普遍关切之问题的那些商谈，需要在有组织公共领域的框架中加以建制化，而实现这种建制化的那些联合体，就构成了市民社会的核心。"[②]

哈贝马斯眼中的公共领域不仅是独立、自主、自治的，而且构成了一种"批判"的能量，不仅是"社会之眼"，而且可以发出"社会之声"。公共领域或者以报纸、刊物、沙龙、咖啡馆等方式自主的对公共议题开展研判，表达意见，形成共识，向政府表达一种声音；或者以集体行动的方式宣扬某种精神、表达某种诉求，引领、倡导或整合社会观念；或者以利益集团、社会组织的方式直接接触政府，渗入政治过程，表达诉求。总之，在公共领域内部发生的是平等、独立个体之间的对话与研判，在公共领域与政治国家之间发生的是观点交锋、相互依赖与彼此制约。这一点与葛兰西的观念基本一致：政治国家拥有的是权力领导权，市场领域拥有的经济领导权，而公共领域（或曰公民社会）则拥有"文化领导权。"[③]（cultural hegemony，又译"文化霸权"）"在葛兰西看来，市民社会所包括

①［德］尤尔根·哈贝马斯：《公共领域的结构转型》，曹卫东等译，上海：学林出版社 1999 年版，第 171 页。

②［德］尤尔根·哈贝马斯：《在事实与规范之间：关于法律和民主法治国的商谈理论》，童世骏译，北京：生活·读书·新知三联书店 2003 年版，第 453－454 页。

③［意］安东尼奥·葛兰西：《狱中札记》，葆煦译，北京：人民出版社 1983 年版，第 222 页。

的不是‘整个物质关系’，而是整个思想文化关系，不是‘整个商业和工业关系’，而是整个知识和精神生活。”①

“国家一社会”二分法虽然充分地表明了社会自治对于宪政主义的贡献。但是，在柯亨(J. L. Cohen)和阿拉托(A. Arato)看来二分法有些“粗略”。一方面是因为“社会”当中不仅包含有市场领域和非政府公共领域这两个性质截然不同的领域，简单地将二者归并为“社会”就显得不合适了；另一方面是因为二分法中对公共领域、公民社会的概括显得有些“抽象”，并没有具体地分析公共领域、公民社会等“社会”要素的主体结构。总之，“国家一社会”二分法属于典型的化约主义。他们指出：

> “19世纪的‘社会’包含着两种非常不同的且存在着深刻的潜在冲突的‘组织原则’：经济的自我规置原则和社会的自我保护原则。需要进一步指出的是，这两项原则(经济一自由和民主)之间的冲突还在升级和日益公开化，尤其当官僚权威国家以其从以往承继下来的形式作为社会力量的宿敌而被消灭或彻底削弱时，则更是如此。无论二分法模型在描述古典自由主义时代方面具有什么样的相对价值，它既不能描述隐藏于其转变背后的力量，也无法描述新的社会结构。”②

为更清晰地分析现代政治结构，他们构建了“三分框架”：国家一市场一社会。这里的“社会”既独立于国家，又区别于市场。“公民社会是介于经济与国家之间的互动领域，由私人领域、团体领域、社会运动以及其他社会公共关联方式构成。”“一方面，公民社会与政党、政治组织和其他政治共同体(如议会)所构成的公共权力领域相区别；另一方面，公民社会与生产性的企业所构成的经济领域相区别。”③不难发现，柯亨他们不仅更加精细地指出了现代社会的政治结构，而且对社会自治的具体结构也给予了充分地考虑。当然，他们与托克维尔、哈贝马斯一样都强调政治国家、公共权力的扩展性冲动对现代社会生活世界构成了威胁，社会生活世界的空间可能被其侵吞，发展路径可能被其左右，运行方

①[意]朱塞佩·瓦卡：《第二次世界大战后对〈狱中札记〉的解释》，载[意]萨尔沃·马斯泰罗内主编：《一个未完成的政治思索：葛兰西的〈狱中札记〉》，黄华光等译，北京：社会科学文献出版社2000年版，第49页。

②[美]简·科恩等：《社会理论与市民社会》，时和兴译，载邓正来等编：《国家与市民社会：一种社会理论的研究路径》，北京：中央编译出版社1999年版，第178—179页。

③Jean Cohen and Andrew Arato. *Civil Society and Political Theory*. Cambridge. The MIT Press. 1992.

向可能被其扭曲，这就需要社会团体、公共领域等社会自治形式来消除这种威胁。或者说，各种各样的社会自治形式是抵制政治国家、公共权力侵吞的有效力量，也是一种制度化的监督方式，与战争、暴动等非制度化方式相比更具可取性和现代性。社会自治的制衡方式体现了“通过基本权利实现稳定的现代生活世界的制度性框架”，即，社会权利是通过制度化的参与途径，通过常设性的社会组织行动来体现的，并且通过这种参与和行动来限制公共权力的肆意膨胀和无端侵吞。①

随着“全球结社革命”的兴起，政治哲学家们又将视角转移至更为具体的社会组织(如 NGO 等)，并视之为公民社会的主体，将其作为宪政主义的基本工具。费希尔就曾指出，NGO 的发展以及“通过扩展的公民社会来缓慢削弱一个狭隘的政治垄断，比过去某些国家中通过对统治精英偶尔地削弱或是有计划的摧毁，对可持续发展的影响更为深远。”②权力垄断在任何一个国家都是对民主的颠覆，都是现代政治发展所不愿意看到的。一方面，NGO 等社会自治形式的蓬勃发展有助于打破这种垄断，在国家与社会之间划定更具约束力的政治界限，使权力垄断面临的阻力加大，甚至变得不可能。另一方面，NGO 等的发展意味着个体和团体自治的程度增强，有助于促进“在政府和公民社会内部或之间交互性地进行公共决策和学习”，重要的是，交互性公共决策和学习有助于形成权力依赖和互信。权力依赖在本质上是一种交互制衡，身处其中的任何一方都不愿、也不能、不敢发生机会主义行为，因为每一方都被其他主体所监督，且需要与其他主体开展共同行动。违约行为、不义行为不仅容易被识破戳穿，而且其也会丧失在下一次行动中的合作机会。互信不仅可以简化复杂社会的交往行为，而且能够实现“相互赋权。”③政府因获得社会的认可和合作而更具合法性；社会(含 NGO 等)因得到政府的认可和合作而获得更好发展。双方因此而都会主动约束自己，放弃对抗、越界等非合作性行为。④

综合托克维尔、哈贝马斯、柯亨等学者的观点，可以看出社会自治对于宪政主义的贡献主要表现在两方面：一是资源积累。通过社会自治而整合成一种强

①[美]简·科恩等：《社会理论与市民社会》，时和兴译，载邓正来等编：《国家与市民社会：一种社会理论的研究路径》，北京：中央编译出版社 1999 年版，第 202 页。

②[美]朱莉·费希尔：《NGO 与第三世界的政治发展》，邓国胜等译，北京：社会科学文献出版社 2002 年版，第 18—19 页。

③[德]尼克拉斯·卢曼：《信任：一个社会复杂性的简化机制》，瞿铁鹏等译，上海：上海人民出版社 2005 年版。

④[美]朱莉·费希尔：《NGO 与第三世界的政治发展》，邓国胜等译，北京：社会科学文献出版社 2002 年版，第 26—27 页。

大的社会机制(包括行动上的参与和具体组织机构的建立等),由此而对政治国家形成监督力。二是社会建构。在社会内部通过沟通、论辩、批判等达成共识,以舆论、政治认同、观念引导等方式影响政治国家的行为。①简言之,在现代社会中,体现社会自治和政治分权的社会团体、区域性组织、政府部门和多边代理机构等不仅是提高政府治理效能的途径,而且也是宪政安排中的规范标准之一。②

二、地方自治

虽然"地方自治"在学理上的含义有多种,且与权力下放、地方分权、民族自治、住民自治等有着千丝万缕地缠绕;③但是,在通常意义上,"地方自治是指代表地方的各级地方政府在其能够胜任的权能范围内享有自我管理权的权力分配状态。"④可以将之理解为相对于中央集权而言的分权形式,由各个层级的地方享有的自主治理权。吉村源太郎也是在中央集权与地方分权的意义上指出,在宪政的基础上,"非紧要政务许以便宜从事,地方权力视前扩张,此又分权之一种也。"⑤

在现时代,几乎所有的国家都实施了地方自治制度(尽管自治的程度有所差别)。因为,地方自治在政治实践中具有多种显而易见的价值,诸如表达地方偏好、促进地方试验与制度竞争、培养民主精神、淡化民族矛盾、控制政府权力、加强权利保障等。⑥不过,在不同的历史时期,地方自治所扮演的主要政治角色、发挥的主要功能并不相同。

在近代以前,地方自治发挥的是"自然安治"的功能。比如,在西周时期,国家的地域广袤,但通讯手段、交通条件、国家控制方法等都无法对各个地方(如诸侯国)实施管控。而各个地方为了实现所辖范围的秩序,自然而然地实施自我管理。地方自治并非是权力划分意义上的政治举措,无论是中央还是地方也都没有将这种地方自治视为"权利"。在这种情况下,地方自治的功能更多是自

①何明修:《沟通行为理论与市民社会》,载阮新邦等编:《解读＜沟通行动论＞》,上海:上海人民出版社2003年版,第209—210页。

②王巍等:《公民参与》,北京:中国人民大学出版社2009年版,第208页。

③王建学:《作为基本权利的地方自治》,厦门:厦门大学出版社2010年版,第22—33页。

④张千帆:《宪政原理》,北京:法律出版社2011年版,第234页。

⑤[日]吉村源太郎:《地方自治》,朱德权编,北京:中国政法大学出版社2004年版,第14页。

⑥张千帆:《国家主权与地方自治:中央与地方关系的法治化》,北京:中国民主法治出版社2012年版,第42—51页。这里需要强调的是,地方自治并非是完美无缺的,地方保护主义、无序竞争、重复建设、非合作对抗等也是地方自治容易出现的风险。

我秩序的维持，表达地方偏好、促进地方试验与制度竞争、培养民主精神、淡化民族矛盾、控制政府权力、加强权利保障等现代性的政治功能相对较弱。

中世纪后期、资产阶级革命初期，其主要目的是减少和防止中央政府或政治国家的无端干预，实现自由权利。中国社会科学院法学研究所法律辞典编委会所编《法律辞典》指出，地方自治是资产阶级“反对封建专制和参与政权”的产物。[①]周振想所编撰的《法学大辞典》也指出，地方自治是“地方实行自我管理的一种政体制度……在资产阶级革命初期，资产阶级要求参与地方政权，实行城市的自我统一规划和管理，以利于资本主义发展，一些国家的国王（如英国国王）则以特许状的形式授予这些城市一定程度的自治权，后来国王也把这种自治权授予地方政府。”[②]可见，近代意味的地方自治是一种有意的政治安排，是资产阶级为了自主发展、反对权力干预而主动争取来的。在这里，地方自治超越了传统社会的“自然安治”，成为了一种有意识地追求自由、自主的政治行动。不过，此时的地方自治更多体现的是政治自由和政治民主。政治自由是相对于国家权力而言的，旨在摆脱封建专制权力的束缚，实现自主、自治和自由；划定外部权力主体与地方自治体各自的权力边界，防止外部权力主体的无端干预。正因为如此，地方自治具有浓烈的“自由主义性质”，不仅强调自责自负，更强调权力干预的有限性。[③]有学者在此意义上指出：“地方自治的存在依据，首先就是通过自治体之类的自主性团体能够确保从国家的统治中获得自由这一理念，即通过团体自治以期实现自由主义的地方自治论。”[④]政治民主是相对于地方自治内部而言的，人们在相对较小的范围内参与地方公共事务，实现自治。托克维尔所推崇的乡镇自治也具有强烈的民主自治含义。他指出：“如果乡镇的管理有了缺点（要指出这些缺点，当然是容易的），人们也不耿耿于怀，因为管理的根据实际上来自被治理的人……他们关心自己的乡镇，因为他们参加乡镇的管理；他们热爱自己的乡镇，因为他们不能不珍惜自己的命运。”[⑤]

不过，随着资产阶级革命的蓬勃发展和近代政治制度的建立，地方自治的宪政功能日益被政治哲学家们所看重。有学者曾这样描述地方自治的宪政功能：

①中国社会科学院法学研究所法律辞典编委会：《法律辞典》，北京：法律出版社 2003 年版，第 223 页。
②周振想：《法学大辞典》，北京：团结出版社 1994 年版，第 388 页。
③[日]芦部信喜：《宪法》，林来梵等译，北京：北京大学出版社 2006 年版，第 320 页。
④[日]礒崎初仁等：《日本地方自治》，张青松译，北京：社会科学文献出版社 2010 年版，第 6 页。
⑤[法]托克维尔：《论美国的民主（上册）》，董果良译，北京：商务印书馆 1980 年版，第 76 页。

> “选择联邦制和地方自治的经典理由是权力制衡。通过设计联邦和各州的二元主权体系，联邦制的初衷是让联邦和各州相互约束。虽然美国制宪时期对控制中央权力讨论不多，但那也是因为它是一个没有争议的常识。”①

地方自治具有宪政功能是“一个没有争议的常识”，直至其宪政功能都无需再加以论述了。这句话形象而充分地表明了自治在宪政中的地位。为此，近代以来的政治哲学家们几乎都在强调如下一体两面的观点：政治国家对于秩序十分必要，但是政治国家对权利的威胁也同样存在。那么，如何发挥政治国家对于秩序的作用，同时消解其对权利的威胁？可以毫不夸张地说，对这两个问题的回答构成了近代以来政治哲学的基本主题。在回答这一问题的过程中，政治哲学界基本上形成了共识——通过权力分立和制衡来实现宪政。如果将权力集中于一人或中央之手，那么其威胁将永远无法解除，除非不食人间烟火、毫无个人利益、天下为公的“天使”出现。在分权的具体途径中，地方自治居于重要地位。分权和法治基础上的地方自治为地方的自主行动和权力边界提供了重要保障，“使中央不能因为大权在握而无所顾忌，使地方无须事事俯首贴耳听命中央，而是可以用宪法和中央分庭抗礼，从而塑造地方民主自治的政治文化并提升整个国家的法治精神。”②

显然，宪政视野下的地方自治并不在于消灭中央，更不在于造成政治失序。而是在中央和地方之间形成法定的行为边界，构建一种相互依赖和相互赋权的关系，双方是相互监督、互相制约的，既防止中央的“一统天下”、专横跋扈，又禁绝地方的“尾大不掉”、我行我素。在这里，地方自治的实施便意味着在中央权力之外构建起一种独立的行动力量，使中央政府的行为有所顾忌。因为，地方自治形成的能量和压力一方面赋予了地方“用脚投票”的权利，可以依法对那些无端干预和非法命令表示反对；另一方面提升了地方“说不”的能力，地方成为中央开展行动的依赖和合作方，因此中央权力的运行必须考虑地方的需求和接受程度。简言之，在西方政治哲学看来，“通过组织自治体，能够建立起抗衡中央权力划一性统治的据点。”③

①张千帆：《国家主权与地方自治：中央与地方关系的法治化》，北京：中国民主法治出版社2012年版，第49页。

②张千帆：《宪政原理》，北京：法律出版社2011年版，第238页。

③[日]礒崎初仁等：《日本地方自治》，张青松译，北京：社会科学文献出版社2010年版，第6页。

第三节　自治:自由的堡垒与体现

在本章第一节阐释自治与民主关系时就讲到“自治是民主的本质体现。”在这里,同样可以将自治与自由的关系概括为“自治是自由的本质体现”。如果一个公民、一个团体或者一个地方连自治的权利和资格都没有的话,无论如何都不能说它是自由的。自由也可以被简单地理解为自我决定而不是由他人决定自己的生活方式和目标,在合理合法的基础上自己选择自己认为合理的生活方式和有价值的未来目标,其他主体不能任意干涉。否则,自由就无从谈起。伯林就曾明确指出,自由就是指“我希望我的生活与决定取决于我自己,而不是取决于随便哪种外在的强制力。我希望我成为我自己的而不是他人的意志活动的工具。”[①]某种程度上可以认为,在不考虑语法问题的情况下,政治哲学著作中的自由和自治常常是可以相互替换的。

如果说自由是政治哲学的核心词汇之一,恐怕没有太多人会反对。因此,从自治与自由的“亲密”关系中就不难体会自治在政治哲学中的重要地位。约翰·罗尔斯(John Rawls)曾指出理解自由不妨从三个层面着手:“自由的行动者;自由行动者所摆脱的种种限制和束缚;自由行动者自由决定去做或不做的事情。”[②]显然,第一个层面指的是能够实施自治的主体;第二个层面指的是消极自由,即免于无端干预的自治空间;第三个层面指的是积极自由,即自我控制、自我导向、自责自负的自治行动。

一、自治搭建的空间是消极自由的堡垒

人类的生活面临很多“不能”(inability),这些“不能”都是广义“自由”的障碍。比如,受到种种自然因素的限制,不能随意地空中翱翔、水中遨游、土中遁行;受到滕尼斯意义上的共同体(宗法)的限制,不能随意地表露偏好、选择目标;受到国家权力的限制,不能随意地自我导向、自主行动。自然因素的障碍要么永远无法清除,要么通过科技的发展予以消除,这与政治哲学无关,因此不在我们讨论的范围之内。也不能因为自然因素的限制就断然判定缺乏自由。换言之,讨论政治自由的语境是各种各样的社会关系。[③]

①[英]以赛亚·伯林:《自由论》,胡传胜译,南京:译林出版社 2011 年版,第 180 页。
②[美]约翰·罗尔斯:《正义论》,何怀宏等译,北京:中国社会科学出版社 1988 年版,第 192 页。
③[英]以赛亚·伯林:《自由论》,胡传胜译,南京:译林出版社 2011 年版,第 170 页;[英]弗里德利希·冯·哈耶克:《自由秩序原理(上)》,邓正来译,北京:生活·读书·新知三联书店 1997 年版,第 5 页。

共同体和国家权力的限制都属于“社会关系”的范畴。不过，近代以来个人及其家庭的主体性增强，从共同体的束缚下挣脱了出来。从传统社会到现代社会的过渡与转型，在很大程度上表现为个体思想和行为自主倾向的确立，以及与之伴随的总体性社会的解体。①个体成为了权利享有的主体性单位，个体及其家庭代替各类传统共同体而成为政治分析的基本单位。因此，现代政治哲学所关注的外在限制不再源自传统共同体，而是国家权力。在贡斯当、梅因等看来，与传统共同体相关的自由可以被理解为“古代人的自由”；而与国家权力相联系的自由则是“现代人的自由”。②

中世纪后期，随着经济的发展和资产阶级的崛起，为挣脱封建专制势力的束缚，一股以反对专制权力为主题的政治思潮兴起。这一过程为后世的政治哲学遗传了一种基因——以国家权力为相对方，对政治国家持有谨慎态度。具体而言，为赢得资本主义经济的发展和资产阶级对政治的主导，近代政治学家以封建专制权力为标靶。这种对抗国家权力的思维方式自然而然地延续至资本主义国家的建立。只不过，随着资本主义国家的建立，政治哲学的思想不再直指封建专制权力，而是以一切国家权力为对象；不再为资本主义经济的发展谋取自主空间，而是以捍卫和保障公民权利为目的。换言之，自由由最初的斗争利器逐渐转变为权利堡垒，尽管这一转换的具体节点并不清晰。但是，不能否认的是，在这一过程中树立起一个近代以来令人欣喜且振聋发聩的政治自由理念。在洛克笔下，有三种权利最为高贵——财产权、生命权和自由权。不难发现，财产权、生命权都较为直观、明晰。而唯一抽象的就是自由。可见自由在政治价值上具有至高无上、独一无二的地位。

那么，什么是自由，如何理解和实现自由呢？在消极意义上就是将社会关系层面上的限制降至最低，搭建起一种自治空间。这一空间犹如一个堡垒，在堡垒内部，生活方式、行动指向、目标追求都由“我自己”决定。任何不合法、不正义、不合理的外部干预都是不应该存在的。哈耶克就曾明确强调，自由的状态就是“一些人对另一些人的强制，在社会中被减至最小可能之限度。”③伯林说道：“政治自由简单地说，就是一个人能够不被别人阻碍地行动的领域。如果别人阻止我做我本来能够做的事，那么我就是不自由的；如果我的不被干涉的

①[英]戴维·赫尔德：《民主的模式》，燕继荣等译，北京：中央编译出版社1998年版，第50—69页。

②参见[法]邦雅曼·贡斯当：《古代人的自由与现代人的自由：贡斯当政治论文选》，闫克文等译，上海：上海人民出版社2005年版。

③[英]弗里德里希·冯·哈耶克：《自由秩序原理(上)》，邓正来译，北京：生活·读书·新知三联书店1997年版，第3页。

行动的领域被别人挤压至某种最小的程度，我便可以说是被强制的。”[①]亚当·斯密(Adam Smith)也说道：“一切特惠或限制的制度，一经完全废除，最明白最单纯的自然自由制度就会树立起来。每一个人，在他不违反正义的法律时，都应听其完全自由，让他们用自己的方法，追求自己的利益，以其劳动及资本和任何其他人或其他阶级相竞争。”[②]正因为如此，斯密强调，为保证政治自由，君主等公共权力的握有者更多承担的是维护国家独立、维持社会秩序、裁决社会矛盾、惩处违法行为、建设公共设施等义务，而不是施加干涉的权利。

可以这么理解，政治自由倡导构建起一种“确获保障的私域”(哈耶克语)。在这一领域中，自由主体可以自我调节、自我导向和自责自负。即，在私域中享有自治权利，免于外部的无端强制。密尔在《论自由》一书中提出了一个比较容易理解的论断，他认为自由实际上就是在“自我关涉”的领域由主体实施自治，任何外在干预都是不正义的；在“关涉他人”的领域，主体的自治就应该被依法限制，这是保障社会秩序的必要举措。[③]哈耶克在《法律、立法与自由》一书中也强调，法律的作用在于保护自由自治，即防止外部力量的无端干预，而对于那些不适当的自治行为实施干预必须满足两个前提：一是依据正义的法律；二是指向“涉他人的行动”。也就是说，如果干预发生在法定的自治范围内的“涉己行动”，就是对自由的侵犯；相反，如果是“涉他人的行动”且有危害他人合法权益的可能，那么干预(禁止、惩罚)就是被允许的，且不能被视为是侵犯自由的举动。[④]

概言之，自由的最起码表现就是拓展并保障个体与公民社会的自治空间，并防止国家权力对这一空间的恣意挤压；如果在价值上不承认个体与公民社会的自治空间，在事实上不能保证这一自治空间的存续，那么政治自由就确属空谈；如果个体与公民社会在自主空间内无法有效实施自治，外部力量干预的可能性就会增加，甚至成为必须，自由的程度也就随之降低。[⑤]“在这个意义上，这种自由是与特定类型的独裁，至少是与缺乏自治不相容的。这种意义上的自由主要关心控制的领域，而不是它的根源。”[⑥]

---

①[英]以赛亚·伯林：《自由论》，胡传胜译，南京：译林出版社 2011 年版，第 170 页。

②[英]亚当·斯密：《国民财富的性质和研究的原因(下卷)》，郭大力等译，北京：商务印书馆 1988 年版，第 252 页。

③[英]约翰·密尔：《论自由》，于庆生译，北京：中国法制出版社 2009 年版。

④[英]弗里德利希·冯·哈耶克：《法律、立法与自由(第 1 卷)》，邓正来等译，北京：中国大百科全书出版社 2000 年版，第 161—163 页。

⑤张凤阳等：《政治哲学关键词》，南京：江苏人民出版社 2006 年版，第 33—36 页。

⑥[英]以赛亚·伯林：《自由论》，胡传胜译，南京：译林出版社 2011 年版，第 178 页。

这里有必要说明一点，政治自由所推崇的并非是无政府主义意义上的完全自治，即消灭一切权威，建设类似自然状态下的那种纯粹的自治。相反，主流的政治哲学家们都承认公共权力存在的必要性。既使个体和公民社会拥有完备的自治精神和自治能力，也不能因此而否认法律和政府的作用。法律是约束各种社会主体的规则体系，是促成社会合作的基本手段、裁判社会冲突的公开依据；政府则是裁决社会冲突、促成社会合作的法定主体，也是惩治威胁他人行为及其主体的合法实施者。或者说，对于合理合法自治空间中的自由实施干预属于"反自由"的；并且，政治权力也的确存在威胁自由自治的可能。但是，"哪里没有法律，哪里就没有自由"。[①] 同样可以套用洛克的这句话，"哪里没有政府，哪里就没有自由"。国家权力有侵犯自由、干涉自治的可能，但是如果没有国家权力，断无自由和自治的可能。当然，国家权力对自由和自治的干预需要充分论证理由，需要遵循一定的程序，需要依据正义的法律等。[②]

二、自治倡导的自主是积极自由的体现

自治空间的搭建为自由的实现提供了可能，消极自由也仅仅是确认了自治的资格。不过，并未涉及具有建构性、主动性的自治实践。举个简单地例子，你购买了一套房子，在这个房子空间范围内如何装修、购买何种家具等都由你自己做主（当然，房子空间范围以外的则不在此列，因你的装修而影响甚至损害其他房主的情况也不在此列）。但是，此时你实际拥有的仅仅是装修的自治权。至于你有没有装修设计的能力、有没有相应的财力实现你的设计并不确定。换言之，自治空间的搭建满足了消极意义上免于无端干预的自由。但如何践行这种自由则尚未涉及。

积极自由的观念与之相反，不仅强调免于无端干预和强制，而且更强调主体追求目标的能动性作为。拥有自治空间，而且能够在这一空间中实质性地实施自治活动。也就是说，你不仅拥有了房屋装修的自治权，而且可以（即有能力）按照自己的喜好设计装修方案，并实施设计好的方案。积极自由强调，"我"不仅具备了主人的资格，外部力量也不对"我"实施无端强制，而且"我"可以践行我的主体资格，自主处理我自己的事务，选择自己的生活方式，追求自己的未来目标，并自责自负。伯林在描述积极自由的表现时写道：

①［英］洛克：《政府论（下篇）》，叶启芳等译，北京：商务印书馆 1982 年版，第 36 页。
②本书的第六章还会继续讨论这一问题。

“我希望成为一个主体,而不是一个客体;希望被理性、有意识的目的推动,而不是被外在的、影响我的原因推动。我希望是个人物,而不希望什么也不是;希望是一个行动者,也就是说是决定的而不是被决定的,是自我导向的,而不是如一个事物、一个动物、一个无力起到人的作用的奴隶那样,只受到外在自然或他人的作用,也就是说,我是能够领会我自己的目标与策略且能够实现它们的人。”①

在这里,非常有必要再次引用米歇尔曼的那句话:“积极自由的另一个名字是自治。”②它简洁但又完全准确地表明了积极自由与自治的内在关系。约翰·阿克顿(J. E. E. Acton)也明确说过:“自由=自我管理。”③但是,为什么要追求积极自由呢? 回答这一问题还得回到消极自由哪里。伯林强调,无需多少论证就可以清晰地看出,自由“这个领域不可能是没有限度的,因为否则,那将是一个所有人可以没有限制地干涉所有人的状态;而这样一种‘自然的’自由将导致身处其中的人连最低需要也无法获得满足的社会混乱;要么,弱者的自由将被强者所压制。”④犹如卢梭所言,你要想获得自由,就必须放弃自己的一些自由。如果人人都不放弃一丁点儿自由,那么,所有人得到的除了社会混乱之外将是一无所有。所以,既然无法实现毫无限制的自由,我们只能退求其次了——追求最低程度的限制。如果无视这一点,那些追求人间天堂式的毫无限制的自由观念,“就会在极端的唯美主义和构建的理性主义的鼓噪下,对人们产生强大的吸引力和诱惑力。”⑤然而,稍微冷静一下就会发现,这种以人间天堂为目标的自由观念只会导致人间地狱。所以,任何主体都不可能毫无限制的自由,为所欲为地做自己想做的事。或者说,无论多么不相信政府,无论专制权力带来的危害有多大,都得为它们预留一定的行为空间,让它们通过必要的控制行为来维持社会秩序,保证自由权利。概言之,既然无法实现完全自由,那么只能选择“较小的罪恶”(卡尔·波普语)——将限制降到最低,享有免于无端强制的自由,这便是消极意义上的自由。

但是,资本主义的扩张性本质和自由本性并不止于此。它们为了防止政治国家的异化,设置了很多防御性的政治装置——消极自由、分权制衡、有限政府

①[英]以赛亚·伯林:《自由论》,胡传胜译,南京:译林出版社 2011 年版,第 180 页。

②[美]弗兰克·米歇尔曼:《自治的踪迹》,应奇译,长春:吉林出版集团有限公司 2010 年版,第 28 页。

③[英]约翰·E. E. A. 达尔伯格—阿克顿:《自由与权力》,侯健等译,南京:译林出版社 2011 年版,第 294 页。

④[英]以赛亚·伯林:《自由论》,胡传胜译,南京:译林出版社 2011 年版,第 180 页。

⑤张凤阳等:《政治哲学关键词》,南京:江苏人民出版社 2006 年版,第 43 页。

等。但这仅仅是第一步。也就是说，除了划定国家的行动边界、设置社会的自治空间之外，还需强调个体和公民社会在自治空间之内的自由、自主行动。罗素·哈丁(Russell Hardin)指出，自由应该发挥使社会交往和社会生活更美好的作用，并且，“为了更好地起到这一作用，每一种自由主义必须解决的主要的方法论任务是创造能够引导经济和社会生产合作产品的信息。”①通俗地说，除了政府直接的管理范围之外，还有很多社会事务需要通过社会自治体来自我管理。这不仅填补了政府作用范围外的管理真空，而且体现了社会的自主性。各类社团在社会福利的提高、社会问题的解决等方面的积极作用体现的便是这种积极自由，萨拉蒙在《全球公民社会》、费希尔在《NGO与第三世界政治发展》中阐述的也是这种积极自由。发自基层，依靠长期互动而形成的社会资本通过互惠、互信、互赖而发挥自主治理作用的自组织形式体现的也是积极自由，奥斯特罗姆在《公共事物的治理之道》、帕特南在《使民主运转起来》阐述的就是这种积极自由。另外，托克维尔倡导的公民社会、哈贝马斯笔下的公共领域、达尔推崇的多元组织也都体现了这种积极自由——它们扮演了政治国家和社会个体的中介，一方面发挥利益整合、自我管理和自我服务的作用，另一方面发挥参与政治、表达诉求和施加影响的作用。这既是社会自治的表现，也是通过社会自治践行自由自主行动的体现。

积极自由的观念还并未就此止步，它还强调政府在推动自治方面的作用。政府应该对自治抱以期待，并采取措施保障、鼓励、支持自治行动，“在这种关系中，高度合作和相互支持是最主要的。”②

第一，政府在依法行事确保自己不侵入自治空间的基础上，对那些侵犯自治权利、干预自治的行为予以禁止、惩戒。裁决不同自治体之间的矛盾和冲突，防止自由的自治体侵犯其他主体的权利，也防止自治体内部权威侵犯成员的个体权利。费希尔指出，政府对自治体(NGO)可能采取五类政策模式：一是对自治体抱以谨慎态度，处处防范自治体的运行，甚至在自治行动发生时出台禁止性的政策；二是无视自治体的政策，任由自治体自然发展；三是收编自治体的政策，通过资源支持的方式控制自治体的行动，消弱其自治程度；四是利用自治体并向自治体学习的政策，赋予自治体以合法地位，并对其政治功效表示赞许，鼓励、支持其参与公共事务；五是政府和自治体在相互独立的关系上开展合作、相

①[美]罗素·哈丁：《自由主义、宪政主义和民主》，王欢等译，北京：商务印书馆2008年版，第58页。
②[美]莱斯特·萨拉蒙：《公民社会部门》，周红云译，载何增科主编：《公民社会与第三部门》，北京：社会科学文献出版社2000年版，第269页。

互学习，双方相互赋权、相互依赖。从第一种到第五种政策模式对自治自由的促进程度越来越强。①

第二，政府应该搭建多元化、制度化的方式吸纳各类自治体参与公共事务，发挥自治体民主参与的功能，促进自治体有效地实施自我整合、自我管理和自我服务。建立包括政府、政治自治体等公共机构在内的权力倚赖网络，促进政府与其他自治体之间的良性互动、有机合作，使自治体参与公共物品的供给和公共事务的处理，与政府一道担当公共责任。“这意味着，政府对节省、效率、责任的需求，必须被非营利部门对一定程度的自我决定和独立于政府控制的需求所调和；反过来，非营利部门对独立性的渴求，也必须被政府对实现公平、保证公共资源被用于预期目标的需求所调和。”②萨瓦斯从公共物品属性的角度指出，良善生活所需的公共物品（含公共服务）具有很多种，存在“完全非排他”和“完全非竞争”的纯公共物品，也有排他程度和竞争程度较弱的准公共物品，不同属性的公共物品适应于不同属性的组织形态，因此需要形成包括政府的和非政府的在内的多元化供给体系，形成多样、混合的制度安排。在这里，政府和自治体之间是一种合作、互赖和互信的关系。③

第三，政府应扮演“元治理”角色（即“同辈中的长者”），在培养公益观念、共同形成美好愿景方面发挥主导作用。自治、自由都包含有自我选择、自我导向的含义。这一含义虽然无可置疑，但它们并不强调与社会秩序等连带的公益观念、共同美好愿景。或者说，自治、自由并不必然产生公益观念、共同美好愿景，甚至因本位主义取向和有限理性而容易与公益观念、共同美好愿景相矛盾。为此，需要政府发挥积极导向作用。珍妮特·登哈特（Janet V. Denhart）等指出，政府有责任促进建立一个集体的、共同的公共利益观念，“这个目标不是要找到由个人选择驱动的快速解决问题的方案，确切地说，它是要创立共同的利益和共同的责任。”④鲍勃·杰索普（B. Jessop）在此基础上强调，“元治理”角色仅仅是一种主导作用的表述，并不在于建立一个至高无上、无所不包的政府。

①[美]朱莉·费希尔：《NGO与第三世界的政治发展》，邓国胜等译，北京：社会科学文献出版社2002年版，第34—41页。

②[美]莱斯特·萨拉蒙：《公共服务中的伙伴：现代福利国家中政府与非盈利组织的关系》，田凯译，北京：商务印书馆2008年版，第110页。

③[美]E. S. 萨瓦斯：《民营化与公私部门的伙伴关系》，周志忍等译，北京：中国人民大学出版社2002年版，第45—65页。

④[美]珍妮特·V. 登哈特等：《新公共服务：服务，而不是掌舵》，丁煌译，北京：中国人民大学出版社2004年版，第62页。

"相反，它承担的是设计机构制度，提出远景设想，它们不仅促进各个领域的自组织，而且还能使各式各样自组织安排的不同目标、空间和时间尺度、行动以及后果等相协调。元治理有制度和战略的两方面。制度上它要提供各种机制，促使有关各方集体学会不同地点和行动领域之间的功能联系和物质上的相互依存关系。在战略上元治理促进建立共同的远景，从而鼓励新的制度安排和新的活动，以便补充和充实现有治理模式之不足。"①

显然，积极自由、民主和自治在这一意义上实现了贯通。积极自由是个体和公民社会(市民社会)主动追求自我实现、自主治理自身事务的表现；民主在本质上也是公民和公民社会(市民社会)参与公共事务，"亲自出场"或"委托代表"来处理属于自己的政治事务；自治则正是前述两者的具体体现，因此不仅可以说自治是积极自由和民主的践行方式，而且可以说自治简洁地概括了积极自由和民主的本质属性和"硬核"。甚至可以说，自治能够替代积极自由和民主这两个关键的政治词汇。

综上所述，自治与民主共和、与自由、与宪政具有交互缠绕的关系，一方面，自治是民主、共和、自由和宪政的重要支撑，这似乎在手段意义上说明了自治理论在政治哲学中的价值。但另一方面，自治又与这些政治关键词语融通交汇，体现了民主、共和、自由和宪政的真谛，又是民主等所证明了的政治目的。所以，可以毫不夸张地说，自治是一种有价值的政治概念，也是目的意义上的政治价值。概言之，自治在政治中，既是一种具有支撑功效的手段，也是一种值得追求的目的。

①[英]鲍勃·杰索普：《治理的兴起及其失败的风险》，漆芜译，载俞可平：《治理与善治》，北京：社会科学文献出版社2000年版，第79页。

第五章　自治的运行逻辑

本章主要回答的问题有：自治实践和自治制度的运行需要什么样的政治环境？从分权的角度看(即权力运行的向度看)，自治是纵向分权还是横向分权？哪些政治结构与载体构成了自治实践运行的基础？支撑自治实践需要什么样的政治文化与行为观念？

自治并不仅仅是说出来令人心动的哲学名词，而是需要付诸行动与实践的政治制度。因此，政治哲学界对自治的实践与运行问题进行了大量的研究。当然，受经济社会发展阶段、政治制度历史沿革、外部环境条件以及政治力量对比等因素的影响，在各个国家内部实施的自治存在诸多差异。如若阐释具体的自治实践的话，不仅十分繁琐，而且无法在整体上认识自治的实践与运行问题。或者说，如果我们将视角完全局限于“具体”和“个性”的话，就将无法认识“一般”和“共性”。所以，在这一章主要在“一般”和“共性”的意义上讨论自治的实践和运行等问题。虽然这种讨论方法容易落入“抽象”的陷阱，但其更符合政治哲学的思维方式，而且有助于我们在整体上把握自治的实践和运行。

这一章包括三部分：一是讨论保障自治的宏观政治环境(即打破主权不可分割的“神咒”，实施分权的政治制度)；二是讨论支撑自治实践与运行的结构与载体；三是讨论促成自治的文化与精神。

第一节　主权与分权：自治的宏观环境[①]

如果主权在君，存在的是一种至高无上、不可限制、不可分割的统治权力，或者类似于“溥天之下，莫非王土，率土之滨，莫非王臣”(《诗经·小雅·北山》)，或者形同于“朕即国家”(法国国王路易十四语)，现代意义上的自治是不可能被允许的，充其量会存在因专制王权及其权力控制机器缺乏渗透能力而出

①这一节的撰写参考了张千帆：《国家主权与地方自治：中央与地方关系的法治化》，北京：中国民主法制出版社2012年版，第1—56页。

现“自然安治”。

比如，中国传统社会就曾出现“皇权不下乡”、“国权不下乡”的政治现象。此时，“国权不下县，县下惟宗族，宗族皆自治，自治靠伦理，伦理造乡绅。”①重要的是，这种“自治”并不具备现代性（本书第二章中曾详细论述了这一问题）。或者说，这里的自治仅仅是专制王权机器控制和渗透能力缺乏的产物，并非权力划分和权利赋予的结果。正因为如此，约翰·霍尔（John Hall）指出，传统社会下的自治并非是公民社会发育的结果，其表现出的自然安治与自主治理截然不同，“国家不能深入到社会生活之中同创造出一种使得国家和社会的相互作用文明化的社会实践完全不是一回事。”②吉尔伯特·罗兹曼（Gilbert Rozman）也说，在自然安治的情况下，权力控制和政治自治之间没有太多关联，双方既不相互期待，也不相互赋权，更不相互支持和依赖，“在以血缘系统为一方，以国家政府系统为另一方之间，我们看不出彼此有重大政治意义的组织联系。③ 总而言之，如果一个国家或地区的政治过程和公共生活完全围绕着一个人或少数几个人展开，生活方式、未来目标、政治决策完全以一个人或者少数人的喜好为依据的话，自治就无从谈起；另一方面，如果国家与社会并未在权利、权力观念的昭示下得以区分，人们的共同生活是以共同体的方式展开的话，自治也无从谈起。所以，需要在现代意义上经由权力、权利等构建的主权和分权观念基础上讨论自治问题，这也是自治运行的宏观政治环境。

一、布丹的主权理论及其困境

欣斯利（F. H. Hinsley）指出：主权（Sovereignty）概念在通常意义上与“终极权威”（final）和“绝对权力”（absolute）相联系。④ 弗林（Flynn）也指出：“主权即是终极无上的权力。”⑤“主权”之所以强调权力的“终极”性和“绝对”性，与其产生的政治历史情境有关。“主权”并非是一种具体、实在的主体，也并非一种有形、具象的事实，而是在中世纪后期和文艺复兴以来逐渐被“杜撰”出来的，在这一点上与“社会契约”一样。具体而言，在代表世俗权力的君主和代表精神权力的教皇的斗争过程中，君主为了主张国家权力的独立性——对外强调某一国

①秦晖：《传统十论：本土社会的制度、文化及其变革》，上海：复旦大学出版社 2003 年版，第 3 页。

②[英]约翰·霍尔：《探寻公民社会》，何增科译，载何增科主编《公民社会与第三部门》，北京：社会科学文献出版社 2000 年版，第 23 页。

③[美]吉尔伯特·罗兹曼：《中国的现代化》，国家社会科学基金“比较现代化”课题组译，上海：上海人民出版社 1998 年版，第 271 页。

④F. H. Hinsley. *Sovereignty*(2nd ed.). Cambridge University Press 1986.

⑤J. J. Fylnn. *Political Science*. New York：College Notes 1986.

家相对于其他主体所拥有的独立自治资格，对内强调国家在整合资源、制定法律、执行政策方面的自治资格；同时，为了结束一盘散沙、割据纷争的局面，也需要一个强有力的国家机器和行动中心。正是在这一探索和行动过程中，主权观念得以萌生并逐渐明晰。

在某种意义上可以说，主权观念首先在法国形成。在14—16世纪的法国，宗教势力和世俗权力之间的冲突激烈，国家内部分裂严重，秩序混乱。对外，为了在教皇和神圣罗马皇帝之外获得独立和自治；对内，为了结束混乱、形成秩序。这两方面共同催生了君主主权、绝对权力以及“国家”等政治观念。① 虽然法国君主专制国家的建立在表面上看似乎与当时的资本主义存在矛盾，但实际上，法国的君主专制国家与以往的王权专制帝国不同，它是新兴资产阶级利用强有力的国家权力实施资本积累的“权宜之计。”②也正因为如此，恩格斯在《论封建制度的瓦解和民族国家的产生》中指出：“在这种普遍的混乱状态中，王权是有着进步的因素，这一点是十分清楚的。王权在混乱中代表着秩序，代表着正在形成的民族，而与分裂成叛乱的各附庸国的状态相对抗。”③

让·布丹(Jean Bodin，又译“博丹”)的主权理论就是在法国“混乱”情境下产生的。具体而言，他提出主权理论的基本动因是通过一种独立的、强有力的“政治权威”来终止法国的无政府状态，实现法国的长久和平和政治秩序。他也因此而成为西方政治思想史上第一个系统提出和论述主权理论的人。④

在布丹看来，国家有家庭、合法政府和主权三个构成要素，而主权是其中最具根本性的要素，也是国家的最主要、最根本特征。需要指出，马基雅维里是在近代意义上第一个使用“国家”概念的人，他也是在改变意大利分裂、混乱的政治现实的基础上提出国家概念的，并且将国家的“重担”赋予具体的统治者(如君主)。相比马基雅维里而言，布丹则更进一步，将主权与国家联系在一起，不再将国家、主权赋予具体的统治者，而将其抽象为一种绝对的、终极甚至是独一无二的权利(力)。⑤ 他在《国家六论》中明确指出主权是“独立于法律之上的最高权力”，是“共和国所固有的绝对和永久之权力。”⑥

①张千帆：《国家主权与地方自治：中央与地方关系的法治化》，北京：中国民主法制出版社2012年版，第2—5页。

②[法]亨利·列菲弗尔：《论国家》，李青宜等译，重庆：重庆出版社1988年版，第19页。

③《马克思恩格斯全集(第21卷)》，北京：人民出版社1965年版，第453页。

④高建：《西方政治思想史(第3卷)》，天津：天津人民出版社2005年版，第73页。

⑤高建：《西方政治思想史(第3卷)》，天津：天津人民出版社2005年版，第73页。

⑥转引自张千帆：《国家主权与地方自治》，北京：中国民主法制出版社2012年版，第4页。

当然，布丹认为，在具体运行时主权并非毫无限制，而应遵循上帝法和自然法。“地球上的国王都要服从自然法和神法的限制；”“国王和领主的绝对权力不可以触及上帝法和自然法”；由于自然法规定了人们的财产权，所以“世界上的任何一个国王都没有向其臣民任意征税的权力，也不能强行掠夺他们的财产。”①

需要强调，布丹的主权理论存在两个待解的问题：一是由谁掌握主权？虽然布丹为了宏观政治秩序而推崇君主制。但他并没有将主权完全赋予君主，相反，他坚持主权的不可分割性，主张主权不能在统治者和被统治者之间分享。至于主权到底归谁所掌握的问题（归人民所有还是由政府掌控），布丹并没有明确回答。他只是大略地论证了主权存在的必要性，以及主权的至上性、绝对性对于政治秩序的必要性。二是如何理解主权抽象的绝对性和运行的有效性？他一方面强调主权的绝对性和永恒性，同时又强调主权要与上帝法和自然法相协调，受上帝法和自然法所限制。至于在具体的政治实践中如何解决这一问题，布丹也没有明确回答。他只是出于特定的政治目的——摆脱外部控制，实现独立；消除内部混乱，实现和平——而将目光投向绝对的政治权威（即抽象的主权），简单地将家长制原则运用到了对国家主权的认知上，既有现代性观念也有传统性因素。在这里还需要强调指出，单从布丹的主权思想来看，并没有为自治（尤其是社会自治）预留多少空间。不过，在他的思想中，主权并非铁板一块，而需要受上帝法和自然法的限制。这多少带有“宪政主义”的意味，也为社会自治空间的拓展埋下了伏笔。出现这种矛盾性的观点，与当时的政治情境有关。一方面，资本主义取得发展，资产阶级开始崛起，这在骨子里要求一种自由发展的空间，摆脱外部束缚；另一方面，资本主义的发展面临着封建贵族、宗教势力的阻碍，也面临着国家分裂、秩序混乱的影响，而君主既有削弱封建贵族和宗教势力的愿望，也有实现统一、强化秩序的期望。所以，资产阶级与君主这两个具有内在冲突的主体却因共同的目标而走到了一起。资产阶级在这里具有保守特征，君主在这里则显露进步属性。囿于这种社会存在，布丹的思想难免具有了“两面性。”②

布丹遗留的问题被霍布斯“政府主权论”和卢梭的“人民主权论”所回答。“政府主权论”和“人民主权论”也分别代表了主权理论的两条进路。

①转引自高建：《西方政治思想史（第 3 卷）》，天津：天津人民出版社 2005 年版，第 74 页。

②张千帆：《国家主权与地方自治：中央与地方关系的法治化》，北京：中国民主法制出版社 2012 年版，第 4 页；高建：《西方政治思想史（第 3 卷）》，天津：天津人民出版社 2005 年版，第 73—82 页。

二、主权理论的两条进路

布丹主权理论左右摇摆的特征在霍布斯和卢梭那里不见踪影了。霍布斯和卢梭都用“一元化”的思维方式回答了布丹含糊不清的问题。不同的是，霍布斯将主权赋予政府机构之一——立法机构；卢梭将主权赋予抽象意义上的整体——人民。在欣斯利看来，他们都是主权一元论，在霍布斯那里国家鲸吞了社会，在卢梭那里社会鲸吞了国家。①

霍布斯从自然状态的“混乱”出发，通过社会契约论解释了国家的起源。这在表面上秉持的是“社会优先于国家”、“国家以社会为目的”的思维方式。但是，霍布斯笔下的社会契约是在个体之间达成的，主权者并未参与。因此，主权者并不受契约所限制。相反，它拥有全部公权力(由个体通过契约让渡的)。霍布斯还强调，主权不可限制也不能分割。因为，公共权力的根源是“狼与狼状态”中的混乱。如果主权再进行分割，则无异于人为地形成了多个握有权力的“狼”。这势必又将人们拖回自然状态，与政治国家、主权出现的初衷相背离。“每一个人根据其自我保全的自然和必然的欲望就会仍然具有运用自己的力量防卫自己的权利；这就是战争状态，与每一个国家按约建立时的目的都相违背”；“这种分割是‘国分则国将不国’的分割。”②也就是说，政治国家、主权的出现是为了结束纷争、实现和平；而分权又势必造成纷争、有碍和平。所以，分权本身就是与现代国家南辕北辙、格格不入的。失去了绝对、永恒的主权，国家也就失去了依托，丧失了动力，没有了支撑。有学者指出：

> “在霍布斯那里，主权是独一无二的，而且只能为某一政府机构所掌握。在这个意义上，主权代表了统治权的垄断。如果已经建立了一个主权机构，那么同样的人民就不可能再有另一个代表，除非是为了受主权限制的某个特殊目的。因为假如建立了两个主权，那么每个人都将受到两个主体的代表，而在两者发生对抗的时候必须分割为了人们的和平生活起见而不可分割的主权，这样势必将大众又带回战争状

①F. H. Hinsley. *Sovereignty*(2nd ed.). Cambridge University Press 1986. 也可参见张千帆：《国家主权与地方自治：中央与地方关系的法治化》，北京：中国民主法制出版社 2012 年版，第 10 页。

②[英]霍布斯：《利维坦》，黎思复等译，北京：商务印书馆 1985 年版，第 138 页、第 14 页。霍布斯关于主权不可分割的论述详见该著的 133—142 页。

态，从而显然违背建立主权的初衷。”[①]

黑格尔与霍布斯的思路基本一致。黑格尔首次区分了国家与公民社会（或曰市民社会），提出了“国家一社会”二元分析框架，将民间自治的公民社会领域作为公共权力领域（或曰政治社会）相对的概念。在他看来，公民社会是社会自治的结果，也是通过社会自治发挥其功能的具有结构性的政治存在，“是各个成员作为独立的单个人的联合，因而也就是在行使普遍性中的联合，这种联合是通过成员的需要，通过保障人身和财产的法律制度，和通过维护他们特殊利益和公共利益的外部秩序而建立起来的”；“在市民社会的范围以内和在国家本身的自在自为的普遍物之外的特殊公共利益是由自治团体、其他职业与等级的同业公会及其首脑、代表、主管人等等来管理的。”[②]黑格尔的这一观念极具建设性，为社会自治观念的发展开创了先河，“乃是政治哲学中自博丹创撰‘主权’概念、卢梭发明‘公意’概念以降的最富有创意的革新。”[③]然而，相对于布丹的“主权”观念而言，黑格尔并没走多远。他将国家视为“伦理理念的现实——是作为显示出来的、自知的实体性意志的伦理精神”，“是绝对自在自为的理性的东西”，并且，国家“这个实体性的统一是绝对的不受推动的自身目的，在这个自身目的中自由达到它的最高权利，正如这个最终目的对单个人具有最高权利一样，成为国家成员是单个人的最高义务。”[④]

也就是说，黑格尔在表面上赋予了公民社会以自治、独立的地位，但却认为公民社会是不自足的，需要国家这一最高的公共机构予以救济。原因在于[⑤]：首先，公民社会以个体利益的算计为基础，追求特殊利益，在公共利益、普遍利益面前显得无能为力。相反，国家则是公共利益和普遍利益的代表，可以依据法律、公共权力等实现公共利益和普遍利益。其次，公民社会以契约、互赖、互信等为维系纽带，通过志愿性机制处理冲突和矛盾，这在利益的自我算计目前显得脆弱无力。因此，公民社会无法自在自足地形成内部秩序。相反，国家可以运用公共权力担负利益整合、矛盾化解的责任。最后，公民社会存在多元主体

①张千帆：《国家主权与地方自治：中央与地方关系的法治化》，北京：中国民主法制出版社 2012 年版，第 7 页。亦可参见 2011 年张千帆发表于《国家检察官学院学报》的《主权与分权——中央与地方关系的基本理论》一文。

②[德]黑格尔：《法哲学原理》，范扬等译，北京：商务印书馆 1982 年版，第 174 页、第 308 页。

③邓正来：《市民社会与国家：学理上的分野与两种架构》，载邓正来等编：《国家与市民社会：一种社会理论的研究路径》，北京：中央编译出版社 1999 年版，第 87—88 页。

④[德]黑格尔：《法哲学原理》，范扬等译，北京：商务印书馆 1982 年版，第 253 页。

⑤邓正来：《市民社会与国家：学理上的分野与两种架构》，载邓正来等编：《国家与市民社会：一种社会理论的研究路径》，北京：中央编译出版社 1999 年版，第 89—91 页。

之间无休止的私欲冲突，再加上其运行机制的缺陷，会最终导致其走向混乱，无法避免溃垮的命运。相反，拥有公共权力的国家可通过一元性的影响力和约束力使整个政治共同体得以存续。总之，在黑格尔看来，国家不是从属于社会，而是毋庸置疑地高于社会。学者康晓光对黑格尔的观点给予了总结："对于市民社会提供公共物品来说，司法、警察和同业公会（这些都是黑格尔笔下市民社会的构成要素——引者注）都有其内在的局限性，只有国家能够克服它们的局限性，因而只有国家才有资格成为公共权力的最高代表。"①

卢梭的"人民主权论"代表了主权理论的另一种进路。只不过，霍布斯强调的是政府主权，而卢梭强调的是人民主权。虽然"主权"的握有者属性截然相反，但是他们都对主权的"终极性"和"绝对性"特征持肯定态度。如卢梭所言："主权权威只有一个；我们分割它，就不可能不毁灭它。"②有学者对两者的关系做过经典论述：

> "卢梭复兴了霍布斯的绝对主权论。他几乎全盘吸收了霍布斯的理论，坚持国家是一个不可分割的统一人格。霍布斯和卢梭的主权都是全能而专有的权力，唯一的不同之处是主权者的性质。如果霍布斯的主权是某种形式的统治者，那么卢梭的主权所有者只是社会或人民。"③

卢梭在《社会契约论》一书中，在主权的产生及其不可分割方面花费了大量的笔墨。在他看来，自然状态是可怕的，是人性所不能容忍的。规避自然状态之危害，需要人们共同行动、协同合作。实现这一目的，就需要人们放弃自己的一些天然自由，对自己的行动权利实施一定的自我约束，"每个结合者及其自身的一切权利全部都转让给整个集体。"④换言之，社会的秩序、国家的生存都需要一种普遍强制的力量发挥作用。这一普遍强制力既要安排全体成员的社会生活，又要协调成员之间的冲突矛盾，还要指导成员依照公意和公益行事。卢梭指出："正如自然赋予了每个人以支配自己各部分肢体的绝对权力一样，社会公约也赋予了政治体以支配它的各个成员的绝对权力。正是这种权力，当其受公意所指导时，如上所述，就获得了主权这个名称。"⑤卢梭眼中的"公意"并非是个

①康晓光：《权力的转移》，杭州：浙江人民出版社 1999 年版，第 9 页。

②[法]卢梭：《社会契约论》，何兆武译，北京：商务印书馆 2003 年版，第 116 页。

③张千帆：《国家主权与地方自治：中央与地方关系的法治化》，北京：中国民主法制出版社 2012 年版，第 10 页。

④[法]卢梭：《社会契约论》，何兆武译，北京：商务印书馆 2003 年版，第 19 页。

⑤[法]卢梭：《社会契约论》，何兆武译，北京：商务印书馆 2003 年版，第 37 页。

体意愿的简单相加，个体意愿的加和被卢梭称为“众意”，这两者存在的最主要差别是，“众意与公意之间经常总是有很大的差别；公意只着眼于公共的利益，而众意则着眼于私人的利益，众意只是个别意志的总和。”①为了确保主权以公意为行为依据，也必须防止分化，防止“派系”（它们都是代表个别利益，而不是公共利益）的产生。而主权分割势必导致派系出现。所以，“正如主权是不能转让的，同理，主权也是不能代表的；主权在本质上是由公意所构成的，而意志又是绝不可以代表的；它只能是同一个意志，或者是另一个意志，而绝不能有什么中间的东西。”②

那么，什么才是公意呢？或者说主权者是谁的情况下才能确保主权与公意相协调呢？卢梭给出了自己的答案：人民③。在他看来，公意若要真正成为公意，“就应该在它的目的上以及在它的本质上都同样地是公意。这就证明了公意必须从全体出发，才能对全体都适用；并且，当它倾向于某种个别的、特定的目标时，它就会丧失它的天然的公正性。”④也就是说，如果将主权者交给个别人或者少数人，容易使“个别意志”成为政治国家的目标，使“公意”退化为连“众意”都不如的“个别意志”。这不仅有失公正，而且悖离了主权产生的原初目标。

三、分权、自治以及主权理论的起落

主权理论是大有贡献的，它将政治生活和政治思想从“上帝身边”拉回了人间世界，从自然领域拽回了人类社会，使政治生活和政治思想中的理性主义得以彰显。从中世纪后期的政治事实的角度看，社会的分化程度随着经济社会的发展越来越大，这就需要强有力的政治权威扮演整合的角色。但当时西欧所面临的问题是，宗教力量与世俗权力形成了“分庭抗礼”的局势，世俗权力的行动能力、资源动员能力和社会整合能力都受到了削弱；封建贵族力量也对世俗权力（主要是国王权力）形成了掣肘之势；封建割据、民族分裂导致的战争不断，社会十分混乱。在这种情况下，权力绝对化的呼声越来越高。主权理论正是在这种形势下被政治学界所倡导，它在为新兴国家权力提供合理性和正当性方面发挥了不容忽视的作用，有一定的历史进步性。这也使主权理论得以“高扬”，被世人所推崇。

然而，主权“不可一世”的面目使其极具两面性，刚刚将人们从混乱无序的

①［法］卢梭：《社会契约论》，何兆武译，北京：商务印书馆2003年版，第35页。

②［法］卢梭：《社会契约论》，何兆武译，北京：商务印书馆2003年版，第120页。

③此处的“人民”也是非常抽象的，是一种由所有人构成的“全体”。

④［法］卢梭：《社会契约论》，何兆武译，北京：商务印书馆2003年版，第39页。

自然状态中解救出来，又把人们置于强权的威胁之下。犹如将人们从火坑中拉出来后，又随即推进冰窟窿。主权的强势的确有助于秩序，是冲突、矛盾的化解者，是和平、秩序的缔造者。但是，主权的强势又的确会侵蚀自由等权利。这又使得主权理论面临挑战，被斥为“道德不足者”。

霍布斯“政府主权论”的缺憾容易被理解。因为，它为国家权力的专制、垄断提供了理论支撑，甚至被理解为为君主专制唱赞歌。正如米歇尔·奥克肖特(Michael Oakeshott)所指出的那样，“至高无上的主权具有功利主义的基础，而相对缺乏道德基础。”①面对稳定、秩序的需要，放弃一些欲望，给自己一些约束，这是必要的，是在“获得收益”与“付出成本”相比之后的理性选择。当然，自由等权利也具有极高的政治价值，如果为了“富足”而放弃自由等政治价值，在道德层面上看值得反思，是否具有道德自足性颇有争议。伯林就曾在非功利的道德层面上指出：“自由就是自由，既不是平等、公平、正义、文化，也不是人的幸福或良心的安稳。……自由之所失也许会由公正、幸福或和平之所得来补偿，但是失去的仍旧失去了；说虽然我的‘自由主义的’个人自由有可能失去，但某种其他的自由(‘社会的’或‘经济的’)有可能增加，这是混淆了价值。”②我国学者张凤阳等指出：“不可能因为得到物质财富或者别的什么东西而原封不动地将自由换回。设想这样的情形：一个威权政府给那些集合在广场聆听官员训示的‘良民’发放面包，而对那些溜到咖啡馆聊天的‘刁民’施以严厉惩治，我们就不难体会宪政制度下流浪汉所享有的公民自由是多么可贵了。”③

卢梭“人民主权论”理论“起源于理论家们面对专制现实而自圆其说的虚构。”④它在表面上极具煽动性，也容易被”激情澎湃“的反君主专制者所接受。并且，它将权力赋予人民这一具有“全体”特征的政治概念，使每一个个体都能感受到自己的政治权利得到确认，因此往往被视为“人人所分享”的。但是，这一切都是假象，皆属虚构。一方面，人民主权论所强调的人人参与和直接民主，在大型民族国家要么无法实施，要么就会带来“多数暴政”，诱发政治混乱。“法国大革命”就是这一问题极贴切的实例。另一方面，卢梭的人民主权论在本质上属于“极权论”，强调主权不能有任何的削弱和制约。即使主权被人民所掌控，但每一个个体在其中所占有的“份额”极小，个体在政治生活中的力量微乎

①Micheal Oakeshott. *Hobbes: on Civil Association*. Oxford: Basil Blackwell 1975.

②[英]以赛亚·伯林：《自由论》，胡传胜译，南京：译林出版社 2011 年版，第 174 页。

③张凤阳等：《政治哲学关键词》，南京：江苏人民出版社 2006 年版，第 45 页。

④张千帆：《国家主权与地方自治：中央与地方关系的法治化》，北京：中国民主法制出版社 2012 年版，第 1 页。

其微。或者说，卢梭的理论虚构了公共权力被人人所操控，但具体由谁掌握呢？他语焉不详，只提到由“人民”所享有。在现实生活中，容易被一些政治投机者所利用，以“人民”之名行“专制”之事。在这种单一性、绝对性的主权统治下，个体的生命、财产和自由等一切权利都被置于极端的风险之中。正因为如此，雅各布·塔尔蒙(Jacob F. Talmon)指出：“卢梭提出了极权主义的民主主义”(Totalitarian Democracy)。[①] 罗素也对卢梭的《社会契约论》评价如下：“它里面的学说虽然对民主政治献嘴皮殷勤，倒有为极权主义的国家辩护的倾向。”[②]

总之，用“权利”的眼光审视“主权”，则主权理论就不应该坚持主权的终极性和绝对性了(这里仅仅就国内政治而言的，并不涉及国际政治，即并非指涉国家主权独立)。没有牺牲，“就不可能产生一种他们认为是可取的社会联合。因此，这些思想家假定人的自由行动的领域必须受到法律的限制。”只不过，这种限制必须依法而实施，需要提供充足的干预理由，并且“应该存在最低限度的、神圣不可侵犯的个人自由的领域。”[③]原初的主权理论带有明显的“君主专制”基因，它反对分享，强调绝对。因此，它既是“去自治”的，也是“反自治”的。在这种情况下，主权理论被学界进行了修正，只是在终极意义上强调由“人民”主权，但人民主权的具体方式已不再是卢梭意义上的“虚构的整体”，而是具体化为政治权利，如自由权(防止政府的无端干预)、民主权(参与政治，如投票、参与政策制定、表达利益诉求等)；主权也不再是“铁板一块”，而是在“宪政”意义上被确立为有限政府、权力制衡等。对于主权而言，分权并不像卢梭所说的那么可怕——分权即意味着对主权的毁灭。相反，主权在分立、制衡之下，更显得完美。“任何人或组织都没有绝对的‘主权’：个人没有绝对的权利抵抗国家或其他个人，国家也没有不受人民控制的主权；所有的权力(利)都是有限的，并按照宪法设计的方式为人民和不同层次的政府分享。”在这种思路下，“不论在什么权力结构的国家，主权和分权、集权和自治之间其实并不存在任何逻辑上的矛盾。”[④]上文论述自治与民主、自治与宪政、自治与自由等之间关系的时候已详细论述过这一问题，不再赘述。这里简单概括如下：(1)原初的主权论是去自治、反自治的，现代自治是在分权的观念下出现的，也只有在分权的政治设计中才能顺利运行。(2)分权的政治观念与制度安排为自治的运行奠定了宏观环境基

①[以]J. F. 塔尔蒙：《极权主义民主的起源》，孙传钊译，长春：吉林人民出版社 2004 年版，第 48 页。

②[英]罗素：《西方哲学史(下册)》，冯元德译，北京：商务印书馆 1996 年版，第 268 页。

③[英]以赛亚·伯林：《自由论》，胡传胜译，南京：译林出版社 2011 年版，第 174 页。

④张千帆：《国家主权与地方自治：中央与地方关系的法治化》，北京：中国民主法制出版社 2012 年版，第 16 页、第 1 页。

础。可能是纵向上的分权（中央与地方之间），也可能是横向上的分权（国家与社会之间）。(3)主权（绝对性、终极性）和分权分别代表了公共权力的两个侧面，主权代表着公共权力对秩序的掌控能力，分权则代表着对公共权力的怀疑和纠正，它们的目的都在于保护“权利”。只不过，对于自治而言，主权的绝对性和终极性是一种障碍，而分权则使得自治成为可能，为了保证分权后的秩序，也需要各种自治体发挥自我管理、自我教育和自我服务的功能。

第二节　自治的结构与载体

有学者指出：“欲置自治，必先置自治之团体。”①自治制度的运行与实践需要依托特定的结构和载体。

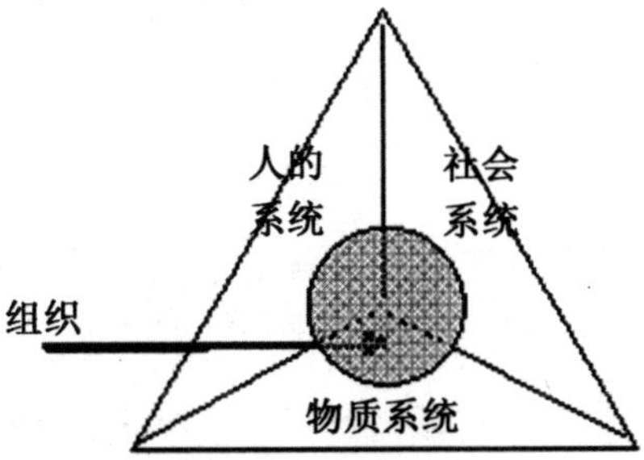

图 5-1：组织结构在社会中的地位

资料来源：朱国云：《组织理论：历史与流派》，南京：南京大学出版社 1997 年版，第 193 页。

马克思在《〈政治经济学批判〉导言》中指出：“人是最名副其实的政治动物，不仅是一种合群的动物，而且是只有在社会中才能独立的动物。孤立的个人在社会之外进行生产——这是罕见的事，在已经内在地具有社会力量的文明人偶然落到荒野时，可能会发生这种事情——就像许多人不在一起生活和彼此交谈而竟有语言发展一样，是不可思议的。”②也就是说，人需要通过特定的组织结构实现自己的目标，也需要依赖特定的组织结构生存和发展；人类社会需要通过组织结构摆脱无序走向有序，也需要依赖多样的组织结构运行和发展。塔尔科特·帕森斯(Tallcott Parsons)在其著作《现代社会的结构与过程》中阐明：“人类的社会行为是依托各式各样的社会结构完成的，因不同的理性目的而形成不同的社会结构，不同的社会结构发挥不同的社会功能（满足不同的理性目的），

①王建学：《作为基本权利的地方自治》，厦门：厦门大学出版社 2010 年版，第 46 页。
②《马克思恩格斯选集（第 2 卷）》，北京：人民出版社 1995 年版，第 2 页。

社会结构及其行为、功能随着社会的发展而演变，同时也推动了社会的发展和演变。”①切斯特·巴纳德(Chester I. Barnard)指出：组织对于人的理性协作至关重要，物质系统(如机器、房屋、自然资源)、人的系统(如各种群体)、社会系统(各种社会关系)等都需要通过组织系统(图 5-1 中间的圆形阴影)来整合协调。组织系统在此间发挥着信息沟通、合作意愿达成、行动目标整合等功能。因此，“组织，无论是单纯的还是复杂的，常常是得到调整的人的行为的客观系统。”②对于自治系统的运行而言，自然也需要相应的结构和载体，它们既是行使自治权的主体，也是自治决策、自我管理、自我服务和自我教育的基本单位。

由于政治自治在不同层面上得以实施，因此自治运行的结构与载体包括多种形式。这里从三个层面予以阐释：一是与中央公共权力相对应的自治载体，即地方自治载体；二是与国家相对应的自治结构，即社会自治机制；三是与实体性自治载体相对应的自治结构，即虚拟性自治结构。

一、地方自治载体

地方自治是政治哲学界论述最多的自治形式。不用过多证明就可以明白，“因地制宜”是重要的，“具体问题具体分析”是必不可少的——在任何一个国家政治生活和公共管理过程中，无论中央集权多么重要，都不能否认各个地方对于自身问题的自主治理。如果任何事情都交由中央政府解决的话，将使得中央政府极其“肥大”，也需要上下往复传递信息，这将花费极大地“交易成本”。更为重要的是，上下往复的信息交流会出现如下几方面的问题：一是信息传递过程中会添加很多噪音，使本来的问题信息不再精准，信息传递也会丢失很多重要的信息，致使决策失误。“社会信息交流的矛盾分析已经向我们展示了一个问题：社会信息交流中充满着这样或那样的矛盾，”也存在各种各样的障碍，诸如信息交流环境障碍、交流方式障碍、交流渠道障碍和接收障碍等。③ 二是信息传递需要时间，而很多问题的解决需要当机立断，时机稍纵即逝。三是上下往复的信息传递需要完备的传输通道，这一点在现实中实现的难度较大。四是上下往复的信息传递也需要“信源”(信息发出者)和“信宿”(信息接收者)有较为完备的信息能力，前者需要掌握完备信息，并能够全面、准确、及时的将信息发出；后者需要接收到完备的信息，并能够准确无误地理解原始信息。实现这一

①[美]塔尔科特·帕森斯：《现代社会的结构与过程》，梁向阳译，北京：光明日报出版社 1988 年版，第一章。

②朱国云：《组织理论：历史与流派》，南京：南京大学出版社 1997 年版，第 192—193 页。

③谭祥金等：《信息管理导论》，北京：高等教育出版社 2000 年版，第 71—75 页。

点的难度过大。因为持有不同价值观、不同利益偏好、不同专业背景的人会对同一种信息符号持有不同的意见，消除这种“偏见”需要信源和信宿都具备极高的信息能力，但这在现实当中很难实现。五是中央的完全集权会滋生地方的“依附主义”，消解其主动性。地方毫无任何决策权，完全唯命是从，依附于中央，以“等、靠、要”为基本工作模式。因为，它们不需要也不能够主动的寻求问题的解决。

在不同的国家，受历史传统、国家幅员大小、民族数量和经济发展等因素的影响，地方自治的程度、地方自治机关的设置、地方自治层级的安排等存在诸多差别，但有一点是相同的——都不同程度地实施着地方自治制度，不同层级的地方政府也都依法享有不同程度的自治权，诸如立法权、决策权、政策变通执行权、财政税收自主权、社会发展自主权等。以我国的民族区域自治和特别行政区高度自治①为例来说明：《中华人民共和国民族区域自治法》（2001 年 2 月 28 日修订）第十五条规定：“民族自治地方的自治机关是自治区、自治州、自治县的人民代表大会和人民政府。”②《中华人民共和国香港特别行政区基本法》（1990 年 4 月 4 日通过，1997 年 7 月 1 日起执行）第一章第二条规定：“全国人民代表大会授权香港特别行政区依照本法的规定实行高度自治，享有行政管理权、立法权、独立的司法权和终审权。”同时，在第四章“政治体制”中规定香港特别行政区实施自治的机关包括行政长官（设香港特别行政区首长，代表香港特别行政区）、特别行政区政府（设政务司、财政司、律政司和各局、处、署）、立法会、司法机关（设立终审法院、高等法院、区域法院、裁判署法庭和其他专门法庭，高等法院设上诉法庭和原讼法庭）以及非政府性的区域组织（区域组织接受香港特别行政区政府就有关地区管理和其他事务的咨询，或负责提供文化、康乐、环境卫生等服务）组成。澳门特别行政区的自治载体与香港特别行政区基本一致。

不难看出，地方自治的载体在很大程度上与中央的国家机关属性一致，包括立法机关、行政机关、司法机关等。它们既属于国家公共权力的掌握者和使用者，也是自主治理地方事务的主要组织者。与中央不同的是，它们是地方的，相对于中央的“他治”而言它们行使程度不同的“自治权”，因此它们是自治制度运行的重要载体之一。

---

①需要强调说明，除民族区域自治机关和特别行政区自治机关之外，我国其他各级地方政府也享有程度不同的自主权。我国的政治体制改革也一直涉及中央和地方关系的调整。党的十八届三中全会通过的《中共中央关于全面深化改革若干重大问题的决定》也明确指出：“直接面向基层、量大面广、由地方管理更方便有效的经济社会事项，一律下放地方和基层管理”。

②《中国人民共和国宪法》第 102 条与此表述一致。

二、社会自治机制

社会自治机制包括两大类:社会自治组织和基层自治组织。前者没有明确的地域性的限制,而后者则以特定的区域为依托。

(一)社会自治组织

社会性的自治机制的称谓很多,包括非政府组织、非营利组织、非营利部门等等[①],这里仅使用"社会自治组织"来指称。在不同的称谓中,表现出了此类组织的不同属性(如表5-1所示)。萨拉蒙就曾指出:

> "这些机构被冠以'非营利的'、'自愿性的'、'公民社会的'、'第三的'或'独立的'部门,然而这些机构常常包含令人迷惑的实体名单——医院、大学、社会俱乐部、职业组织、日托中心、环境组织、家庭咨询服务代理机构、体育俱乐部、职业培训中心、人权组织以及其他等。"[②]

一般而言,可以被称为"社会自治组织"的社会自治机制具有如下几方面特征[③]:一是正式性、组织性。社会自治组织并非自然而然地启动与存续,也不能随意组建和任意运行,而是具有一定的组织结构,甚至需要向有关政府部门申请获批或备案,也需要按照相关要求设定内部治理结构和制度机制。二是民间性、社会性。社会自治组织可能由政府部门设立,也可能需要依赖政府的财政拨款运行,但其具有民间性的属性和身份,不能像政府部门那样运用公共权力实施公共管理。三是公共性、非营利属性。社会自治组织可能会通过收取会费或服务费来维持其运行,但是其根本目的不在于营利(与企业存在本质区别),不向其所有者或工作人员"分红"。会费与服务费的收取是为了弥补服务成本,或更好地提供服务。四是自治性、独立性。社会自治组织可能由政府设立并依赖公共财政支持得以运行,也可能需要参与政府购买获得运营资本,但其并非公共权力层级链条中的一环,而是根据组织章程和目标自主运行,独立处理内部事务(当然,这种独立与自治并不意味着像"独立王国"那样完全自由,也需要遵守相关法律法规,并接受相关政府部门的监管)。五是志愿性、自愿性。社会

①前文第三章第三节对这些称谓进行了详细阐述。

②[美]莱斯特·萨拉蒙等:《全球公民社会:非营利部门视界》,贾西津等译,北京:社会科学文献出版社2002年版,第3页。

③[美]莱斯特·萨拉蒙等:《全球公民社会:非营利部门视界》,贾西津等译,北京:社会科学文献出版社2002年版,第3—4页。

自治组织的运营手段不是公共权力，其运营资源的获取也不依靠权力强制，而是依赖志愿机制获得(如志愿者的时间、精力、捐献)。[①] 当然，由于此种社会自治机制类型十分多样，因此完完全全地具备上述特征的社会自治组织并不多见。但是，它们基本上都可以被概括为自治的(独立的)、民间的(非政府的)和公益的(非营利的)。

表 5-1:由其称谓反映的社会自治组织属性及其不足一览表

称谓	该称谓所反映的属性	该称谓的不足
非政府组织	此类组织是"非"政府的，不是按照公共权力的基本规则运行	对此类组织的目的属性未加概括，"非"政府的组织既可能是追求公益的，也可能是追求私益的
非营利组织或非营利部门	此类组织是"非"营利的，以公共利益的实现为组织目标	对此类组织的社会属性未加概括，"非"营利的组织既可能是体制内的，也可能是体制外的
第三部门	此类组织是与政府组织、市场组织相区别的"第三类"组织	该称谓虽然明确区分了三类组织，但"第三"这种顺序性的称谓并未直接反应其组织属性
民间组织	此类组织是政府之外的，民间的而非官方的	与非政府组织的缺陷一样，未能概括此类组织的功能和目的属性
社会组织	在"国家——社会——市场"三分的分析框架下，此类组织是与政府组织、市场组织并列的"第三类"组织	从社会学的角度看，在人类社会上存在的所有组织都可以被称为"社会组织"，因此，该称谓就显得过于笼统
志愿组织	此类组织的运行既不是遵循公共权力的行政规则，也不依赖市场的理性规则，而是以志愿规则为纽带	志愿规则仅仅是社会自治组织运作的一种纽带，并不排斥行政规则和市场规则。因此，该称谓并未全面概括其运作属性
慈善组织	出于对弱势群体的关爱，而以捐赠、无偿服务等为特征	该称谓概括出了社会自治组织的目的属性，但过于狭窄。社会自治组织具有公益功能，而公益的概念要远大于慈善

①需要说明，社会组织也可能出现"腐败"、谋取私益的现象，社会组织也可能极具依附性，完全依赖政府而存续，社会组织还可能拥有一些公共权力，采取强制的方式运行等，这都是社会组织运行过程中的个案，并非作为社会自治机制的"社会组织"应该具有的属性，是一种"异化"了的存在。

（续表）

称谓	该称谓所反映的属性	该称谓的不足
利益集团 利益团体	反映出此类组织出于共同利益而结成社会关联，通过共同行动表达诉求、影响政策	该称谓概括出了社会自治组织的共同利益属性，但忽视了其公共性

资料来源：该表由作者整理所得。

社会自治组织通过如下三种方式承载自治功能：自主治理内部事务，合作治理社会事务，民主治理公共事务。

1. 自主治理内部事务

自主治理内部事务，即社会自治组织通过创议、创制、决策和行动等实施自我管理、自我服务和自我教育。如，各类行业协会，通过制定行业标准、监督会员生产行为、协调会员之间的纠纷、拓展市场、价格协调、制定行业规范并监督实施以提高行业信誉、行业信息服务等方式处理行业内部的公共事务（或曰集体事务），在行业内部达成一致和秩序，解决行业内部的公共问题（或曰集体问题）。[①] 再如，各类学会，通过学术交流、出版刊物、引导学术方向、学术鉴定与评审等方式服务学术发展，为会员的研究工作提供帮助。奥尔森就曾指出，"对于会员而言，美国医学会发挥了举足轻重的自治功能，提供了十分有吸引力的自治服务，如向会员医生提供医疗事故诉讼中的保护性帮助、提供医学技术信息、出版会员需要的报刊杂志、搭建既有政治性又有教育性的学术交流平台等。"[②] 从理论上讲，社会自治组织自主治理内部事务的行为本质上属于为了减少交易成本而实施的合约安排，是一种理性行为。个体成员作为理性个体，从自我成本和收益的比较出发思考问题，容易出现理性不经济行为；同时，不同的个体之间必不可少地要实施交流和合作，而交流与合作需要协商、妥协、缔约、相互监控等交易成本。单次合作，协商等交易成本尚可接受，但是如果需要反复、经常的合作，这一交易成本就显得沉重。因此，成员之间通过自愿合约形成自治性的社会组织，由社会自治组织出面进行协调，代替单个成员之间的协商、妥协、缔约和相互监督等，这是一种削减交易成本的有效方法。

2. 合作治理社会事务

①贾西津等：《转型时期的行业协会：角色、功能与管理体制》，北京：社会科学文献出版社 2004 年版，第 21—34 页。

②[美]曼瑟尔·奥尔森：《集体行动的逻辑》，陈郁等译，上海：上海人民出版社 1995 年版，第 172—173 页。

合作治理社会事务，即社会自治组织通过参与政府购买、与政府协同行动等提供教育、卫生保健、文化娱乐等服务，减少社会不公，提供社会福利，维持社会秩序。比如，萨拉蒙等对 22 个国家的实证调研表明，“全部非营利就业的 2/3 集中在 3 个福利服务的传统领域：教育占 30%；卫生保健占 20%；社会服务占 18%。而且，娱乐与文化领域紧随其后，占非营利就业的 14%。”[①]萨拉蒙在《公共服务中的伙伴》一书中也明确指出，“尽管联邦政府的责任有了大量增加，但预算却相对稳定，雇员数量也在不断减少。能够解释这一悖论的是联邦政府的行动方式发生了巨大转变。……从直接转向间接或‘第三方治理’。”[②]那么，为什么政府要与社会自治组织合作治理公共事务、供给公共服务呢？萨瓦斯强调指出，“聪明的人类创设出多样化的的组织形式——(1)家庭、宗族；(2)各种类型的志愿团体、社会自治组织；(3)市场组织；(4)政府组织。这些组织形式从不同的层面满足着人们的需求，诸如卫生、教育、福利和服务等，虽然政府在公共服务方面担负着主导责任，但是自发组织起来的社会自治组织凭着民间性、竞争性、志愿性、去官僚性等可以更“好”地供给公共服务，与政府一道提高社会福利水平。”[③]他从现实压力、经济、意识形态、商业和平民主义五个方面全面地阐释了社会自治组织参与公共治理的原因[④]：

> “务实主义者的目标是从成本/收益角度看更好的政府。经济的富足减少了人们对政府的依赖，促使他们接受民营化途径。那些从意识形态（也可以说从哲学）角度看问题者视更少政府（less government）为理想目标，即与私营机构相比政府扮演次要的角色；这是杰斐逊的政府观——‘管得最少的政府就是最好的政府’。商业利益追求者的目标是促使政府开支更多地转向他们，从而揽到更多的生意。平民主义者的目标是更好的社会，实现的手段则是赋权于民，让他们满足共同的需求。”（具体见表 5-2）

①[美]莱斯特·萨拉蒙等：《全球公民社会：非营利部门视界》，贾西津等译，北京：社会科学文献出版社 2002 年版，第 18 页。

②[美]莱斯特·萨拉蒙：《公共服务中的伙伴：现代福利国家中政府与非营利组织的关系》，田凯译，北京：商务印书馆 2008 年版，第 19 页。

③[美]E. S. 萨瓦斯：《民营化与公私部门的伙伴关系》，周志忍等译，北京：中国人民大学出版社 2002 年版，第 1—5 页。

④[美]E. S. 萨瓦斯：《民营化与公私部门的伙伴关系》，周志忍等译，北京：中国人民大学出版社 2002 年版，第 5 页。

表 5-2:公共服务民营化的推动力量、目标与理由一览表

推动力量	目标	理由
现实压力	更好政府;更有效的公共服务供给	审慎的民营化会导致成本收益比更高的公共服务
经济推力	减少对政府的依赖;秉持的是“最小的政府就是最好的政府”的公共理念	经济的日益富裕,人们能够自己提供各种服务,因而更乐于接受民营化;经济的发展使得“社会”有更充足的能力参与公共服务供给
意识形态	更少政府,更小政府;秉持的是“最小的政府就是最好的政府”的公共理念	政府规模和权力过大,对公众生活干预过多,对民主等权利构成了威胁。政府的政治决策较市场决策更不值得信赖。民营化可以减少政府的作用
商业动力	更多商业机会	政府开支是经济的重要组成部分,其中的更大份额应该转向私营部门;利用私营部门供给公共服务也有助于更有效地使用公共资源
平民主义	更好的社会	公众应该拥有更多的公共服务选择权。他们应被赋予确认和满足共同需求的权力,减少对高高在上的官僚机构的依赖,而更多依赖家庭、邻里、自愿团体等;发挥基层自治组织的作用,树立社区感

资料来源:E. S. 萨瓦斯:《民营化与公私部门的伙伴关系》,周志忍等译,北京:中国人民大学出版社 2002 年版,第 56 页,有改动。

萨瓦斯的观点可以概括为两句话:社会自治组织参与公共治理在效率、效益和效果上占有优势;社会自治组织参与公共治理体现了减少政府直接责任范围而实施自治的政治取向。具体而言,在与政府合作治理公共事务方面,社会自治组织通过如下两方面承载自治功能:

一方面,与政府直接合作,体现对公共事务的自主治理功能。如图 5-2 三角形流程所示:政府是公共服务的提供者,但其并不直接“生产”公共服务,它向社会自治组织(当然也包括市场组织)发出服务购买邀约,通过合同承包、特许经营、补助、凭单等方式让社会自治组织参与公共服务供给。此间,政府既根据服务数量和质量等向社会自治组织提供财政支持，也监管社会自治组织的服务行为。社会自治组织是公共服务的直接生产者，面对面地与受益者发生关系，但不向受益者收取费用。作为受益者的民众向政府输入需求信息以及生产者提供服务的绩效信息。需求信息作为政府发出邀约的依据；服务供给绩效信息作为政府选择生产者的依据，也作为财政支持力度的依据。在这一“三角”关系中，社会自治组织作为公共治理的一方，担负起了提高社会福利、解决社会问题的职责，是一种以“主人”的姿态治理公共事务的体现。

另一方面，与政府间接合作，体现对公共事务的自主治理功能。如图5-2长方形流程所示：社会自治组织接受捐赠者的捐赠（含志愿者时间、精力等的捐赠和慈善捐款、捐物），然后独立自主地向社会公众供给服务。在这一过程中，社会自治组织扮演了公共资源整合者的角色，通过整合财物资源和人力、智力、技术等资源为社会公众供给服务。此间，社会自治组织除了接受政府有关部门的合法监管外，独立自主运行。虽然其身处民间，但行动指向于公共事务，是自主治理公共事务的切实表现。

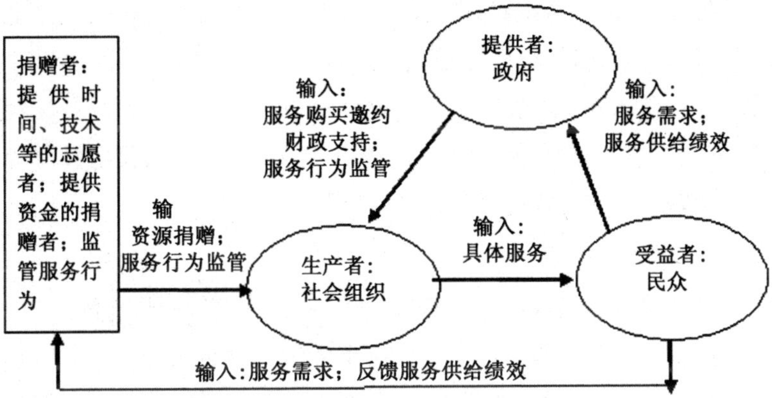

图5-2：合作治理公共事务示意图

注：该图系笔者绘制。

3. 民主治理公共事务

民主治理公共事务，即社会自治组织通过参与政治过程，表达利益诉求，影响政策取向。达尔所推崇的多元主义非常重视社会自治组织这一功能。在多元主义看来，直接民主有多方面的问题，需要社会自治组织这种中介机构来弥补：原子化的个体异质化程度较高，如果以原子化的方式直接参与政治过程将难以有效地达成政治共识，政治过程往往会变成“乱哄哄”的；原子化的个体力量较小，声音微弱，难以在政治过程中充分表达自己的观点；原子化的个体数量庞大，人人参与政治，将会使政治过程过于漫长，导致“政治肥大症”；原子化的个体在公共理性方面相对不足，这种政治参与容易导致“群氓行为”发生。因此，在原子化的个体与政府之间应该建有中间结构——社会自治组织。它一方面在组织内部达成共识，通过专门的工作人员和表达途径参与政治过程，可以更为有序、有效地表达诉求；另一方面，社会自治组织毕竟是组织化了的个体，其发出的声音带有“群体”意味，更能引起政府和其他群体的重视，使自己的利益诉求上升为政策议程，并最终在政治决策中得以体现。詹姆斯·安德森(James E. Anderson)指出，公共决策过程中存在官方和非官方两类主体。官方的主体即是通常意义上的合法权威组织，如立法机关/立法者、行政机关/行政官员等，而非官方的主体即包括社会自治组织(如利益集团)等。它们虽不享有行政权力，但拥有参与政治的权利，可以通过社会舆论、政策提案、压力行动等进入政策过程。① 他还明确指出：“个人只有当他是团体成员或代表时，他在政治上才是重要的。只有通过团体，个人才能试图获取他们的政治优先权。在任何时候，公共政策都反映占支配地位的集团的利益。”②

虽然安德森的话有些绝对，但是其无疑表明了社会自治组织在民主参与方面的作用。社会自治组织也正是通过民主参与的方式践行了民主治理公共事务的主体身份：在组织内部发挥了自我整合、自我协调的自治功能，又发挥了自我代表、自我表达的自治功能；在组织外部发挥了民主表达、民主参与解决公共问题、处理公共事务的功能，体现了“主体”身份。

(二)基层自治组织

《现代汉语词典》对“基层”一词解释如下：“各种组织中最低的一层，它跟群众的联系最为直接。”③可见，“基层”或“基层组织”有两方面的含义：一是它是一个“相对”的组织层次，指的是“最低”的一层；二是它是与个体直接关联、直接作用于个体的组织层次。从字面上理解，基层组织是任何一种组织体系的“最低的一层”，包括政党的基层组织、国家机关的基层机构、人民团体、社会组织与企、事业单位的基层组织，也包括城乡群众性自治组织。④ 显然，政党的基层组织、国家机关的基层机构属于“国家”的范畴；人民团体、社会组织、事业单位的

①[美]詹姆斯·安德森：《公共政策》，唐亮译，北京：华夏出版社1990年版，第44—58页。

②[美]詹姆斯·安德森：《公共决策》，唐亮译，北京：华夏出版社1990年版，第22页。

③中国社会科学院语言研究所词典编辑室编：《现代汉语词典(修订本)》，北京：商务印书馆1996年版，第585页。

④王乐夫：《中国基层纵横涵义与基层管理制度类型浅析》，载《中山大学学报(社会科学版)》2002年第1期。

基层组织属于“社会组织”的范畴；企业的基层组织则属于“市场组织”的范畴；城乡群众性自治组织才属于“基层自治组织”的范畴，不属于国家权力体系的范畴，虽与基层政府组织有着千丝万缕的联系，也承载着多种多样的政府任务，但属于民间的由基层群众实施自治的组织。在我国，基层自治组织主要包括两种：城市的社区居委会和农村的村民委员会(在我国的法律文本和官方文本中常常被称为“基层群众性自治组织”)。在其他国家也存在类似于社区居委会、村民委员会的基层自治组织，冠以社区理事会、议事会、委员会等名称。①

基层自治组织与社会组织同属于民间性的社会共同体(也可称为社群，英文为“Community”)，具有体制外的社会性身份。但是，两者的差别还是比较明显的。社会组织更多强调的是因利益、理性目标、社会关联、社会资本等而形成的社会共同体，其可能会按照地域的方式组建和运行，如“某某省某某学会”“某某省某某协会”等。但是，社会组织本身并没有空间的属性，不确定空间因素和地缘因素。基层自治组织则不同，具有强烈的空间属性，是地缘性的社会共同体，是附着于特定区域的“地方性社会”，如某某村、某某小区。② 从这个意义上讲，基层自治组织是每个人日常生活所切身面对的。因为，无论是谁，其日常生活都必须依托于一定的地域空间。社会组织虽与其成员利益休戚相关，但其并不以地域空间为依托，所以很多人会游离于所有的社会组织，是名副其实的“个体”。但是，任何人都无法脱离基层自治组织。无论他或她愿意与否、意识到与否，都不可避免地处于某个基层自治组织之中。换言之，社会个体可能因缺乏归属感而对所处社区或村落“毫无感觉”甚至“毫无感情”。但是，他或她却真真切切地生活于其中。

也就是说，基层自治组织的运行是与社会个体日常生活联系最紧密的，其绩效最能触动个体的内心，最能被社会个体所体认。罗斯(M. Ross)曾强调：“社区组织能帮助居民在社区内部寻找他们所需要的资源，发展居民的合作精神，并将这种精神付诸实践。”③正因为如此，“许多公民都不是把自己的时间花在选举或政党政治上，而是在参与一种新型的政治活动，……在街坊邻里、工作

①需要说明，关于基层自治组织的类型存在不少争论，也有学者认为党的基层组织、企业当中的工会基层组织等也都属于基层自治组织。笔者在这里不想进行过多争论，而将城市社区居委会和村民委员会作为此处的论述对象，认为两者及其相关的组织(如居民代表大会、村民大会)等是承载自治功能的基层自治组织。

②马西恒：《社区治理创新》，上海：学林出版社2011年版，第2页。

③转引自杨贵华等：《自组织：社区能力建设的新视域，城市社区自组织能力研究》，北京：社会科学文献出版社2010年版，第19—20页。

团体和社团内从事一些以公民为基础的'草根'(Grass-roots)活动。"①不过,不要小觑基于基层自治组织的参与活动,"这些活动构成了公民权的试验场,在这里,人们正在力图建立彼此之间的新关系和更大范围的政治秩序。"②戴维·奥斯本(David Osborne)和特德·盖布勒(Ted Gaebler)在其名著《改革政府》中就明确对基层自治的重要性感叹,并指出应"把所有权从官僚机构那里夺过来送到社区去。"③

还需要强调的一点是,基层自治组织的运作还体现为成员的自助与互助。④基层自治组织的运作虽然会得到基层政府的支持,但其在最根本的意义上是基层民众的自我管理、自我教育和自我服务,从基层内部生发组织力量、整合运营资源、解决自身问题。这种自治行为无疑意味着基层民众通过自助的方式满足自身需要。当然,个体的力量是软弱、微小的,基层自治组织的运行及其自我管理、自我教育和自我服务行为的发生,就必须以成员的共同努力与集体力量为基础。因此,可以说这种自治行为又透视着基层民众的互助行动和互助精神。托克维尔对这种互助给予了较高评价,他说:"全体公民都是独立的,但又是软弱无力的。他们几乎不能单凭自己的力量去做一番事业,其中的任何人都不能强迫他人来帮助自己。因此,他们如不学会自动地互助,就将全都陷入无能为力的状态。"⑤

基层群众自治组织如何承载自治的运行实践呢?这里以我国的村民委员会和城市居民委员会为例来具体说明。《中华人民共和国村民委员会组织法》(2010年10月28日修订)第二条和第五条分别规定:

> "村民委员会是村民自我管理、自我教育、自我服务的基层群众性自治组织,实行民主选举、民主决策、民主管理、民主监督。村民委员会办理本村的公共事务和公益事业,调解民间纠纷,协助维护社会治安,向人民政府反映村民的意见、要求和提出建议。""村民委员会协助乡、民族乡、镇的人民政府开展工作。"

①[美]珍妮特·V.登哈特等:《新公共服务:服务而不是掌舵》,丁煌译,北京:中国人民大学出版社2004年版,第32页。

②[美]珍妮特·V.登哈特等:《新公共服务:服务而不是掌舵》,丁煌译,北京:中国人民大学出版社2004年版,第32页。

③[美]戴维·奥斯本等:《改革政府:企业家精神如何改革着公共部门》,周敦仁等译,上海:上海译文出版社2006年版,第23页。

④杨贵华等:《自组织:社区能力建设的新视域,城市社区自组织能力研究》,北京:社会科学文献出版社2010年版,第19—20页。

⑤[法]托克维尔:《论美国的民主(下卷)》,董果良译,北京:商务印书馆2003年版,第636—637页。

《中华人民共和国城市居民委员会组织法》(1989年12月26日通过)第二条指出:“居民委员会是居民自我管理、自我教育、自我服务的基层群众性自治组织。”在第三条对居民委员会的任务做出如下规定:

> “(1)宣传宪法、法律、法规和国家的政策,维护居民的合法权益,教育居民履行依法应尽的义务,爱护公共财产,开展多种形式的社会主义精神文明建设活动;(2)办理本居住地区居民的公共事务和公益事业;(3)调解民间纠纷;(4)协助维护社会治安;(5)协助人民政府或者它的派出机关做好与居民利益有关的公共卫生、计划生育、优抚救济、青少年教育等项工作;(6)向人民政府或者它的派出机关反映居民的意见、要求和提出建议。”

从上述两部法律条文中不难看出,基层自治组织与社会组织承载的功能基本相似,也包括三种方式:一是在组织内部实施自治。两部法律都明确基层自治组织要发挥自我管理、自我教育和自我服务的功能,维护成员的合法权益,办理“辖区”内的公共事务和公益事业,调解纠纷、化解矛盾等。

二是与基层政府(如乡镇政府、街道办事处)合作处理公共事务。如,“村民委员会协助乡、民族乡、镇的人民政府开展工作”;居委会应“协助人民政府或者它的派出机关做好与居民利益有关的公共卫生、计划生育、优抚救济、青少年教育等项工作”。笔者在调研过程中也发现,计划生育、安全生产、社会秩序、信访维稳、环境保护和行政执法等基层政府的工作基本上都延伸到了基层自治组织,真可谓是“上面千条线,下面一根针”。可以概括地说,基层自治组织基本上承载了党的建设、社会建设、文化建设、经济建设、环境建设和政治建设等各个领域的工作。单就中国而言,基层自治组织的工作与基层政府的工作具有很强的“同构性”,这使得基层自治组织的自治空间变得狭小,也使得基层自治组织工作压力较大,无暇有效实施自治。这种情况需要改变。因为,在自治的思维方式下,基层社会的生活取向、日常运营不应按照统一规格来安排。[①] 也就是说,自治的基层生活与螺丝钉不一样,不能在世界各地都按照统一规格制造;自治的基层生活与肯德基也不一样,不能在世界各地都以同样的配方制作。所以,基层自治组织与基层政府的合作治理不应转化为“遵照”基层政府开展治理。

---

①*See* S. A. Kauffman, *At Home in the Universe: The Search for the Laws of Self-organization and Complexity*. New York: Oxford University Press, 1995.

三是代表成员，表达成员诉求，参与基层政府的有关决策。如，村委会有“向人民政府反映村民的意见、要求和提出建议”的职责；居委会有“向人民政府或者它的派出机关反映居民的意见、要求和提出建议”的任务。这一点在本质上与社会组织作为“压力集团”参与公共治理的情形相似。需要简单地提一下，据笔者的观察，中国的基层自治组织在这一方面发挥的作用有限。

最后，还需要说明的一点是，基层自治组织不单单是类似于村委会、居委会这样的主体性结构，还包括一些附属性的机制，如村民大会、居民会议；根据需要设立的人民调解、治安保卫、公共卫生等委员会；村民小组、居民小组，以及由基层民众自主设立的各类议事会、委员会、联络机构、草根组织等。它们的具体运作各异，但基本上也以自主治理、合作治理和民主治理三种方式承载自治功能。因此，这里不再赘述。

三、虚拟自治结构

上述自治载体都是有形、具体的组织结构。接下来讨论的公共领域、社会资本和网络组织（互联网组织）都是无形的、虚拟的，但它们却都对自治的运行产生着实实在在的影响，是自治实践的开展所必不可少的载体。

（一）公共领域

学者何增科对公共领域概括介绍说：

> “当代关于公共领域的思想主要得益于哈贝马斯这位当代大思想家。他认为，公共领域是介于私人领域和公共权威之间的一个领域，是一种非官方的公共领域。它是各种公众聚会场所的总称，公众在这一领域对公共权威及其政策和其他共同关心的问题作出评判。自由的、理性的、批判性的讨论构成了这一领域的基本特征。”①

显然，我们不会指着一块儿空旷的场地说：“看，这就是公共领域”。因为我们面前的这块场地仅仅具有物理属性，是一个可供利用的空间而已，并不具备哈贝马斯意义上的“公共属性”。自然，我们也不会在看到一个会议室就说：“瞧，这是公共领域”。因为即使它可能属于公共场所，且被用于公共讨论，但在本质上仍然属于物理空间的范畴，不具备参与公共事务、指涉政治过程的属性。换言之，公共领域的本质特征不取决于它是“聚会的场所”，而是表现在人们自

①何增科：《公民社会与第三部门》，北京：社会科学文献出版社 2000 年版，导论第 4 页。

觉、自由、自主地参与公共事务、理性地讨论公共议题、公开地评判公共政策等行动之中。也正因为如此，笔者将公共领域列为“虚拟”的，而不是可以触摸和直接体验的自治载体。公共领域可被视为“是由享有独立人格和自由平等权利的私人组成并向所有公众自由开放，通过对话商谈、公众舆论、社会压力的形式对国家政治权利和其他社会势力进行监督和制约，并能够推进国家与社会实现良性互动的民间自治领域。”①表现在三方面：

一是在公共领域之内通过自由、公开地评判、论辩形成共识，达成一致或部分一致，据此而产生社会整合的作用，这是社会自治的一种表现。公共领域具有社会沟通、社会整合的功能，“它是以参与者、沟通媒介和（达成）社会共识为内在结构，以能够形成公共伦理和公共理性的公共场所、公共传媒、社团组织和社会运动等公共空间（这些空间都不是物理空间，而是社会空间，它们搭建起的是一种社会性“场域”——引者注）为外在形式的社会文明交往领域。”②

二是基于公共领域的评判、论辩等，产生了一种舆论性的压力，对公共权力领域和公共政策产生影响——表达人们的利益诉求、传递人们的决策偏好。此间，公共领域作为一种中间结构沟通国家与个体的关系。这是其民主治理功能的一种表现。哈贝马斯就曾明确指出：“公共领域是介于国家与社会之间进行调节的一个领域。”③

三是公共领域是开放的，不能随意将某个个体排斥出局，因此公共领域的形成本身就体现为一种民主参与，是参与式自治的直接体现。哈贝马斯指出：“如果说生的欲望和生活必需品的获得发生在私人领域（Oikos）范围内，那么，公共领域（Polis）则为个体提供了广阔的表现空间；如果说前者还使人有些羞涩，那么后者则让人引以为豪。”④公共领域使人自豪的原因是它使人成为公共人，使人参与到社会公共事务当中来，将自己的行为直接指向公共行动路线和社会公共利益，而不再蜷缩在个人生活的“私密空间”之中。也就是说，涉足公共领域当中的“个人和社团活动的主要内容是社会理想、公共伦理的建设，因而它超越了个人市场行为的单纯功利性要求，把活动目标直接指向普遍的社会规则、社会的公共利益的理性目标。”⑤

---

①杨仁忠：《公共领域理论与和谐社会构建》，北京：社会科学文献出版社 2013 年版，第 1 页。
②杨仁忠：《公共领域理论与和谐社会构建》，北京：社会科学文献出版社 2013 年版，第 1 页。
③[德]尤尔根·哈贝马斯：《公共领域》，汪辉译，载《天涯》1997 年第 3 期。
④[德]哈贝马斯：《公共领域的结构转型》，曹卫东等译，上海：学林出版社 1999 年版，第 4 页。
⑤王新生：《市民社会论》，南宁：广西人民出版社 2003 年版，第 83 页。

(二)社会资本

在广义上,可以从三个层面理解社会资本:一是从国有资源和市场资源的角度看,社会资本可被视为由民间力量掌握的市场资源,而非"国有"的。二是从个人和社会关系的角度看,社会资本指的是个体可资利用的社会资源。如关系圈子、熟人等。笔者在江苏某县级市调研时遇到一个被调查者,他的个性特征(热衷于社会交往)、家庭背景(大家族,父辈从政,兄弟姐妹8人)和工作性质(商业保险业)使得他在该市几乎每一家单位都有关系,同他一起出门走在街上,时不时地会有熟人热情地同他打招呼。自然,这种关系资源使他做任何事情都有门路。这可以说是一种带有"裙带"性质的关系资本。①三是从国家与社会的角度看,社会资本指的是因信任、合作、互赖等而产生的一种行动力量,尤其是在社会基层,这种行动力量可以促成互助和集体行动,是"草根"自治组织产生的主要根源,也是其得以运行的基本纽带。帕特南在《使民主运转起来》、奥斯特罗姆在《公共事物的治理之道》之中强调的正是此种意义上的社会资本。

对于社会自治的运行而言,第一层面的社会资本是社会自治得以出现、运行的资源基础。学者们大都认为社会自治组织的发展和作用发挥都需以市场经济的发展为基础,而市场经济的发展本质上就体现为"社会资本"的丰富。因此,虽然市场资源意义上的社会资本并非政治学范畴的存在,但其对自治的运作有一定的帮助,这一点不能否认。

第二层面的社会资本属于社会学范畴,更多强调人类社会中的人际关联及其社会功能。它有一定的社会互助功能,并在这一意义上对社会自治发挥作用。但需要强调指出的是,此种分析更多关注于宏观的社会分析,并没有将视角专注于社会自治及其运行之上。

对社会自治发挥积极作用,并将社会自治作为研究专题的是第三层面的"社会资本"。简单而言,社会资本因信任、合作、互惠和互赖等减少机会主义行为取向,促成当事人自动约束自己的一些有碍共同行动和集体利益的欲望,减少甚至避免那些破坏秩序、妨害共同利益的行为。"所有的人际交往行为都需要一定程度的可预见性。"②这是共同行动基础,如果相互猜忌泛滥、机会主义横行,在政府之外的自组织机制将无法运行。如何提高"人际交往的可预见性"呢?除了依托公共权力而产生的"制度"之外,还有社会资本。中国有句古话:"上阵父子兵,打虎亲兄弟"说得就是这个道理。试想,上阵与打虎都是危险性

---

①卜长莉:《社会资本与社会和谐》,北京:社会科学文献出版社2005年版,第76—92页。

②[德]柯武刚等:《制度经济学:社会秩序与公共政策》,韩朝华译,北京:商务印书馆2000年版,第1页。

极高的行动，如果行动各方能够毫不迟疑地按照预定计划进行，绝不会退缩、逃避，且能够在对方有危险时奋不顾身地出手帮忙。这种行为的可预见性能够激发一股十分强大共同行动、相互支持的力量，也能够使行动者在最危险的状态下保持最大程度的安全性。因此，只有类似于“亲兄弟”、“父子”之间的关系才能产生亘古不变的信任。帕特南说道：“在一个共同体中，信任水平越高，合作的可能性就越大。而且，合作本身会带来信任”；“信任意味着对独立行动者之行为有预测。”①

通过上述简单阐述，不难得出一个结论：社会自治体的产生、运行和存续需要社会资本的存在。我们知道，社会自治的运行并不依赖强制性的制度，更不是遵循公共权力的运行规则，而是依赖志愿性、社会性的原则来维系。尔虞我诈、自私自利将会使社会自治组织、基层自治组织等社会自治体趋于溃垮。因此，有学者指出：“互惠、公共责任、道德义务是一个社会获得稳定和成功的关键所在，同时，也是一个繁荣的市民社会应该具有的东西。”②这里需要特别强调，此处的“市民社会”既是社会自治的产物，也可以说是社会自治的基本表现。奥斯特罗姆在《公共事物的治理之道》一书中指出：“本项研究的中心问题是一群相互依赖的委托人如何才能把自己组织起来，进行自主治理，从而能够在所有人都面对搭便车、规避责任或其他机会主义行为诱惑的情况下，取得持久的共同收益。”③也就是说，她十分明白自治的运行面临很多挑战。为此，她将如何“进行自主治理”作为自己的研究主题。在该著中，她阐明进行自主治理需要解决制度供给（即自治组织如何产生）、可信承诺和相互监督问题，其中制度供给和可信承诺都与社会资本直接相关。

（三）互联网（internet work）组织

安德鲁·查德威克（Andrew Chadwick）在《互联网政治学》中指出：

> “互联网提高政治参与度的功能来自于潜在的社团。这种观点认为，互联网是医治当代社会已知弊端的一副药剂：孤独、分裂、争强好胜的个人主义、本土身份的消弱、传统宗教与家庭结构的衰微，以及爱

①［美］罗伯特·帕特南：《使民主运转起来：现代意大利的公民传统》，王列等译，南昌：江西人民出版社2001年版，第200页。

②［美］C. 格鲁特尔特等：《社会资本在发展中的作用》，黄载曦等译，成都：西南财经大学出版社2004年版，第376页。

③［美］埃莉诺·奥斯特罗姆：《公共事物的治理之道：集体行动制度的演进》，余逊达等译，上海：上海三联书店2000年版，第51页。

慕与交流的情感方式的减少。……在现代社会中,对于乡愁情感的寻找,每天都遍布在聊天室、讨论板和个人主页上。参与式民主的一些主张认为,强势社团意味着强势民主。因此,政治冷漠是社团枯萎的结果。他们还断言,网络空间中会有重新改造过的社团和由此引发的更高程度的政治参与。”①

查德威克的这段话至少表达了如下几方面的含义:

第一,现代社会中个体的原子化程度增强,社会资本量下降。帕特南在《独自打保龄》中明确指出:“普遍互惠的规范是一个黄金规则,是文明生活的基石,所有崇高的道德准则都包含有这个规范的一定要素。而推崇私利的‘唯我独尊年代’,则以‘人不助我,我不助人’为特征,这是对互惠准则的颠覆和讽刺。”②他在该书的第六章还详细分析指出:“随着社会的发展,互惠、诚实和信任等社会资本的要素日趋衰微,人际之间的单子化程度日趋强烈。这将严重影响社会的互助与合作,导致社会自治的可能性降低,影响自治组织的生成、存续和运行。”③出现这一情况的原因很多也很复杂,其中一个非常重要的原因是市场经济的发展使理性计算、个体主义充斥人们的头脑,人们之间的共同体情感以及互惠、信任等社会资本要素日渐衰微。

第二,互联网有助于消弱原子化程度,提高社会资本存量,提升社会自治度。在查德威克看来,互联网的发展可以减少“独自打保龄”的现象。因为互联网有着强大的社会交互功能——与电视、报纸等等单向交流媒体不同,互联网有“写入”功能,使用者既可以从互联网上读取信息,也可以通过互联网发表自己的观点。比如,通过论坛、贴吧、门户网站的评论版块、各种交流工具(QQ、MSN、飞信、微信、微博)等进行信息传递与交流。重要的是,虽不能排除“数字鸿沟”的影响,但互联网交流的便捷性极强、门槛很低。互联网的这种交流功能使得人与人之间的交互增多,交互的灵活性增强,无疑有助于削弱人们的原子化程度,提高社会资本的存量。比如,各种 QQ 群、飞信群、微信群、论坛、博客(微博)可以把在现实生活中无直接关联的人链接起来,只要他们对某一议题感兴趣,就可以随时参与、随时发言。在某种程度上可以认为,互联网上的 QQ

①[英]安德鲁·查德威克:《互联网政治学:国家、公民与新传播技术》,任孟山译,北京:华夏出版社 2010 年版,第 33 页。

②[美]罗伯特·帕特南:《独自打保龄:美国社区的衰落与复兴》,刘波等译,北京:北京大学出版社 2011 年版,第 148—149 页。

③[美]罗伯特·帕特南:《独自打保龄:美国社区的衰落与复兴》,刘波等译,北京:北京大学出版社 2011 年版,第 148—166 页。实际上,在上面引用的那段话中查德威克也参考了帕特南的这些观点。

群、飞信群等已经成为了一种“社会自治组织”形式，具备了社会自治组织的很多特征。例如，某品牌婴幼儿奶粉出了质量问题，妈妈们就利用 QQ 群来讨论维权方案、揭露质量黑幕；很多私家车主都加入了相应品牌的 QQ 群——别克英朗群、大众帕萨特群等等，车主们在群中沟通车辆信息、分享行车经验、甚至发起结伴旅游、互助互济等活动。显而易见，虽然网络上的这些组织的正式性程度不高、成员进退的随意性很强、成员的责权利也不清晰更未制度化，但不能否认这种虚拟的组织形式已经会聚了社会资本，发挥了自治功能。互联网上的“组织”在此种意义上承载了相当一部分自治功能。

当然，也有一部分观点认为互联网加剧了社会的原子化程度，每个人都独自面对电脑，忘情于网络虚拟平台之中，而忽略了自己是现实世界的人。这一观点不无道理。但是在笔者看来，互联网作为一种交互工具对于社会自治的运行发挥了重要功能。

第三，互联网还有助于提升社会参与度，这也是提升民主自治的表现之一。查德威克书中有一句戏谑的话：“一个很久以来广为流传的时髦语句来自于彼得·施泰纳 1993 年在著名的《纽约客》杂志上对于坐在电脑桌旁的两条狗的描绘：在互联网上，没有人知道你是一条狗。”[①]这句话虽然有讽刺意味，但其无疑表明了互联网的一个重要特征，互联网以电子符号的方式实现信息传递和观点表达，而并非人类的语言，也不带有语调、语气。互联网交互不通过具体的面对面实施，因此可以甩掉很多现实社会中“包袱”——同领导直接面谈的顾忌肯定比你在网络中留言的顾忌要多得多。这是互联网的“匿名性”使然。也正因为其匿名性，再加上其便捷性、写入性和传播的广泛性，使得互联网成为了参与公共生活、表达公共诉求的工具，人们也非常习惯于使用互联网表达“政见”。在此种意义上，可以将互联网视作“广场”，人们在这一广场上发表观点形成舆论，可以对现实的政治领域和公共生活产生“压力”。在如今，政府的运行常常得看“网络舆论的眼色行事”——互联网上的声音越来对政府运行产生影响。至此，我们可以得出结论，互联网不仅可以将人们组织起来实施自治，也可以作为哈贝马斯意义上的公共领域承载民主治理功能，与利益集团等的民主治理功能无异，这是一种民主意义上的“自治”。当然，学界对互联网的民主治理功能也有一些争论：一种观点认为互联网在这一过程中是一种工具性的存在，互联网发挥此种功能完全是因为它是一种交互技术；另一种观点认为互联网在这一过程

①[英]安德鲁·查德威克：《互联网政治学：国家、公民与新传播技术》，任孟山译，北京：华夏出版社 2010 年版，第 33 页。

中是一种主体性的存在，互联网及其搭建的公共领域作为一种社会自治机制在参与政治、表达诉求。两种观点都有来自现实的例证。不过，笔者更倾向于第二种观点。

互联网组织本质上构成了现代社会公共领域的重要一员，也是现代公民社会的重要构成要素。只不过它的作用日益显现，可以被视为一种独立的自治机制，所以此处将之单独阐释。

第三节　自治的文化与精神

在某种意义上可以说，本章第二节“自治的结构与载体”是在“结构——功能”意义上讨论自治的运行。“功能”即与自治有关的各种需求；“结构”则是满足这些需求的组织机制，发挥自治功能的结构与载体。而这一节则是在“结构——文化”意义上讨论自治的运行问题。

文化在解释人类行为的原因、表现等方面具有重要意义。因为人是理性的，具有思维能力，所以人们往往会赋予外在事物以一定的价值意义。或者依据某种价值意义行动，或者依据某种价值意义对自然事物和社会行为等实施评价，或者依据某种价值意义来诠释自然事物和社会行动，或者依据某种价值意义来教化、形塑特定社会行为和秩序，等等。从“文化”的经典定义也可以看出这一点。克罗伯(A. L. Kroeber)等在归纳、比较了 164 种“文化”定义以后，给出了一个相对综合的定义：“文化存在于各种内隐的和外显的模式之中，借助符号的运用得以学习和传播，并构成人类群体的特殊成就，这些成就包括他们制造物品的各种具体式样，文化的基本要素是传统(通过历史衍生和由选择得到的)思想观念和价值，其中尤以价值观最为重要。”[①]显然，一方面我们可以说，文化是社会结构的一种特性，可以被理解为一种行为模式和行事风格、精神特质，用以标识某种社会结构与另一种社会结构的区别，“文化只有在社会结构发挥功能时才能显现出来，如果离开社会结构体系就观察不到文化”；另一方面，文化也具有社会建构属性，可以被理解为促动某种行为模式发生、发展的动力和源泉，是使一切外物烙上人类印记的原初因素，“现实是社会性地被建构起来的，思想能够赋予行为以意义，能够塑造个人和群体的面貌。”[②]

①A. L. Kroeber etc. *Culture, a Critical Review of Concepts and Definitions*. Harvard University Press,1952. 转引自张敦福主编:《现代社会学教程(第 2 版)》,北京:高等教育出版社 2007 年版,第 99 页。

②张敦福主编:《现代社会学教程(第 2 版)》,北京:高等教育出版社 2007 年版,第 100 页。

组织文化理论直接承认“文化”对于社会结构的建构性作用。组织文化学派的先锋人物埃德加·沙因(Edgar Schein)强调,组织中潜藏着一种行为假定,该假定可能是人为构建形成的(如被组织领导所倡导),但其却是“无意识”地构成了组织行动的原动力,组织的成长、瓦解、转变等都受到这种原动力的不知不觉地影响,组织成员也都以这种行为假定为导引,解释自己的角色、选择自己的目标、确定自己是否与其他成员合作等。① 麦瑞尔·路易斯(Meryl R. Louis)认为,本属于语言系统的符号、习俗、传奇、比喻和仪式等对个人的认知、组织成员的互动有着不容忽视的作用:

> “对于一个社会系统来说,其固有的意义和关联的规则充当了使得人们的行为得以形成的社会理想。这些社会理想规定了人们应当做什么,不应当做什么。相应地,社会理想构成了价值和关联的系统。个人和组织正是通过这一系统制定目标、确立抱负、激励行为、评判绩效的。” ②

琳达·斯默西奇(Linda Smircich)也非常明确地强调了文化对于社会结构的积极作用,在他看来:

> “组织是作为不同程度的共有意义的系统而存在的。共同的感受被认为是理所当然,这对于继续进行有组织的活动是必要的,它可以使得组织成员的相互作用在没有过多解释的情况下也能照常发生。借助于仪式、标记、口号、特殊的词汇,组织中的共有意义就能发展和持久化。” ③

概言之,文化表征着一种内在的品性,自治的结构和载体也需要以一定的品性为基础和导引,否则自治体要么不能有效、有序运行,要么不能充分体现自治应有的特征。

我国学者何增科曾指出,作为社会自治的重要要素之一“公民社会”包括两大要素:一是结构性要素,如私人领域、志愿性社团、各个领域和社会运动;二是文化要素,即“公民社会不仅包括上述结构性要素,还包括与之互为表里和相互

---

①朱国云:《组织理论:历史与流派》,南京:南京大学出版社 1997 年版,第十六章。
②转引自朱国云:《组织理论:历史与流派》,南京:南京大学出版社 1997 年版,第 359 页。
③转引自朱国云:《组织理论:历史与流派》,南京:南京大学出版社 1997 年版,第 365 页。

支持的基本价值或原则，后者构成公民社会之文化特征。”[①]正是基于此，这一节着重讨论支撑自治体系运行的文化与精神要素——个人主义、社会优先、权利本位、价值多元和宪政精神。

一、个人主义

从个体出发的政治观念为自治奠定了基础，独立、自主、自由的个体是支撑现代政治自治的基本因素。如前文所述，在集体主义“弥漫”的氏族部落中，成员直接参与处理氏族事务，整个氏族因此而带有成员“自治”的意味。但是，此种参与并不是一种权利意识的体现，也不是权利身份的促动，更多可以被解释为自然而然的生物性本能。因为，受极端低下的生产力的制约，必须“全员”参与才能获取生存资料，延续基因。在城邦共同体“至善”的城邦中，也有直接民主参与，但此时的参与似乎可以被理解为一种来自共同体的“集体压力”——只有热心地、积极地参与城邦公共事务，才符合共同体对个体的道德预期。相反，专注于家庭事务和个人经济利益的人是不具备道德合法性的。因此，宁可甘于清贫，也要在广场上高谈阔论。并且，参与城邦公共事务的目的指向也不在于家庭和个体利益，不在于表达自己的利益偏好，而在于追求城邦共同体的公共利益。在此意义上可以说，城邦中的公民有点被道德预期和共同体至善“逼”进广场的意味，而不是为了表达诉求、维护权利的主动参与。在教权和王权双重压制下的西欧中世纪以及王权专制主义横行的中国传统社会，虽然有“权力真空”间隙的“自然安治”，但是个体权利在整个公共领域中一文不值，根本无法与教权或王权相提并论。所以，此时的“自然安治”与现代意义上的自治相去甚远。综上所述，自治是近代以来共同体观念日渐式微、个人主义观念日趋兴盛的结果，自治的制度和实践也是近代以来的事。在这个意义上讲，人类社会的近代化、现代化是以个体的解放为前提的。或者说，从个体而不是共同体，从个体权利而不是王权、上帝出发思考政治问题、设计公共生活是近现代转型的第一个环节。梅因的《古代法》、邦贡斯当的《古代人的自由与现代人的自由》、滕尼斯的《共同体与社会》都对这一问题进行了阐释。

现代意义上的自治正是以个体主义政治观念为依据的。自治在政治上被提倡和确认，具有强烈的自由主义取向，而这恰恰需要个人主义观念为支撑。正如萨拜因所指出的那样：“这种或那种形式的个人主义通常被自由主义者认

①何增科：《公民社会与第三部门》，北京：社会科学文献出版社2000年版，导言第4—5页。

为是任何价值准则理论的公理。”①人是一个“矛盾体”，一方面需要在社会中生存，并通过社会合作实现目标，这要求个体放弃自己的一些“原始冲动”，约束自己的机会主义、本位主义和原子主义等取向，也需要接受外部的一些约束。另一方面，需要保持一定的独立和自主特性。因为，生存于完全强制中的个体与奴隶、宠物并无二致。哈耶克在《自由秩序原理》从“外部约束”和“个人自由”两方面指出：“作为文明社会成员的人在追求个人目的方面，之所以比脱离了社会而独自生活的人更能成功，其部分原因是文明能使他们不断地从其个人并不拥有的知识中获益。”自然，为得到“个人并不拥有的知识”并从中获益需要合作并接受适当的约束，所以，“这种强制行动也构成了个人制作和实施其计划所凭借的各种基本依据。”但是，外部强制行动必须以个体权利为依据，或者说外部强制的合法性是建立在权利保护的基础之上的。相反，外部的无端“强制之所以是一种恶，完全是因为它据此把人视做一无力思想和不能评估之人，实际上是把人彻底沦为了实现他人目标的工具。”②具体而言，“既然每个人都是自足的价值主体，那就应该让他们自行其是，各负其责。”③首先，得承认并在制度上确认、支持个体自治，并将之延伸至团体自治、地方自治等——既然个体有自治的权利，那么自治的个体组建团体开展自我管理、自我教育、自我服务和自我监督就是合情合理的，在自己所生存生活的基层社区和地方因地、因时制宜地自治也就是合情合理的。另外，有效有序的自治可以快速便捷地处理基层事务或地方事务，这也是符合效率、效益和效果等“3E”标准的。所以，自治是对个人主义的承认和确认，同时个人主义也是支撑自治运行的文化基础。

个人主义支撑自治体的运行。居于完全强制情境之中毫无自由自主的个体是无法支撑自治的。康保锐(Berthold Kuhn)曾明确指出：具有自治属性的“公民社会空间是通过单个的个人和其活动范围而得到表现的”，因此，“公民社会参与者的表现的趋势是，作为制度转轨的主人翁而表现自己。”④具体而言，个人主义对自治体运行的支撑表现在如下三方面：一是主体意识。即个体在内心深处确认自己的主体资格，处理涉及到自己的相关事务；拥有权利意识(如自由意识、参与意识、平等意识、自主意识等)，并通过积极行动维护自己的权利，也

①[美]乔治·萨拜因：《政治学说史(下册)》，刘山等译，北京：商务印书馆1986年版，第814页。

②[英]弗里德利希·冯·哈耶克：《自由秩序原理(上)》，邓正来译，北京：生活·读书·新知三联书店1997年版，第23页、第18页、第17页。

③张凤阳等：《政治哲学关键词》，南京：南京大学出版社2006年版，第41页。

④[德]康保锐：《市场与国家之间的发展政策：公民社会组织的可能性与界限》，隋学礼译，北京：中国人民大学出版社2009年版，第69页、第82页。

要求政府采取行动保护自己的权利不受侵害。二是公共素养。即个体以积极行动践行自己的主体责任，积极参与到公共生活当中，在公共理性和公共责任规范的昭示下表达诉求、协商妥协、包容他者、精诚合作；拥有一定的公德意识，按照社会共同认可的"公民美德"行事，如中央办公厅印发《关于培育和践行社会主义核心价值观的意见》中关于公民个人层面的"8 字"价值准则：爱国、敬业、诚信、友善。[①] 三是自主能力。即个体可以以理性而不盲从、主动而不被动、自主而不依附的方式参与公共生活、处理自身事务。如果缺乏上述三种特质，自治要么无法有效展开，要么无法有序进行。在政治哲学界和实务界，很多人不止一次地论证和说明：个体主义文化的缺失和不足使得国家和政府不得不"亲自出马"处理很多本不应处理的事务。换言之，个体主义与自治能力成正比关系，个体主义文化的缺失和不足使得自治机制无法充分发挥其公共功能，使得国家和政府不得以而侵入自治领域，"越俎代庖"。

这里需要强调，个人主义不是民粹主义，也不是原子主义。民粹主义(Populism)，也被译为平民主义，它没有明确的概念，具有许多思想意识的特征，在许多理论流派那里也都能取得"共鸣"(虽然这种共鸣可能是表面上的而不是本质上的)。保罗·塔格特(Paul Taggart)就曾风趣地写道："民粹主义有一个基本特性：即概念上的尴尬的不确定性。"[②]但民粹主义有一些大家所公认的思想取向，诸如[③]：毫无原则地极端强调普通民众的重要性，政治制度、政治行为等以整体性的普通民众(即"全体人民")的价值、偏好为终极源泉和圭臬；主张同一性，否定社会个体之间的差异性，因此人们结成了一种非对抗性的、系统协调的"共同体"，并以整体的方式表达诉求、确定政治制度；主张取消代议制，人们以"整体"的方式直接参与政治过程和公共生活；主张政治行动应代表"整体"的民众利益，依据"整体"的民众的意愿来改革现存政治制度，哪怕民众的意愿接近"群氓"逻辑而过于激进；主张通过动员式的方法整合政治资源、开展政治行动。显然，民粹主义多少有点打着"整体性的民众"的旗帜、以"整体性的民众"的名义表达政治观点、设计政治制度、动员政治资源、开展政治行动的意味，它不是以个体权利优先为价值依据的，甚至主张取消个体差异性，通过"整体"的方式对当局施加压力，论证改革缘由。这在本质上是漠视个体权利、抹杀个

①《人民日报》2014 年 2 月 12 日头版。

②[英]保罗·塔格特：《民粹主义》，袁明旭译，长春：吉林人民出版社 2005 年版，第 1 页。

③张莉：《西欧民主制度的幽灵：右翼民粹主义政党研究》，北京：中央编译出版社 2011 年版；林红：《民粹主义：概念、理论与实证》，北京：中央编译出版社 2007 年版；[英]保罗·塔格特：《民粹主义》，袁明旭译，长春：吉林人民出版社 2005 年版。

体主体性的——个体在“整体性的民众”的压力下无足轻重。可以说，国家主义为社会个体压上了“国家”这座大山，而民粹主义则为社会个体罩上了“整体性”这张大幕。“民粹主义者运用人民的语言并非因为它表达了根深蒂固的主权在民的民主信念，而是因为‘人民’（整体性的民众——引者注）居于中心地位。”① 不难看出，民粹主义的主张和行动对于具体保护什么、保护谁都不明确，相反，反对什么、整肃谁倒是很容易界定，这就为多数暴政提供了可能。显然，这与自治的观念相去甚远。

个体主义不同于原子主义相对容易理解。原子主义强调个体的绝对主导和价值优先，一切外物都是居于次要地位的。在原子主义的观念中，社会合作与秩序、个体自我约束与妥协都是不被接受的，一切“唯我独尊”。显然，原子主义的政治状态与“狼与狼”的状态相类。它并不是对个体权利和主体性的确认，而是对个体自然取向的无原则强调。不仅会使社会秩序、社会合作荡然无存，而且也使得人与人之间的共享观念、共有意义消失殆尽，最终导致社会的严重“碎片化”，削弱了社会秩序之基。而自治观念则具有清晰的合作主义取向，不仅认为获得共享观念、建构共有意义是必要的，而且主张自治体内部、自治体之间以及自治体与外部世界之间的包容、协同与合作。

二、社会优先

学者曾峻在《公共秩序的制度安排》一书中开门见山地指出：

> “透过纷繁复杂的政治关系，人们又隐约感觉到，似乎万变不离其宗，有一根红线跨越了漫长的历史长河，跨越了不同经济、文化形态的政治形式。这根红线不是单股线，而类似生命中的双螺旋图，由两条线构成，它们若即若离，冲突着又彼此不能分离。构成这两条线的分别为国家与社会，通过把握这对范畴我们可以更好地了解各种政治要素的关系及整个政治形态的变迁。”②

既然国家与社会构成了政治关系中若即若离、彼此交融的基本要素，那么国家与社会关系的处理也就必不可少地构成了政治哲学所考察的核心内容。国家代表着通过控制实现秩序的要素，社会则代表着通过自治实现目标的手段，因此政治哲学研究绕不开国家强制与社会自治之间的多元关系，也绕不开

①[英]保罗·塔格特：《民粹主义》，袁明旭译，长春：吉林人民出版社 2005 年版，第 128 页。
②曾峻：《公共秩序的制度安排：国家与社会关系的框架及其运用》，上海：学林出版社 2005 年版，第 1 页。

对偏爱国家强制抑或偏爱社会自治的价值研判和理性选择。[①]这样就形成了两种最基本的理论线路:国家优先还是社会优先。[②]

国家优先在本质上是反自治的。国家优先观念包括如下几方面:以秩序为第一目的,以控制为基本手段,认为个体理性和社会自我管理无力消除内部冲突,需要国家和政府来干预;认为国家与政府是国内、国际经济活动的重要主体,国有经济应是国民经济的主体,并在就业、经济发展规划、重要经济资源掌控等方面发挥主导作用;国家与政府在民生方面(如教育、卫生、社保、文化等)也扮演主导角色。[③] 不难看出,国家优先的观念主张国家与政府掌控一切领域的主要资源,占据经济社会发展的主要领域,并不为任何中介性的自治体预留可配置资源和生存空间,即"国家直接面对民众,中间缓冲层缺失,社会自治和自组织能力受到剥夺和抑制。"[④]近代以来,马基雅维里、卢梭、黑格尔等秉持的就是这种思想观念。[⑤] 因此,在他们那里国家和政府的控制、秩序的形成是居于第一位的,而社会自治则不被重视。

社会优先是支撑自治的文化基础。社会优先的观念与国家优先完全相反,以自由、民主等权利为第一目的,国家和政府的控制仅在服务于第一目的的前提下才具有合法性;认为社会具有相当的公共理性,可以通过自主治理的方式处理内部冲突,解决内部事务,国家和政府的外部干预边界因此而非常有限,主要集中在国防、基本公共服务等领域;认为国家和政府等"共同体"的存在必不可少地会要求社会个体"服从",多多少少会对个体权利带来损害和风险;认为国家和政府可能会超出"手段"的范畴,将自己由"仆人"转变为"主人"(马克思语),严重者甚至会侵入个体权利空间和社会自主领域,所以,对于任何干预行为都要"慎重",法不允许则不可为,且要受到程序约束和来自其他主体的监督;在国防、基本公共服务等领域之外,大量的领域都属于社会自治体的作用范围。概而言之,社会优先的基本观点有二:一是减少政府的干预范围,防止公共权力对社会权利及其自治空间的无端干预;二是推崇社会自治。由此不难看出,社会优先的观念是自治运行的文化基础之一,相反,在"国家优先"的情境中并不存在自治的存续空间。

---

①张康之等:《新市民社会背景下的国家与社会治理》,载《文史哲》2011 年第 1 期。

②庞金友:《国家与社会:近代西方的理论视角》,载《中共宁波市委党校学报》2008 年第 1 期。

③根据百度百科"国家主义"条整理。

④孙立平等:《动员与参与:第 3 部门募捐机制个案研究》,杭州:浙江人民出版社 1999 年版,第 19 页。

⑤庞金友:《国家与社会:近代西方的理论视角》,载《中共宁波市委党校学报》2008 年第 1 期。

三、权利本位

人类社会的存续需要解决三方面的基本问题：关系的协调，资源的分配和价值的选择。关系的协调以“权力”为中心，目的在于使不同偏好的个体、多元的主体形式达成一致、取得共识、形成秩序；资源的分配以“权利”为中心，目的在于解决谁在何时何地应该得到什么，如何得到这些该得到的，得到的数量是多少等；价值的选择以“文化”为中心，目的在于为人类的行为赋予某种宗教的、美学的等方面的意义，解决如何做才是“正当”的问题。显然，“权力”涉及控制、约束等方面，“权利”涉及获得、利益等方面，“文化”涉及价值规范、伦理等方面。

对于政治生活实践而言，人们更多关注关系的协调和资源的分配。或者说，政治哲学在很大程度上关注权力和权利两个问题。

权力，英文翻译是“power”，直译为“力量”，在政治学中可被理解为强制别人服从的力量。单从字面上看，作为“power”的权力似乎就不是温文尔雅、中道温良的。在政治学中，权力往往与控制、约束、强制、服从等相联系。比如，拉斯韦尔等指出：“权力是政治科学尤为关注的一种服从的价值”；“权力也许是政治科学中最基本的概念：政治过程是权力（从更广泛的意义来讲，是所有的服从价值，或者是一般意义上的影响力）的形成、分配与运用。”[①]丹尼斯·朗（Denis H. Wrong）指出：权力关系虽然具有相互性，但这种相互性与其“非对称性”相比要弱很多，“权力关系的非对称性在于掌权者对权力对象的行为实施较大的控制，而不是相反。”[②]贝特朗·儒旺纳尔（Bertrand de Jouvenel）也指出：“权力或权威有三个特性：广延性是指遵从掌权者命令的 B（权力对象）数量很多；综合性是指 A（掌权者）能够调动 B 所采取的各种行动种类很多；最后，强度是指 A 的命令能够推行很远而不影响服从。”[③]不难看出，可以从不同的角度来定义和理解权力，权力也具有多个方面的特性。但是，权力有个非常突出的特性——命令与服从、强制与服从。

权力本位强调国家制度、权力机制和行政强制取代社会制度和自治机制而“成为调节社会成员的生产生活的基本方式，社会所拥有的自我调节机制和制

①［美］哈罗德·拉斯韦尔等：《权力与社会：一项政治研究的框架》，王菲易译，上海：上海人民出版社 2012 年版，第 82 页、第 83 页。从该著的名称亦可清晰地看出，在拉斯韦尔等看来，政治主要包括两个范畴：一是与国家、强制等有关的“权力”；二是与权利等有关的“社会”。国家与社会构成了政治范畴中相互区别又相互依存、缠绕的两个层面。

②［美］丹尼斯·朗：《权力论》，陆震纶等译，北京：中国社会科学出版社 2001 年版，第 10 页。

③转引自［美］丹尼斯·朗：《权力论》，陆震纶等译，北京：中国社会科学出版社 2001 年版，第 15 页。

度、规范被国家强制力抑制或与国家强制力结合在一起。”[①]也可以说，权力本位认为大众的理性不足以自行形成秩序，所以需要外部的强制和约束，强调政府组织在整个人类社会集体行动中的作用，强调行政强制机制在维持秩序、形成共识方面的主导作用。洛克曾说过：“政府之所以为政府，不是因为政府这个名称本身，而是因为与之密不可分的权力的行使与运用。”[②]从这句话中不难看出，政府的作用就在于运用权力，通过行政强制来约束人们的一些不适当行为，控制那些可能危害公共秩序、共同利益的行为。权力本位对政府及其强制机制的认可是可以理解的，但是如果片面地强调这一点，则无疑会陷入“片面地深刻”的陷阱。

显然，权力本位的观念漠视社会理性，排斥社会自治，而权利本位则相反。权利，英文翻译是“right”，可直译为“正当”、“正确”。权力与服从相对应，权利与义务相对应。因此，可以这么理解：权力意味着特定主体要付出，也要服从其他主体的强制安排，被强制的主体仅仅是权力拥有者的一种手段性的要素，并非目的；权利则相反，它是特定主体应该享有的某种身份资格和获得某种待遇的主体资格，在权利范畴中，权利主体是目的性的要素。正如伊曼努尔·康德(Immanuel Kant)所言：“每个有理性的东西都必须服从这样的规律，不论是谁在任何时候都不应该把自己和他人仅仅当作工具，而应该永远看作自身就是目的。”[③]换言之，权力将人们束缚于“奴隶王国”，虽然人们可以在其中安享秩序，但却失去了自由、自主乃至主体的资格与身份，自主治理自身事务因此而无从谈起。权利将人们置于“目的王国”(康德语)，赋予人们以自由、自主和主体地位，自主治理自身事务因此而顺理成章。

“权利优先”的观念也是政治哲学的现代化转变以及政治制度的现代化转型过程中的头等大事。虽然近代学者所列举的权利清单不尽相同，但有一点是一致的，权利优先而不是权力优先是他们的基本观念——从权利的保障和实现出发来理解政治权力、设计政治制度。甚至有学者直接说道：“人权(人权是人们享有的一种权利，或者说人权是人们享有的最基本的最起码的权利——引者注)概念是当今西方最引人注目的政治词藻之一。一个保护人权的制度就是好

---

①曾峻：《公共秩序的制度安排：国家与社会关系的框架及其运用》，上海：学林出版社2005年版，第93页。

②转引自[美]哈罗德·拉斯韦尔等：《权力与社会：一项政治研究的框架》，王菲易译，上海：上海人民出版社2012年版，封二。

③[德]伊曼努尔·康德：《道德形而上学原理》，苗力田译，上海：上海人民出版社1986年版，第86页。

制度。一个侵犯人权甚至根本不承认人权的制度便是坏制度。”[①]关于权利的价值依据、主要内容、衡量标准、制度保障等是政治学界不厌其烦地讨论的问题，这里不做赘述。只强调，权利优先的观念赋予了个体以主体、目的的资格，为个体自治以及团体自治提供了文化基础。

权利本位强调尊重每一个个体的权利。在政治共同体中，权利与义务是一对相互缠绕、共同存在的“双螺旋”。但是，个体作为权利的享有者，具备主体身份，应该享有生命权、自由权、自主权、自治权和财产权等等，民众因此而成为政治生活的主角、政治制度的目的。与民众权利相对应的义务一方面需要个体通过“公民美德”来承担，另一方面需要国家通过强制机制和制度规范来承担。而且，国家作为这种义务的承担者更应该被强调。从这个意义上看，国家或政府是一种工具性的存在。[②] 它不能“反客为主”，更不能异化为奴役“主人”（即权利的享有者）的存在。显然，权利本位的观念尊重民众的主体身份，并通过制度保障这种主体身份的实现，限制权力的行为边界，防止其无端扩张而压缩社会自治空间。在马克思主义看来，国家机器及其权力机制存在的基础是维护社会共同利益，防止社会陷入自我冲突和矛盾（恩格斯在《家庭、私有制和国家起源》中界定“国家”这一概念时就明确说明了这一点[③]）。也就是说，国家属于“社会的工具”和“公仆”的范畴。只不过，资本主义国家机器在本质上是“凌驾于社会之上的机构”[④]异化成了制约社会和人全面发展的桎梏。因此，马克思主义指出要消灭国家机器实现社会自治，即构建“自由人的联合体”。[⑤] 以洛克等为代表的“社会契约论”也持有相似观点：社会内在的不足需要通过外部力量——国家或政府的权力机制来弥补，虽然国家或政府可能会越界而侵害人们的自由、自主等权利，但它的确是“必不可少的恶”。此间，国家或政府是“派生”的工具性要素，目的是实现社会的秩序、维护人们的权利。国家和政府“必不可少”是因为它们具有实现秩序、维护权利的工具价值，它们的合法性也来自于这些工具价

①[英]A. J. M. 米尔恩：《人的权利与人的多样性：人权哲学》，夏勇等译，北京：中国大百科全书出版社1995年版，第1页。

②张凤阳等：《政治哲学关键词》，南京：江苏人民出版社2006年版，第13页。

③恩格斯说：“国家是承认：这个社会陷入了不可解决的自我矛盾，分裂为不可调和的对立面而又无力摆脱这些对立面。而为了使这些对立面，这些经济利益互相冲突的阶级，不致在无谓的斗争中把自己和社会消灭，就需要有一种表面上凌驾于社会之上的力量，这种力量应当缓和冲突，把冲突保持在‘秩序’的范围以内；这种从社会中产生但又自居于社会之上并且日益同社会相异化的力量，就是国家。”《马克思恩格斯选集（第4卷）》，北京：人民出版社1995年版，第170页。

④《马克思恩格斯选集（第3卷）》，北京：人民出版社1995年版，第122页。

⑤安建增等：《论马克思的政治自治思想》，载《西北大学学报（哲学社会科学版）》2010年第6期。

值。同时，国家和政府的“恶”恰恰是因为其超越了工具价值的边界。因此，需要通过限制权力（即宪政原则）、社会自治的实施等来防止权力越界。概言之，马克思主义从权利出发直接论证了社会自治对于人的全面发展和解放的意义；洛克等从权利出发得出了社会自治对于防止政府之“恶”的意义。

综上所述，如果政治生活及其制度安排以“权力”为中心，那么，社会的自治权利和自治空间将被大大限制；如果政治生活及其制度安排缺乏“权利”依据，那么，社会的自治资格和自治行为将被消解殆尽。权利优先的观念是政治学界谈论自治的价值渊源，也是自治实践的文化基础。

四、价值多元

个体与个体之间、群体与群体之间、阶层与阶层之间必不可少地存在这样那样的差异。这是一个无可争议的事实。在政治生活中，需要消除一些差异，取得一些共识，建构一些共享的观念。只有这样才能形成秩序。这也是一个无可争议的事实。在主体层面，自治的运行在客观上形成了“多中心”的政治格局；在文化层面，自治的运行意味着必须承认文化、价值的多样性，尊重、允许甚至鼓励多元自治体按照自己的逻辑选择生活方式、发展路线。从另一个角度讲，如果不承认价值多元这一属性，不承认“差异”，试图通过整齐划一、肃清异端的方式消除“差异”，改变价值多元格局，也就意味着要消灭、剔除自主治理的“多中心”，由垄断的“一中心”来统和一切主体、囊括一切领域。帕特里克·邓利维和布伦登·奥利里（Patrick Dunleavy & Brendan O'Leary）就曾强调多元主义的核心信念就是多元主体和多元价值的自治，它是在反对独裁与强制、强调自治与民主的基础上起源与发展的，是一种反对绝对权力、终极权威、完全统一的哲学：

> “多元主义是这样一种信念：事物具有或本应具有多样性。它为信仰、制度和社会的多样性提供了一种辩护，并反对‘一元论’（一元论认为事物是或本应是单一属性的）。多元主义首先是一种哲学，认为现实是不能以一种事物或一个原理来解释的。同样地，政治的多元主义也认识到社会、制度以及意识形态在实际中的多样化的存在，同时这些多样性是具有价值的。”①

①［英］帕特里克·邓利维等：《国家理论：自由民主的政治学》，欧阳景根等译，杭州：浙江人民出版社2007年版，第9页。

追求“价值一元论”的冲动一直萦绕在人们的心理深处，但这是一种不尊重历史事实的态度，与民主、自由、自治等相悖离。价值多元论和由自治而形成的“多中心”格局的确存在一种风险，或者说，它们会导致冲突、分歧、混乱和争斗等，会让渴望秩序的人感到很担心。“许多实际工作者（以及为数不少的哲学家们）之所以逃避价值多元主义是因为出于一种担心，害怕它会导致一种协商的无政府状态。”①所以，或者为了实现共同行动，消除冲突、分歧和争斗带来的风险；或者为了培养持续、广泛的忠诚和合法性，减少异质性、离散性要素带来的风险；或者为了形成一种等级节制和公共秩序，消除对立面带来的风险，政治主体总是期望建构一种“一元”的制度体系，并形塑一种“一元”的价值体系。当然，这种“价值一元论”是对社会异质性事实的否认，是违反科学和历史原则的。伯林的话很有代表性：

> “一元论以及对单一标准的信仰，无论对于理智还是对于情绪，常常被证明是个深刻的满足之源。……以人类的生命为代价来保持我们的绝对的范畴与理想，同样违反科学与历史的原则；它是一种可以同等地在我们时代的左右翼中发现的态度，是与那些尊重事实的人所接受的原则无法相容的。”②

显然，价值多元论以及多中心的自治体的存在是一种社会事实，虽然这种事实常常给人带来“担心”。但一方面，“它是更真实的（可以说比“价值一元论”的想象更为真实——引者注），因为它至少承认这个事实：人类的目标是多样的，它们并不都是可以公度的。”③如果极端地因为担心“多中心”带来的冲突和分歧而企图通过一元论的方式强制消除“多元”这一现实，既是徒劳的，也是历史虚无主义式的“狂想”。另一方面，“多中心”格局有助于形成多元制衡，防止公共权力过于强大而侵害自由等基本权利；“多中心”的政治实践尊重了多元主体的选择权和自有价值，也有助于寻找更有“公度”特征的发展路径，促进社会进步，这“是因为它是对各种生活方式所作的一次实验，追求整齐划一、抑制自治就意味着抑制实验和选择进步的机会，也抑制了社会活力。”④

①[美]威廉・盖尔斯敦：《自由多元主义：政治理论与实践中的价值多元主义》，佟德志等译，南京：江苏人民出版社 2005 年版，第 8 页。

②[英]以赛亚・伯林：《自由论》，胡传胜译，南京：译林出版社 2011 年版，第 219 页。

③[英]以赛亚・伯林：《自由论》，胡传胜译，南京：译林出版社 2011 年版，第 220 页。

④[美]加尔文・M. 霍伊：《自由主义政治哲学：哈耶克的政治思想》，刘锋译，北京：生活・读书・新知三联书店 1992 年版，第 37 页。

自治是价值多元论的产物，也需要价值多元观念来支撑。如前文所述，自治在本质上是反对国家主义的，对权力垄断和政治专制持质疑态度。所以，自治与“消除异端”、“不容异说”、“政治标准化”、“强制一致”等价值一元的观念势如水火，相互排斥。而价值多元观念则使得多元自治成为可能，并促成了多中心格局的建构。价值多元观念捍卫了自治制度赖以存在的基本价值，因为“它排除了国家的干预，在那里，个人和集体能够选择自己的行为方式，表达他们对生活的意义与价值的理解。”①价值多元的观念和自治的观念在这里融为一体，成为自治实践的文化基础。

五、宪政精神

邓利维和奥利里指出，无论多么地强调国家或政府对于共同利益、公共利益以及公共意志的重要性，也无论多么强调国家或政府在消除混乱、实现秩序方面的不可替代性，也都不能否认国家或政府被操纵和改变以用于压迫目的的可能与风险。所以，需要在宪政精神和原则的指导下约束、控制和监督霍布斯笔下的“利维坦”。宪政精神的拥有和宪政原则的遵循是“时刻保持警醒”的表现。这一方面需要通过自治体的行动实现宪政，另一方面需要自治体的运作和空间占据以减少国家和政府的干涉范围。他们因此而非常精准地说道：

> “从这种角度来说，应当运用宪法程序使国家负责；运用机构和社会的多元主义分解组织和权力；还应当运用政策形成和执行过程中的广泛大众参与，将国家融入公民之中。还有一些人主张最小化的国家，它仅被允许干预那些私人市场不能提供有效和足够利益的领域。”②

对权力的不信任，进而秉持宪政精神实施宪政程序构成了政治哲学的重要基点。如何防止权力异变，使权力的风险降低，并促成权力廉洁、高效呢？政治学界围绕这一问题设计了多种方法。其中，最重要的、最基本的方法之一就是宪政。因此，宪政精神就成为政治哲学中“挥之不去”的一道文化景观，也是众多政治流派所秉持的基本价值取向。在宪政精神的导引之下，“自治”出场了。

①[美]威廉・盖尔斯敦：《自由多元主义：政治理论与实践中的价值多元主义》，佟德志等译，南京：江苏人民出版社2005年版，第19页。

②[英]帕特里克・邓利维等：《国家理论：自由民主的政治学》，欧阳景根等译，杭州：浙江人民出版社2007年版，第5页。

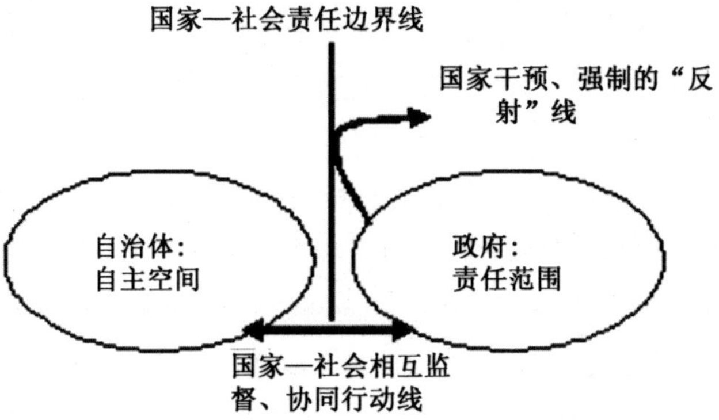

图 5-3：自治的消极意义上的实政作用

注：该图系笔者所绘

首先，自治及其空间的占据从消极意义上体现了宪政精神。“管得最少的政府就是管得最好的政府”（托马斯·潘恩语），或者说做事少的政府、权力小的政府更不容易变“坏”，或者说将政府的行为限定在狭小的、且必须的边界之内（犹如邓利维和奥利里所言，“它仅被允许干预那些私人市场不能提供有效和足够利益的领域”），其异变的风险将会最小。自治作为一种自责自负、自主行动的“堡垒”，无疑限制了政府的直接责任范围和作用空间，减少了政府异变的机会。如图 5-3 所示：国家与社会有着各自的行动范围和责任领域，在理想状态下两者在各自的“空间”中自主行动、自责自负，即学界所强调的“强社会一强国家”格局。在“强社会一强国家”格局中，一方面要求社会具有相对独立性，能够在政府之外发挥自主治理功能，有效协调社会生活；另一方面，要求“国家作为社会总体利益的代表者在尊重社会及其各种组织法律上的独立性的前提下承担公共管理职能，并对社会自治创造适宜的环境条件。”[①]两者责任边界清晰，且各自在能力上能够“自足”地发挥功能、处理职责范围内的事务。图 5-3 中的“国家一社会责任边界线”表现的就是这一理想状态。当然，“强社会一强国家”格局并不意味着国家与社会并行不悖，就像两条平行线一样永无交集。它们之间也有相互监督、协同行动的关系。图 5-3 中的“国家一社会相互监督、协同行动线”表现的就是这一理想状态。更为重要的是，“强社会一强国家”格局意味着自治体拥有自主空间，并且这种自主空间就像“堡垒”一样，一方面受到法律保

①唐士其：《国家与社会的关系：社会主义国家的理论与实践比较研究》，北京：北京大学出版社 1998 年版，第 282—283 页。

护，任何来自外部的干预和控制都受到严格限制，需要提供干预和控制的理由，需要遵循法定程序，并允许自治体通过行政复议等实施“救济”；另一方面因自治体的主体意识、自主能力等对外部无端干预构成“强力反弹”。图 5-3 中的国家干预、强制的“反射”线表现的就是这一理想状态。

同时，自治及其自主治理行动在积极意义上促成了宪政。自治体作为独立的行动者，拥有动员、号召能力，可以以独立的主体身份参与政治过程，更重要的是可以作为“环境”要素对政府（或中央政府）形成压力，体现制约与监督。詹姆斯·西瑟(Jamse W. Caser)曾指出：“宪政政府意味着有限政府，这样的政府不能有系统地运用专断的权力。为了防止专断的权利，权力必须分割给各个不同的政治机构……每一个这样的机构都有足够的权力和充分的信心去制约其他机构的权力。”[①]也就是说，如果权力是铁板一块，由某个终极权威所掌控，那么权力的专断及其危害就必不可免。因为，此时的终极权威在权力铁板一块的情况下没有行动的边界，也没有外部制约的力量。或者说，铁板一块的权力是绝对的、至高无上的，其外部环境要么是自然属性的，要么是完全顺从的，它的行动除了受到自然因素的制约之外，再没有任何其他因素。这样，当它对自由权利产生无端威胁或对个体生命造成无端侵害的时候，缺乏任何预防性的方法予以控制，也缺乏任何制约性的力量予以抗衡，后果自然远离人们的理性预期。相反，只有当政府（或中央政府）所面临的环境中存在制约与监督的力量时，权力的专断才可以避免。为此，宪政主义不仅强调权力的有限性，而且主张将权力分割，交由不同的主体掌握。这样，各种各样的自治体就被请出场，以外部环境要素发挥宪政功能——(1)“以社会之眼”发挥作用的社会自治体，如各种利益集团、社会团体等；(2)“以纵向分权”发挥作用的地方自治体；(3)“以自主治理”发挥作用的基层自治体，如各类社区自治组织、“草根”组织等。

宪政精神为自治进入政治分析的视野提供了前提。上述三类自治体以“输入”的方式具体扮演宪政者的角色。正如戴维·伊斯顿(David Easton)所言：“系统处于一个环境之中，并且易于受到来自环境的可能影响，这些影响可能要把系统的基本变量逐出其临界范围。系统为了持续下去，必须能够采取一些措施，成功地缓和这样造成的压力，并且对此作出反应。”[②]

如图 5-4 所示，上述三类自治体通过“输入”利益诉求、政治支持、行动压力或消极观点等对政府或中央政府释放能量；政府或中央政府为了获得合法性，

①[美]詹姆斯·W. 西瑟：《自由民主与政治学》，竺乾威译，上海：上海人民出版社 1998 年版，第 9 页。
②[美]戴维·伊斯顿：《政治生活的系统分析》，王浦劬等译，北京：华夏出版社 1999 年版，第 37 页。

或主动、或被动地分析所输入信息、资源基础等，回应各类自治体的输入，输出政策“产品”、政治行动；这些“输出”产生的各种效应会在各种自治体那里产生不同的理解，这些理解又作为各类自治体再次向政府或中央政府输入需求、支持、冷漠和压力的依据，新一轮的博弈和宪政压力重新生成。这一政治过程分析路径是在宪政精神的基础上生成的。正是权力分化、主体多元的思想观念使得输入、输出和反馈这一周期性往复过程成为多元主体互动调适、相互制衡的博弈，而非“朕即国家”意义上的“圣旨”传递过程，远不同于自上而下、层级节制。多元博弈使自治体的存在和作用发挥成为可能；“朕即国家”则使权力体系铁板一块，依赖终极权威的意愿行事。总之，“一个多元的且独立于国家之外的自组织的市民社会是民主的一个不可或缺的条件。无论是谁提倡国家和市民社会的统合都将是危机民主的革命。没有社会制约的国家权力总是危险的和不可欲的，它是对专制主义的放纵。”[①]进一步可以说，宪政精神是自治不可或缺的文化条件之一，缺乏宪政精神的政制设计将会使自治的敌人逐步壮大，而使自治的存续空间逐渐萎缩。

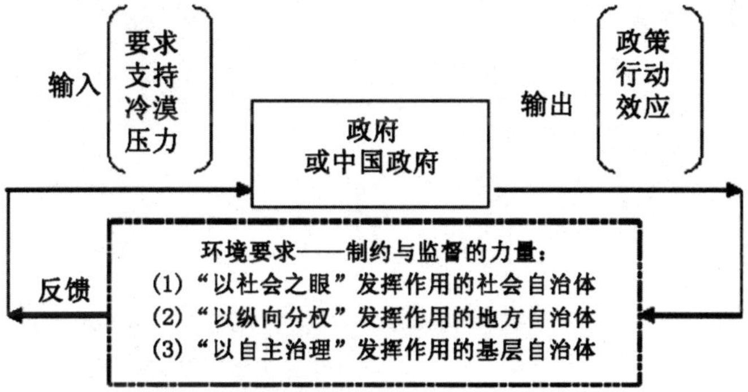

图 5-4：自治在积极意义上的实政作用

资料来源：[美]戴维·伊斯顿：《政治生活的系统分析》，王浦劬等译，北京：华夏出版社1999年版，第37页。有改动。

①[美]约翰·基恩：《市民社会与国家权力型态》，邓正来等译，载邓正来等主编：《国家与市民社会：一种社会理论的研究路径》，北京：中央编译出版社1999年版，第120页。

第六章　自治的领域及其内容

本章主要回答的问题是：自治的基本内容有哪些？或者说，自治实践具体表现在哪些方面，自治机制的运行具体指向哪些领域？无论是纵向分权还是横向分权，自治的权力运行逻辑具体表现在哪些方面？

《中华人民共和国村民委员会组织法》、《中华人民共和国城市居民委员会组织法》明确规定，基层自治组织是实施自我管理、自我教育和自我服务的群众性自治组织。这里即以这三个方面为依据，讨论自治的基本领域和内容。一是自我管理，涉及行政、财政、自我创制，选择生活方式、发展方向，自我决策（创制）乃至行使一定程度的“立法权”（自治地方拥有的权利），自我监督、自我约束等；二是自我教育，涉及文化、思想、价值观等方面；三是自我服务，涉及内部公共事务的处理、公共问题的解决、公共项目的设置与管理、公共服务的供给等。[①]

第一节　自我管理

自我管理是自治的主要内容，也是自治的最基本表现形式。如果某一主体既不具备自我管理的主体资格，也不具备自我管理的主体能力和性格（态度与取向），那么，就很难说该主体是“自治”的。概括而言，自治体的自我管理主要体现在自我创议、自我创制、自我执行、自我监督和自我评估等。

一、自我创议

“创议”与问题的发现、议程选择有关。自治体实施自我管理的起点是自我创议，即，在自治体内部形成“问题意识”，并对自治体所面临的问题予以界定、

---

①这里需要说明，在近来的一些文献中，诸如党的十七大报告、党的十八大报告、党的十八届三中全会通过的《中共中央关于全面深化改革若干重大问题的决定》都将群众基层自治组织的功能描述为“自我管理、自我服务、自我教育、自我监督”。这与《中华人民共和国村民委员会组织法》、《中华人民共和国城市居民委员会组织法》所规定的“自我管理、自我教育、自我服务”不同。笔者在这里沿用《村组法》等的提法，而将自我监督视为自我管理的内容之一。

分析，在此基础上设置行动议程——将特定的问题纳入到自治体的决策机构的行动计划过程，“它提供了一条政策问题进入政策过程的渠道和一些需要给予考虑的事项。”[①]由是观之，自我创议指的就是自治体对其内部存在的问题、成员的需要、环境的压力等做出的反应，将相关问题、需求和压力纳入到议事日程，准备动员自治体的内部力量和集体资源予以处理。也可以说，自治体总会面临这样的情形：或者在其内部存在多元力量，而多元力量之间存在这样那样的冲突，并且这些冲突若不能得到及时有效解决，将会严重影响自治体的内部秩序；或者自治体面临这样或那样的需求需要满足，面临一些不满的状态或情形需要消除[②]；或者需要整合内部各种资源和力量，以集体的方式行动起来，以集体的声音表达诉求；或者面临来自外部环境的种种压力和挑战，需要通过特定的途径以适应外部环境；或者面临自治体的内部平衡和外部适应的协调等问题。针对这些情形，自治体必须做出选择：将哪些问题列入议事日程，并着手予以解决？这便属于自我创议的范畴。

首先，自我创议体现了自治体的主体属性。科恩对此指出：“我们说某个人具有自治的能力，就是说这个人可以自己管理自己。在这里，这一说法也可能只是象征性的，因为没有任何人可以压服自己……但对每个人来说，自己管理自己和受别人管理，这种区别是至关重大的事。”[③]实际上，自治体能够在“创议”方面不听命于人，不受制于人，便是其具备独立自主特性的“头等大事”，也是其作为主体实施自主治理行动的基础性表现。马克思在《法兰西内战》中也指出，集权制度转变为自治制度“会把靠社会供养而又阻碍社会自由发展的国家这个寄生毒瘤迄今所夺去的一切力量，归还给社会机体。”[④]显然，“被夺去的”包括自治体的主体资格和主体能力，其中也包括自治体自我选择未来发展目标的权利。因为，如果一个主体如果连自己的发展目标都不能决定的话，它肯定是不具备自主主体资格的，也就无法将其称为自治体了。

其次，自我创议体现了自治体对生活目标的自主选择。科恩指出：“我自己管理自己，决定自己的目标并选择达到目标的手段”，这是“自治”的而非“他治”的政治形态。[⑤] 在政治强制的视野中，无论是作为个体的“我”，还是作为团体的

①张金马：《政策科学导论》，北京：中国人民大学出版社 1992 年版，第 146 页。

②[美]托马斯·R. 戴伊：《理解公共政策（第 12 版）》，谢明译，北京：中国人民大学出版社 2011 年版，第 28 页。

③[美]卡尔·科恩：《论民主》，聂崇信等译，北京：商务印书馆 2005 年版，第 8 页。

④《马克思恩格斯选集（第 3 卷）》，北京：人民出版社 1995 年版，第 57—58 页。

⑤[美]卡尔·科恩：《论民主》，聂崇信等译，北京：商务印书馆 2005 年版，第 8 页。

“我们”，都必须按照“他者”的价值偏好和思维逻辑选择自己的发展目标。如果个体“我”或团体“我们”试图以自己的偏好和逻辑选择自己的生活方式与发展目标的话，则被视为分裂性要素甚至被视为是“异端”，往往会面临着被整肃的命运。显而易见，个体“我”或团体“我们”在此时是不能被视为自治体的，不具备主体资格，应该享有的权利被无端践踏。相反，自我创议超越了“政治强制”的束缚，以自己的价值偏好和思维逻辑认知问题情境、界定需求内容，选择自己的目标，并在此基础上选择行动方案。这是对自我理性的肯定，也是对自由等政治权利的确认。“一句话，自治主要就是意味着主体应该尽量自我治理，尽量避免官僚式的治理。”[①]在生活方式选择、发展目标设置等方面尽量避免强制、强迫等“他治”要素。

再次，自我创议体现了自治体内部的民主参与。自我创议不仅体现了自治体与外部主体互动层面上的独立与自主，而且还体现在自治体内部的民主参与上。自我创议表达出来的主体属性和自主选择是对外部力量无端干预的否认，意味着自治体是政治格局当中的主体性力量，拥有民主参与、践行自由的权利。这是自治体在“宏观政治”层面上的自主。同时，自治体内部也存在自治权威与内部成员的区别，如果自治体内部的创议由自治权威所垄断，一般成员毫无发言权，任凭权威操纵自治体的运转。那么，这种情形也不被称为“自我创议”，此种自治体也并不符合现代自治的理性预期。换言之，自治体犹如一个“王国”，其内部运作由类似于“国王”的自治权威所掌控，其“秉权而立，垂法而治”（《商君书·壹言》）；一般成员犹如“臣民”，没有主体意识，缺乏权利自觉，既缺乏表达诉求、参与公共生活的渠道，也缺乏相应的内部动机。现代自治则完全相反，在其内部“弥漫着”自由、民主意识，尊重一般成员的自治权利，允许并创造条件鼓励、支持成员参与公共生活，提出自治体内部的“公共议程”。即，自治体应该“走向何方”，应该集中资源处理哪些问题、提供哪些服务、制定哪些制度、实施哪些政策都应该听取内部成员的意见，由成员主动根据自己的具体情况表达诉求、影响自治体的整体行动。犹如马克思主义的逻辑——“作为个人是‘自己本身的主人’，作为集体又是‘自己的社会结合的主人’（马克思语——引者注），而这两方面都意味着压迫和奴役的消除，意味着人的尊严的真正确立，也意味着人的自主和自治。”[②]概言之，自治体在与外部政治权威的关系层面，自治体可以自我创议；自治体内部成员与自治权威的关系层面，内部成员可以自我创议。

①马德普：《自治与参与——论作为目的的社会主义民主》，载《政治学研究》1996年第2期。

②马德普：《自治与参与——论作为目的的社会主义民主》，载《政治学研究》1996年第2期。

只有兼顾这两方面，才能够促成现代自治的良性运行。

最后，自我创议体现了自治体的公共参与。上述三点更多是在自治体“如何选择自己发展目标”的意义上展开的，讲的是在自治体的内部事务上，应该具备“自我创议”的主体资格和能力。这可以被称为“狭义”的自我创议。从广义上看，自我创议还体现在宏观政治过程当中。如前文所述，自治是民主的本质体现，人民当家作主可被理解为人民整体自主治理自己的事务。在此种意义上，自我创议也意味着自治体拥有公共参与的权利和能力，代表成员利益向政府表达诉求、启动“更为宏观”的公共议程。托马斯・戴伊（Thomas R. Dye，又译达伊）在《理解公共政策》一书中指出：“团体理论主张用团体斗争来描述一切有意义的政治活动。决策者需要持续不断地回应团体的压力——在各种有影响力的团体提出的竞争性要求之间进行讨价还价、谈判协商、达成妥协。”①虽然戴伊所描述的团体理论旨在解释公共政策的形成过程，但是其内在地表达出一种自治的价值取向，即，公共政策并不是完全由政府所垄断，各种自治体（团体）在政策的动议、目标选择、措施设置等方面有着相当的影响力。罗杰・科布（R. W. Cobb）等在《美国政治参与：议程建构的动力》一书中也曾强调指出，有一种政策议程先由民间发起，在经过社区成员、各类自治体等的论辩、倡议等之后被当局所确认，进入政策议程。此种政策议程可被成为系统议程或公众议程，“在根本上说，系统的日程是一个需要讨论的议程。”②不难发现，如果在民主自治的意义上理解公众议程的话，它在本质上是一种自治行为，是自治体自我创议的一种表现。这种参与式的自我创制也有助于促进社会自治的发展。我国政治学者王浦劬等人就曾明确指出：“政治参与还影响到社会自治。公民通过参与基层政治生活和社会事务的管理而直接作用于社会自治组织，促进社会自治制度的发展。”③

二、自我创制

“创制”一词在我国古代文献中出现的频率很高。有两层意思：一是“创”与“制”都作为动词，意为“创造、设立、创建”。如“霸王之形，象天则地，化人易代，创制天下。”（《管子・霸言》）。二是“创”作动词，“制”作名词，意为创设制度、设立规范、建章立制。如：“窃以设官分职、创制立法者，乃帝王之能事而不可阙者

①[美]托马斯・R. 戴伊：《理解公共政策（第 12 版）》，谢明译，北京：中国人民大学出版社 2011 年版，第 18 页。

②[美]詹姆斯・E. 安德森：《公共决策》，唐亮译，北京：华夏出版社 1990 年版，第 69—70 页。

③王浦劬等：《政治学基础（第 2 版）》，北京：北京大学出版社 2006 年版，第 181 页。

也”(宋·洪皓《松漠记闻·卷下》)；“凡创制改法，宜顺人情，未有违众矫物而可久也”(唐·李延寿《南史·何尚之传》)；“天佑人主而俾之，创制立政以开悠久之业”(明·方孝孺《逊志斋集》)。[①] 自我创制是在第二种意义上使用“创制”一词的，意为自治体根据自己的内在需要和具体情况、遵循自己的理性判断和思维逻辑建章立制，而无需接受外部力量的强制(但不排除接受外部力量的指导、建议)，外部力量对于自治体的创制行为也不能无端干涉。我国《民族区域自治法》中规定的立法自治权指的就是此种权利。

自我创制是自治行为的基本内容，可被视为是自治“核心领域之核心。”[②]如宋代洪皓所言的创制立法乃“帝王”之事的话，自治并不存在；唐代李延寿所言的创制立法“宜顺人情”虽然为民众的自我创制提供了基础，但仍带有“为民做主”的意味，也是与现代意义上的自治权相悖离的。换言之，在“秉权而立，垂法而治”(《商君书·壹言第八》)的政治情境中，自治体的自我创制是难以想象的，甚至可以说并不存在实质意义上的自治体与自治行为。“垂法而治”形象地描述了权力自上而下单向度线性运作的政治现实，整个权力体系被某个或少数主体所操控，政治系统和公共生活都围绕着少数主体而运转，创制的主体是他们，依循的也是他们的价值偏好和思维逻辑。充其量在“开明专制”或为了“江山社稷”的存续的情况下，他们在创制立政时会考虑“宜顺人情”的忠告。也可以用“天下之众，本在一人”(宋·周敦颐《周元公集·顺化第十一》)来描述，在此种政治情境中，弥漫着权力至上(而非权利优先)的逻辑，对权力的垄断、强制的实施等持肯定态度，而对民众的自由、民主等权利视而不见，视具有宪政属性的自治为“洪水猛兽”。

自治体的存在及其自主治理行动的发生构建了“多中心”的政治格局。它们以独立自主的权利主体身份行事，在自我创制的基础上实施自我管理，这对天生拥有垄断冲动基因的公共权力而言是一种离散性、异质性和制约性的力量，也会令秉持“垂法而治”思维的人忐忑不安。所以，它们不会鼓励更不会创造条件支持自治体及其自我创制的运行。明白这一点，也就不难理解董仲舒为什么会在《春秋繁露义证·保位权第二十》中忧心忡忡地说这句话了：“君之所以为君者，威也。……威分则失权，失权则君贱矣。”

---

①上述资料均来源于：“中国基本古籍库·安徽师范大学站点”。

②林文清：《地方自治权与自治立法权》，台北：扬智文化事业股份有限公司2004年版，第46页。

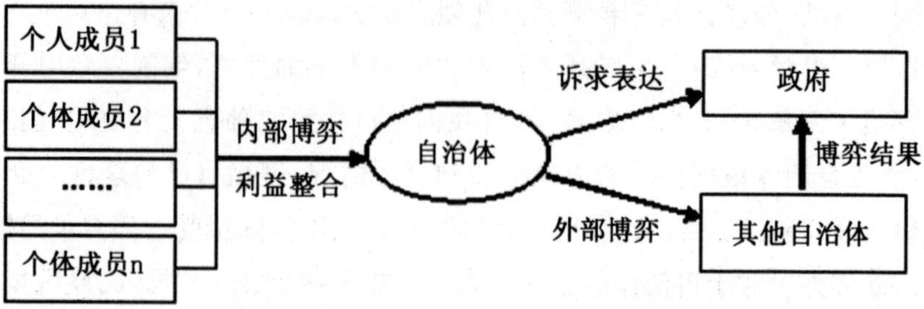

图 6-1:政治参与型自我创制示意图

注:该图系笔者所绘

与广义和狭义自我创议相对应,自我创制也有广义和狭义两种。与广义的自我创议相对应的是政治参与型自我创制。如图 6-1 所示,自治体在内部博弈和利益整合的基础上,参与公共决策过程,代表成员表达诉求,并与其他主体进行博弈,促使公共决策与自治体及其成员的利益相契合。自我创议在某种程度上属于自治体的"呼吁"和"压力"的范畴,而广义的自我创制重在结果——公共行动的方案、制度规范等要体现自治体的利益诉求,使公共决策(该决策可能会产生的一个公共政策、形成一种公共行动、出台一种制度规范)印有特定自治体的烙印。勒妮·欧文(Renee A. Ivin)等指出:"在政治生活和公共管理语境中很少有人对如下论断提出异议,即政治生活和公共管理过程中的参与问题,公民个体或自治体的表达、合作及其磋商共识可以带动社会和环境的积极发展,也会提高公共政策的合法性。"①在某种意义上可以说,各类自治体参与政治过程和公共生活不仅是一种政治事实,而且是一种不可违逆的政治原则,也是一种证明决策合理性和公共政策合法性的政治价值,其会带来多种"政治收益"(如表 6-1 所示)。这些收益实质上是自治体"嵌入"公共决策过程的结果,以"在场"的方式表达利益诉求、控制决策过程、影响决策结果——体现了自我创制。在参与型自我创制过程中,自治体将各种利益引入政治领域并形成"竞争",各自治体之间以及自治体与政府之间的谈判、协商、妥协将原初的各种利益诉求带来的不确定性加以制度化,将"不一致"加以同质化。

---

①[美]勒妮·A.欧文等:《公民参与政府决策:劳有所获吗?》,载王巍等编译《公民参与》,北京:中国人民大学出版社 2009 年版,第 12 页。

表 6-1：自治体参与型自我创制的"政治收益"一览表

	参与者的收益	政府的收益
决策过程	教育（与政府代表开展互动学习）； 游说和启发政府政策，使决策体现自身偏好； 获取成为积极公民所必备的参与技巧。	教育（与公民代表开展互动学习）； 说服公民，建立相互间的信任，缓和与公民间的紧张对抗关系，建立策略性联盟； 获取决策的合法性。
决策效果	打破僵局，实现满意的决策效果； 控制政策过程； 更好的政策和更好的执行效果。	打破僵局，实现满意的决策效果； 避免诉讼； 更好的政策和更好的执行效果。

资料来源：[美]勒妮・A. 欧文等：《公民参与政府决策：劳有所获吗？》，载王巍等编译《公民参与》，北京：中国人民大学出版社 2009 年版，第 12 页。

与狭义的自我创议相对应的是内部治理型自我创制。即，一方面，自治体作为行动单位，回应其内部成员的需求，根据其内部存在的问题以及所面临的环境挑战等自行创建制度、开展集体行动。在这一过程中，自治体无需接受外部主体的直接干预，更无须依照外部主体的利益偏好和思维逻辑进行决策。自治体本身是其创制的主动者，既是主体又是目的，来自于他人、群体和政府的影响只能作为"环境因素"发挥作用，只能作为自治体在创制过程中需要考量的事实因素，而不是直接的决定性要素。可以说，作为开放的系统，自治体在创制时必不可免地要接受外部因素的影响，但此种影响必须接受自治体自身价值偏好和思维逻辑的考量，而不是直接地干预和控制。自治体在此时以"刺激一反应"的方式进行自我调节，既根据外部环境的变化调整自己的发展方向和发展策略，也会通过获取外部资源、整合内部资源实现自我维系，而不是以"控制一服从"的方式被动接纳（如图 6-2 所示）。①

另一方面，自治体作为创制主体，决定创制过程，对创制结果负责。自我创制不是外部主体直接强加于自治体的，而是源于自治体本身的需求及其对内外部信息的分析。因此，自我创制过程由自治体本身所掌控，是否创制、何时创制、如何创制的最终决定权由自治体享有。或者说，自治体是其内部创制的决定力量，在自我创制方面自治体是自由的，免受外部力量的无端强制。当然，这

①[美]W. 理查德・斯科特等：《组织理论：理性、自然与开放系统的视角》，高俊山译，北京：中国人民大学出版社 2011 年版，第 101—108 页。

类似于"我的地盘我做主",但绝非"唯我独尊",并不妨碍接受外部主体的指导,也需要接受宏观的政治制度和法律法规,因为自治体不是"独立王国"。同时,自治体作为自组织的价值主体,对其创制结果负责,担当主体责任。自治体还需随时检视、评估其创制结果,并根据具体情况启动新一轮的自我创制过程。

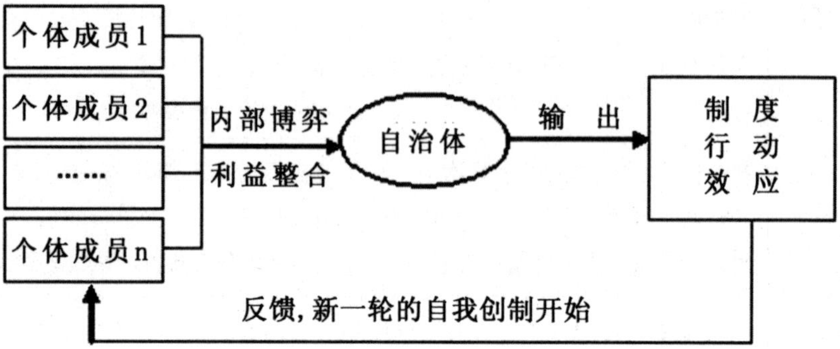

图 6-2:内部治理型自我创制示意图

注:该图系笔者所绘

三、自我执行

自我创制产生的是观念形态的制度规范和行动路线,而执行则是相关主体运用资源,采取解释、倡导、协调、分配和控制等行动将观念形态的内容应用于实践,产生实际影响,实现既定目标的过程。①

对于执行,学界有四种分析逻辑:一是"自上而下"的分析逻辑。其潜在假设是精英主义式的,认为公共政策是政治精英的决定,由政治体系的"上层"规划与制定。因此,政策执行在本质上是自上而下贯彻"上层"决议的过程,其在骨子里是"反自我执行"的。二是"自下而上"的分析逻辑。其潜在假设是政治回应式的,认为国家与政府的行动是回应民众需求、回应社会公共问题的结果。公共政策制定、执行都需要政治体系的"下层"所配合。三是"公共政策/政策行动连续谱"的分析逻辑。其潜在假设是政治互动式的,认为公共行动是"自上而下"和"自下而上"两种路径交互进行的结果,既体现自上而下的权力控制与约束,也包含自下而上的心理认同与合作,两条路径的合作治理、良性互动、协同行动才是兼顾政治现实和政治理想的理性逻辑。四是工具选择的分析逻辑。其潜在假设是工具理性式的,认为政治决策的推行、公共政策的执行都需要通过科学的手段方才能达到预期效果,因此需要关注执行的具体工具问题,在法

①陈振明:《政策科学:公共政策分析导论(第 2 版)》,北京:中国人民大学出版社 2003 年版,第 260 页。

律工具、行政工具、社会化工具和思想工具等多元存在的“工具箱”中选择一种或几种工具才是“正途”。不难发现，在“自上而下”的分析逻辑那里，对自治体（含社会自治体和地方自治体）的自我执行持漠视态度；“自下而上”和“公共政策/政策行动连续谱”的分析逻辑则对自治体的自我执行持肯定、赞许的态度；工具选择的分析逻辑与自治体的自我执行没有多少关联，它更多考虑执行手段与政府工具的选择问题（如表 6-2 所示）。①

表 6-2：政策执行的分析逻辑与自我执行的关系一览表

政策执行的分析逻辑	基本观点	是否认可自我执行
自上而下	政策执行由精英主导，按照自上而下的单向逻辑推进	反对
自下而上	政策执行是“回应性”行动，需自社会的支持与配合	赞成
政策/行动连续统	政策执行是“自上而下”和“自下而上”两种路径交互进行的结果，既需要权力的强制与约束，也需要社会的配合与参与	赞成
工具选择	政策执行是需要通过科学的手段方才能达到预期效果的，因此需要关注工具的选择与优化组合问题	无关联

资料来源：根据陈振明：《政策科学——公共政策分析导论（第 2 版）》，北京：中国人民大学出版社 2003 年版，第 256－259 页整理。

具体而言，自治体的自我执行可以分为两类：

一是公共政策的自主执行。这是针对国家和政府主导下制定的公共政策而言的。很多学者都强调，自治体对于公共决策的参与有助于“创造一个更加合作的社会”，不仅有助于理解不同群体的政策偏好，而且有助于推动政策执行。因为，参与有助于提高认同——鼓励并支持自治体参与公共决策有助于提高自治体对公共决策认同程度——政策是由我参与制定的，多少体现了我的利

①陈振明：《政策科学：公共政策分析导论（第 2 版）》，北京：中国人民大学出版社 2003 年版，第 256－259 页。

益诉求,听取了我的意见和建议。[①] 所以,自治体会说服其成员遵从政策的有关要求。概言之,自治体的参与及其对公共政策的认同使自治体变成了主动倡导、积极执行公共决策的主体。在某种程度上可以认为,由于民主自治取决于自治个体与群体的自我控制和积极性,"而不是消极的和依赖的",所以自治体是理性的、"懂情理"的、有公共责任心的,可以通过自我节制的方式约束自己的机会主义和"非合作主义"。在有利于共同利益的公共政策面前,其会通过自我管理的方式主动地宣传、倡导,促进公共政策的有效实施。[②]

二是内部政策的自主执行。这是针对自治体内部治理型自我创制行为而言的。自治体的自我管理行为常常表现为内部治理型自我创制行为,以及由自我创制而形成的内部治理型政策的执行。很多反自治的观念强调:自治体是不可行的,自治制度是不足取的,因为自治体存在"内部失灵"现象——缺乏形成一致的理性能力,也缺乏执行其内部决议的能力。的确,自治体存在内部失灵的现象,这是一种事实,在本书第七章"自治的限制与控制"中详细论述了这一事实的多种表现。但是,在自治体内部达到良善治理的现象也是一种事实,奥斯特罗姆列举了很多案例证明了这一问题,并且她还通过理论阐释证明在公共池塘资源的配置方面,自主治理组织的自我创制与自我执行比市场机制、政府机制更为有效。[③] 帕特南在意大利的实证调查结果也证明,潜藏于社会基层的社会资本推动了基层自主治理的实施,增进了基层的合作、互惠等。[④]

四、自我监督

在某种意义上可以说,监督是政治生活中亘古不变的主题之一。一方面,权力天然有一种对外扩张的冲动,加上权力自身带有的强制基因,使得权力会侵害人们的自由、自主等权利,即权力可能会变坏。另一方面,权力的具体握有者具有"人"的所有属性,如果他或她具备勤奋、无私、守法、诚信、敬业、公正、自律等一切与公共权力相匹配的优良品质的话,问题就简单得多了。但是,现实情况是谁都不能保证权力握有者完全具备这些品质,无论其是通过何种程序而

①[美]勒妮·A. 欧文等:《公民参与政府决策:劳有所获吗?》,载王巍等编译《公民参与》,北京:中国人民大学出版社 2009 年版,第 15 页。

②[英]杰弗里·亚历山大:《作为符号性分类的公民与敌人》,朱苏力译,载邓正来等主编:《国家与市民社会:一种社会理论的研究路径》,北京:中央编译出版社 1999 年版,第 216—218 页。

③[美]埃莉诺·奥斯特罗姆:《公共事物的治理之道:集体行动制度的演进》,余逊达等译,上海:上海三联书店 2000 年版,第 9—50 页。

④[美]罗伯特·帕特南:《使民主运转起来:现代意大利的公民传统》,王列等译,南昌:江西人民出版社 2001 年版,第 114—139 页。

产生，也无论其得到过何种教育。那么，如何防止权力变坏呢？如何防止“不具备优良品质”的权力握有者侵害公共利益呢？如何保证权力及其握有者“行善而不作恶呢”？这些问题的答案清单中必然会有一个，那就是“监督”。[①] 甚至可以说，权力与监督犹如一对连体孪生兄弟，共生同在。

《现代汉语词典》对“监”的解释是：“从旁察看”；对“监督”的解释是：“察看并督促。”[②]那么，可以简单地的说，防止权力的握有者变质，促进其廉洁、高效等，都需要存在一种外部的主体通过“察看并督促”的方式来实现。当然，监督具备如下三个关键特征方才能够切实发挥作用：一是监督者与被监督者要分离，即监督者可以通过“从旁察看”的方式实施监督；二是被监督者的行为可被“察看”，即被监督者行为是透明、公开的，或者监督者可以通过制度化的渠道全程介入被监督者行为过程，真正地做到“从旁察看”；三是监督者能够切实起到督促作用，即监督者及其监督行为、监督结果都具有法定的强制力和威慑力，不仅可以使被监督者感到“畏惧”，而且在必要时可对监督者的不当行为实施处罚。

这时，我们似乎可以说“自我监督”并不能达到“从旁察看”的效果。因为自我监督体现的是监督者与被监督者合一，属于自律、自制和自控的范畴。这种监督主体与监督对象“合二为一”的情况虽然值得倡导，但如果仅靠这一种方式是无法保证权力的廉洁高效的。

不过，在自治内容的意义上谈论自我监督与自律等并不完全一致，指的是自治体内部形成的一种监督力量，是发自自治系统范围之内的控制、规范和约束，而并非来自于自治体外部的强制和控制。简言之，自治体的自我监督主体产生于自治体内部，包括自治体内部成员、自治体内设的监督机构等；外部强制和控制的主体产生于自治体之外，属于“环境要素”，包括政府、其他自治体等。[③] 概括而言，自治体的自我监督主要包括两个方面：一是自治体内部成员、内部监督机构等对自治权威的监督。二是自治体内部管理机构对内部成员的监督。

---

①毛寿龙：《政治社会学：民主制度的政治社会基础》，北京：中国社会科学出版社 2001 年版，第 43－44 页。

②中国社会科学院语言研究所词典编辑室编：《现代汉语词典（修订本）》，北京：商务印书馆 1996 年版，第 614 页。

③需要特别说明，本书的第七章正是在外部强制和控制的意义上形成的，将对来自外部强制和控制的缘由、原则、边界等予以详细阐释。

表 6-3:《村委会组织法》第六章“民主管理和民主监督”内容一览表

条款	主要内容	基本精神
第二十九条	村民委员会应当实行民主决策机制和公开透明的工作原则。	民主监督基本工作原则:民主参与和公开透明
第三十条	村民委员会实行村务公开制度,及时公布计划生育、政府拨款使用情况等事项,接受村民的监督。	村务公开,接受村民监督
第三十一条	村民委员会不及时公布应当公布的事项或者公布的事项不真实的,村民有权向乡、民族乡、镇的人民政府或者县级人民政府及其有关主管部门反映,有关人民政府或者主管部门应当负责调查核实,责令依法公布;经查证确有违法行为的,有关人员应当依法承担责任。	村民有权监督村务公开事宜,且有关政府和主管部门支持、保障村民享有这一权利
第三十二条	村应当建立村务监督委员会或者其他形式的村务监督机构,负责村民民主理财,监督村务公开等制度的落实,其成员由村民会议或者村民代表会议在村民中推选产生,其中应有具备财会、管理知识的人员。村民委员会成员及其近亲属不得担任村务监督机构成员。村务监督机构成员向村民会议和村民代表会议负责,可以列席村民委员会会议。	村内建有自我监督机构,对村民负责,具体实施监督权
第三十三条	村民委员会及其成员应接受村民会议或者村民代表会议对其履行职责情况的民主评议。民主评议每年至少进行一次,由村务监督机构主持。村民委员会成员连续两次被评议不称职的,其职务终止。	村务监督机构的具体运作
第三十四条	村民委员会和村务监督机构应当建立村务档案。村务档案包括:选举文件和选票,会议记录,各类合同、账目、文件等。	村务监督机构的具体运作

资料来源:《中华人民共和国村民委员会组织法》,(1998 年 11 月 4 日第九届全国人民代表大会常务委员会第五次会议通过;2010 年 10 月 28 日第十一届全国人民代表大会常务委员会第十七次会议修订。

对自治权威的自我监督。《中华人民共和国村民委员会组织法》第二条规定:村民委员会是农村实施自治的主体性组织,是村民自我管理、自我教育和自我服务的基本载体,对于村民委员会要实行民主选举、民主决策、民主管理和民主监督。由此,该法专辟第六章对民主监督问题进行了详细规定。如表 6-3 所示:规定了村民自治的基本原则——民主参与和公开透明,这是自我监督的基本方式和原则性规定;规定了村务公开的内容,公布计划生育、政府拨款使用情况等事项,接受村民监督;规定村民有权监督村务公开事宜,有关政府和主管部门支持、保障村民享有这一权利,有关政府和主管部门要对应该公开而未公开的行为予以惩戒;规定村内应当建立村务监督委员会或者其他形式的村务监督机构,这些机构要对村民负责而不是对村委会负责,具体实施监督权,为了保证其监督效果,还规定了村务监督机构的产生、运作等。不难看出,自治体实施自我管理的题中应有之义是自治权威应该接受来自自治体内部的监督和制约。为实现这一目的,最起码需要实现如下几点:一是自治权威在开展自我管理活动时要遵循民主参与的原则,让其内部成员通过制度化的途径经常性地实质参与,以参与的方式促使自治体内部公共生活的公开化、透明化,借此达到监督的效果。二是自治权威的自我管理活动要公开,在法定框架内按照法定时间、程序来公开自治事务,供自治体全部成员监督。三是自治体内部成立相应的监督机构,类似于“权力分立”那样,在自治体内部形成多元化的权力格局,存在决策机构、执行机构和监督机构等,各个机构之间形成相互监督和相互制约之势。四是在自治体内部形成监督机制,如民主评议机制、档案管理机制等,切实、具体促进自我监督的进行。五是在自治体内部建立“负责”机制,即自治权威要向全体自治体成员负责,自治体成员以某种特定的组织形态(如村民大会、村民代表大会等)选举、监督自治权威,自治权威要向这些特定的组织形态报告工作、接受质询和评议等。

对内部成员的自我监督。管理有一种基本的职能,那就是“控制”,通过控制来纠正决策执行过程中的偏差,约束内部成员的不当行为以保持组织秩序和一致等。[①] 由是观之,自治体的自我管理也有一个非常重要的内容——针对内部成员的自我监督。如果说对自治权威的自我监督是以自治体内部成员为监督主体、自治权威为监督对象的话,那么,对内部成员的自我监督恰恰相反,其监督主体是自治权威,而监督对象则是自治体的成员。这种形式的自我监督包括:自治权威监督其成员遵守宪法、法律、法规和国家的政策,遵守自治体内部的自治章程和自治政策(即自治体自我创制的结果);督促自治体成员执行自治决议,维持自治体的秩序;在自治体共同行动过程中,及时“纠偏”,既促进自治体成员积极参与共同行动,也保证共同行动被限定在合理、合法的边界之内等。

①周三多等:《管理学:原理与方法(第 3 版)》,上海:复旦大学出版社 1999 年版,第 455 页。

自治体的自我监督有着重要的意义。表现在如下几方面：一是自治体成员与自治权威共同处于自治体内，直接接触，因此无论是哪种自我监督都可以非常便捷地“适时”开展，有助于达到防患于未然的效果。二是自治事务与其成员休戚相关，因此能够在成员内心产生较为直接的“刺激”，有助于提高成员的积极性，减少“此事与我无关”、“事不关己高高挂起”的取向，提高监督的参与率，自然也有助于提高监督效果。三是普通民众最直接接触的是与自己直接相关的基层自治组织，而基层自治组织是否高效、廉洁直接影响其对整个政治社会的认知，因此通过自我监督提高基层自治组织效率和廉洁度，有助于改善民众的政治态度，提高其政治认同度。

五、自我评估

“评估”的字面意思是：“评议估计；评价”，即有关主体依据某种价值原则对某一对象进行评价，对其价值高低、意义大小等进行判定。[①] 自治体的自我管理行为，除了自我创议、自我创制、自我执行和自我监督之外，还包含自我评估，即对自己的自我管理行为进行自主地“反思”、评价，既可以解析和判断自我管理行为是否达到了预期效果，遇到了何种困难，进而决定前期自我管理行为及其政策的存废；又可以总结自我管理经验、搜集先期管理信息，进而预测未来，启动下一轮的自我管理行为周期。[②]

自治体的自我评估行为主要包括三个层面：

一是自治权威就自治决策、自决项目等主动进行评估，以评判决策执行效果，是否解决了有关问题达到了预定目标，执行过程是否符合效率、效益、效果和公平等“4E”标准，有关自我管理行为和项目是否促进了自治体的发展，等等。这是自治权威主动自我反思、自我改进和自我学习的表现。

二是自治权威就有关决策、项目和管理行为等向自治体内部相关机构进行报告，自治体内部相关机关结合报告实施评估。比如，村委会在村内监督机构的主持下向村民代表大会或村民大会报告年度工作，接受村民代表大会或村民大会评议（详见《中华人民共和国村民委员会组织法》2010 年 10 月修订第三十三条之规定）。这种自我评估也是自治体内民主参与、民主监督的表现，属于自治体内制度化的自我纠错机制。自治的本质是由民众当家作主，自行处理自己

①中国社会科学院语言研究所词典编辑室编：《现代汉语词典（修订本）》，北京：商务印书馆 1996 年版，第 980—981 页。

②林水波等：《公共政策》，台北：五南图书出版公司 1988 年版，第 499 页。

的事务或与自己直接相关的集体事务，这就要求民众控制有关资源，并"坐在驾驶员座位上"自行选择目的地和路线。[①] 这进一步要求民众对自我管理行为及其有关项目的实施持有发言权、评议权，自治权威在有关制度框架内主动向其成员报告工作，并接受质询、评议。因此可以说，这种自我评估不仅是自我管理的基本内容，也是自治的本质体现。

三是民众对自我管理行为及其项目实施的评议。上述第二点是制度化的，且依托固定的组织形式（如村民大会、村民代表大会、村内监督机构）来实施。这一点强调的则是一般民众作为自治体成员，构成了自治权威实施自我管理的"环境要素"，他们体验着具体的自我管理行为，感受着有关项目的实施效果，自然会对自我管理行为及其项目实施形成这样那样的评议，并通过"反馈"的方式输入到自治权威那里，要求予以回应（如同上文图 6-2 所示）。赫伯特·西蒙（Herbert A. Simon）曾经强调，在任何一种组织中，无论是高层还是中层、基层都是"决策中心"，每一个个体都在自己的价值偏好左右下制定目标、实施决策，"目标，无论是个人的还是组织的，它所指的是作为决策而输入的价值前提或准则。"[②]对这种决策逻辑的强调，实质上承认了每一个个体都是一个自治的中心，会根据自治体的发展情境、自己的偏好以及自治体的内部规章、管理行为等来实施评判和决策，并主动向自治权威输入自己的评判结果，要求予以改进。

第二节　自我教育

"教育"有两个层面的基本含义：一是"培养新生一代准备从事社会生活的整个过程"；二是"用道理说服人使照着（规则、指示或要求等）做。"[③]单从字面上看，教育由主体和客体构成，而教育本身则是通过主体的某种外部促动行动使客体学习并具备某种技能、遵循某种规则等。

自我教育则意味着主体与客体"合二为一"，似乎存在主体与客体关系方面的悖论。但是，从教育的本质上看，必须得承认教育的效果最终都体现在"客体"的学习过程中。因此，强调客体的自主性、主体性就显得十分必要了。从民主教育的观点看，无视客体的教育可以被视为一种强制，有悖于民主、自由观

---

①［美］戴维·奥斯本等：《改革政府：企业家精神如何改革着公共部门》，周敦仁等译，上海：上海译文出版社 2006 年版，第 130—131 页。

②朱国云：《组织理论：历史与流派》，南京：南京大学出版社 1997 年版，第 221 页。

③中国社会科学院语言研究所词典编辑室编：《现代汉语词典（修订本）》，北京：商务印书馆 1996 年版，第 640 页。

念,“一个民主的教育理论关注的对象或许可以被称作是‘有意识的社会再生产’,即公民被授权或应当被授权去影响教育之方式,而这些方式反过来又塑造着未来公民的政治价值、态度,以及行为模式。”[1]这就为自我教育提供了一席之地——主张、鼓励并支持公民个体、自治团体等以主体身份有意识地影响“社会再生产”,兼具教育主体与教育客体双重身份。当然,这里需要强调,在个体意义上的自我教育属于心理学范畴,强调个体依据主观能动性自我学习,通过自我控制、自我调节和自我激励等方式来确定自己的学习目标、认知、动机和行动等,有意识地促进自己的学习和成长。作为自治内容之一的自我教育具有一定的政治属性,属于自治体内公共生活的一部分。

政治学者王浦劬等强调指出:自治体是社会成员养成健全政治人格、培育政治参与能力进而成为合格政治人的学校,是社会成员“学会自我管理和管理社会的学校”,具有自我教育的功能,具体表现在三方面:一是为执行自治体所认可的政策措施、规章制度,向其成员实施“教育”,倡导政策原则,促进成员遵循政策措施;二是政治自治体为实现内部一致和集体行动,会“以特定的政治价值和政治规范影响其成员”,使其成员养成特定的政治人格,形塑特定的政治观念,具备特定的政治素质;三是其成员通过参与政治自治体的活动,学习和理解政治生活的规则和技能。[2] 这一论述与“教育”的基本含义一致,第一点属于“培养新生一代准备从事社会生活”的范畴;第二点和第三点属于“用道理说服人使照着(规则、指示或要求等)做”的范畴。这一节即从这三个方面着手来论述自治体运行过程中的自我教育。

一、政策规章的倡导

政策的实施需要在价值上形成一致,因此,与自治体的自我执行行为相伴随的便是政策倡导性的自我教育。日本学者北村实在其《价值的多元性、相对性和普遍性》一文中强调指出,虽然在观念上我们希望一致并由此达成合作与和谐,在事实上全球化等因素也消解了很多导致多元文化主义或文化多元主义的源泉,但是不能否认,民族、宗教、利益、传统和自然条件等各种差异仍然使我们生活在“多种价值观交织碰撞的世界里。”[3]然而,政策措施、规章制度的实施需要相关者(也被称为“政策相对者”)的遵循与配合。这意味着政策措施、规章

①[美]艾米·古特曼:《民主教育》,杨伟清译,南京:译林出版社2010年版,第14页。
②王浦劬等:《政治学基础(第2版)》,北京:北京大学出版社2006年版,第238页。
③[日]北村实:《价值的多元性、相对性和普遍性》,载王玉梁等主编:《中日价值哲学新探》,西安:陕西人民出版社2004年版,第41页。

制度所内蕴的价值取向被大家所接受，形成相对的价值一致。那么，如何在价值多元的现实与价值一致的需要之间达到平衡呢？一方面，需要利益相关者主动的自我调适，约束或暂时隐匿自己的原初需要，使自己不再那么固执、偏狭，进而与政策所体现的价值相一致。另一方面，需要政策执行主体通过教育的方式进行政策倡导，说服、引导利益相关者认可相关政策价值，遵循政策措施，配合政策的执行。此处所讲的政策倡导属于后一层面。即，自治体在执行政府公共政策时，或者在执行其内部决策时，通过政策倡导这一自我教育方式，说服、引导其成员接受政策的价值取向，消除阻碍政策执行的价值冲突因素，构建促进政策执行的积极文化和观念。

政策倡导与自治体的“规训”行为有关。在米歇尔·福柯（Michel Foucault）看来，规训是权力运行路径和作用机理的表现形式之一，“它是一种权力类型，一种行使权力的轨道。”①只不过，现代意义上的“规训不再单纯地表现为惩处、统治或压制，而是同时具有了交流和对话的功能和意义”②。就自我教育意义上的政策倡导而言，自治体为了执行与贯彻有关政策，通过信息交流、理性对话、舆论宣传和文化传递等方式，来说服政策相对方，使其形成遵循政策的价值观念，或者在心理深处接受（最起码不反对）政策内蕴的价值，进而促成政策措施落到实处。用吉尔·德勒兹（Gilles Louis René Deleuze）的话说，强制控制和信息传播（即交流对话）是形成一致、执行政策的两件“基本法宝。”③

政策倡导与自治体的政策工具选择有关。在亚瑟·里格林（Arthur B. Ringeling）看来，政策工具可被视为“一系列的显示出相似特征的活动，其焦点是影响和治理社会过程”，“致力于影响和支配社会进步的具有共同特征的政策活动的集合。”④简言之，政策工具就是执行政策时所采用的方法与手段。一般而言，执行政策时可以采用的工具包括行政手段、法律手段、经济手段和思想手段等。自我教育以及政策倡导在很大程度上可被视为自治体通过思想手段贯彻政策，具体表现在三方面：一是形成舆论、价值宣传。即，通过媒体宣传的方式形成一种与政策价值相一致的舆论，进而使其嵌入人心。二是说服教育、协商对话。即，通过面对面的论辩、说服等方式达到“以理服人”的效果，使政策价

①[法]米歇尔·福柯：《规训与惩罚：监狱的诞生》，刘北成等译，北京：生活·读书·新知三联书店 2003 年版，第 242 页。

②张凤阳等：《政治哲学关键词》，南京：江苏人民出版社 2006 年版，第 35 页。

③[法]吉尔·德勒兹：《哲学与权力的谈判：德勒兹访谈录》，刘汉全译，北京：商务印书馆 2000 年版，第 199 页。

④陈振明等：《政府工具导论》，北京：北京大学出版社 2009 年版，第 7 页。

值被政策相对方所接受(最起码不反对该政策及其价值取向)。三是利益引导、奖功罚过。即,通过奖励和惩罚的方式表明一种态度,使政策相对方在内心深处感到激动不已(因奖励)或恐惧害怕(因惩罚),进而接受或不反对政策价值。[①]

笔者在河北省太行山区某村调查时,就曾在该村干部的工作日志中发现了诸多政策倡导的情形。比如,(1)针对执行镇政府政策的倡导措施:响应政府提倡创业的号召,在村公益电影播放时发表讲话,进行动员;为贯彻实施有关计划生育政策、禁止燃烧农作物秸秆、提倡移风易俗、学习科学发展观等,在村宣传栏或村内房屋墙上显眼处张贴标语(或用大字书写标语);为支持"XX"高速公路修建拆迁,通过入户座谈方式取得村民同意,等。(2)针对村内政策的倡导措施:为贯彻"空心村"整治政策,入户座谈;为保护村内耕地、林地,选派村民代表对涉事村民做思想工作,配合村内政策实施;为防止村民不按预定顺序灌溉农田,在池塘旁书写标语;就春节慰问标准,与村民代表座谈,等。

不难发现,自治体的政策倡导具有较强的说理性。在这一过程中,自治体不是通过行政命令强制的方式直接要求其成员接受某种价值观念,而是在宽松的情境中(惩罚性的措施除外),通过信息交流、公共辩论、公开宣传等方式进行,试图达到潜移默化的作用,使其成员内在自觉地认同政策规章所体现的价值,并通过内部动机的激发来促使成员遵循政策的有关要求。这种自我教育方式比较适合于自治体的运作。因为自治体常常不具备强制的执法资格,在贯彻执行政府政策和自治决策时只能借以说理的方法。

二、共享观念的形成

自治体的良性运行需要某种"共享观念"的支撑。学者黄育馥在《人与社会:社会化问题在美国》一书中精准地写道:"对一个政治制度来说,没有人们对它的信任和支持,政府就没有权威,法律就无人服从,税收就无人交纳,政治就不能稳定。而对于一个政治团体来说,没有人们对它的信任和支持,纲领就无法实现,领袖就无人追随和拥护,它组织的政治活动就无人参加。"[②]一般而言,自治体良性运行的最起码表现是"有秩序"、"有凝聚力"和"有效率",而实现这三方面的实现又都需要存在某种"共享观念"[③]:

---

①陈振明:《政策科学:公共政策分析导论(第2版)》,北京:中国人民大学出版社2003年版,第268—269页。

②黄育馥:《人与社会:社会化问题在美国》,沈阳:辽宁人民出版社1986年版,第146页。

③这三方面的论述参见于显洋:《组织社会学(第2版)》,北京:中国人民大学出版社2009年版,第182—183页。

首先，共享观念是自治体"有秩序"的基础。自治体内部冲突可能有三大类：一是自治体内不同群体存在目标冲突，且实现目标的手段等存在排斥性，互相难以包容；二是资源分配冲突，在自治体内部的资源分配中缺乏包容性，分配呈"零一和"结果；三是地位冲突，在自治体内的层级之间缺乏互相支持、相互赋权的包容性关系，各方都想扩大自身的影响力、地位和资源占有份额，但这一过程会对他人构成伤害。显然，这些冲突都是在互相缺乏包容、缺乏理性协商和缺乏互相依存感的情况下出现的，是缺乏共享观念的结果。或者说，共享观念是自治体运行的润滑剂，可以消除冲突，为自治体内部秩序的实现奠定基础。

其次，共享观念是自治体"有凝聚力"的基础。凝聚力是自治体成员之间相互信任、相互依赖、相互合作和相互支持的吸引力和亲密关系，是在成员经常性互动基础上形成的。也可以说，自治体成员具有某种共享观念的心理感受和体验，因此在成员之间具有较强的人际吸引力，谁也不愿意主动离开或被排斥出自治体，也不愿意看到其他成员因不满而愤然离开自治体，所以会约束自我，会主动承担自治体赋予自己的责任，会自觉遵守自治体的行为规范，且愿意将自治体的规范内化为自身的价值观和行为态度，愿意同其他成员协调一致、相互配合、协同行动。

最后，共享观念是自治体"有效率"的基础。"有效率"是指自治体具备较高的资源转化能力，并以最低的代价、最高效的组织行动实现预定目标。这一方面需要自治体拥有严密且符合实际情境的内部结构和制度体系；另一方面需要自治体成员步调一致、共同行动。显然，这需以自治体内部的共享观念为基础——对自治体有归属感、认同感；愿意为实现共同体的利益而主动承担责任；希望在自治体内部达成合作，相互支持；将自治体的规范内化为自身行为习惯，等。

综上所述，自治体的良性运行目的需要其成员"对基本的、合适的、有意义的行为"产生共同的理解，并在此基础上形成确定的行为模式和价值观念。[①] 当然，从另一种角度看，特定的价值体系、信念系统（包括态度、情感、信仰、价值观、思想、观念、意识、思维、规范、习惯和精神等）既是构成自治体的关键要素之一，也是自治体运行的软性环境。它们贯穿于自治体的全部运作过程之中，既对成员的心理和行为形成约束，又对自治体的整体发展方向和运行绩效产生重要影响，发挥着价值导向、行为规范、心理凝聚、精神激励和促进创新等功能。[②]

---

①于显洋：《组织社会学（第 2 版）》，北京：中国人民大学出版社 2009 年版，第 203 页。

②张建东等：《公共组织学（第 2 版）》，北京：高等教育出版社 2010 年版，第 163—167 页。

自治体的价值体系和信念系统的形成过程因此而成为自我教育的主要内容。

第一，从政治文化的角度看，自治体内部共享观念的形成是政治社会化的过程。各种自治体既是政治社会的构成要素，也是政治社会化的主要媒介。“它们是社会生活中的人们为了一定的社会政治、经济目的联合而形成，而后又通过宣传自己组织的主张、信仰，吸收和接纳新的成员，使他们过一种有组织的社会生活，并在其中学习和获得特定的政治文化。”[①]简单而言，政治社会化是个体接受政治教育、学习政治能力、形成政治观念的过程。通过政治社会化，个体既拥有了相对稳定的政治心理和观念，又拥有了参与政治生活的行为能力。

一般而言，政治社会化可以从两方面来理解[②]：一是政治社会化是政治权威宣扬某种政治价值，并对个体实施有意识地塑造的过程，目的在于形成政治一致，并且培育健全政治人格的公民。二是政治社会化是个体主动学习的过程，目的在于掌握主导性的政治文化、政治规范，了解政治生活准则，塑造自己的政治人格并拥有参与政治的技能，使自己从一个“社会人”转变为一个合格的“政治人”。自治体作为一种政治单位，为了在其内部形成一致，整合内部政治价值，必不可少地会有意识地向其成员传递某种政治价值，塑造某种特定的政治人格，对宏观的政治制度、公共政策形成具有支持作用或反抗取向的政治价值取向和态度；或者为了推行自治体的自我创制行为，而有意识地倡导某种政治观念和价值理念，强化一致性、消除异质性。

自治体所采取的政治社会化手段主要包括三类[③]：一是明示。通过直接的信息交流，来宣传、倡导、强调、塑造政治价值观念、政治行为规范、政治态度、政治情感和政治思想等，诸如电视、标语、教育。二是暗示。借助间接的方法来强化、表达某种政治观念，诸如仪式、礼仪、文化娱乐和象征等。三是强制。明示和暗示更多是通过“说理”的方法传递政治观念，“说服”相对方接受政治观念，而强制则是指通过消除、抑制“其他观念”的方式灌输某种政治观念，如果接受“其他观念”或对主导观念持否定、怀疑态度就将受到惩罚。可以说，强制社会化的方法属于“清除异端”+“强制接受”的范畴。其实，自治体也是社会化的主要媒介。“任何社会都有一套必要的社会规范，即向社会全体成员提出的行为准则或要求人们遵从的一定规则和方式。它表现为法律、纪律、道德、风俗等不同的方面，是个人与社会相互协调的主要力量。”[④]自治体为了更好地协调其自

①王浦劬等：《政治学基础(第2版)》，北京：北京大学出版社2006年版，第285页。

②马振清：《中国公民政治社会化问题研究》，哈尔滨：黑龙江人民出版社2001年版，第16页。

③马振清：《中国公民政治社会化问题研究》，哈尔滨：黑龙江人民出版社2001年版，第13—15页。

④张敦福：《现代社会学教程(第2版)》，北京：高等教育出版社2007年版，第206页。

身与成员的关系，会传递特定的价值观念，使个体与自治体在价值观念上的一致性增强。总之，自治体的运作需要通过自我教育的方式倡导某种价值观念，在其内部形成共享观念。

第二，从组织文化的角度看，自治体内部共享观念的形成是主观建构的过程。由埃德加·沙因、麦瑞尔·路易斯和琳达·斯默西奇倡导的组织文化研究学派认为组织的运行过程是人为的、社会建构的，首先根据历史发展、现实情境等人为设定某种行为依据和假定（包括文化规范、价值观念、行为准则、互动模式和仪式程序等）；然后，反复告诫、引导、说服组织成员按照这种行为依据和假定来决策和行动；最终，久而久之就在组织内部形成一种共享观念，为组织成员的决策、行为提供基本前提，甚至成为某种“真理性”的共有意义，成员们会自觉地不假思索地接受。总之，“组织文化总是隐藏在组织的公开活动背后，它是一种社会活力，指引着组织成员，并让他们做出具体的行动。”[①]不难发现，组织文化是组织权威及其成员观察、思考、解释和塑造的结果，其形成过程充盈着主观建构的色彩。

大略而言，组织文化的形成和建构过程可分为四个阶段[②]：一是初创阶段。组织的创建者或权威在综合各种情况的基础上，对组织发展和理想预期提出一种初步构想，此间包含着文化规范、价值观念、行为准则、互动模式和仪式程序等内容。二是群体认同阶段。组织内部对初创阶段提出的共享观念有了相当的认知，并取得基本共识，这是共享观念获得成员认同的阶段。为实现这一目标，可能需要组织权威的宣传、倡导及其亲身践行，也可能需要组织成员的经验、体认，还可能需要组织内各个层级之间的交流、论辩，并由此取得共识等。三是共享观念的形成阶段。在群体认同的基础上，逐步深化对共享观念的认识，强化遵循共享观念的自觉意识，并逐渐形成共同认可的价值观念。四是共享观念的普遍化阶段。共享观念被组织内部成员所认同，由此而形成了自觉不自觉地行为模式，并构成了自己独有的运营“气质”，成为与其他组织相区别的明显标志。可以说，此时的共享观念已经内化为组织成员的行为驱动，组织成员们会运用共享观念去解释、预测组织的运营路径，并将共享观念渗透进组织的发展战略、具体政策、规章制度和物质表象（如 LOGO、制服、建筑样式）等当中。各类自治体都可以被视为“组织”，因此其自我教育行为也包括对组织文化的主动建构。

①朱国云：《组织理论：历史与流派》，南京：南京大学出版社 1997 年版，第 336 页。

②于显洋：《组织社会学（第 2 版）》，北京：中国人民大学出版社 2009 年版，第 206 页。

第三,从共同学习的角度看,自治体内部共享观念的形成是互动调适的过程。哈贝马斯倡导的公共领域理论有一个基本思想:公众在俱乐部、广场、咖啡馆等公共空间中的议题论辩、思想交流,可以帮助参与者表达自己的观点,同时也意味着参与者思考、品评别人的观点,这种思想交互对于统一思想、互相理解、共同学习十分重要。这种体现为共同学习的思想交流在本质上属于自我教育的过程,它以思想表达、信息共享、理性协商、联合判断、相互理解和互动调适等为主要方式,促成参与者既表达自己,又说服别人,还要倾听意见、调适自己。"网络(指人们之间的交互关系,而非互联网——引者注)谈判作为一种行动之间的协调方式出现,这种方式需要确定目标和手段、价值体系和利益逻辑。而这就要通过互动的程序和系统的谈判来确定。"①现代自治要求在自治体内部实现领域公开、积极参与和共同行动。这种分析逻辑遵循的是合作博弈论而不是"非合作博弈论"。其中,"非合作博弈强调的是个体理性,研究在个体理性的基础上会出现什么结果;而合作博弈强调的是集体理性,探讨集体理性如何实现,以及在集体理性实现时合理的分配方案。"②具体而言,在非合作博弈逻辑中,个体以自身理性算计为基础,思考和判断自己的行动;在合作博弈逻辑中,个体要超越自身的理性算计,以集体理性(即共同利益)为基础来思考和判断自己的行动。在这一过程中,个体之间需要互相倾听、互动调适,你需要解释你的观点,同时也需要审视我的观点,我也需要解释我的观点,同时审视你的观点。通过这种共同学习加深对公共议题的理性认识,调适各自的原初观点,进而达成一致,实现联合行动。在这里,每一个参与者都是教育主体,也都是学习主体,正是通过参与者之间的交互行动,避免了固执和偏狭,实现了共享观念的形成。在某种程度上可以说,这种共同学习是自治体内部自我教育的最常见形式。

需要强调,自治体内的公共论辩、信息交互等未必都能达到集体一致、理性共识的结果。但是,成员们在公共论辩、信息交互的过程中,自觉不自觉地实现了共同学习、相互教育。因此,自治体内交流互动是自我教育的常见形式,成员们的思想观念也是在这一过程中被调适、被改变,或者被塑造、被强化。这便是共同学习的结果。

三、政治技能的学习

"我们生来是虚弱的,所以需要力量;是无助的,所以需要帮助;是愚蠢的,

①[法]让-皮埃尔·戈丹:《何谓治理》,钟震宇译,北京:社会科学文献出版社2010年版,第26页。

②彭宗超等:《合作博弈与和谐治理:中国合和式民主研究》,北京:清华大学出版社2013年版,第72-73页。

故而需要理性。我们在出生时所缺乏的所有东西，以及我们需要的使我们成为人的所有东西，都来自教育的艺术。”①概略地说，教育的目的有两个：一是观念的养成；二是技能的学习。两者使我们懂得通过互助提高行动力量的重要性，也使我们通过多样的机制有效合作，进而使我们不再“虚弱”、“无助”和“愚蠢”。自治体的自我教育自然也包括上述两方面。观念的养成在上面两点（即政策规章的倡导、共享观念的形成）进行了论述，这一点则主要以技能的学习为论述对象。在自治体自我教育的视域下，政治技能的学习可以从两方面理解：

一方面，自治体在代表成员参与政治的过程中，实现技能学习的目标。在王权专制主义下也有政治社会化，只不过那时的政治社会化以依附人格的养成为目的。公共权力系统通过王权/皇权至上意识的树立、权力崇拜仪式的推行（如叩首朝拜、色彩称谓等皇帝专属）等多种手段强化专制思想，将民众的主体意识、权利意识等消解殆尽。并且，在王权专制主义的压制之下，民众没有任何政治参与权利，也缺乏相应的政治参与途径。久而久之，民众除了拥有“老婆孩子热炕头”之类的生活意识之外，再无民主、自由等意识，更缺乏政治参与方面的技能。鲁迅在《故乡》中描述的老年闰土以一句“还好，都健康”来表达自己对生活境遇的评价，不难发现其丝毫没有政治民主、参与方面的预期。在现代民主共和制度下，人们通过多种多样的政治参与途径（如我国的政治恳谈、人大代表选举、基层民主选举、协商民主等）锻炼了政治技能。或者说，人们在具体的政治情境中体验、确认并学习了各种政治技能，以参与的方式实现了自己的政治社会化。各类自治体正是政治技能学习的基本平台。本书不止一次地论述到，自治体作为一种中介性的政治主体，联通社会个体和政府，与其他政治主体展开博弈，试图影响政策取向，实现自己的利益诉求。在这一过程中，人们不仅学会了关心和理解他人的利益和立场，学会了包容和理性看待政治变革，而且锻炼并学会了政治表达、议题论辩、理性协商等技能。②

另一方面，在自治体内部治理过程中，成员通过各种参与实现技能学习的目标。在谈到村民自治、社区自治、行业自治的优越性时，学界有一个基本共识，那就是自治的过程意味着成员扮演主体角色、担当公共责任的切身体验，成员因此而习得了很多政治技能，为民主制度的推广奠定了基础。换言之，发生于自治体内的微观自主治理行动，锻炼、养成了人们的民主参与精神和能力。

①Jean Jacques Rousseau. *Emile, or On Education*. *Trans. Barbara Foxley*. New York: Everyman 1972. 转引自[美]艾米·古特曼：《民主教育》，杨伟清译，南京：译林出版社 2010 年版，第 19 页。

②陈振明主编：《政治学：概念、理论和方法》，北京：中国社会科学出版社 1999 年版，第 327 页。

一方面培育了参与者的公民责任感和公共意识，另一方面教会人们如何履行公民责任，如何践行公共意识。密尔、托克维尔、巴伯和帕特南等学者都在此意义上指出，自治体内部治理过程不仅为其成员的民主参与提供了可能，践行了民主政治理念，更重要的是这种践行民主的行为具有自我教育的属性——人们在参与中要表达自己，也要提供理由说服其他人，还要审视其他人的观点，参与者由此而自觉不自觉地塑造了自己，由此而被政治社会化了。因此，自治体的自主治理行动实际上可被称为“公共学校”，十足地扮演了自我教育的角色。①

这里需要说明，“政策规章的倡导”、“共享观念的形成”这两种自我教育形式具有相对较强的主动性，由自治体权威或其成员主动推动。相反，“政治技能的学习”作为自我教育形式更多是一种“副产品”，是自治体及其成员公共参与行为产生的附带效应，主动性要弱很多。也可以说，在“政治技能的学习”过程中，各种自治体扮演了平台、载体、环境和气氛等“角色”，而非主动的行为施动者。

第三节　自我服务

管理与服务具有对立统一的关系。在“统一”的关系中，管理与服务是融为一体的，管理即服务——管理过程要体现服务，寓管理与服务过程之中。在“对立”的关系中，管理与服务存在些许差别，管理更多强调通过某种强制的手段实现管理者所设定的目标，被管理者属于对象性的存在，需要接受管理者的组织、控制和领导等行为，也需要调适自己的行为与价值取向来满足管理目标的实现；而服务更多强调服务主体回应被服务者的需求，以被服务者的需求和满足等为目标设置项目、制定政策、开展行动。正是在强调管理与服务存在“对立”关系的基础上，珍妮特·登哈特等指出，管理者扮演的角色是试图通过强制、约束、控制和“掌舵”等方法为公共生活设置权力结构、提供行动方向的政策方案，并依赖合法暴力实施这些方案；而服务者扮演的角色则不同，“越来越重要的是要利用基于价值的共同领导来帮助公民明确表达和满足他们的共同利益，而不是试图控制或掌控社会新的发展方向。”②

本研究是在“对立”的意义上使用自我服务这一概念的。即，自治体的自我

①[英]马修·费斯廷斯泰因等:《协商、公民权与认同》，载《马克思主义与现实》2004 年第 3 期。

②[美]珍妮特·V. 登哈特等:《新公共服务:服务，而不是掌舵》，丁煌译，北京:中国人民大学出版社 2004 年版，第 134 页。

管理行为更多是围绕着自治政策过程而展开(详见本章第一节),自我服务行为则更多围绕成员的需要及其满足而展开。[①] 著名文学家阿尔贝・加缪(Albert Camus)就曾十分有哲理地指出:“荒谬产生于人的需要与世界无理的沉默之间的冲突。”[②]也有学者指出:“问题”就是需求的理想与现实境况的差距。总之,如果不能很好地回应和满足需求的话,社会失序的风险将会大大增加,也正因为如此,需要通过自我服务来回应、满足人们的需求。

对于人们的需求,有很多种理解,自然也就应该有很多种自我服务行为与之相适应。在马斯洛(Abraham H. Maslow)看来,人们的需求是分层次的,低层次需求满足之后才会有高层次需求的动机产生,由低到高的需求分别为生理需要、安全需要、社会需要、自我实现需要等。与马斯洛不同,阿德佛(P. Alderfer)则认为人的需要并不是完全按照层次而发展的,受到很多现实条件的影响,既可能是顺境中从低层次到高层次转变的提升程序(Fulfilment-Progression Process),也可能是遇到挫折后的退化程序(Frustration-Regression Process)。他认为,人的需求具体包括三种,即生存需要、关系需要和成长需要。另外,麦格雷戈(Douglas McGrogor)、赫兹伯格(Frederick Herzberg)等也对人的需求提出了不同的看法。[③] 在这里,笔者无意讨论人的需求到底包括哪些、如何变化等问题,而旨在强调,人有多种需要,而自治体的自我服务更多是在满足成员需要的基础上展开的。

由于需求的种类和层次繁多,[④]如果一一论述满足这些需求的自我服务行为将十分繁琐,且无章可循。因此,笔者从三个方面予以综合阐释:一是信息沟通型自我服务,主要满足成员在信息交流、表达等方面的需求;二是资源分配型自我服务,主要满足成员在资源方面的各类需求;三是关系协调性自我服务,主要满足成员在社会关系、人际交互方面的各类需求。

一、信息沟通型自我服务

先看几个例子:

例一:行业协会。笔者在深圳等地调研时发现,行业协会的负责人基本上都有两个基本定位:一是向会员(成员)提供信息服务,如关于产品的标准变动

---

①当然,自我管理与自我服务有很多交叉的地方,这一点永远不能否认。此处所作的区别既是为了方便论述,也为了方便理解。

②转引自[英]莱恩・多亚尔等:《人的需要理论》,汪淳波等译,北京:商务印书馆 2008 年版,扉页。

③朱国云:《组织理论:历史与流派》,南京:南京大学出版社 1997 年版,第 132—136 页。

④可参见[英]莱恩・多亚尔等:《人的需要理论》,汪淳波等译,北京:商务印书馆 2008 年版。

信息(含国内国外)、市场变动信息、行业发展与预测信息、新兴技术信息、价格现状与趋势信息等,试图通过信息的提供为成员提供决策依据,服务于成员的发展。二是向政府有关部门提出行业发展的需求信息,即代表行业(会员)与政府有关部门实施交互,传递行业发展需求方面的信息。

例二:村委会。笔者在河北邢台太行山区调研时发现村委会在村内宣传栏里发布如下信息:农产品价格信息、治安防范信息、就业招聘信息、农技推广信息、籽种化肥农药信息、医疗保健信息等。无独有偶,在江苏盐城调研时也发现村委会发布医疗保险报销程序、农产品市场信息、招工就业信息等。虽然这些信息中带有一些"商业广告"属性,但其公共性更显而意见,在农村稳定、农业发展和农民身心健康等方面为农民提供了信息服务。

例三:QQ群。2014年中央电视台"315晚会"曝光了某品牌数码相机的质量问题。在节目中,可以清晰地发现,为了沟通交流消息、维护自身权益,这一款数码相机的购买者组建了一个QQ群。在该群中,购买者们既分享、交流有关相机的质量缺陷、维修困境、法律规定等信息,也表达自己对于维权的建议,就有关维权议题实施辩论,还商讨下一步如何维权等信息。显然,该QQ群已超越了单纯的信息传递工具的范畴,俨然成为了一种公共场域,具有了某种自治体的属性——实现人际交互、整合成员诉求、汇聚社会资本和指涉公共议题,是社会自主处理内部事务的表现,目的在于通过信息沟通实现自我服务。

信息非常重要。从哲学意义上看,信息是人们认识世界、改造世界的依据,信息缺乏为人们的行为设置了"不确定性",因此是人们认识世界、改造世界的最大障碍。从具体管理行动看,信息是决策的依据,信息是决策主体与外部环境的互动关系、决策主体面临的困境、拥有的资源等方方面面要素的集合,所以决策在本质上就是搜集信息、分析信息的过程。决策失败、管理失效往往都是因为信息缺乏而导致。对于自治体而言,其自我服务自然要包括信息服务。概略而言,自治体开展的信息服务包括三类:代表型自我服务、交互型自我服务和传递型自我服务。

第一,信息代表型自我服务。多元主义、法团主义以及有关利益团体研究的理论都承认这一点:自治体作为成员的代表在表达利益诉求、与政府互动等方面有着重要意义,在这一过程中,自治体发挥的是连接成员与政府的信息中介功能。此间,信息犹如一种"能量",对政府的决策产生影响,使公共决策反映自治体及其成员的价值取向,满足自治体及其成员的利益需求,体现了自治体的自我服务功能,"代表了一种德国社会学家哈贝马斯所说的不同于系统整合的社会整合，由此在个体和更大的社会机构之间建立起富有意义的联系。”①比如，上述例一中的行业协会就发挥了这样的功能。虽然自治体及其政治参与结果可能会出现不公平现象，但是自治体的代表型自我服务有三方面毋庸置疑的优点：一是实现了民主参与，体现了现代政治价值；二是自治体以集体的方式“发声”，与个体的政治参与相比，会释放更强的能量，参与会更加有效；三是自治体在自我整合的基础上参与政治，在很大程度上可以避免“政治肥大症”，使民主参与更加有序。各类商会或行业协会、基层群众自治组织多发挥这种代表型自我服务，“这种自治对内具有自我管理、自我服务和自我发展的功能，对外则具有整合利益、表达利益、参与公共决策、影响政府过程的功能。”②

第二，信息交互型自我服务。公共领域、社会资本等理论强调，自治体在很大程度上搭建了一种供成员交往的场域或平台，成员可以自由、自主地参与其中，表达自己的观点也倾听别人的观点，对特定公共议题展开论辩，达成部分共识或价值一致，实现相互理解和集体理性。在组织运作过程中，自治体为成员“提供了沟通、交流场所，而沟通和交流能促进人际纽带的形成与加强，进而促进更为广泛的社会沟通联系与良性互动，产生新的公共空间。”③此间，自治体犹如一个沟通媒介，它促进了成员的交互，并在交互过程中指涉公共议题，满足成员的某些需求。另外，自治体在实施代表型自我服务之前，也需要在其内部实现利益整合，而利益整合的过程就是自治体成员借助自治体这一沟通平台交互博弈的过程。或者说，自治体作为成员的代表传递的信息就是自治体内部沟通交互的结果。“这就促使个体利益在一个互动关系格局中成为保障公共利益的动力，进而导致整个社会逐渐形成一种自主治理的社会秩序。”④上述例三所说的 QQ 群，即充分展现了自治体的信息交互型自我服务。需强调，这种信息交互型自我服务可以增进自治体内部成员的相互理解与互信，“驱散了孤立和互相的不信任。”⑤并且为以后的更大范围的合作和互信提供了基础，“通过促进系统间的相互理解，围绕一个影响大一些的‘宏观社会’项目以稳定相互间的期

①陈剩勇等：《组织化、自主治理与民主：浙江温州民间商会研究》，北京：中国社会科学出版社 2004 年版，第 41 页。

②林尚立：《民间组织与政治改革：中国逻辑》，载王名主编：《中国民间组织 30 年：走向公民社会》，北京：社会科学文献出版社 2008 年版，第 284 页。

③中国现代国际关系研究院课题组：《外国非政府组织概况》，北京：时事出版社 2010 年版，第 18 页。

④陈剩勇等：《组织化、自主治理与民主：浙江温州民间商会研究》，北京：中国社会科学出版社 2004 年版，第 41 页。

⑤[美]罗伯特·帕特南：《使民主运转起来：现代意大利的公民传统》，王列等译，南昌：江西人民出版社 2001 年版，第 101 页。

望,使之成为今后行动上自我约束和自我限制的基础,可以建立'系统的信任'。"①

第三,信息传递型自我服务。在自主治理行动的空间场域中,自治体有责任帮助其成员解决一些问题,提供一些"有个性"的服务,这是其获得合法性的基本手段。鉴于信息对于发展决策的重要性,自治体在服务成员发展的策略清单中必不可少地会有一条——传递有益的信息,帮助自治体成员了解更多的外部信息,包括日常生活方面的、经济市场方面的、政制改革方面的、文化转型方面的,等等。总之,自治体可能在某些方面掌握有更多的信息,因此它作为信息"集散地"向成员提供一些信息,消除成员面临的诸多"不确定性",使成员的个体决策更有依据。这是自治体开展自我服务的最主要方式之一。如上述行业协会、村委会都有这方面的服务行动。

二、资源分配型自我服务

谈到资源分配型自我服务,有必要先从埃莉诺·奥斯特罗姆的《公共事物的治理之道》开始。在该书中,奥斯特罗姆指出,面对公共池塘资源,理性的个体无法到达均衡,会使公共池塘资源的配置效率很低,配置效果很糟糕,"个人理性的策略导致集体非理性的结局这一悖论,对理性的人类能够取得理性结果这一基本信念似乎构成了挑战。"②那么,如何更好(即效率更高、效果更好)地配置公共池塘资源呢? 奥氏指出,有三种方案:

一曰利维坦。奥普尔斯(W. Ophuls)曾指出,公地悲剧在理性的个体面前无法妥善解决,"所以具有强大强制性权力的政府的合理性,是得到普遍认可的","即使我们避免了公地悲剧,它也只有在悲剧性地把利维坦作为唯一手段时才能做到。"也就是说,利用公共权力的强制性分配、制度约束、政策执行等可以规避个体理性的不足,使公共池塘资源得到合理、适度地利用,达到可持续发展的预期。此间,公共权力扮演的是公共利益的捍卫者。奥斯特罗姆也指出:"遵循集中控制的建议所实现的最优均衡,是建立在信息准确、监督能力强、制

①[英]鲍勃·杰索普等:《治理的兴起及其失败的风险:以经济发展为例的论述》,载《国际社会科学》(中文版)1999年第1期。

②[美]埃莉诺·奥斯特罗姆:《公共事物的治理之道:集体行动制度的演进》,余逊达等译,上海:上海三联书店,2000年版,第15页。另外,曼瑟尔·奥尔森在《集体行动的逻辑》、里奇蒙德·坎布尔(Richmond Campbell)在《理性和合作的悖论》、加勒特·哈丁(Garrett Hardin)在《论公地悲剧》、斯科特·戈登(Scott Gordon)在《渔业:公共财产研究的经济理论》等论著中也都有很全面的描述。

裁可靠有效以及行政费用为零这些假定之上的。”①当然，公共权力的强制性可能会损害权利。

二曰私有化。私有化的制度设计是基于这样的假定：公共池塘资源的配置的低效率，来源于产权不清晰，没有人在内心深处觉得自己是主人，因此，任何利用该资源的获益都是实实在在的“占便宜”，所以无休止地掠夺性地使用就成为了理性算计下的必然行为。但这是不具备可持续发展特性的，在集体层面上看属于不理性行为。并且，产权的不清晰使得个体缺乏监督、防止其他主体掠夺公共池塘资源的动机。而产权明确之后，每个人都是主人，都会积极地监督他人的越界行为，且为了可持续发展而理性地安排自己使用公共池塘资源的行为。犹如科斯定理（罗纳德・科斯，Ronald Coase）所言，只有在产权清晰的情况下，资源配置方为最优。罗伯特・史密斯（Robert J. Smith）曾在此意义上强调，解决公共池塘资源配置困境的方法是通过创立一种私有财产权制度来替代原有的公共财产制度。②

三曰自主治理。奥斯特罗姆指出利维坦和私有化两种方案都过于理想化，并没有深入到公共池塘资源的配置过程，提供详细的可操作的制度，因此可被视为是“无制度”的制度：

> “主张中央管制的人没有告诉我们，中央机构应该按照什么方法来组织，它应该拥有何种权威，应该如何维持对这种权威的限制，它将如何获得信息，它的代理人应该如何选择，怎么激励他们做好工作，以及怎么对他们的工作加以监督、奖励或制裁。主张私有产权的人也没有告诉我们，各种权利应该如何界定，相关商品的各种属性应该如何度量，谁将为排斥非所有者的进入支付费用，围绕权利的冲突将如何裁定，以及在这个资源系统中的权利持有者的剩余利益应该如何加以组织。”③

相比而言，自主组织和自主治理机制能够设身处地地解决公共池塘资源问题。一方面，自主组织直接与人们相联系，可以便捷迅速、因地因时制宜地把自

①以上参见[美]埃莉诺・奥斯特罗姆：《公共事物的治理之道》，余逊达等译，上海：上海三联书店 2000 年版，第 22—27 页。

②[美]埃莉诺・奥斯特罗姆：《公共事物的治理之道：集体行动制度的演进》，余逊达等译，上海：上海三联书店 2000 年版，第 27 页。

③[美]埃莉诺・奥斯特罗姆：《公共事物的治理之道：集体行动制度的演进》，余逊达等译，上海：上海三联书店 2000 年版，第 42—43 页。

己组织起来,配置资源;另一方面,人们长期共处、相互依赖,这种“熟人社会”再加上有意地自组织机制积累形成丰富的社会资本,“驱散了孤立和相互的不信任”,驱使着合作、互赖、信任、互惠——这为他们赖以生存的公共池塘资源的有效配置奠定了基础。①托克维尔也指出,人们之间的长久交互能够增进彼此理解,使人们的心胸更加开阔、互赖的情感更加丰富,因此,面对“生于斯长于斯”的公共资源和其他公共事物,是可以以合作、互惠等方式处理的。②概言之,自主组织依赖社会资本能够有效开展自主治理,“从而能够在所有人都面对搭便车、规避责任或其他机会主义行为诱惑的情况下,取得持久的共同受益。”③

显然,奥斯特罗姆更偏爱和看好自主治理机制。因为政府会犯高高在上的错误,无法及时针对处于基层的公共池塘资源和其他事务而创议、创制,也无法有效执行配置方案。因此,在处理公共池塘资源配置事务方面政府会“失灵”。市场同样也会“失灵”。虽然,产权明晰有助于激励相互监督的动机。但其无法回答产权分配的公平性问题,并且面临着产权拥有者“杀鸡取卵、竭泽而渔”的短视行为。为了短期利益,产权拥有者常常会掠夺性地使用公共池塘资源(很多个体缺乏长远的、科学的、可持续发展的发展眼光,会因短期利益的刺激而不科学地使用公共池塘资源),就像产权不清晰时人人争先恐后地使用公共池塘资源一样。只不过,实施私有产权制度之后,掠夺公共池塘资源的由一群人变成了一群单个的人。实质并无不同,后果也并无不同。

综上所述,自治体能够在社会资本的辅助下,针对包括公共池塘资源配置在内的各种公共资源主动创议、创制、执行,并能够在相互约束和自我约束的情况下信守承诺,依循有关制度行事。这实际上就是奥斯特罗姆所说的三个条件:新制度的供给、可信承诺、相互监督。④制度供给属于决策范畴,可信承诺和相互监督属于决策执行范畴,他们共同构成了自主治理机制发挥作用的基础。当然,她对上述三个条件能够全部实现也很担忧,并称它们为“难题”。但只要条件具备,自主治理机制就会发生作用,且事实上的确发挥了作用。

通过上述阐释,可以明确地说,自治体配置资源、开展自我服务的方式与本

---

①[美]罗伯特·帕特南:《使民主运转起来:现代意大利的公民传统》,王列等译,南昌:江西人民出版社2001年版,第101页。

②康晓光:《非营利组织管理》,北京:中国人民大学出版社2011年版,第11页。

③[美]埃莉诺·奥斯特罗姆:《公共事物的治理之道:集体行动制度的演进》,余逊达等译,上海:上海三联书店2000年版,第51页。

④[美]埃莉诺·奥斯特罗姆:《公共事物的治理之道:集体行动制度的演进》,余逊达等译,上海:上海三联书店2000年版,第69页。

章第一节自我管理的方式有一致的地方。可归为三种：自主创制；鼓励守诺；监督履诺。

从广义上来说，自治体开展的资源分配型自我服务除了对公共池塘资源进行分配外，还包括如下几种：一是自治体内部公共项目的选择。如修缮交通设施、安装监控摄像头、建设文化服务设施、建设公共教育设施、建设养老设施、建设公共体育运动与健身设施等。二是自治体内部公益服务的推进，如残疾人、妇女儿童、孤寡老人、特困人群等方面的照顾与救护等。三是使用集体资产进行投资，如村委会、居委会投资商业领域等。上述资源配置行动要么是自治体直接针对某种服务而实施的，要么是自治体为了增加集体资产以更好地开展自我服务而实施的。这些服务在很大程度上都属于自治体内部成员互相帮扶、互助服务的范畴。

三、关系协调型自我服务

爱德华·A. 罗斯(Edward A. Ross)在其名著《社会控制》中指出："成功的协作意味着高级的社会秩序，因为，既然每个协作者必须在确定的界限之内开展特定的活动，其成果自然也会享有或蕴含着一些公认的原则。"[①]如何保证协作者在确定界限之内开展特定活动，形成协作和秩序呢？罗斯进一步指出，人生而具有一些同情心、正义感等构成的"自然秩序"，这能够使人们通过自我约束而达成秩序。但是，自然秩序的功能远远不足于实现人类社会的预期，还需要在人性之外确立一种社会性的调节与控制机制来促成人们的协作，实现社会秩序。[②] 概言之，单靠自我约束，无法形成秩序，因此需要外部力量来协调人际关系。自治体也不例外，其内部秩序的实现是其成员过良善生活的基本条件，所以以自治体为载体来协调内部关系是一种重要的自我服务。

如果把自治体看作是一种组织体系的话，其内部会出现这样或那样的冲突。产生冲突的原因大致包括如下几方面[③]：一是价值的不一致，导致了成员之间的相互不理解，强化了成员之间的异质性，进而导致冲突。二是目标取向差异，导致行为评判标准出现差异，由此引起相互隔阂、不满、敌视和冲突。三是达标障碍，由于资源的稀缺性和目标的排斥性，导致各个成员在追求目标时难以形成"帕累托最优"，甚至出现"零－和"博弈，一方目标的实现则成为另一方

①[美]爱德华·罗斯：《社会控制》，秦志勇等译，北京：华夏出版社 1989 年版，第 1 页。

②[美]爱德华·罗斯：《社会控制》，秦志勇等译，北京：华夏出版社 1989 年版，第 32－37 页。亦可参见吴增基等：《现代社会学(第 4 版)》，上海：上海人民出版社，2009 年版，第 371－372 页。

③于显洋：《组织社会学(第 2 版)》，北京：中国人民大学出版社 2009 年版，第 246－248 页。

目标实现的障碍，障碍越大冲突程度就越高。四是行为期待差异，在组织体系当中，每个成员都有特定的角色期待，如果相互作用者的行为与对方的期待不符，甚至相违背，那么就容易诱发冲突。五是历史缘由，因某种不好的“记忆”而引起成员之间发生冲突。虽然适度的冲突引起的组织张力有助于实现竞争，促进组织变革。但是，冲突会使成员之间隔阂、冷漠等增强，进而影响组织的凝聚力，削弱自治体内蕴的社会资本含量；同时，冲突往往伴随着组织内耗、交易成本的增加，甚至冲突会直接造成冲突各方的利益损失，所以需要通过关系协调来控制冲突的程度，或减少冲突发生，使组织良性运行。由是观之，依托自治体而实施的关系协调属于自治体自我服务的基本方式。

自治体内部的冲突及其协调需要在冲突的类型上予以区分，并采取不同的手段。① 一方面，根据冲突涉及主体不同，可将冲突区分为个人间冲突和超个人冲突。前者指的是不同的个体以个体角色、身份和目标为基础而发生，冲突者只代表个人。此类冲突最为常见，也是自治体内部关系调节的重点。显然，此种冲突的调节难度相对较小。后者则是以群体角色、身份和目标为基础而发生，冲突者是自治体内的不同群体，参照的是群体的预期，代表的也是群体。此类冲突的危害较大，调节难度也相对较大，容易诱发自治体分裂。因此，此种冲突的调节至关重要，不能小觑。另一方面，根据冲突发生的本质目的不同，可将冲突区分为手段性冲突和目的性冲突。前者主要因目标取向差异、价值不一致、达标障碍等发生，冲突的目的在于实现自身的具体目标，当目标实现后，冲突也就随之消失。此类冲突是自治体运行过程中较为常见的。后者以冲突本身为目的，冲突方以“敌人赞成的就是我们反对的”为分析逻辑，参与冲突者没有明确、具体的目标指向，而仅以“反对”为己任。这种冲突危害极大，调节难度也大，自治体内的秩序、规则、合作等常常因此类冲突而被打破。

从具体内容上看，自治体在开展关系协调性自我服务时可能涉及的内容有：

一是实现利益整合，对外表达诉求。自治体在代表成员参与政治过程、表达诉求之前，需要在其内部协调利益关注点，实现价值基本一致和共享观念，以此为基础向政府部门表达诉求，参与政治博弈。

二是确定基本共识，形成决策前提。自治体内部创制的过程实质上就是在其内部形成基本共识，以此为基础制定行动方案，并使成员接受这一方案。此间，需要协调成员关系。犹如“射雁”的两兄弟那样，如果执意纠结于如何吃的

①这一部分参见于显洋：《组织社会学(第2版)》，北京：中国人民大学出版社2009年版，第244—246页。

争论，那么只能坐等大雁远远飞去，而一无所获。相反，如果先行协调，实现一个基本共识——打下来大雁以后再行分配，那么结果才可能符合理性预期。①

三是协调目标分歧，促成共同行动。自治体的运行过程和目标达成，免不了要依赖成员共同行动，以集体的声音和群体的力量参与政治，实施内部决策。这也需要协调内部关系，消除目标分歧。

四是裁决矛盾冲突，润滑成员关系。在自治体内的共同生活过程中，以及在自治体运行的互动过程中，成员之间必不可少地会出现这样那样的矛盾冲突。客观上需要“仲裁者”、“协调者”予以调节。自治体在这一方面虽不是万能的（有些矛盾需要司法机关予以处理），但最起码可以便捷迅速地处理一些相对简单和初级的矛盾冲突，发挥“防患于未然”、“防微杜渐”、“将矛盾扼杀在摇篮里”等积极作用。

五是消除内部张力，提升群体合力。自治体成员之间的相互吸引、互信互赖等是十分难得的社会资本。自治体有必要通过各种各样的活动和举措（如经常交流、开展文化活动）来增进成员之间的相互了解，借此消除内部张力，提高成员对自治体的认同感和归属感，进而提升自治体的行动合力和凝聚力。

上述五方面在各个层面上促进了自治体内部的关系协调，具有一定的公共性和服务性，可被视为是自治体自我服务的基本面向。

①兄弟射雁的故事来自明人刘元卿《应谐录·争雁》：“昔人有睹雁翔者，将援弓射之，曰：‘获则烹。’其弟争曰：‘舒雁烹宜，翔雁燔宜。’竞斗而讼于社伯。”社伯请剖雁燔半焉。已而索雁，则凌空远矣。大意为：兄弟俩看到飞翔的大雁。哥哥边拉弓边说：“射一只下来煮着吃。”弟弟听到后忙阻止并争辩说：“家鹅煮着好吃，野雁则烤着好吃。”兄弟俩就此而争论不休。无奈，只好找一个长者评理。长者听后说：“干脆，一半煮着吃，一半烤着吃，两全其美。”兄弟俩找到了均衡点，而此时大雁已经飞的无影无踪了。该故事用来比喻空谈虚辩，贻误时机。

第七章 自治的限度与控制

本章主要回答如下几方面的问题：自治是绝对的还是有限的？可以绝对地实施自治吗？自治有哪些局限，从而使得外部的控制和干预成为必要？西方政治哲学和马克思主义政治哲学分别是如何论证自治的有限性以及控制的正当性的？由于自治也是一种重要的政治价值，那么，何种控制才称得上是合适的，且正当的？

2013年底2014年初，国内众多媒体都报道了一则消息，北京市密云一村委会主任XXX被指"涉恶"，因疯狂盗采砂石、打砸执法车辆、敲诈勒索、强收过路费等而被警察抓获，村民闻之燃放鞭炮以示庆贺。该村委会主任依靠黑恶势力横行乡里，在村内搭建起了"独立王国"，利用自治的名义毫无顾忌地侵吞村集体财产、鱼肉百姓、祸害一方，俨然一副"唯我独尊，老子天下第一"的样子。[①] 这个例子虽有些极端，但是为我们敲响了一记警钟，需要我们时时警觉：自治是不是意味着绝对的自主，自治权是否意味着要拒绝来自外部的一切引导、规范、禁止和惩戒？换言之，自治是绝对的还是有限度的？自治是否完美到不需要外部的一切干预？针对自治的控制是否肯定是不正当的？因此，本章讨论三方面的问题：一是讨论对自治施以控制的现实依据；二是分析对自治施以控制的哲学逻辑；三是阐述对自治施以控制的正当边界。[②]

第一节 对自治施以控制的现实依据

自治在政治哲学和政治实践中都具有重要的价值。但是，政治自治体存在本位主义行为倾向和自治能力不足的可能，这是无可争议的事实。因此，对自

①案例来源：根据以下网络报道整理，网址为 http://news. steelcn. com/a/94/20140102/6960296C923210. html；http://club. news. sohu. com/zz0209/thread/20rxtxv9zis；http://www. sun0758. com/news/shehui/66971. html。最后访问时间：2014年4月11日。

②这一章的主要观点系笔者发表于《社会主义研究》2012年第2期、《宜春学院学报》2012年第3期等。有改动。

治行为施以正当的控制便成为必要。

一、自治与控制：现代政治哲学的主题之一

约翰·凯克斯(John Kekes)在《反对自由主义》一书中明确地写下如下两段话：

> "增进自主就是减少受到二类的外在影响的可能性，而正因为邪恶来自这些外在的影响，变得更为自主就会使邪恶更好地盛行。换句话说，这种回答是凭借人们是天然地善良的，他们作恶只是由于恶劣的外在影响的信念而成为合理的。这种信念是自由主义的信仰。"
>
> "事实是，邪恶在所有的人类社会中都是盛行的，自私、贪婪、恶毒、嫉妒、攻击性、偏见、冷酷和猜疑这些恶德就像美德一样激发着人们，美德和恶德都可以是自主的或不自主的，天然的和基本的或是外在影响的产物。"①

凯克斯的两段话分别表明两个相互矛盾的观点：一是自治是重要的政治价值，是值得人们追求的政治价值。因为，自治作为个人或集体管理自身事务、实现自责自负的治理机制，构建了一种不受外部力量无端干预的自主活动空间，有助于充分发挥政治自治体的积极性和创造性，也便于政治自治体便捷迅速地处理自身事务。其潜在假设是政治自治体具有良善美德和完备理性，可以处理自身事务。二是良善美德和完备理性似乎并不是人类的唯一本性，更不是人们在公共交往过程中所表现出来的唯一特质。相反，自私自利、机会主义、逃避责任等充斥着人类的公共交往过程；个体因经验不足、知识不完备、能力不全面等而不具备自我管理的能力，自身的诸多事务需要其他主体的帮忙(甚至是强制控制)才能解决。第一个观点强调自治及其可能性和必要性；第二个观点则强调他治(即控制)的可能性和必要性。两者是矛盾的，但又都是现实的，都是事实。罗伯特·达尔因此而指出："所有当代的政治理论和意识形态都受到了组织的自治与控制这一困境的威胁。"②我国学者张静在《法团主义》一书中对这一矛盾进行了全面而精到的概括：

> "几乎所有现代政治理论，都受到组织的'自治'和'受控'这对矛

①[美]约翰·凯克斯：《反对自由主义》，应奇译，南京：江苏人民出版社 2005 年版，第 57 页、第 59 页。

②[美]罗伯特·A. 达尔：《多元主义民主的困境：自治与控制》，周军华译，长春：吉林人民出版社 2006 年版，第 3 页。

盾的困扰。因而它们必须对这一问题作出处理。利益团体要有效行动，拥有自治地位是必要条件，即：它应有独立于其他组织控制的自主性。但是独立或自治也有可能产生危害：组织可能利用自主性地位采取垄断、歧视、压制弱者团体、进行不公正竞争、助长狭隘的团体主义或个体主义意识、不关心更广泛的公众利益。这些现象将严重危及社会公正，导致更大的社会冲突。因此，利益团体应当是自治的还是被约束的？或者更具体一点，应当有多少自治或多少受控？应当给予哪些组织自治权？给谁控制权？由谁来控制？包括政府吗？所有这些问题，是各种理论模式不能回避的。”①

事实上，多元主义与法团主义的主要分歧就在于对自治与控制的不同看法。两者都赞成并倡导社会自治的发展，主张政治自治体在政治参与中扮演中介作用，并认为社会自治的程度与政治发展和政治民主的程度呈正比例关系。两者也都认为外部主体应该对自治体施以必要的控制。但多元主义将控制与市场中的竞争行为相等同。即，社会领域当中的多元自治体犹如市场当中的竞争主体，它们遵循着优胜劣汰、弱肉强食的法则——影响力大、影响方式有效、影响途径顺畅的自治体可以将其诉求输入政治过程，并促使政府将其诉求融入决策；相反，影响力小或影响方式不当或影响途径缺乏的自治体将在“政治市场”中失宠。它们之间呈竞争关系，也正因为竞争而形成了相互监控的态势，无需第三方控制主体的出场。法团主义则持有另一种观点：它质疑政治自治体的绝对自治，一方面主张削弱自治体的竞争性，因此将扮演中介角色的任务交给数量有限且相对垄断的功能团体；另一方面主张政府在功能团体的人事选择、行动方式等方面施以控制。可见，多元主义视野下的控制是服务于竞争的，而并未给政府等外部主体以充分的控制权；法团主义视野下的控制是服务于整体秩序和公共利益的，因此赋予了政府以较大的控制权。②

研究利益集团的杰出学者杰弗里·贝瑞(Jeffrey M. Berry)和克莱德·威尔科克斯(Clyde Wilcox)在他们合著的《利益集团社会》一书中也表达了自治与控制需要双重重视的观点。他们在该著的第一章中就不惜笔墨地阐释了利益集团对于现代政治的突出贡献，认为利益集团扮演了跨越、解除“麦迪逊两难困境”(Madisonian dilemma)的角色。“麦迪逊两难困境”也称为“反多数难题”

①张静：《法团主义及其多元主义的分歧》，北京：中国社会科学出版社2005年版，第50—51页。
②参见张静：《法团主义及其多元主义的分歧》，北京：中国社会科学出版社2005年版，第52—56页。

(the counter-majority difficulty)。在《联邦党人文集》的第10篇中,麦迪逊指出:“一种纯粹的民主政体——这里我指的是由少数公民亲自组织和管理政府的社会——不能制止派别斗争的危害。”即在利益冲突存在的情况下,多数民主自治的原则与个体权利(或少数派利益)的保护原则发生了冲突。[①] 可以说,民主多数原则与少数派利益的合法保护原则之间存在难以调和的两难,民主权威与个体权利之间的张力也似乎难以弥合。简言之,多数人暴政、多数人专制的风险充斥着现代民主政治生活当中。[②] 如何提高少数派权利与个体权利的“权重”,防止多数人暴政与专制的发生呢?需要发挥利益集团的作用。在杰弗里·贝瑞他们看来,利益集团的确发挥了这一作用,它们扮演了如下角色:(1)代表者、受委托者角色,“利益集团在政府面前代表其委托人”;(2)参与渠道和参与平台的角色,“利益集团还向人们提供参与政治的机会”;(3)教育者、宣传者和政治社会化主体的角色,“利益集团就政治议题教育美国公众”;(4)议程倡导者角色,“利益集团还频繁地努力设定政治议题框架”;(5)监督者角色,“利益集团还涉足项目监督”,以社会之眼的方式监督、制衡政府。[③] 综上所述,利益集团等政治自治体的功能是不能轻易否定的:

> “多元主义的批评者们以及那些颂扬公民社会中集团美德的人,对这一点都是赞同的:通过长期未得到充分表达的人扩大利益集团的参与,至少发现《联邦党人文集》第10篇中所提出的困境之新解决方案的第一步。”[④]

然而,杰弗里·贝瑞他们仍然在《利益集团社会》的最后一章中忧心忡忡地提出如下疑问:

> “利益集团政治的中心议题是利益代表的偏向性。因为社会的某些部分比其他部分得到了游说集团更好的代表,我们必须问一问,通过这种代表获得的优势对民主过程的完整是不是一种威胁?利益集团社会的偏向性有多大,其结果又是怎样?”[⑤]

这些疑问并非空穴来风,作为自治体的利益集团虽然“功勋卓著”,但也存

①[美]汉密尔顿等:《联邦党人文集》,程逢如等译,北京:商务印书馆1980年版,第48页。
②范进学:《美国宪法解释:“麦迪逊两难”之消解》,载《法律科学》2006年第6期。
③[美]杰弗里·贝瑞等:《利益集团社会》,王明进译,北京:中国人民大学出版社2012年版,第9—11页。
④[美]杰弗里·贝瑞等:《利益集团社会》,王明进译,北京:中国人民大学出版社2012年版,第17页。
⑤[美]杰弗里·贝瑞等:《利益集团社会》,王明进译,北京:中国人民大学出版社2012年版,第262页。

在诸多缺憾。其实，所有的自治体都是这样的，具有“双面性”，是把“双刃剑”，对公共利益、政治秩序和社会正义而言具有“双重影响”。从经验上看，自治体容易出现两方面的问题：“负外部性”和“内部失灵”。正是这两个问题的存在，使得来自外部权威的控制成为必要。接下来分别阐述这两点。

二、自治的“负外部性”

自治的“负外部性”主要源于政治自治体的本位主义行为倾向。即，政治自治体过度强调自治权利和自我诉求，在追求自我利益和自我实现时无意顾及社会的共同价值观和各种社会联系，对本应担负的社会责任置之不顾，因而可能会对他人和社会造成危害。邓小平在谈及中央和地方关系时也曾强调，局部的自治有助于因地制宜和发挥地方的积极性，这是需要尊重的，也是值得倡导的；但是局部容易出现地方主义、本位主义和山头主义，这就使得局部服从全局（或者要考虑到公共利益，或者要接受全局的指导、约束和控制）成为必须：

> “我们的一切工作都会涉及全局与局部的关系、中央与地方的关系、集中统一与因地制宜的关系。……全体和局部缺一不可，全体是由局部组成的。如果只有全体，没有局部，则全体也就不成其为全体了。另一方面，全体和局部、中央和地方、集中统一和因地制宜，以什么为主导呢？……在地方来讲，则应照顾中央、全体、集中统一，以中央为主体。这是因为地方是在中央领导下的地方，局部是在全体中的局部，因地制宜是在集中统一下的因地制宜。如果两者之间发生矛盾，地方应服从中央，局部应服从全体，因地制宜应服从集中统一。不如此，就会发生地方主义、本位主义和山头主义。”①

达尔也曾指出：“组织自治的增强可能会反过来影响其他人的权利、自由或福利。”②他在《多元主义民主的困境：自治与控制》一书中对政治自治体的负外部性进行了详细阐述。包括四大方面③：

第一，政治自治体具有伤害“非成员”的取向，并且由此而强化政治不平等，有损政治正义。多元存在的政治自治体犹如市场竞争者一样活跃于政治场域，

---

①邓小平：《邓小平文选（第1卷）》，北京：人民出版社1989年版，第198—199页。

②[美]罗伯特·A. 达尔：《多元主义民主的困境：自治与控制》，周军华译，长春：吉林人民出版社2006年版，第81页。

③参见[美]罗伯特·A. 达尔：《多元主义民主的困境：自治与控制》，周军华译，长春：吉林人民出版社2006年版，第36—48页。这四点中的引用若无特别标注，则皆来自该著第36—48页。特此说明。

它们的活动能力、影响能力以及参与渠道等存在诸多差异。这种差异导致它们在影响政治决策方面出现不平等的结果。可以形象地说，会叫的孩子、叫声大的孩子、爱叫的孩子有奶吃；同样，影响方式合理、影响力较大、参与渠道顺畅的政治自治体更容易将自己的诉求传达进决策场域，使政策体现自己的利益偏好。这种"优胜劣汰"的逻辑在市场经济中并无不可，但在政治领域是否符合正义原则值得深思。因为，政治生活和公共生活应该体现并保护弱势者的利益，或者最起码不能损害弱势者的利益。从这个角度看，政治自治体的政治参与具有"马太效应"，它在某种程度上强化并固化了政治不平等，使自己成为了维持不平等的工具。为了避免这一问题，杰弗里·贝瑞等建议道："政府应该确保社会当中没有得到理论集团足够代表的弱势群体能够得到支持，以使他们能在政治过程中得到更多的代表。"①

同时，政治自治体在参与政治市场竞争的过程中关注的是自身的利益诉求，虽然为了与其他主体达成合作也可能会约束自己的某些偏好，但总体上是以自身利益为行为依据和行动指向的。这难免会忽视乃至损害其他主体(即非成员)的利益。如果政治自治体偏执地追求自身利益的话，极可能无法达成政治一致和共识，使政治争论喋喋不休，公共决策持久而"难产"，严重者会危及社会秩序。具体而言，自治体在实现自主行动、激发内部活力的同时，对于宏观政治秩序或上一级系统来讲可能意味着一种风险：基于自主行动的自治体对于自我利益的过分关注、自我权利的固执强调、不愿意考虑大局的思维方式等使得政治自治体难以控制，成为"自由的大炮"，从而损害秩序。自治体损害秩序的可能表现有：一是"拒绝合作"。在理想状态下，自治体应该与政治国家协同行动，共同处理公共事务。但如果其拒绝合作，那么"协同行动"将成为空谈。二是"尾大不掉"。自治体与上级系统对抗，从而损害宏观政治秩序，摧毁具体的管理秩序。比如，村干部以"自治"、以"我是村民选举出来的，所以我听村民的"等缘由拒绝乡镇政府的一些合理安排，甚至恶意对抗乡镇政府的合理决定。②三是"各自为政"。平行的自治体互不合作，各行其是，最后出现与"囚徒困境"相类的整体福利降低的结果，从而不利于区域内资源的整合和帕累托最优的出现。多元自治体之间的竞争与对抗如果不能及时解决，也会威胁秩序。

第二，政治自治体可能会扭曲公民意识。表现在三方面：一是"刻意夸大其词"。"组织(即自治体——引者注)会同时强化团结与分裂、凝聚与冲突；它们

①[美]杰弗里·贝瑞等：《利益集团社会》，王明进译，北京：中国人民大学出版社 2012 年版，第 278 页。
②笔者在河北、江苏、安徽等地农村调研时，都发现过此类现象。

加强了成员之间的团结及其与非成员之间的冲突”。也就是说，自治体为减少内部潜在的分裂和冲突，可能会夸大与外界冲突的严重性。这样，自治体的行动会同时强化团结与分裂、凝聚与冲突，进而加强了内部的团结及其与非成员之间的冲突。此间，提高了自治体内部的一致性，但与此同时，意味着自治体与社会其他成员（或组织）的异质性增加了。在这里，自治体无疑成为了分裂性要素，也成为了宣扬“本位利益”而罔顾责任担当的工具。二是“追求自我导向”。“通过强调由组织或局部收益所强化的自我导向，组织多元主义有助于在政治角色中产生一系列的观念和信仰，甚至是持续的政治文化，其中共同的、公共的或广泛享有的种种利益的缺乏就内在于组织自身的逻辑之中。”从这段话中，可以看出罗伯特·达尔的一种担忧，他一方面认为多元自治体对于民主的重要性是毋庸置疑的，但另一方面多元自治体皆从自身诉求出发参与政治，这样就在整个社会当中形成了一个个“自立山头”的主体。每个自治体都是自我导向的，鼓励“集团利己主义”，无视公共责任和整体利益。如果这种取向持续加强，那么，无疑就可能会在全社会中形成一种追求“本位利益”罔顾责任担当的政治文化，这恰恰是现代民主政治所不愿意看到的。这种政治文化还可能会摧毁现代民主政治赖以存在的根基。三是“阻滞公意表达”。“通过表达和加强特殊利益，组织将会阻止公意的表达。”“组织也不仅仅是接受和发送其成员利益信号的中转站。组织会增强这些信号并产生新的信号。通常，它们会损害更广泛的需要来加强特殊的需求，损害长期的需要以加强短期需要。”在追求自我导向的政治文化中，自治体的本位利益可能会与公共利益相冲突。此时，自治体就扮演了一种争取本位利益而罔顾整体利益的角色。自治体的行动能力越强，对整体公共利益达成的这种阻碍作用就越大。

第三，政治自治体可能会歪曲公共议程。在日常生活中，我们经常会遇到这样的情况：某一个强势的人的要求往往能够很快地引起管理者的重视，尽管他的要求可能并不代表该组织的整体利益和长远发展趋向，甚至他的要求仅仅是为了满足自己的利益。但就是因为该诉求者是比较难缠的人或者比较有影响力，所以管理者不得不屈从其压力而将其诉求提上议事日程。在宏观的政治领域，也存在这一情形。只不过扮演诉求者的不是个人，而往往是组织化了的政治自治体。虽然，不能否认自治体的存在加强了政治参与，提高了社会对于政治过程的影响力。但遗憾的是，追求自我导向的政治自治体极可能扮演“歪曲公共议程”的角色。符合公共利益也符合长远发展的政策议程未必被具体的政治自治体所看重。这样，握有政治资源、享有参与渠道的自治体就可能推出那些仅仅符合自身诉求的政策议程，致使政府忙于应付它们的诉求，而无暇顾及本应顾及的社会公共需求。因此，达尔明确写道：

> "组织化多元主义有利于导致歪曲的公共议程。不平等的资源让组织固化了不正义，也使得它们在决定哪个方案被认真思考时能够施加不等的影响力。而且，通过强化以下的公民取向，即鼓励集团利己主义、培养其对其他集团的不信任、弱化公意比每一个组织化的集团的具体利益更重要的观念等等，组织就会鼓励认真思考那些为数量相对较小的有组织的公民带来短期可见收益的方案，而不是向更大数量的无组织公民承诺实质的长期收益的方案。"

第四，政治自治体可能会失控，而使公民总体丧失对公共议程的最终控制权。在达尔看来，议程的最终控制权是民主的核心要素之一。对议程的最终控制(exercising final control over the agenda)指的是"唯有成员有机会去决定他们怎样去抉择——如果他们愿意的话——把什么事情提上议程来讨论。"[①]如果议程不由人民总体所最终控制，即讨论什么、要不要讨论、何时何地如何讨论等不由人民总体所掌控，那么民主将是虚假的，充其量仅仅是选举时做主而其他时候皆为奴。政治自治体的膨胀不仅相对于国家而言意味着"尾大不掉"——自治体与政治国家形成非合作、非协商、非协同的对抗。这无疑超越了"以社会制衡权力"的范畴。相反，自治体在这种情况下简直就成为了政治秩序失控的罪魁祸首。而且更为重要的是，自治体也可能成为其成员的"主人"，剥夺其成员的议程控制权。在理想的意义上，自治体与政治国家一样都是人民的"被委托者"，应该代表并维护其成员的利益，应该及时、有效回应其成员的权利诉求。然而，作为工具性的存在，自治体却可能"异化"成为压制、控制"委托者"的存在，有"仆人"异化为"主人"，由工具异化为目的。犹如马克思在分析资本主义国家时所表达的那样，国家产生于社会，因社会的目标而具备了合法性，拥有了出场的理由。但在资本主义制度下，国家成为奴役社会、侵蚀社会的存在。政治自治体同样也会像资本主义国家机器一样"异化"。新自由主义者就曾强调，任何一种社群性的存在(如国家、社团)等都为其成员设定了责任、义务、目标指向和行为边界等，这无疑限制了成员的自由。同时，任何一种社群性存在也都可能侵蚀其成员的主体空间。社群作为共同行动的直接实施者，全权代理了成员的权利。但问题是"代理人"、"被委托者"可能并不回应委托者的需求，

①[美]罗伯特·A.达尔：《论民主》，李风华译，北京：中国人民大学出版社2012年版，第33页。

而是自主判断代理者的具体需求，甚至毫不顾及委托者的需求。这样，在政治参与、民主互动过程中，政治自治体将本应掌握在公民手中的议程控制权转移到它自己那里去了。代表不再是代表，而是在行动指向等方面代替了主人。① 总之，政治自治体与政治国家一样，都可能异化为一种“恶”——限制成员的自由空间，侵蚀成员的主体权利。达尔因此指出：

> “现代民主国家的代表们发现，对随意的子系统（即自治体——引者注）拥有足够的控制从而使得它们处于控制之下，这极为困难、有时候甚至是不可能的，那么，难道我们没有权利说他们——以及公民总体——已经失去了公共事务议程的最终控制码？”

三、自治的“内部失灵”

自治的“内部失灵”主要源于“自我”和“治理”的重合。治理（govern）本意是指强制、指导和管理，意味着“治者与被治者”的二分，并且因为被治者的某些不足以及治者的某些优点而使得治理的优越性得以显现。自治则意味着二者的重合，因此其作用的有效发挥就必须建立在政治自治体具备完全理性的基础之上——个人或者集体可以通过自己的理性而无需依靠外力就能合理地处理自己的事情。

遗憾的是，理性的“不完全性”似乎更符合现实。正如哈耶克所强调的那样：完全理性的观点属于“致命的自负”，有限理性才是现实的写照，才是真正的事实。② 理性的有限性使得政治自治体无法很好地处理自身事务，而必须由外部力量予以规制和引导。黑格尔从另一个角度指出，国家“是绝对自在自为的理性的东西，”而市民社会（公民社会）则是不自足的、缺陷频出的。所以，自足的国家对不自足的社会实施必要控制就成为必然。③ “市民社会的不自足性只有凭靠政治秩序化方能解决。正是基于上述观点，黑格尔指出，市民社会虽说

①学者李永刚指出，存在两种类型的代表——“强制委托代表”和“独立代表”。前者类似于“传声筒”，不折不扣地表达被代表者的意愿；后者则主动、前瞻地依照自己的判断表达诉求。显然，如果作为代表的自治体属于“独立代表”的话，此类代表将是“异化”的代表，并不能称职地履行代表职责。相反，会利用自己的代表身份行利己之事，“明修栈道，暗度陈仓”，借用了自治体成员的授权并滥用了自治体整体的政策影响力，以此表达自己偏好的诉求。参见李永刚：《多元利益诉求下的信任危机：西方“代表制”的现实困境》，《南京大学学报（哲学・人文科学・社会科学版）》2006 年第 6 期。亦可参见张凤阳等：《政治哲学关键词》，南京：江苏人民出版社 2006 年版，“代表”词条。

②［英］弗里德利希・冯・哈耶克：《通往奴役之路》，王明毅等译，北京：中国社会科学出版社 1997 年版，第 57 页。

③［德］黑格尔：《法哲学原理》，范扬等译，北京：商务印书馆 1982 年版，第 253 页。

外在于国家，但却不可避免地具有一种自我削弱的趋势，其根本要害在于市民社会本身无力克服自身的溃垮，亦无力消弭自身内部的利益冲突。如果市民社会要维持其'市民性'，那么它就必须诉诸一个外在的但却高的公共机构，即国家。"①因此，虽然控制的力度与范围同自治空间的大小呈反向关系，但外部力量的适度控制是自治的政治价值得以实现的必要条件，以自治的纯粹性来否认外部的任何控制也会为自治实践带来严重的后果。具体而言，自治的"内部失灵"有如下表现：

第一，政治自治体内部无法形成一致与均衡。自治体运行的有效性需要在其内部形成较强的"人际吸引"，需要在其内部达成价值偏好的一致并能够以统一的声调"说话"、统一的步调"行动"。但是，由个体理性出发导致集体不理性的情况在自治体内部仍会出现。每一个体都从自己理性出发，而不愿意妥协，也不愿意协商，最终导致分歧与冲突的持续存在。奥斯特罗姆所提出的"制度供给"问题也表明，很多时候自治体内部无法形成有效的制度，以形成内部秩序。这常常与自治体内部无法达成一致关系密切。在针对社团自治、行业自治和基层自治的调查过程中，笔者常常遇到这样的情况，或者由于自治体内部分歧严重，或者自治体权威无法有效协调内部成员，致使很多公共行动、自治决策迟迟不能推进，像"兄弟俩射雁"一样，"大雁"飞了还没能对"吃雁"一事达成共识，贻误了时机。具体而言，无法形成一致与均衡会产生如下几方面的结果：一是分歧与冲突的持续发酵，导致自治体名存实亡或直接解体。二是自治体内部争论不休，无法形成决策，其面临的问题也无法解决。因此，无法在自治体内部形成优质的行动方案。三是自治体内部的强势者从自身理性出发强行推动创制，忽视甚至损害弱势者的利益，无法在自治体内部实现"帕累托最优"。

第二，政治自治体内部创制的低劣。在调研中，笔者遇到这样一个案例：某行政村拥有近千亩的集体林场，该林场处于该行政村的上游，对该村的环境质量、洪涝安全等有着至关重要的影响。但是，在村干部的组织下将该林场卖给一个商人采伐。该买卖程序合法，且每个村民都能分得一笔不小款项，因此买卖十分顺利。在现代化的采伐技术下，林场很快就被砍伐地空空如也。由于失去了林场的水土保护功能，第二年的一场暴雨致使该村受到了严重的洪涝灾害。这表明了该自治体内部决策的"低质"和"失败"。出现这一状况的主要原因有五方面：一是自治权威或其内部成员的创议、创制能力有限，未能保障决策

①邓正来：《市民社会与国家：学理上的分野与两种构架》，载邓正来等主编：《国家与市民社会：一种社会理论的研究路径》，北京：中央编译出版社1999年版，第90页。

的科学性。二是自治体的本位主义取向和短视效应，使得其未能合理处理全局和局部、当前和长远的关系，最终导致创制低劣。三是自治体内不同群体存在分歧和竞争，但其创制过程未能充分协调这些分歧，或者单纯迎合某一群体的利益偏好，或者简单调和分歧，而忽视决策的优化，最终导致创制低劣。四是很多内部决策是“维持型”的，创制初衷即为“无过便是有功”的心态，只求一团和气或表面平静，只求应付需求或得过且过，而不在于主动为成员谋求福利。这种不求进取的维持型管理模式使自治体内部创制质量低下。五是自治体的自我创制行为可能受到腐败的自治权威的侵蚀，导致自我创制行为就是自治权威的自我牟利行为，使自治决策短视、不公、缺乏回应性等。

第三，政治自治体内部执行的失败。表现在如下两方面：一是由于自治体缺乏权力强制能力，往往靠成员的互相监督或成员自身的归属感等达成合作，执行内部决策。而这些在个体理性面前常常软弱无力，使得自治体的内部决策往往形同虚设，缺乏实质有效的约束力、管理力和执行力。可以说，政治自治体固有的非强制性运行机制使之在内部执行方面存在局限，进而使自我创议和自我创制流于形式。二是由于自治体往往规模不大，成员之间的持久交互形成的感情因素也阻碍了相互监督的效果，致使那些违背自治规则的行为不被揭发，进而导致自我创制的虚设。笔者在河北、江苏、贵州、广西、安徽、江西等地调研中经常听到这样的话：“低头不见抬头见，我们都是一个村的，他的行为虽有不妥，但也会听之任之”；“他或他的家庭曾经有恩与我或者我家，对于某些行为，虽然觉得不对，但也不会揭发”；“都是乡里乡亲的，有什么对不对的，睁一只眼闭一只眼得了。”①

以赛亚·伯林曾从政治孤立主义的角度批判了自治的不足。他认为，如果单单为了摆脱强制，为了寻求某种安全，就把自己封闭起来，将一切来自外界的适当干预甚至是帮助排除在外，虽然能够使之在世界的边缘保持独立，但却多少显得有些“孤独”——“所有政治孤立主义，所有经济自给自足，每一种自治形式，多少都沾染上了这种态度。我通过放弃上路来克服道路上的障碍；我退回我自己的教派、我自己的计划经济、我自己苦心经营的孤岛中，在那里没有一种外界的声音需要倾听，没有一种外在的强力可以产生影响。”②显而易见，政治孤立主义视野下的自治获得了自身的安宁，但却将自己束缚在了“蚕茧”之中，只能孤独地享受自治所织就的空间之中，逃离了人类社会，逃离了公共生活，因

①由被访者的话整理所得。

②[英]以赛亚·伯林：《自由论》，胡传胜译，南京：译林出版社2011年版，第184页。

此而丧失了与外界交互而获得的发展机会和资源。可以说,这并不具备现代性,“这是传统的禁欲主义者与寂灭论者、斯多葛派和佛教圣人、许多宗教或非宗教人士的自我解放之法。”①索尔仁尼琴(Solzhenitsyn)为此曾说道:“对于被统治者而言不利的,对于统治者而言是有利的,即人类是这样构成的:只要他活着,总是存在着其他人对他采取某些行为的情形。”②接受某种外部的控制似乎是现代人所必不可少的。

综上所述,存在一个不容争议的事实,那就是自治体“负外部性”和“内部失灵”现象,这构成了对自治施以控制的现实依据,“它们的自治是一个事实,一种价值,同时也是危险的根源。”③这些现实依据也充分说明,自治不是完美无瑕的,失去外部约束的自治会对政治秩序带来危害,也会使自治体内部混乱不堪。所以,自治体要有接受正当控制的意识,并将正当的控制视为附加的保护,“是使他发挥潜力的必不可少的因素。”④罗伯特·诺齐克(Robert Nozick)就曾强调说这是一种“保护性的限制”。⑤罗尔斯甚至说:“即使在一个组织良好的社会中,为了社会合作的稳定性,政府的强制力在某种程度上也是必需的。”⑥由此可以得出结论,主动接受正当控制的意识也是现代自治所具有的公共性之体现。

第二节　对自治施以控制的哲学逻辑

本章第一节在事实上证明了对自治施以控制的必要性。但是,控制与自治具有此消彼长的关系,控制的实施使得自治的纯粹性降低。因此,学界在哲学上对控制的正当性进行了思考和论证 。⑦ 这一节即对控制正当性的哲学逻辑

①[英]以赛亚·伯林:《自由论》,胡传胜译,南京:译林出版社 2011 年版,第 184 页。

②转引自[美]贾恩佛朗哥·波齐:《国家:本质、发展与前景》,陈尧译,上海:上海人民出版社 2007 年版,第 10 页。

③[美]罗伯特·A. 达尔:《多元主义民主的困境:自治与控制》,周军华译,长春:吉林人民出版社 2006 年版,第 26 页。

④[英]伯纳德·鲍桑葵:《关于国家的哲学理论》,汪淑钧译,北京:商务印书馆 1995 年版,第 104 页。

⑤[美]罗伯特·诺齐克:《无政府、国家与乌托邦》,何怀宏等译,北京:中国社会科学出版社 1991 年版,第 147 页。

⑥[美]约翰·罗尔斯:《正义论》,何怀宏译,北京:中国社会科学出版社 1988 年版,第 23 页。

⑦按照希拉里·普特南(Hilary Putnam)的观点,事实分析的结论是“是什么”,在逻辑上并不能得出“应当”和“正当”等属于价值范畴的结果。也就是说,仅仅在现实依据的角度来论证控制是不够的,不能全面而令人信服地说明控制的正当性。实现这一目的,不能单纯地依赖“价值祛除”的思维方式,而是需要思辨,需要在哲学上予以论证。参见[美]希拉里·普特南:《事实与价值二分法的崩溃》,应奇译,北京:东方出版社 2006 年版,第 30 页。

进行梳理与分析。

一、从恩格斯《论权威》谈起

《论权威》一文是恩格斯应意大利《人民报》编辑恩·比尼亚米的多次邀请而为《1873年共和国年鉴》所写。其以巴枯宁及其追随者的无政府主义和反权威主义的行动与言论为批判对象，对无政府主义毫无条件、立即消灭权威、马上实现完全自治的思想进行了反驳，正确运用历史唯物主义和辩证唯物主义对自治与控制的关系进行了分析，论述简短但内容精辟、周到，是研究自治及其控制的指导性文献之一。[①]所以，这里首先从《论权威》一文谈起。

恩格斯在该文中首先表明了权威及其控制的确存在很多缺憾，也给人以"不舒适感"和"难堪"，似乎有悖于人性：

> "这里所说的权威，是指把别人的意志强加于我们；另一方面，权威又是以服从为前提的。但是，既然这两种说法都不好听，而它们所表现的关系又使服从的一方感到难堪，于是就产生了一个问题：是不是就没有以另外方式行事的办法呢，我们能不能——在现代的社会关系下——创造出另外一种社会状态来，使这种权威成为没有意义的东西而归于消失呢。"[②]

也就是说，像巴枯宁及其追随者那样认为（在本书的第三章第三节中对无政府主义的自治思想进行过讨论），自治具有毫无争议的价值，国家和政府则是一无是处的"恶"，所以可以在任何情况下毫不迟疑地取消国家和政府等权威，一心一意地依赖自治。当然，在当时亦可以立即"建立没有任何政治权威的、绝对自由的自治生活。"[③]但恩格斯认为，在不分青红皂白、不顾历史发展情境的情况下追求自治反对权威及其控制是不合适的，是历史虚无主义的表现。在某种程度上可以认为，思想可以有无限的自由，但政治实践必须符合具体的历史情境，否则将会付出大代价。所以，需要在历史唯物主义和辩证法的基础上讨论权威与自治关系，历史唯物主义和辩证法也是讨论自治的哲学依据。

首先，恩格斯指出大生产需要通过权威及其控制行为得以组织。"联合活动、互相依赖的耕作过程的错综复杂化，正在到处取代各个人的独立活动。但

---

①《马克思恩格斯选集（第3卷）》，北京：人民出版社1995年版，第808—809页。

②《马克思恩格斯选集（第3卷）》，北京：人民出版社1995年版，第224页。

③马啸原：《西方政治思想史纲》，北京：高等教育出版社1997年版，第429页。

是，联合活动就是组织起来，而没有权威能够组织起来吗？"[1]人是以"社会"的方式存在的，社会中的人需要协调人际关系，也需要分配稀缺资源，还需要实施共同行动。个体化的人因为自己的本位利益和狭隘视野而无法自动促成这种社会性。"我们只要考察一下作为现代资产阶级社会基础的那些经济关系，即工业关系和农业关系，就会发现，它们有一种使各个分散的活动越来越为人们的联合活动所替代的趋势。"[2]这就需要外在的权威及其控制行动"出场"，担当目标导向者、关系协调者、价值分配者和行动组织者，约束个体的本位主义取向，并通过集体理性来弥补个体理性的不足。恩格斯还举例说明了权威及其控制行为的"组织"作用：

> "就拿纺纱厂作例子吧。棉花至少要经过六道连续工序才会成为棉花，并且这些工序大部分是在不同的车间进行的。其次，为了使机器不断运转，就需要工程师照管蒸汽机，需要技师进行日常检修，需要许多粗工把产品由一个车间搬到另一个车间等等。所有这些劳动者——男人、女人和儿童——都被迫按照那根本不管什么个人自治的蒸汽权威所决定的钟点开始和停止工作。"[3]
>
> "再拿铁路做例子。这里，无数人的协作也是绝对必要的；为了避免不幸事故，这种协作须依照准确规定的时间来进行。在这里，运转的首要条件也是要有一个能处理一切所管辖问题的起支配作用的意志——不论体现这个意志的是一个代表，还是一个负责执行有关的大多数人的决议的委员会，都是一样。不论在哪一种场合，都要碰到一个显而易见的权威。不仅如此，假如铁路员工对乘客先生们的权威被取消了，那么，随后开出的列车会发生什么事情呢？"[4]

其次，恩格斯指出自治的范围与边界决定于具体的经济社会发展阶段。"如果自治论者仅仅是想说，未来的社会组织将只在生产条件所必然要求的限度内允许权威存在，那也许还可以同他们说得通。但是，他们闭眼不看使权威成为必要的种种事实，只是拼命反对字眼。"[5]也就是说，自治不仅仅是一个观念上的问题，而是具体的政治实践问题，它需要以充分的自治能力为基础，而这

①《马克思恩格斯选集(第3卷)》，北京：人民出版社1995年版，第224—225页。
②《马克思恩格斯选集(第3卷)》，北京：人民出版社1995年版，第224页。
③《马克思恩格斯选集(第3卷)》，北京：人民出版社1995年版，第225页。
④《马克思恩格斯选集(第3卷)》，北京：人民出版社1995年版，第225—226页。
⑤《马克思恩格斯选集(第3卷)》，北京：人民出版社1995年版，第226页。

与具体的经济社会发展程度密切相关。然而,“反权威主义者却要求在产生权威的政治国家的各种社会条件废除以前,一举把权威的政治国家废除。”[①]这种观念无疑仅仅是一种观念,并不符合现实,更不能应用于实践。因为,它是无视具体的历史情境的,是将自治实践能力等基础性的东西视为自然而然即可形成的。当然,这无疑是一种虚妄的假设,是一种无所谓实践的臆想。

再次,恩格斯认为不同的权威类型和控制行为有着不同的历史命运。恩格斯指出:“所有的社会主义者都认为,政治国家以及政治权威将由于未来的社会革命而消失,就是说,社会职能将失去其政治性质,而变为维护社会利益的简单的管理职能。”[②]对于那些“异化”于社会的政治权威而言,它们在人类发展初期(即原始社会)并不存在,在未来的共产主义社会也将消失。但是,对于非政治性的权威,即社会性、经济性和自组织的权威在以前、现在和未来都是必要的,这是因为人类关系的协调、价值的分配和集体行动的组织都需要权威,也需要权威对个体的本位利益实施适当的控制。恩格斯对此作出结论:“一方面是一定的权威,不管它怎样形成的,另一方面是一定的服从,这两者都是我们所必需的,而不管社会组织以及生产和产品流通赖以进行的物质条件是怎样的。”[③]从这个角度讲,把权威及其控制行为说成是绝对的“恶”,而把毫无控制绝对自由的自治视为永久地“善”,这是一种无视人类社会属性的荒谬之举。不符合历史与现实,也无视人类社会的未来发展趋势——在未来,人与人、团体与团体的协作只会越紧密、越频繁,而不会像平行线一样永不相交、各行其是。比如,美国学者斯科特·巴雷特(Scott Barrett)在《合作的动力》一书中就曾强调,“未来社会中人与人之间乃至国与国之间在医疗、环境、经济、安全等多个方面有着共同利益和需求,单边主义、非合作主义和机会主义都会危及这些共同利益,进而使所有主体都受到威胁乃至伤害。因此,联合、协作、责任共担和相互制约等是必要的。其间无疑需要适当的权威及其控制行为发生作用。”[④]用恩格斯的话来说,很多“问题是靠权威来解决的。”[⑤]

最后,恩格斯认为自治与权威的关系是辩证统一于人类历史发展阶段的。恩格斯在《论权威》中明确概括道:“权威和自治是相对的东西,它们的应用范围

①《马克思恩格斯选集(第3卷)》,北京:人民出版社1995年版,第227页。
②《马克思恩格斯选集(第3卷)》,北京:人民出版社1995年版,第227页。
③《马克思恩格斯选集(第3卷)》,北京:人民出版社1995年版,第226页。
④[美]斯科特·巴雷特:《合作的动力》,黄智虎译,上海:上海人民出版社2012年版,第1—22页。
⑤《马克思恩格斯选集(第3卷)》,北京:人民出版社1995年版,第225页。

是随着社会发展阶段的不同而改变的。"①也就是说，自治和权威都是人类的一种政治行为，体现为具体的、历史的政治实践。它们各自拥有自己的适用范围，都在特定领域拥有自己的价值。只不过，在不同的历史情境中，它们各自的适用范围大小不同，各自的价值表现强弱不同。但无论如何，都不能强调一方而"蔑视"另一方。自治固然可贵，但控制并非因此而一无是处；权威固然必要，但自治并非因此而面目狰狞。两者辩证统一于人类社会发展的每一个阶段，单纯地认为"二者必居其一"是历史虚无主义的表现。相反，应该像法团主义、公共治理理论那样强调自治与权威的合作共治、协同行动。这就是恩格斯《论权威》给我们的深刻启示，也为我们讨论自治与控制的关系、评判具体的自治与控制行为提供了方法论基础。

综上所述，我们可以得出结论：马克思恩格斯认为控制的正当性并非源于具体的利益、目的等，而是人的社会性本质使然。

马克思指出："人的本质并不是单个人所固有的抽象物，在其现实性上，它是一切社会关系的总和"；②"人不是抽象的蛰居于世界之外的存在物。人就是人的世界，就是国家，社会。"③那么，以社会的方式存在和发展的人类如何保持其社会性呢？如果任何个体、任何群体都顽固地强调自治，不接受来自外部权威的任何控制，人的社会性本质就无法实现并保持。恩格斯对此说道："一个哪怕只有两个人组成的社会，如果每个人都不放弃一些自治权，又怎么可能存在。"④"不强迫某些人接受别人的意志，也就是说没有权威，就不可能有任何的一致行动。'权威'总是要强迫有不同意见的人接受的意志；然而没有这种统一的和指导性的意志，要进行任何合作都是不可能的。"⑤在此基础上，马克思恩格斯认为正是由于人的社会性本质，使得权威以及权威的控制行为成为一种客观实在，是一种持续存在的社会政治现象。正是由于人的社会形式随着发展而发生着变化，因此，权威及其控制行为也发生着变化，"它们的应用范围是随着社会发展阶段的不同而改变的。"⑥

在某种程度上也可以这么理解，马克思恩格斯在历史唯物主义的基础上准确地指出了社会性本质是人的本质属性，人需要在社会交互的基础上存续，人

---

①《马克思恩格斯选集(第3卷)》，北京：人民出版社1995年版，第226页。
②《马克思恩格斯选集(第1卷)》，北京：人民出版社1995年版，第1页。
③《马克思恩格斯选集(第1卷)》，北京：人民出版社1995年版，第60页。
④《马克思恩格斯全集(第4卷)》，北京：人民出版社1995年版，第608页。
⑤《马克思恩格斯全集(第3卷)》，北京：人民出版社1995年版，第368页。
⑥《马克思恩格斯选集(第3卷)》，北京：人民出版社1995年版，第226页。

类社会本质上也是人与人交互的表现形式。在人类的社会性实践活动中有一种特殊的交往方式，那就是一部分主体服从另一部分主体的控制和约束。恩格斯在《论权威》中就曾指出，人的实践活动表现为生产联合、政治联合等，而联合的实现就需要权威及其控制行为发生作用。当然，在生产联合活动伴随人类社会的发展始终，故，与生产有关的权威及其控制行为将会持续存在。相反，政治联合活动随着国家的消失也将消失，权威的“公共职能将失去其政治性质，而变为维护真正社会利益的简单的管理职能。”①

二、几种关于控制正当性的论证逻辑

诺伯特·波比奥在《民主与独裁：国家权力的性质和限度》一书中写道：

> “在诸种权力形式中，惟有文明的权力是建立在那些权力的受众的公开或心照不宣的同意的基础之上。正如每个人都能看到的一样，这里的问题就在于义务之基础的三种经典形式：出于自然、出于罪错以及出于契约。”②

波比奥的论述概括指出了权力对自治、自由权利予以干预的基本原因：自然正义、对罪恶的规避以及同意（即契约）。这里即以这三者“经典形式”为依据，对关于控制正当性的论证逻辑予以阐释。

第一，对自治施以控制的正当性可用自然正义来证明。约翰·罗尔斯持有此种观点。他从自然法的角度出发来论证控制的正当性，认为包括自治体在内的各类社会主体之所以需要服从控制，这是一种基于正义的自然责任（Natural Duty）。因为，每一主体都对正义的实现负有自然责任。如果某种主体（如政府）以正义的名义并且实质上的确为了实现正义而实施控制的话，自治体等被控制者就需要服从，而且要支持这些控制的实施。“一个基本的自然义务是正义的义务。这一义务要求我们支持和服从那些现存的和应用于我们的正义制度。”③显而易见，罗尔斯意义上的控制并不是因某种具体的目标而发生，包括自治体在内的被控制者也不是因为内心恐惧、利益获取等而接受控制。它们接受的是正义的制度，认可的是自己对正义的理解。此时的“最高道德律令”是自

①《马克思恩格斯选集（第3卷）》，北京：人民出版社1995年版，第227页。

②［意］诺伯特·波比奥：《民主与独裁：国家权力的性质和限度》，梁晓君译，长春：吉林人民出版社2010年版，第71页。

③［美］约翰·罗尔斯：《正义论》，何怀宏译，北京：中国社会科学出版社1988年版，第111页。

然法——平等主体所公认的某种正义理由。[①] 具体到自治体，它们的负外部性和内部失灵使得来自外部控制的约束成为自然而然的公理，就类似于“杀人”、“侵犯别人自由”、“损害他人利益”(注：这些都是一般意义上的非法行为，而依法实施死刑、监禁犯人、实施罚款并不属于此类)一样，无论何种原因，都应该受到应有规制，否则社会秩序将会面临巨大风险。这些原因都是自然而然的、显而易见的，无需多少口舌即可证明，甚至压根就无需证明。

不难发现，在罗尔斯的逻辑当中，控制的正当性并不能因某种特定制度、法律来证明。因为这些制度、法律本身可能就是受特别的利益所左右，是不正义的、不符合自然法的。换言之，不能说“我的控制行为符合法律法规，所以，我实施的控制行为就是正义的。”而只能说，“符合自然正义的控制行动仅仅源于自然正义”。控制的正当性不是由现实的法律法规来确认，而是由自然正义规定与解释的。[②]

第二，对自治施以控制的正当性可用趋利理性来证明。阿玛蒂亚·森(Amartya Sen)认为，“不同的历史发展阶段，针对不负责任的自治行为的约束一直存在，不同的是这种约束在传统社会是通过压制性的主体实施，而在现代社会是通过合法强制机构来实施。”[③]但其目的是一样的，控制具有强的正外部性，使被约束的服从得到补偿。也就是说，控制的目的在于协调各种自治主体的行为，“并为社会合作提供某种框架”，以此使人们感到切切实实的好处。[④] 从另一种意义上可以说，控制与专制只是一念之差，控制转变为专制的现象并非杞人忧天，而是事实。并且，控制总会给人带来不舒服的感觉。但是，如果控制带来的“利”大于“弊”的话，就是可以被接受的。阿玛蒂亚·森的论述逻辑有一定的代表性，有一大批学者都遵循这样的逻辑。

比如，贾恩弗朗哥·波齐(Gianfranco Poggi)指出“与其他的社会权力一起，政治权力在构造和形成更广泛的社会过程中成为一座不可或缺的桥梁，政治权力建立、形成和维持了所有更大的、更持久的集体。”[⑤]换言之，虽然控制的实施消解了自治的程度，缩小了自治的边界，限制了自治的范围。但是，控制对

①M. Murphy. “*Acceptance of Authority and the Duty to Comply with Just Instructions*：*A Comment on Waldron*”，Philophy &Public Affairs，Vol. 23. 1994.

②当然，在实施控制行为时，需要具体的法律法规来规范，或者说，控制自治的行为必须依法实施。

③[印度]阿马蒂亚·森：《以自由看待发展》，任赜等译，北京：中国人民大学出版社2002年版，第285页。

④[美]约翰·罗尔斯：《正义论》，何怀宏译，北京：中国社会科学出版社1988年版，第225页。

⑤[美]贾恩佛朗哥·波齐：《国家：本质、发展与前景》，陈尧译，上海：上海人民出版社2007年版，第18页。

自治的负外部性和内部失灵起到了抑制作用,这种抑制作用具有公共性,也被被控制者享有。因此,控制是可以被接受的,具有正当性。史蒂芬·布雷耶(Stephen Breyer)就在此意义上指出:被规制对象具有负外部性,会利用自己的信息优势(即信息不对称)实施欺诈行为等问题,重要的是所有的主体都可能发生上述行为,这意味着所有主体都被上述行为带来的风险所笼罩。因此,规制则意味着对所有主体实施了有益的保护,这便是"规制的典型正当化根据。"[①]这样,控制的正当性就建立在获取利益这一基础之上。

尼克拉斯·卢赫曼(Niklas Luhman)也曾强调,"各个不同的社会体系(政治、经济、文化)均日益自主化和自我封闭化,表现为越发以自我为参照(自我参照性)和自我繁殖。"[②]这种趋势为自治及其权利的强化奠定了基础,但也使得自治体过于"自负",增加了其产生负外部性的风险。问题是,这种负外部性可以波及所有的自治体,且所有的自治体都可以产生这种负外部性,那么所有的自治体就会因此而陷入了风险情境。犹如"狼与狼"的状态一样,单一主体虽然可以凭借自己的强力而获得好处,但这仅仅是暂时的,因为谁都不能永远保持强者地位。那么,风险随时而来。所以,需要权威及其控制行为发挥作用,使人们尽量地存在于确定性的情境当中。这比风险情境要温暖、安逸许多——虽然自己也受到了约束。

尚塔尔·墨菲(Chantal Mouffe)在《政治的回归》一书中指出,自治可以分为两类:自私的自治和负责任的自治。前者属于自由主义的,强调权利优先;后者属于共和主义的,强调责任优先。"在法学家的语言中,自由有自治权(imperium)的意思,即践履自己法律的自由。因而,公民的自由就是在这种法律的保护下处理自己事务的自由。相反,在共和主义的语言中,人们坚持认为自由的意义就在于对国家政府事务的参与之中,这种自由与作为政治动物的人这一观念紧密相连,人只有通过参与公共事务等活动才能实现其本性。"[③]显然,自私的自治容易"犯错",尤其容易损害公共利益,因为它往往将目光局限于自身权利之上,将行动指向本位利益之上。在此种意义上它需要被适当控制,只有通过对这种不负责任的自治的控制才能实现更广泛的共同利益。负责任的自治是自治体最理想意义上的,因为它强调公共性,强调责任担当。当然,控制自私的自治目的不在于消解自治权,而在于保护自治权。因为绝对的、毫无

①[美]史蒂芬·布雷耶:《规制及其改革》,李洪磊等译,北京:北京大学出版社2008年版,第19—54页。
②[法]让—皮埃尔·戈丹:《何谓治理》,钟震宇译,北京:社会科学文献出版社2010年版,第26页。
③[英]尚塔尔·墨菲:《政治的回归》,王恒等译,南京:江苏人民出版社2001年版,第47页。

顾忌的自私自治会损害其他自治体的利益，也可能摧毁整个政治体系，这将会对一切自治体造成伤害。所以，控制是必要的，也是正当的。因此，墨菲明确强调："所有那些为自由的共和主义观念——这种自由理念，即认为自由只有在一个自治性的共同体中才能获得——作辩护的人，看来都是现代性的敌人。"[①]也正因为如此，国家在私法关系和自治过程中，"从来就不是一个旁观者"，而是持久的促动者。[②]

珍妮特·登哈特等在公共决策的意义上指出："公共政策正在日益通过许多不同团体和不同组织之间的互动加以制定，这些不同的全体和组织在利益和管辖权限上有重叠并且常常会相互对抗，而它们力图通过一种不固定的并且常常是混乱的流动过程来既实现个人的目标，又实现集体的目标。"[③]也就是说，如果以单一的自治体为分析单位，自治体可以通过自我整合等在内部形成一致。但是，如果以多元自治体为分析单位的话，则自治体内部的一致性越强，则在不同自治体之间造成的张力就越大，不同自治体之间的异质性就会随之增强。有点类似"成也萧何败萧何"的味道——自治体加强了内部一致性却带来了外部异质性。然而，不同自治体之间的共同行动是必要的，单纯地强调冲突和差异只会使事情更糟，所以需要某种外部力量的介入，发挥仲裁、协调和平衡作用。功利主义、多元主义、法团主义以及公共政策团体理论等流派基本上都持有此种观点。

上述学者的论述逻辑可以概括为：自治具有负外部性和内部失灵的风险，而外部的干预可以规避这些风险，这可以为自治体提供某种利益，这种获益"冲淡"了因控制带来的"不舒服感"，为控制的正当性提供了证明。这一种论述逻辑以具体的利益为基础，比较具体，容易在人们内心深处引起共鸣。但是，此种论述逻辑也面临一种诘难：通过控制在实现整体利益和共同目标的同时，会损害某些个体的利益（如以共同利益为名来约束和控制少数派的行为），这正当吗？在面对这一问题时，"趋利理性"的论证逻辑经常会提出两个补充条款：一是要实现程序正义，即让那些利益损害者参与决策过程，使他们能够积极表达诉求，并在决策中努力回应他们的诉求；二是要进行利益补偿，即对那些利益损害者实施补偿。总之，不能在公共利益的名义下简单地对少数派实施控制，如

①[英]尚塔尔·墨菲：《政治的回归》，王恒等译，南京：江苏人民出版社 2001 年版，第 48 页。

②苏永钦：《私法自治中的国家强制》，北京：中国法制出版社 2005 年版，第 2 页。

③[美]珍妮特·V. 登哈特等：《新公共服务：服务，而不是掌舵》，丁煌译，北京：中国人民大学出版社 2004 年版，第 134－135 页。

果控制是必须的，那么就必须正视少数派的利益——或通过参与反映其需求，或直接予以补偿。[①] 尼古拉斯·亨利（Nicholas Henry）也持有相同观点，认为公平正义很多时候并不在于具体的结果均等，而在于决策过程是否体现了参与、实现了回应等。“在组织管理的背景下，‘公平正义’包括信任、一致性、坦率、正直、明确表达的期望、平等的待遇、一种在组织中拥有主人翁和影响力的感觉、不偏不倚的决策以及相互尊重。”[②]

第三，对自治施以控制的正当性可用契约合意来证明。也许是西方的文明与商贸文化同属一脉，所以在政治哲学的论证中也深深印有契约、自由合意、交换等与商务实践密切相关的烙印。“契约”这种本来发生于市场领域中的约束交易双方关系的术语被引进了宗教神学、道德哲学、生活哲学和政治哲学，并扮演着重要的的角色。[③] 尤其是近代以来，契约观念伴随着社会契约论的兴起而“大放异彩”，“自资本主义广泛兴起之后，契约观念忽然被极大地泛化，获得了浓厚的宗教、社会和道德意义。尤其重要的是，随着契约被引入政治领域，资本主义社会竟然构建起一整套的理念用于证明政治权威的合法性，或用来对政治权威施加限制。”[④]也就是说，契约是在缔约双方理性权衡、平等交互、协商合意的基础上形成的，对双方都有约束力。社会契约论可以为国家与政府实施强制提供证明，同时也意味着，国家与政府要接受“契约”的约束，要接受另一缔约方（即社会）的监督，其违约行为也要受到控制与惩罚，它也必须接受这些。对于同国家、政府缔约的另一方即社会也一样，既可以利用契约条款来约束和控制国家与政府，同时也要接受国家与政府的监督、控制。此时，我们可以初步得出结论，社会的主体——自治体应该接受来自政府等权威的控制，这是“契约”使然。贾恩佛朗哥·波齐在此意义上指出：

> “与18、19世纪的西欧国家发展相联系的‘国家与市民社会的分离’，是另一种更明显的表达国家组织差异的方式。它表明，国家承认这样一种观念，即接受国家统治的个人也具有非政治性的利益和能力，他们可以自主的追求和表达这些利益，国家只能通过一般的、

---

①[美]H.乔治·弗雷德里克森：《新公共行政》，丁煌等译，北京：中国人民大学出版社2011年版，第22页。

②[美]尼古拉斯·亨利：《公共行政与公共事务（第10版）》，孙迎春译，北京：中国人民大学出版社2011年版，第327页。

③何怀宏：《契约伦理与社会正义：罗尔斯正义论中的历史与理性》，北京：中国人民大学出版社1993年版，第10—39页。

④张凤阳等：《政治哲学关键词》，南京：江苏人民出版社2006年版，第209页。

抽象的方式来约束和决定私人的活动。”①

契约合意的论证逻辑可大致表述如下：在没有外部权威实施控制约束的自然状态中，每个人都是绝对的自治体，只受自身欲望和自然条件的约束。但是，这种状态并不美好。因为所有人都平等地享有自治权，每个人都有权按照自己的意愿开展行动。在不存在资源约束和行动负外部性的情况下，人们之间尚可能和平相处、相安无事。但问题是，相对于人的欲望而言，资源是稀缺的，并且人的行动往往具有负外部性——我烧的是我的“干草堆”(洛克语)，但无法避免烟雾影响其他人的正常生活。这样，围绕资源的争斗、因负外部性引起的怨恨就会导致自治的人们生活于不安、恐惧和混乱之中。霍布斯因此说道：“在没有权力可以使大家全都摄服的地方，人们相处时就不会有快乐存在；相反他们还会有很大的忧伤。”“最糟糕的是人们不断处于暴力死亡的恐惧和危险中，人的生活孤独、贫困、卑污、残忍而短寿。”②所以，需要人们放弃一些自然权利，以契约的方式设立公共机构，让公共机构来控制和约束人们的自然欲望，扮演权威角色。虽然公共机构的出现使自治特性不再那么纯粹，但毕竟能够带来和平、稳定。用卡尔·波普(Karl Popper)的话来说“一切政治在于选择较小的罪恶。”③所以，是可以接受控制的。更进一步可以说公共机构的控制是合法的、正当的。在这一逻辑当中，公共机构及其控制行为的合法性和正当性来源于人们的理性计算和契约合意。

不过，契约合意的论述逻辑看似完美，但实则存在两个问题：一是契约的真实性和延续性问题。真实性指的是社会契约论所论述的契约真的存在吗？实际上，这里的契约完全是一种论述逻辑的需要，并没有人真正地签订过什么契约。或者说，契约在这里完全是一种类比。延续性指的是契约的首次立约能否延续到后代的问题。在国家出现之前，即自然状态下的人们订了一个契约，使国家出现并发挥控制功能。但是，此后的国家、政府的合法性能否用“首次立约”来证明，即契约的代际延续是不是合理的呢？回答自然是否定的。契约的真实性和延续性问题为契约合意的论述逻辑蒙上了阴影。二是契约合意导致的权力极化问题。罗伯特·诺奇克(Robert Nozick)就认为，“邪恶”的自然状态

①[美]贾恩佛朗哥·波齐：《国家：本质、发展与前景》，陈尧译，上海：上海人民出版社2007年版，第21—22页。

②[英]霍布斯：《利维坦》，黎思复等译，北京：商务印书馆1985年版，第93页、第95页。

③[英]卡尔·波普：《开放社会及其敌人(第2卷)》，陆衡等译，北京：中国社会科学出版社1999年版，第220页注。

为国家、政府的控制行为提供了理由。但是,关于社会的“恶”假设常常推导出集权专制制度,对社会权利造成直接威胁,将社会从“火坑”救出的同时又扔进了“深渊”。①

三、关于控制正当性的论证逻辑的简单结论

至此,笔者说明了四种逻辑:一是控制的正当性可用人的社会性本质来证明(马克思主义);二是控制的正当性可用自然正义来证明(罗尔斯等);三是控制的正当性可用趋利理性来证明(阿玛蒂亚·森等);四是控制的正当性可用契约合意来证明(社会契约论)。但不难发现,罗尔斯、阿玛蒂亚·森等非马克思主义的论述有些抽象,甚至可以说具有某种“形而上”特性,似乎显得有些缥缈。而马克思主义的论述逻辑则相反,深刻但不失具体地从历史唯物主义出发,强调了控制的正当性可以从人的本质出发来解释,并正确地指出了权威及其控制行为的历史属性和发展演化特征。

第三节　对自治施以控制的正当边界

自治是有限度的,同样,对自治施加的控制也是有限度的。阿克顿曾指出:“权威基于自由的原因而存在,就像手段基于目的而存在一样。但是,有些思想权威则只适合于它自己——它是一个目的,而不是作为一种实现更加高尚事物的工具。”②换言之,权威是必要的,其合法性体现在其工具有效性之上。但是,如果权威及其控制超越了工具性的范畴,成为了目的性的存在,那么,它就是异化的,就是不合理的,自然也就是非正当的。对自治施以控制有现实的依据,学界也对控制的正当性进行了多个层面的论证,但是还有一个问题需要讨论,那就是具体的控制行为如何才不会对自治权利构成实质性的伤害,即如何才能使控制行为不逾越“正当”的边界呢?

笔者认为,对自治施以控制的正当边界应该受到如下三方面的约束:一是控制的实施范围和领域必须限定在规避自治体危害的基础上,否则就意味着侵害了自治权利;二是控制的实施必须依据正义的法律和制度,否则就会产生非正义的结果;三是控制的实施必须遵循一定的程序,否则就会犯“任性”的错误。

①[美]罗伯特·诺齐克:《无政府、国家与乌托邦》,何怀宏等译,北京:中国社会科学出版社1991年版,第12页。

②[英]约翰·E.E.达尔伯格一阿克顿:《自由与权力》,侯健等译,南京:译林出版社2011年版,第294页。

一、实施控制的范围：规避危害

上述所有的关于控制正当性的论述逻辑都强调一点，那就是控制与自治各有边界。控制行为在越界之后就变成了“专制”和“强权”，自治行为在越界之后就变成了“自负”和“任性”。所以，两者需要实现某种均衡，各自固守自己的活动领域。

相对于自治而言，控制的正当行动领域就在于规避自治的危害。研究政府规制理论的权威学者安东尼·奥格斯(Anthony Ogus)指出：“根据公益理论，规制的正当性基础在于发现市场运作中的缺陷，并予以纠正。”[①]约翰·密尔提出的“伤害原则”(harm principle)与此一致，他说：“权力能够违背文明共同体任何成员的意志而对他进行正当干涉的唯一目的，便在于防止他对于他人的伤害。”[②]也就是说，控制的目的不在于消解自治的行为边界、压缩自治的作用空间，而在于规避自治的缺憾。

控制的避害属性在很多关于自由的论述中得以表述。自由是一种值得追求的政治价值，这一点几成共识。但是，自由不是毫无边界的任意妄为。换言之，无边界的自由会导致“狼与狼”的状态出现，结果只能是貌似自由，而实则笼罩在被奴役、被侵犯的浓雾之中。对于这一点，卢梭的话十分精到：“人是生而自由的，但却无往不在枷锁之中。自以为是其他一切的主人的人，反而比其他一切更是奴隶。”[③]自由不代表要摆脱所有限制，自由也要受到外部力量的控制和约束，只不过外部控制与约束要在正当的边界之内。一句话，控制在消解了自由纯粹程度的同时，也是实现自由的基本保证——这也是一个基本共识。

如本章第一节所述，自治体的本位主义取向似乎与生俱来，作为一种内在的冲动常常会促使自治体发生不适当的行为，而这一点在自治体内部是缺乏约束力量的。同时，自治体也难以避免内部失灵，这一问题同样无法在自治体内部得到完满解决。总之，理性的缺憾使得自治体无法自行解决其负外部性和内部失灵等问题。这就为外部干预力量的出场奠定了基础。控制因此而具备了某种必要性和正当性。也就是说，控制的必要性和正当性发源于自治体的固有缺憾(即负外部性和内部失灵)。因此，控制的作用领域也就自然而然地受此约束，限定于此。用密尔的话来说，自治体及其自主治理行为应该对他人和社会

①[英]安东尼·奥格斯：《规制：法律形式与经济学理论》，骆梅英译，北京：中国人民大学出版社2008年版，第15页。

②[英]约翰·密尔：《论自由》，于庆生译，北京：中国法制出版社2009年版，第13页。

③[法]卢梭：《社会契约论》，何兆武译，北京：商务印书馆2003年版，第4页。

负有某种责任与义务，如果它违反了这些责任与义务，对他人、对社会造成了危害，那么，“该情况便被排除出自治类型之外”，需要依法对其实施必要的控制。当然，控制行为的发生也仅限定于此，否则就属于“越位”了。①

从另一个意义上讲，控制的避害原则还得体现一定的服务性、推动性。“现代社会管理是控制与服务有机结合的过程，这一过程不仅是对个体社会成员的控制，而且是通过组织化的方式对个体社会成员权利的保障和实现。”②米哈伊洛·马尔科维奇(Mihailo Markovic)也曾表达过这样的意思：“创造力和控制力是两个相对应的概念。控制与秩序相关，好的控制形成好的秩序，控制力有助于创造力的培养与实现。政府按照一定的标准控制社会，使之按其正常秩序运行；人们可以充分发挥自身创造能力。”③具体而言，针对自治的控制不应单纯具有否定和反面意义，而应该借控制服务并推动自治更好地实施。这对于控制的施加者而言意味着要秉持合作主义理念，视自治体为推动政治发展的动力和公共行动的协同力量，而不是将自治体视为一种“麻烦”制造者。因此，对自治抱持乐观的信心，在实施控制时以服务和推动为旨归。也可以这么说，现代政治理念要求，作为外部的控制主体与自治体之间应该形成良性互动的关系。对于控制行为而言，(1)最起码的层次是，控制不能侵犯自治权。(2)中等层次的要求是控制行为要能够促进自治的运行，为自治权利的实施提供服务、创造条件，要为自治体解决一些问题，消除一些障碍。(3)最高层次的要求是，外部的控制主体要在实施控制的过程中，能够与自治体共同学习、协调发展。

二、实施控制的依据：正义法律

近代以来，受宪政法则的影响，在政治学和公共管理学领域形成了一个基本共识——政府的行为必须依法而行，政府自身就是为执行法律而出场。是故，对于政府行为而言，“凡是法律未允许的便是非法的。”④特里·库珀(Terry L. Cooper)在《行政伦理学：实现行政责任的途径》一书中指出，公共权力机构应该承担两种责任：主观责任和客观责任。主观责任来自于公共权力机构的内在驱动、自我约束和主观意志。客观责任则来源于法律，要求其“对法律负责，也

①[英]约翰·密尔：《论自由》，于庆生译，北京：中国法制出版社 2009 年版，第 124 页。

②杨雪冬：《走向社会权利导向的社会管理体制》，载《华中师范大学学报(人文社会科学版)》，2010 年第 1 期。

③胡雪萍：《公民个体与社会组织：马尔科维奇民主思想研究》，上海：上海人民出版社 2013 年版，第 202 页。

④张成福等：《公共管理学》，北京：中国人民大学出版社 2007 年版，第 14 页。李克强总理也有过此类表述。

即任何组织和个人都要在法律管辖范围内活动。”[①]一般而言，对法律负责，遵循法律的要求行事，在法律规定的范围内施以控制，这是因为法律是人民意志的体现，是公共利益的体现。而国家和政府作为“代理人”，其目的就是维护公共利益，实现人民意志。所以，国家和政府必须依据法律展开行动，法不允许即为禁止。

在对自治施以控制的过程中，也应依据法律。这一观念根源于宪政原则，“一切权力属于人民的宪政原则必然导致公共管理的法律从属性”。[②] 公共权力有一种天然扩张的冲动，在没有约束的情况下，会无止境地增加自己的直接干预范围，进而会对人们的自治、自由和民主等权利构成威胁，这与公共权力产生之初的理想预期相悖。[③] 那么，如何防止公共权力越权，发挥其不应有的功能呢？“法治”是必选措施之一。英国行政法学者威廉·韦德(William Wade)就曾指出，法治原则“就是控制政府的权力不超出它们的法律规范，以此来保护公民不因权力滥用而受到侵害。”[④]由此不难得出结论，控制与自治作为一种矛盾共生体，如果毫无限制、肆意行事，控制将会侵吞自治领域，侵害自治权利。缺乏立宪秩序和法治，控制行为可能是不负责任的，也可能是过犹不及的。所以，控制行为的发展最好依据法律，对控制本身的控制也最好依据法律。这是一条无需多少论证就明白的道理，也是一条几近永恒的原则。

但是，需要强调，依法实施控制需要首先保证法律本身的正当性。戴维·罗森布鲁姆(David M. Rosenbloom)等指出：“公共行政任何一个领域都没有管制行政所受到的评判多，这似乎是可以理解的。管制行政本质上的强制性使那些受到管制约束或因管制而承担巨大成本的人十分愤怒。”不过管制行政更为令人恼火的是“管制机关倾向于制定管得很宽的规章并不断扩大管制的范围。”[⑤]哈耶克也表达过类似的担忧，他指出：“法律能够(并且为了集中管理经济活动也必须)使那种实质上是专断的行动合法化。如果法律规定某一部门或当局可以为所欲为，那么……一个民主制度就可以以这样一种方式建立起一种可

---

①[美]特里·L.库珀：《行政伦理学：实现宪政责任的途径》，张秀琴译，北京：中国人民大学出版社2010年版，第77页。

②王乐夫等：《公共管理学》，北京：中国人民大学出版社2008年版，第424页。

③毛寿龙：《政治社会学：民主制度的政治社会基础》，北京：中国社会科学出版社2001年版，第44页。

④[英]威廉·韦德：《行政法》，徐炳等译，北京：中国大百科全书出版社1997年版，第38页。

⑤[美]戴维·H.罗森布鲁姆等：《公共行政学：管理、政治和法律的途径(第5版)》，张成福等译，北京：中国人民大学出版社2001年版，第438页、第442页。

以想象的到的最为完全的专制政治来。"[①]也就是说，如果法律是不正当的，或者与任性自负的"圣旨"相类，或者产生于控制者自身的不良目的，那么即使是依据法律而实施的控制行为也同样令人憎恶，后果十分可怕。"国家建设的过程使社会的自我管理成为不可能，阻止了人们通过自治的方式解决争端，规定并禁止人们追求自主生活的方式。"[②]在现实生活中，控制者不仅直接侵害自治空间，同时也可能通过法律的方式，以表面合法化的方式干预自治——控制者握有制定法律法规的权力，或者对法律法规的制定有较强影响力，此时的法律法规明显出自控制者自身的意愿，据此而实施的控制实际上具有一定的虚伪性，并不真正具备正当性。所以，控制需要依法实施的论述必须加上一个限定条件——法律法规真正体现公共利益，是正义的法律，而非"恶法"。

综上所述，对自治施以控制的行为一方面需要遵循法律，这是最起码的前提，如果连这个前提都要突破的话，控制的正当性就很难维系。另一方面需要依据正当法律，这是一个理论假设，在现代社会中，法律是在尊重权利、尊重公益等基础上形成的，而不是基于少数人偏好或某种特定目的而产生。如果不以法律为依据，对自治施以控制的行为就会有太多的不确定性，控制的公共性也将随之弱化。如果法律不具备正当性，则对自治施以控制的行为就缺乏正当依据，控制的公共性、正当性将会随之消失。

三、实施控制的行为：遵照程序

"程序是对组织或部门中操作或事务处理流程的一种描述、计划与规定，是按照既定方式有效地进行控制或完成任务所必需的工具。"[③]可见，正当法律程序是制约权力滥用的基本途径，因此构成了公共规制的基本原则，也是宪政原则的重要体现。"程序的实质是管理和决定的非人情化，其一切布置都是为了限制（权力的）恣意、专断和裁量。"[④]程序虽然提高了运行成本和运行环节，但是，程序却消除了行为的不确定性，提高了行为的可预见性。正因为如此，程序成为纠正偏差、防止失范的"利器"。当人们思考和选择宪政行动的时候，往往会想到"程序"，通过设定必要的程序来应对行动者的"任性"，防止行为过程的

①［英］弗里德里希·冯·哈耶克：《通往奴役之路》，王明毅等译，北京：中国社会科学出版社 1997 年版，第 82—83 页。

②［美］贾恩佛朗哥·波齐：《国家：本质、发展与前景》，陈尧译，上海：上海人民出版社 2007 年版，第 83 页。

③魏娜：《公共管理的方法与技术（第 2 版）》，北京：中国人民大学出版社 2011 年版，第 63 页。

④季卫东：《法律程序的意义——对中国法制建设的另一种思考》，载《中国社会科学》1993 年第 1 期。

"任意"。"程序本身所考虑的是要件事实,而不是决定的内容或处理的结果,它不存在既定的判断,复杂的社会状况在这里被简化了。"①程序"这种规则使得一个人十分肯定地预见到当局在某一情况中会怎样使用它的强制权力,和根据对此的了解计划它自己的个人事务。"②自然,对自治施以控制,也需要遵循既定的法律程序。这是对"控制"行为实施"控制"的一种近乎必然的选择。

从另一种意义上来说,对自治实施的控制必须遵循既定程序也是对自治权利的保护。有学者指出:"在法律上,正当法律程序的精义在于:未经正当法律程序,不能剥夺任何人的生命、自由与财产。"③这一点比较容易理解,只有在既定的法律程序约束下,才能防止控制权实施者的自由恣意,及时修正其自由裁量权的不当行使。④

既然程序是对控制行为确定性的一种描述,那么,程序本身就得具有确定性,不能随意更改程序,或者为了某种特定目的而有意设定程序。要实现这一点,需要将程序法制化,以法律保障程序的确定性和正当性。

对自治施以控制所必须遵循的主程序有三:一是确认与告知。即实施控制的外部权威在相关法律依据下,确认自治体及其行为的危害(或潜在危害),在此基础上告知自治体要受到何种控制,并说明控制的理由。二是申诉与救济。允许被控制者提出异议和申诉,并慎重审视其申诉,考察其异议。如果控制行为不当,则终止控制行为。如果经过申诉与救济程序之后,确认自治体及其行为存在危害(或潜在危害),且控制方式与内容适当,则实施下一程序。三是执行与生效。在确认危害(或潜在危害)、告知结果与理由、实施申诉与救济程序之后,依法对相关自治体及其行为实施控制行为。当然,这三个环节的程序带有一定的"模型"意味,大略指出对自治实施的控制行为应该遵循的基本程序。

除了上述主程序之外,还需要注意三个附带程序:一是交互与参与。即在实施上述三个环节的全过程中,应避免单向度地实施控制,而应该吸纳自治体参与其中,在控制主体与自治体充分交互的基础上展开。二是救济与补偿。"那些试图为自己带来较大保障的禁止者还是必须赔偿那些被禁者(他们实际

①张凤阳等:《政治哲学关键词》,南京:江苏人民出版社 2006 年版,第 226 页。

②[英]弗里德里希·冯·哈耶克:《通往奴役之路》,王明毅等译,北京:中国社会科学出版社 1997 年版,第 73 页。

③张成福等:《公共管理学》,北京:中国人民大学出版社 2007 年版,第 353 页。

④张凤阳等:《政治哲学关键词》,南京:江苏人民出版社 2006 年版,第 228—229 页。

上可能不伤害任何人),以弥补禁令加于他们的损失。"[①]或者对于不当的控制行为产生的损害,要予以补偿;或者是为了实现集体最优效果而对少数派实施的控制行为,要实施补偿。三是评估与改进。实时地对控制行动进行评估,为后续行动提供借鉴,及时改进控制行为。

当然,还需要指出的一点是:自治体要充分理解控制行为的正当性,积极约束自己的行为,并配合控制行为。这是自治体在享有自治权利的同时必须承担的义务,也是其主体公共性的基本表现。

①[美]罗伯特·诺齐克:《无政府、国家与乌托邦》,何怀宏等译,北京:中国社会科学出版社 1991 年版,第 149 页。

第八章　中国语境中的自治

本章主要回答如下几方面的问题：当代中国有哪些自治形态？它们各有哪些表现和特点？中国自治实践的发展在未来的有何趋势？发展路径包括哪些？

前面七章的研究都是理论层面上的，这一章则以中国的自治实践为研究对象。包括两节：第一节概括论述当前我国的各种自治形态，包括地方自主、基层自治和社团自治。① 第二节阐释中国自治实践的未来发展趋势和基本路径。

第一节　当代中国的自治形态

如前文所述，自治实现了“治者”与“被治者”的合二为一。一方面能够减少与“他治者”之间的交易成本，另一方面能够发挥自治体的积极能动性，并因时、因地、因事制宜地解决自身的内部事务。哈耶克曾指出：“把政府的大多数服务性活动重新交给较小的单位进行管理，很可能会促使那种因中央集权而在很大程度上蒙遭扼杀的公共精神得到复兴。”②因此，尽管当今各个国家的政治制度千差万别，但是似乎都不否认自治，都存在程度不同、作用各异的自治机制。我国也是一样，十分重视自治的功能。

概括而言，我国有地方自主、社会自治和基层自治等三种自治机制发挥了重要作用，下面分述之——

一、地方自主的良性塑造

在中央和地方之间进行分权的制度设计几乎是任何一个国家所必须实施的政治实践。我国幅员辽阔，各地在经济、文化、历史、自然等各个方面存在诸多差异，这也在客观上要求合理处理中央与地方的关系，一方面要保持国家统

①虽然网络自治在近年有不小进步，也有学者说“网络公民社会”的时代已经到来，但在某种程度上说，基于互联网的“自治”并非主流，所以此处没有对网络自治进行讨论。

②[英]弗里德利希·冯·哈耶克：《法律、立法与自由（第3卷）》，邓正来等译，北京：中国大百科全书出版社2000年版，第483－484页。

一与稳定，这需要增强中央的统筹和集中程度；另一方面要发挥地方的积极性，这需要增强地方的首创精神和自主能力。

(一)一般意义上的地方自主

理解中央与地方的关系，最好从现行《宪法》着手。不过，需要首先指出的是，我国现行《宪法》并没有明确“地方自治权”，而是对地方的“自主”给予了较多授权，也基于较高期望。学者王建学的论述十分准确：

> “现行《宪法》第 30 条在对行政区域进行划分时，明确使用自治来修饰的仅有‘自治区’、‘自治州’和‘自治县’。除此之外，现行宪法文本中明确使用‘自治’一词的，仅仅包括‘民族自治地方的自治机关’(第三章第六节)和‘基层群众性自治组织’(第 111 条)两类。……因此，在我国现行宪法明示的概念体系中，‘自治’一语仅仅是个特殊用法，地方自治与我国普通地方单位的属性无法通过宪法规范的概念和用语建立相互联系。”①

笔者赞同王建学的观点，认为《宪法》以及其他基本法律明确规范的用语中更多指向民族区域自治②、基层群众自治③、特别行政区高度自治④等，而不包括地方自治。所以，笔者在此处并未使用“地方自治”，而是“地方自主”(当然，这并不是说我国的各级地方没有自治权和自治实践)。

现行《宪法》对地方自主给予了充分肯定。如第 99 条规定：“地方各级人民代表大会在本行政区域内，保证宪法、法律、行政法规的遵守和执行；依照法律规定的权限，通过和发布决议，审查和决定地方的经济建设、文化建设和公共事

---

①王建学：《作为基本权利的地方自治》，厦门：厦门大学出版社 2010 年版，第 190 页。

②《中华人民共和国民族区域自治法》第 2—4 条分别规定：“各少数民族聚居的地方实行区域自治”；“民族自治地方设立自治机关，自治机关是国家的一级地方政权机关”；“民族自治地方的自治机关行使宪法第三章第五节规定的地方国家机关的职权，同时依照宪法和本法以及其他法律规定的权限行使自治权，根据本地方的实际情况贯彻执行国家的法律、政策”。

③《中华人民共和国村民委员会组织法》第 2 条规定：“村民委员会是村民自我管理、自我教育、自我服务的基层群众性自治组织，实行民主选举、民主决策、民主管理、民主监督”。《中华人民共和国城市居民委员会组织法》第 2 条规定：“居民委员会是居民自我管理、自我教育、自我服务的基层群众性自治组织。”。

④《香港特别行政区基本法》第 2 条规定：“全国人民代表大会授权香港特别行政区依照本法的规定实行高度自治，享有行政管理权、立法权、独立的司法权和终审权。”第 12 条规定：“香港特别行政区是中华人民共和国的一个享有高度自治权的地方行政区域，直辖于中央人民政府。”《澳门特别行政区基本法》第 2 条规定：“中华人民共和国全国人民代表大会授权澳门特别行政区依照本法的规定实行高度自治，享有行政管理权、立法权、独立的司法权和终审权”。第 12 条规定：“澳门是中华人民共和国的一个享有高度自治权的地方行政区域，直辖于中央人民政府。”

业建设的计划。”第 107 条规定：“县级以上地方各级人民政府依照法律规定的权限，管理本行政区域内的经济、教育、科学、文化、卫生、体育事业、城乡建设事业和财政、民政、公安、民族事务、司法行政、监察、计划生育等行政工作，发布决定和命令，任免、培训、考核和奖惩行政工作人员。”细细品读这两条，不难发现，虽然没有明确“地方自治”的概念，但是上述两条详细规定了地方在决策、计划、立法、财政、执行等方面的自主权，而且涉及经济、教育、科学、文化、卫生等各个领域。

从国家机构的运行基本原则看，地方拥有明确的自主权。现行《宪法》第 3 条明确规定：“中华人民共和国的国家机构实行民主集中制的原则”；“中央和地方的国家机构职权的划分，遵循在中央的统一领导下，充分发挥地方的主动性、积极性的原则。”一方面，“民主集中制”包含有辩证思想和多重实践，其中的“民主”途径之一就是地方自主；另一方面，中央和地方国家机构之间存在职权划分，各地“主动性、积极性”的充分发挥等表述在本质上也意味着对地方自主的肯定。

从权力的行使角度看，人们可以通过地方权力机关行使权力。现行《宪法》第 2 条规定：“中华人民共和国的一切权力属于人民。人民行使国家权力的机关是全国人民代表大会和地方各级人民代表大会。”第 96 条规定：“地方各级人民代表大会是地方国家权力机关。”这与托克维尔的“地方自治”观点趋于一致。在托克维尔看来，自治并不是纯粹到“大树底下民主”的那种境界，换言之，自治在实践中并不是“直接民主”，而是通过各种地方机构（地方团体或地方公共团体或地方自治团体），一方面处理自己的内部事务，另一方面通过它们参与更高级的公共事务。①

①王建学：《作为基本权利的地方自治》，厦门：厦门大学出版社 2010 年版，第 198—212 页。

表 8-1:《决定》关于中央与地方关系的论述一览表

领域	具体论述(《决定》原文)	与地方自主的关联
经济与社会领域	“改革市场监管体系,实行统一的市场监管,清理和废除妨碍全国统一市场和公平竞争的各种规定和做法,严禁和惩处各类违法实行优惠政策行为,反对地方保护,反对垄断和不正当竞争。”	防止地方自主缺憾
	“落实金融监管改革措施和稳健标准,完善监管协调机制,界定中央和地方金融监管职责和风险处置责任。”	划分中央与地方权限;促进地方自主
	“直接面向基层、量大面广、由地方管理更方便有效的经济社会事项,一律下放地方和基层管理。”	促进地方自主
	“加强中央政府宏观调控职责和能力,加强地方政府公共服务、市场监管、社会管理、环境保护等职责。”	划分中央与地方权限;促进地方自主
	“必须完善立法、明确事权、改革税制、稳定税负、透明预算、提高效率,建立现代财政制度,发挥中央和地方两个积极性。”	划分中央与地方权限;促进地方自主
	“深化税收制度改革,完善地方税体系,逐步提高直接税比重。”	促进地方自主
	“适度加强中央事权和支出责任,国防、外交、国家安全、关系全国统一市场规则和管理等作为中央事权;部分社会保障、跨区域重大项目建设维护等作为中央和地方共同事权,逐步理顺事权关系;区域性公共服务作为地方事权。中央和地方按照事权划分相应承担和分担支出责任。中央可通过安排转移支付将部分事权支出责任委托地方承担。对于跨区域且对其他地区影响较大的公共服务,中央通过转移支付承担一部分地方事权支出责任。”	划分中央与地方权限;促进地方自主
	“保持现有中央和地方财力格局总体稳定,结合税制改革,考虑税种属性,进一步理顺中央和地方收入划分。”	划分中央与地方权限;促进地方自主
	“建立透明规范的城市建设投融资机制,允许地方政府通过发债等多种方式拓宽城市建设融资渠道。”	促进地方自主

（续表）

领域	具体论述(《决定》原文)	与地方自主的关联
政治领域	“完善中国特色社会主义法律体系,健全立法起草、论证、协调、审议机制,提高立法质量,防止地方保护和部门利益法制化。”	防止地方自主缺憾
	“逐步增加有地方立法权的较大的市数量。”	促进地方自主
	“推行地方各级政府及其工作部门权力清单制度,依法公开权力运行流程。”	防止地方自主缺憾
	“全党同志要把思想和行动统一到中央关于全面深化改革重大决策部署上来,正确处理中央和地方、全局和局部、当前和长远的关系。”	划分中央与地方权限;防止地方自主缺憾
	“鼓励地方、基层和群众大胆探索,加强重大改革试点工作,及时总结经验,宽容改革失误,加强宣传和舆论引导,为全面深化改革营造良好社会环境。”	促进地方自主

资料来源:《中共中央关于全面深化改革若干重大问题的决定》,2013 年 11 月 12 日中国共产党第十八届中央委员会第三次全体会议通过。

从具体的实践决策看,也明确包括地方自主的内容。以十八届三中全会通过的《中共中央关于全面深化改革若干重大问题的决定》为例,在《决定》中,虽然没有出现“地方自治”的字眼,但是涉及地方自主方面的内容很多。如表 8-1 所示,包括三方面:一是促进性的,即为地方自主赋予空间和权力。如“直接面向基层、量大面广、由地方管理更方便有效的经济社会事项,一律下放地方和基层管理。”“必须完善立法、明确事权、改革税制、稳定税负、透明预算、提高效率,建立现代财政制度,发挥中央和地方两个积极性。”二是规范性的,即防止地方自主的某些“缺憾”。如,“改革市场监管体系,实行统一的市场监管,清理和废除妨碍全国统一市场和公平竞争的各种规定和做法,严禁和惩处各类违法实行优惠政策行为,反对地方保护,反对垄断和不正当竞争。”“完善中国特色社会主义法律体系,健全立法起草、论证、协调、审议机制,提高立法质量,防止地方保护和部门利益法制化。”“推行地方各级政府及其工作部门权力清单制度,依法公开权力运行流程。”三是兼具促进和规范两方面的,即合理划分中央与地方权限。如,“落实金融监管改革措施和稳健标准,完善监管协调机制,界定中央和地方金融监管职责和风险处置责任。”“保持现有中央和地方财力格局总体稳定,结合税制改革,考虑税种属性,进一步理顺中央和地方收入划分。”另外,改革开放以来党的历次代表大会报告中都包含有中央与地方关系的处理，且都将地方自主作为重要内容予以阐释。

通过上述分析可以得出结论，虽然在规范意义上我国并不存在地方自治，但在实质上存在着“地方自治”。并且，我国实质上的“地方自治”存在两个突出特点：

一是分权与自主。无论是“地方自治”还是“地方自主”，都意味着在中央和地方之间进行分权。即中央和地方各有自己的行为边界、职责范围，两者在各自的边界内都是“自主”的，都不应受到无端干扰。中央不能无端干预地方，地方也不能无端干扰中央。尤其是对地方而言，分权意味着在法律框架内，地方拥有一个不受无端干预的“堡垒”，在该堡垒框定的空间中，地方可以以自己的需要和观念为依据开展行动，使公共行动体现自己的意愿，烙上自己的影子。这是消极意义上的。在积极意义上，地方还要发挥创议、创制、执行等自治功能，以主人翁的态度积极主动地处理内部事务。有学者指出：“长期以来，计划经济体制下地方的权力来源基本上取决于中央，地方对中央具有明显依附性。”①这句话提醒我们，地方自治的首要意义在于地方真正具有主体能力和主体态度，能够独立自主地担当起自治的责任。否则，“分权”之后要么还得“收回”，要么中央不介入的情况下地方事务又无法得到良善处理。另外，还得强调一点，中央与地方关系的处理必须依据法律(包括实体法和程序法)，而不能单靠简单的行政手段。②

二是协同与合作。在西方政治哲学的语境中，地方自治抑或地方自主具有较强的制衡与宪政意味，旨在通过地方自治的实施防止中央集权专制。但在我国语境中，地方自主更多具备协同与合作意味。一方面，地方自主并不是地方割据，即地方自主是服从于“单一制”的宏观制度的。自主的目的是为了更好地处理地方公共事务，减少中央与地方不必要的“交易成本”，而不是建立“独立王国”，不在于搭建一个不受任何外部权威干预的“堡垒”。另一方面，中央与地方之间在法定框架内，保持明确的分工、协调与合作关系。③ 为了有效处理特定的公共问题，在决策上需要遵循民主集中制，在资源分配上需要遵守统筹兼顾原则，在政策执行上需要坚持忠实执行与权变灵活相结合，等等。总之，需要中央和地方协同行动，共同面对问题，协调相互关系。这是稳定、秩序的内在要求，

①沈远新：《正和互动：中央与地方关系的新范式及其政策意义》，载《上海行政学院学报》2001 年第 2 期。

②杨光斌等：《当代中国政治制度导论》，北京：中国人民大学出版社 2007 年版，第 197 页。

③李明强等：《地方政府治理新论》，武汉：武汉大学出版社 2011 年版，第 90 页。

也是自治体固有局限之要求。①正所谓:“推进地方自治符合政治制度化和民主化的趋势,有利于促进权威的合法化和政治参与的扩大,将是我国政治体制改革中一项重要的制度创新。”②

(二)两种充满智慧的创造

说到中国的地方自主,必须要提到两种充满智慧的创造:一是民族区域自治制度;二是特别行政区制度。

1.民族区域自治制度③

我国是一个多民族的国家,汉族人口最多,另有55个人数相对较少的民族,在习惯上被称为“少数民族”。根据2010年第六次人口普查数据,在大陆31个省、自治区、直辖市和现役军人的人口中,汉族人口为122593万人,占91.51%;各少数民族人口为11379万人,占8.49%。与2000年第五次人口普查相比,少数民族人口增加了6.92%。④

虽然,各民族在聚居区域、经济社会发展状况、文化信仰等方面有着很多差异,但是他们都是中华民族的组成部分,都为我国的统一,为我国的文明进步做出了自己的重要贡献。因此,如何处理民族关系、解决民族问题、选择民族政策就成为党和国家必须面对的基本问题之一。

在新中国成立之前的1947年,已经解放的蒙古族地区就在中国共产党的领导下建立了内蒙古自治区,这是中国第一个省级民族自治地方。1949年9月召开的中国人民政治协商会议通过的《中国人民政治协商会议共同纲领》就明确把民族区域自治确定为一项基本国策。1952年,中国政府发布《中华人民共和国民族区域自治实施纲要》,明确规定了民族自治地方的建立、自治机关的组成和自治权利等基本问题。1954年第一届全国人民代表大会通过的《宪法》将民族区域自治制度作为重要内容载入,明确了民族区域自治的政治地位。此后历次《宪法》修改都坚持了这一制度。1984年,在总结实施民族区域自治经验的基础上,全国人大通过了《民族区域自治法》;2001年修改颁布的《中华人民共和国民族区域自治法》明确规定:“民族区域自治制度是国家的一项基本政治制度。”《民族区域自治法》是实施《宪法》规定的民族区域自治制度的基本法律,内

①沈远新:《正和互动:中央与地方关系的新范式及其政策意义》,载《上海行政学院学报》2001年第2期。

②李明强等:《地方政府治理新论》,武汉:武汉大学出版社2011年版,第115页。

③此部分撰写参考中国国务院新闻办公室:《中国的民族区域自治》白皮书,2005年2月28日。统计数字和引用的部分若无特别注明,都来自该白皮书。

④中华人民共和国国家统计局:《2010年第六次全国人口普查主要数据公报(第1号)》,2011年4月28日。http://baike.baidu.com/view/5644364.htm? fr=aladdin。访问时间2014年8月5日。

容全面、系统且具体。

具体而言，“民族区域自治是指在国家的统一领导下，各少数民族聚居地方实行区域自治，设立自治机关，行使自治权。”其有如下几个特点：

第一，创造性地将地方自主与民族问题结合了起来。如上述，我国一般意义上的地方自主具有两个突出特点“分权与自主”、“协同与合作”。民族区域自治同样具备这两个特点。并且具有自己的特色：一是在《宪法》以及基本法中都被明确“民族区域自治”或“自治机关”、“自治地方”等，这与一般意义上的中央与地方关系存在些许差异。或者说，一般意义上的地方具有“自主权”，而“民族区域自治”则被明确肯定和规范。二是不再是单纯的处理中央与地方的关系，而是将“民族”这一要素添加进来，将中央与地方关系的处理与民族问题的解决有机协调起来。这是一个创举。既维护了国家的团结与统一，也尊重了少数民族的基本权利和发展实际。也正因为如此，民族区域地方的设立具有多样性。诸如，(1)根据少数民族聚居区人口多少、区域面积大小等，可以设立自治区(省级)、自治州(市级)和自治县三级自治地方，同时还可以建立自治乡(自治乡不是自治地方，不行使自治权)。(2)根据少数民族的聚居情况，可以建立多种类型的自治地方或自治乡。比如，以一个少数民族聚居区为基础，如西藏自治区；以几个少数民族聚居区为基础，如青海海西蒙古族藏族自治州；在某一民族自治地方内的其他少数民族聚居的区域，建立相应的自治地方或者民族乡，如在新疆维吾尔自治区内建有焉耆回族自治县；在同一个民族不同的聚居区，建立多个自治地方，如宁夏、甘肃、河北等地都建有不同级别的民族自治地方。①

第二，民族自治地方和自治机关享有自治权。按照《宪法》以及有关法律规定，民族自治地方和自治机关依法享有自治权，诸如“根据本地方实际情况贯彻执行国家的法律、政策”、“自主管理本民族、本地区的内部事务”、“享有制定自治条例和单行条例的权力”、“使用和发展本民族语言文字”、“尊重和保障少数民族宗教信仰自由”、“保持或者改革本民族风俗习惯”、“按照传统风俗习惯生活、进行社会活动的权利和自由”、“自主安排、管理、发展经济建设事业”、以及“自主发展教育、科技、文化等社会事业”等。

第三，民族区域自治权被抱以期待和积极保障。我国的民族区域自治不同于“自然安治”，它和上级国家机关具有协同与合作的良性互动关系。一方面，以“单一制”为基础，自治地方属于中国不可分割的一部分，自治地方也有义务

①参见张永桃主编：《当代中国政治制度》，南京：南京大学出版社2004年版，第251—253页；中国国务院新闻办公室：《中国的民族区域自治》白皮书，2005年2月28日。

维护国家统一,并执行《宪法》和法律。当然,可以根据本地方的具体情况来依法变通执行。另一方面,国家以及上级国家机关视自治地方为有机行动者,采取各种措施保障民族自治地方的自治机关行使自治权,通过各种手段(如财税政策、基础设施建设、文化事业、教育科技事业)支持自治地方的运行,提高其自我发展的能力。白皮书就明确指出,"《民族区域自治法》进一步把上级国家机关支持、帮助民族自治地方加快发展,明确规定为一项法律义务。"2001 年修订的《民族区域自治法》第六章"上级国家机关的职责"中规定了 17 条具体的保障和支持措施,涉及发展研究、经济政策、财税和医疗卫生等具体领域。

需要指出,民族区域自治制度是符合中国国情的创造,其在 60 多年来的实践是成功的,既合理有效协调了民族关系,也促进了各民族的共同利益;既有效激发了民族自治地方的积极性和创造力,也维护了国家的稳定和统一。

2. 特别行政区制度

如果说民族区域自治制度将民族问题与地方自主有机结合的话,那么,可以说特别行政区制度是将历史遗留问题与地方自主有机结合。特别行政区制度与民族区域自治制度一样都是充满智慧的制度创造。

特别行政区制度是"一国两制"基本战略方针的具体化,旨在解决台湾问题、恢复行使香港和澳门主权问题而设计的。"其要点是在统一的单一制国家结构的前提下,由中央通过立法授权某些特殊地区(港、澳、台)建立特别行政区,特别行政区实行与大陆完全不同的制度,拥有高度自治权,但不拥有主权。"①

单就自治而言,特别行政区制度下的地方具有高度自治权。这种高度自治权表现在:

第一,特别行政区的高度自治远远超过了一般地方,也超过了民族自治地方。换言之,特别行政区除了接受中央政府领导之外,在其他地方事务上不接受国家机关的"条"、"块"管理,而是由特别行政区所在区域的本地人进行自治。② 同时,特别行政区内部实行与大陆不同的政治制度,保持原有的资本主义制度和生活方式。

第二,特别行政区在《基本法》框架下,享有除军事、外交之外的自治权。包括独立的行政管理权、立法权和司法权、终审权;独立的税收、财政权,实行独立的金融、货币、贸易等经济制度;独立的外事权;以及独立的教育、科技、文体、宗

①张永桃主编:《当代中国政治制度》,南京:南京大学出版社 2004 年版,第 264 页。
②陈尧:《当代中国政府体制》,上海:上海交通大学出版社 2005 年版,第 202 页。

教等政策与制度等。在这些方面的权力范围十分广泛，超过一般意义上的地方自治，甚至在许多方面超过了联邦制国家的成员单位。中央在特别行政区方面保留较少的政治权力，仅包括外交事务（外交谈判、缔结条约）、防务（驻军、宣战）、任命行政长官和主要官员（由当地选举）、进入紧急事态事宜以及基本法事宜（制定、修改、解释基本法）等。[①]

第三，特别行政区享有高度自治权，而非“国家自主权”。特别行政区制度只是“一国两制”战略的具体实施，并没有在根本上改变我国的基本政治制度，也没有改变我国的“单一制”。仅仅是因为特殊历史而在港澳台地区实行的一种特殊制度，它对我国的基本政治制度有影响，但并非根本性的影响。前提是一个中国，中国只有唯一一个合法政府、一个最高国家权力机关、一个中央人民政府、一个国家主权。

二、基层自治的蓬勃发展

基层群众自治是被现行《宪法》明确规定的自治形式。《宪法》第 111 条明确规定了基层群众自治组织的构成、产生、功能范围等：

> “城市和农村按居民居住地区设立的居民委员会或者村民委员会是基层群众性自治组织。居民委员会、村民委员会的主任、副主任和委员由居民选举。居民委员会、村民委员会同基层政权的相互关系由法律规定。居民委员会、村民委员会设人民调解、治安保卫、公共卫生等委员会，办理本居住地区的公共事务和公益事业，调解民间纠纷，协助维护社会治安，并且向人民政府反映群众的意见、要求和提出建议。”

不难发现，基层群众自治组织的主体是居民委员会或村民委员会；其由基层选举产生，而非任命；它们以及它们的内设机构具有如下功能：办理本居住地区的公共事务和公益事业，协调内部关系，代表基层民众等。

除《宪法》之外，还有两部法律明确了基层群众自治组织的自治地位，即《中华人民共和国村民委员会组织法》和《中华人民共和国城市居民委员会组织法》。两部法律的第 2 条分别规定：“村民委员会是村民自我管理、自我教育、自我服务的基层群众性自治组织”；“居民委员会是居民自我管理、自我教育、自我

①参见张永桃主编：《当代中国政治制度》，南京：南京大学出版社 2004 年版，第 267－273 页；陈尧：《当代中国政府体制》，上海：上海交通大学出版社 2005 年版，第 203 页。

服务的基层群众性自治组织。”根据民政部发布的《2013年社会服务发展统计公报》，截至2013年底，基层群众自治组织共计68.3万个，其中：村委会58.9万个，居委会94620个。[①]

按照中国国务院新闻办公室2005年10月发表的《中国的民主政治建设》白皮书之表述：“中国已经建立了以农村村民委员会、城市居民委员会和企业职工代表大会为主要内容的基层民主自治体系。”[②]其中，城乡居民在居住区依托基层群众自治组织，依法行使民主选举、民主决策、民主管理和民主监督的权利；企事业单位职工通过职工代表大会享有民主权利，其自治功能表现在民主管理、协调劳动关系、保障和维护职工合法权益等。这三类基层自治组织及其制度实践将所有民众涵盖其中，构成当代中国最普遍、最有力、最直接的自治机制。

第一，三种基层自治机制构筑了秩序之基。人是以个体的方式存在，也是以社会的方式存在。在传统社会中，个体完全依附于社会共同体之中，正因为如此，滕尼斯、韦伯等学者说，个体摆脱共同体的束缚是“祛魅”的基本表现，也是向现代化转变的“头等大事”。[③]但另一方面，我们也得正视——单子化的个体在近代以来也诱发了很多问题，诸如加大了社会张力、人际冷漠等，也大大提高了共同行动和政治秩序的达成成本，帕特南在《独自打保龄》、桑内特在《公共人衰落》中都表达了此类观点。因此，如何实现个体人与社会人的有机衔接就成为政制设计的关键内容。对于我国而言，改革开放前属于“总体性社会”，国家通过户籍制度、身份制度等将社会个体囊括进各种共同体之中，个体缺乏自由运作资源和自由活动空间，个体的依附性较强。改革开放以来，自由运作资源和自由活动空间逐渐被释放，尤其是随着市场体制的建立，个体（含家庭）的独立性被激发。[④] 这样，在整个社会中，传统社会价值逐渐走向式微、国家权威在人们日常生活中逐渐退出、社会个体及其家庭的单子化程度加强。于是，如何在新时期实现社会整合就摆在了我们的面前。基层群众自治组织及其制度在实现社会整合和基层秩序方面扮演着至关重要的角色。首先，人与人之间可能

①民政部：《2013年社会服务发展统计公报》，2014年6月17日。http://www.mca.gov.cn/article/zwgk/tjsj/。最后访问时间：2014年8月5日。

②中国国务院新闻办公室：《中国的民主政治建设》白皮书，2005年10月19日。

③[德]斐迪南·滕尼斯：《共同体与社会：纯粹社会学的基本概念》，林荣远译，北京：商务印书馆1999年版，第52—53页；亦可参见张凤阳等：《政治哲学关键词》，南京：江苏人民出版社，2006年版，第39页。

④孙立平：《“自由流动资源”与“自由活动空间”——论改革过程中中国社会结构的变迁》，载《探索》1993年第1期。亦可参见孙立平等：《动员与参与：第3部门募捐机制个案研究》，杭州：浙江人民出版社1999年版，第19页。

存在这样那样的差异，但有一点相同，他或她必然生活于某一基层组织当中。这样，基层群众自治组织通过自我管理、自我教育和自我服务就可以将之整合进既定的组织体系当中，使个体有某种归属感、存在感。其次，基层群众自治组织有多重调节功能，诸如调节不同个体、不同族群之间的利益，沟通基层群众与基层政府之间的关系，代表基层参与公共决策等，这为基层秩序提供了切实保障。最后，基层群众自治组织还有很多服务功能，包括救助、经济、文化等各个方面，这有助于提高人们的满意度。重要的是，可以将人们的需求以及所面临的问题化解在基层，而不至于上升到宏观政治体系，发挥了建构秩序、稳定社会的作用。戴维·伊斯顿的政治系统论就曾表达出这样的观念：社会的有序，需要建构起一个整合个体且有序运转的社会体系和政治系统，否则失序是必然的。① 塞缪尔·亨廷顿也有此类观点，他认为如果社会中缺乏表达利益、处理关系的社会机制，那么动荡将会发生。② 我国三种基层自治机制无疑有效地承担了伊斯顿笔下的政治系统的功能，也承担了亨廷顿意义上社会机制的功能。③ 总之，“一个健康社区的存在本身就是消除冲突的一种工具。”④

第二，三种基层自治机制织就了服务之网。央视 2013 年《寻找最美“村官”》的宣传片中有一句话“上面千条线，下面一根针”。这句话十分精准地说出了以“村官”为代表的基层自治机制在中国公共服务体系中的地位。在资源动员方面，基层自治机制的能力可能很弱。但是，在具体的公共服务供给过程中，基层自治机制发挥了不可或缺的作用，它们织就了公共服务之网。具体而言，民政、计生、卫生、文化、教育、体育、养老、治安、矫正、矛盾调节等等公共服务的供给都要依托基层自治机制来实施。可以说，在很多情况下，公共服务的供给者、生产者源于政府，但这些服务并不直接面对社会个体，而需要某种中介。在社会组织发展相对不充分的情况下，我国的城乡基层群众自治组织便担当了这种中介机制。笔者在河北、江苏、安徽、内蒙古和陕西等地调研过程中发现，基层政府工作者都坦言这一问题：目前乡镇政府的机构规模相对较小，难以承担多方面的民生建设工作，需要基层群众自治组织作用的充分发挥。所以，他们

---

①[美]戴维·伊斯顿：《政治生活的系统分析》，王浦劬等译，北京：华夏出版社 1999 年版，第 567－570 页。

②参见[美]塞缪尔·亨廷顿：《变革社会中的政治秩序》，李盛平等译，北京：华夏出版社 1988 年版，第一章。

③张永桃主编：《当代中国政治制度》，南京：南京大学出版社 2004 年版，第 292 页。

④[美]珍妮特·V. 登哈特等：《新公共服务：服务，而不是掌舵》，丁煌译，北京：中国人民大学出版社 2004 年版，第 31 页。

似乎更希望基层群众自治组织“听话些”，能够与基层政府协同、合作实施服务供给。另外，群众基层自治组织也并非完全被动接受基层政府的安排，而是会根据居民的需求，自主开展“辖区”内的服务工作，诸如水利、养老、助残、纠纷化解等。[①] 戴维·奥斯本和特德·盖布勒在《改革政府》中专辟一章来写社区自治机制的卓越作用(即第2章)。[②] 珍妮特·登哈特夫妇对奥斯本他们的观点的概括十分准确，且十分符合我国基层群众自治组织的功能：

> “公共企业家已经得知过去为当事人服务的种种努力所产生的不是经济和社会的独立，而是依赖。这些企业家不应再维持这种方法，而应该将公共创新的所有权转给社区。他们应该使公民、邻里群体以及社区组织能够自己得出解决问题的方案。”[③]

第三，三种基层自治机制锤炼了民主之魂。约瑟夫·斯蒂格利茨(Joseph E. Stiglitz)曾指出：“参与过程必须包括公开对话和广泛积极的大众参与，它要求个人在影响他们利益的决策中有发表意见的权利。”[④]的确，“民主是个好东西”(俞可平语)，具有重要的政治价值，是政治现代化的重要成果之一。但是，如麦迪逊、托克维尔、萨拜因和赫尔德等诸多政治哲学家所阐释的那样，直接民主需要严格的条件，尤其是在大型民族国家中，直接民主极易造成“多数人暴政”、“政治肥大症”等灾难性后果。那么，如果处理直接民主与基本政治秩序的关系呢？代议制是可靠的选择之一。同时，还有一个必选项，那就是基层自治——人们在自己居住的社区、工作的单位等践行民主。珍妮特·登哈特的话很有代表性：

> “在某种程度上，这种努力依赖于建立一套积极的‘调节机构’(即社区基层组织——引者注)，这套调节机构既可以关注公民的愿望和利益，又会提供一些将会使那些公民更好地为在更大政治体系中行动做好准备的经验。”[⑤]

①杨凤春：《中国政府概要》，北京：北京大学出版社2002年版，第337页。

②[美]戴维·奥斯本等：《改革政府：企业家精神如何改革着公共部门》，周敦仁译，上海：上海译文出版社2006年版，第21—42页。

③[美]珍妮特·V.登哈特等：《新公共服务：服务，而不是掌舵》，丁煌译，北京：中国人民大学出版社2004年版，第15页。

④胡鞍钢等：《政府与市场》，北京：中国计划出版社2000年版，第140页。

⑤[美]珍妮特·V.登哈特等：《新公共服务：服务，而不是掌舵》，丁煌译，北京：中国人民大学出版社2004年版，第31页。

一方面，基层贴近民众日常生活，基层中的诸多事务都是与民众息息相关的，最能激发人们的参与热情和功效感。相反，宏观政治也许“离人们的内心有些距离”，不足以打动人们的内心。所以，基层自治最现实，也最有吸引力。这为基层社会资本的积累奠定了基础。

另一方面，基层具有地域小、群众性和直接性等特点，犹如“雅典城邦”一样，能够实现人们的直接参与与辩论。也就是说，基层自治简单易行，通过基层自治的“锻炼”，能够培养人们参与更广泛公共事务的能力，在基层自治过程中，学会思考公共事务，学会表达自己的意见并倾听他人的意见，学会包容、协商和妥协进而达成一致，学会与基层政府交互、合作等等。① 邓小平同志就曾指出，我国的政治体制改革需要“调动基层和工人、农民、知识分子的积极性。……让他们参与管理，实现管理民主化。”②

三、社团自治的逐渐发力

首先需要强调，此处的“社团自治”主要是指社会组织在社会自治方面的作用。社会组织在我国包括三大类：社会团体、基金会和民办非企业单位。民政部发布的《2013 年社会服务发展统计公报》显示，近些年，我国的社会组织发展迅速，发展态势良好(详见表 8-2)。“全国共有社会组织 54.7 万个，比上年增长 9.6%；吸纳社会各类人员就业 636.6 万人，比 2012 年增加 3.8%；形成固定资产 1496.6 亿元；社会组织增加值为 571.1 亿元，比 2012 年增长 8.7%，占第三产业增加值比重为 0.22%；接收各类社会捐赠 458.8 亿元。”③

表 8-2：2006—2013 年全国社会组织发展状况一览表(单位：万个)

指标	2006 年	2007 年	2008 年	2009 年	2010 年	2011 年	2012 年	2013 年
社会团体	19.2	21.2	23	23.9	24.5	25.5	27.1	28.9
基金会	0.1144	0.134	0.1597	0.1843	0.22	0.2614	0.3029	0.3549
民办非企业	16.1	17.4	18.2	19	19.8	20.4	22.5	25.5

资料来源：民政部：《2013 年社会服务发展统计公报》，2014 年 6 月 17 日。http://www.mca.gov.cn/article/zwgk/tjsj/。访问时间，2014 年 8 月 5 日。

①张永桃主编：《当代中国政治制度》，南京：南京大学出版社 2004 年版，第 290—291 页。

②邓小平：《邓小平文选(第 3 卷)》，北京：人民出版社 1993 年版，第 180 页。

③民政部：《2013 年社会服务发展统计公报》，2014 年 6 月 17 日。http://www.mca.gov.cn/article/zwgk/tjsj/。访问时间，2014 年 8 月 5 日。笔者根据公报中有关数据统计计算得出。

各类社会组织行动领域涉及社会公益的方方面面，诸如社会服务类 78475 个，占 14.35%；科技类 31128 个，占 5.59%；工商服务类 36656 个，6.70%；教育类 156963 个，占 28.70%；生态环境类 7013 个，占 1.28%；卫生类 31187 个，占 5.70%；文体类 67031 个，占 12.25%；农业及农村发展类 58825 个，占 10.75%。可见它们广泛涉及各个领域，对社会公共服务需求的满足做出了毋庸置疑的贡献。有学者指出，社会组织是当今社会不可或缺的公共管理主体之一，在国民经济、社会服务、环境保护、文化体育、教育、卫生保健、科学服务和人道主义等各个领域发挥了卓越的作用。①

不过，需要注意的是，我国对于社会组织的认识经历了多个阶段。大略可以分为改革开放前和改革开放后。在改革开放前，我国属于"总体性社会"，国家垄断一切资源和空间，缺乏可供自由流动的资源和空间。"在这种总体性体制中，社会结构分化程度很低，国家垄断着绝大部分的稀缺资源和结构性的活动空间。"②因此，严格意义上的社会组织并不存在，其功能、地位等自然也就无从谈起。按照孙立平等学者的论述，改革开放以后，"总体性社会体制"逐渐得以松动，"自由流动资源"随之逐渐积累，这为社会组织的出现和运作奠定了资源基础；"自由活动空间"也随之扩展，这为社会组织的出现和运作提供了场域和机会。资源和空间两方面的叠加使我国的社会组织逐渐发展，且愈来愈迅速。③ 尤其是《社会团体登记管理条例》(1989 年出台、1998 年修改)、《民办非企业单位登记管理暂行条例》(1998 年)、《公益事业捐赠法》(1999 年)、《基金会管理条例》(2004 年)等法规出台之后，社会组织的发展开始步入法制化轨道。

在"自治"的视野下，改革开放以来我国社会组织发展经历了"功能主体阶段"和"自治主体阶段"。在这两个阶段的发展过程中，社会组织从单纯的功能主体逐渐发展到社会自治主体，这既是我国社会组织功能充分发挥的表现，也是我国社会自治良性发展的表现。下面以党和国家对社会组织的重要论述为基础论述我国社会组织的发展阶段。

---

①顾建光：《现代公共管理学》，上海：上海人民出版社 2007 年版，第 156—167 页。

②孙立平等：《动员与参与：第 3 部门募捐机制个案研究》，杭州：浙江人民出版社 1999 年版，第 6 页。

③孙立平等：《动员与参与：第 3 部门募捐机制个案研究》，杭州：浙江人民出版社 1999 年版，第 8—24 页。

（一）第一阶段：社会组织作为“功能主体”

表 8-3：社会组织作为“功能主体”的有关表述

时间	出处	有关社会组织表述的具体内容
1993 年 11 月	十四届三中全会《中共中央关于建立社会主义市场经济体制若干问题的决定》	首次指出：结合建立社会主义市场经济体制的需要，要“发挥行业协会、商会等组织的作用。”
2003 年 10 月	十六届三中全会《中共中央关于完善社会主义市场经济体制若干问题的决定》	提出：完善市场体系，规范市场秩序，要“积极发展独立公正、规范运作的专业化市场中介服务机构，按市场化原则规范和发展各类行业协会、商会等自律性组织。”
2004 年 9 月	十六届四中全会《中共中央关于加强党的执政能力建设的决定》	提出：加强党执政能力建设，要“发挥社团、行业组织和社会中介组织提供服务、反映诉求、规范行为的作用，形成社会管理和社会服务的合力。”
2006 年 3 月	十届人大四次会议《国民经济和社会发展第十一个五年规划纲要》	提出：“规范引导民间组织有序发展，培育发展行业协会、学会、公益慈善和基层服务性民间组织，发挥提供服务、反映诉求、规范行为的作用。”
2006 年 10 月	十六届六中全会《中共中央关于构建社会主义和谐社会若干重大问题的决定》	指出：要“健全社会组织，增强服务社会功能。坚持培育发展和管理监督并重，完善培育扶持和依法管理社会组织的政策，发挥各类社会组织提供服务、反映诉求、规范行为的作用。”“鼓励社会力量在教育、科技、文化、卫生、体育、社会福利等领域兴办民办非企业单位。发挥行业协会、学会、商会等社会团体的社会功能，为经济社会发展服务。发展和规范各类基金会，促进公益事业发展。”

资料来源：根据有关文件整理。

随着市场经济体制改革的深入以及加强与创新社会管理的需要，党和政府对社会组织的功能寄予较高期望。因此，在 2006 年之前，有关社会组织的重要战略方针和决策文本都将社会组织作为“功能主体”来看待，强调其服务市场经济建设、服务社会管理创新、服务社会公益慈善发展、服务社会主体自律等方面的作用(有关论述详见表8-3)。比如,社会组织在服务市场经济的功能方面,十四届三中全会通过的《中共中央关于建立社会主义市场经济体制若干问题的决定》首次指出,结合建立社会主义市场经济体制的需要,要"发挥行业协会、商会等组织的作用"。十六届三中全会通过的《中共中央关于完善社会主义市场经济体制若干问题的决定》提出完善市场体系、规范市场秩序,要"积极发展独立公正、规范运作的专业化市场中介服务机构,按市场化原则规范和发展各类行业协会、商会等自律性组织。"又如,社会组织在社会管理的功能方面,十六届六中全会通过的《中共中央关于构建社会主义和谐社会若干重大问题的决定》指出要"健全社会组织,增强服务社会功能。坚持培育发展和管理监督并重,完善培育扶持和依法管理社会组织的政策,发挥各类社会组织提供服务、反映诉求、规范行为的作用。"

不难发现,在这一阶段社会组织的定位是"行动性"的,是以服务市场经济建设、服务社会管理创新等为目的指向的。社会组织的存在、发展是因为其具有较高的"功能预期",是经济社会发展所必需的。此间,社会组织被定位为"功能主体"。虽然社会组织在客观上发挥了社会自治功能,但是并没有被视为社会自治主体。也可以说,这一阶段的社会组织被视为社会资源的整合者,政府公共行动的合作者,能够释放较强的"正能量",具有较强的"正功能"。

(二)第二阶段:社会组织作为"自治主体"

2007年以来,随着政治体制改革、政府职能转移以及市场经济发展的深入,党和政府对社会组织的定位发生了转变,以其"功能"为基础,将其视为"自治主体"(有关论述详见表8-4)。

首先,这一阶段仍然重视社会组织的"功能",并没有否认其"功能主体"的地位。比如,党的"十七大"报告指出:完善基本经济制度,健全现代市场体系,需要"规范发展行业协会和市场中介组织";加强社会管理,需要"重视社会组织建设和管理。"继续肯定社会组织"功能主体"的定位有两方面原因:一是"功能"的合理发挥是社会组织获得政治合法性、行政合法性、社会合法性的基础。如果其发挥的是"负功能",传递的是"负能量",那么其政治合法地位将不能保全,其合法活动空间将被压缩;政府对其功能期待也将降低,进而会减少对其资源支持和空间赋予;社会对其信任程度将会降低,资源向其流动的速度和数量将会因此而减少。二是"功能主体"身份也是其"自治主体"身份的基础。如前文所述,社会组织作为社会自治主体,一方面体现为其能否发挥自我管理、自我服务和自我教育的功能,这是其自治功能的最直接体现;另一方面体现为其作为成员的“代表”，参与公共事务和政治过程，这是民主自治的体现；再一方面体现为其与政府协同行动，参与公共服务的供给，这在宏观上属于“自我服务”范畴。这三方面都以社会组织功能发挥为基础，因此，功能是其自治主体身份的基础。

表 8-4：社会组织作为“自治主体”的有关表述

时间	出处	有关社会组织表述的具体容
2007 年 10 月	党的“十七大”报告	指出：完善基本经济制度，健全现代市场体系，需要“规范发展行业协会和市场中介组织”；加强社会管理，需要“重视社会组织建设和管理。”“发挥社会组织在扩大群众参与、反映群众诉求方面的积极作用，增强社会自治功能。”
2008 年 10 月	十七届三中全会《中共中央关于推进农村改革发展若干重大问题的决定》	提出：“培育农村服务性、公益性、互助性社会组织，完善社会自治功能。”
2010 年 10 月	十七届五中全会《中共中央关于制定国民经济和社会发展第十二个五年规划的建议》	提出：“加强和创新社会管理。按照健全党委领导、政府负责、社会协同、公众参与的社会管理格局的要求，加强社会管理法律、体制、能力建设。……发挥群众组织和社会组织作用，提高城乡社区自治和服务功能，形成社会管理和服务合力。”
2012 年 11 月	党的“十八大”报告	指出：“加强社会建设，必须加快推进社会体制改革。要围绕构建中国特色社会主义社会管理体系，加快形成党委领导、政府负责、社会协同、公众参与、法治保障的社会管理体制，……加快形成政社分开、权责明确、依法自治的现代社会组织体制。”
2013 年 2 月	十八届二中全会《国务院机构改革和职能转变方案》	提出：“改革社会组织管理制度。加快形成政社分开、权责明确、依法自治的现代社会组织体制。”
2013 年 11 月	十八届三中全会《中共中央关于全面深化改革若干重大问题的决定》	提出：“激发社会组织活力。正确处理政府和社会关系，加快实施政社分开，推进社会组织明确权责、依法自治、发挥作用。适合由社会组织提供的公共服务和解决的事项，交由社会组织承担。”

资料来源：根据有关文件整理。

其次，这一阶段强调了社会组织的“自治主体”身份，无疑是一种历史性的转变。党的“十七大”报告首次提出：“发挥社会组织在扩大群众参与、反映群众诉求方面的积极作用，增强社会自治功能。”这里明确了社会组织的“自治功能”。十七届三中全会通过的《中共中央关于推进农村改革发展若干重大问题的决定》，提出“培育农村服务性、公益性、互助性社会组织，完善社会自治功能。”这一表述说明，基层自治机制的完善需要发挥社会组织的“自治主体”功能。党的“十八大”报告更是提出：要“加快形成政社分开、权责明确、依法自治的现代社会组织体制。”十八届二中全会、三中全会延续了这种表述。显然，这里已经将社会组织发展的目标定位为“依法自治”，且要形成相关的“现代社会组织体制”。显然，这是一种具有历史意义的转变——社会组织不再仅仅是一种发挥某种作用的行动者了，而是具有依法自治属性的“社会主体”，其在政治生活、公共治理格局中的地位提高了，也说明党和国家对社会组织的重视和期待程度提高了。

最后，这一阶段强调了社会组织的“自治主体”身份与政社分开的关系。党的“十八大”报告提出的战略目标“加快形成政社分开、权责明确、依法自治的现代社会组织体制”中，包含有“政社分开、权责明确”等内容。十八届二中全会审议通过的《国务院机构改革和职能转变方案》中也将政府职能转移、政社分开等内容与社会组织的发展相联系。这说明了党和国家从更高的层次来定位社会组织的自治主体身份，不仅将其作为承载政府转移出来的职能，而且明确将之视为与政府并立的独立行动者，且与政府之间有着明确的权责划分，与政府协同行动，共同搭建公共治理体系。

这里需要解释一下，笔者没有具体列举社会组织在中国的实践领域，也没有就经典的社会组织案例进行分析，只是通过党和国家的重要文件表述来说明我国社会组织的发展，并以此强调我国社会组织的实践和发展已经经由“缺乏发展资源和空间”到“功能主体”的承认，再到“自治主体”的承认。也许可以说，“自治主体”的承认是自治视野下社会组织发展的最突出成就。

第二节　中国自治实践的发展趋势与路径

自治在我国是一个事实，也是需要坚持的一种价值。那么，如何在未来坚持自治并促成自治的良性发展呢？笔者以为应该从如下五方面着手：依法自治、协商民主、协同治理、绩效评估和正当控制。

一、依法自治与自治发展

党的“十八大”报告提出：“加快形成政社分开、权责明确、依法自治的现代社会组织体制。”这是十分精准的，也是十分契合当前中国自治发展实际的，切中要害。在调研中，笔者发现：在处理中央与地方各级政府机构的关系过程中，目前尚未有明确的制度化的规定，细节问题尚未进入法制领域；在处理政府与社会组织关系的过程中，政社分开几成共识，但是如何划分两者权限，如何明确两者职责，仅仅有原则性的规定和政策设计，也缺乏细节设计；在处理基层政府与基层群众自治组织关系时，基层政府也时常面临领导与指导角色的错乱，群众自治组织时常存在自治与独立的混乱，根本原因也在于缺乏制度化的细节设计。概言之，目前中国各类自治实践都面临着一个主要问题——主要以行政手段来规范和约束自治的发展，而相对缺乏法律手段，或者说依法自治是未来自治发展的基本趋势，也是促成自治发展的基本路径。也正因为如此，“十八大”提出的“权责明确、依法自治”十分精到。

“依法自治”有三方面的含义：

第一，提供一个具体的权责清单和行动范围。这是最基本的层面，也是最基础最具体的内容。意思是以法律而不是行政规定或针对特殊情境的行政命令的方式来明确自治主体的权责和活动范围，且将之明细化、清单化，并将其制度化、法律化。一方面，“法不允许则为禁止”。对于一般的私法主体而言，“法不禁止则为允许”。而各类自治主体具有公共性，运作的是公共资源，指向的是公共利益，因此其行为选择依据是“法不允许则为禁止”。从这个角度看，提供具体明晰的权责清单和行动范围实质上是为自治主体提供了一个行为指南，为其搭建了一个明确的活动空间。另一方面，“减少了无端干预发生的可能性”。在前文不止一次地指出，自治最大的危害是被外部权威“无端干预”。而无端干预发生的重要原因就是干预行为本身缺乏明晰的边界，进而提高了任意、任性的干预行为的发生概率。相反，如果明确了自治体的权责，也就意味着明确了外部权威的行动范围。这无疑会提高外部权威干预行动的合理性，保障了自治体的权利。

第二，提供一个具有强制性的公开规则和行动框架。罗尔斯在《正义论》中写道：“一个法律体系是一系列强制性的公开规则。提出这些规则是为了调整理性人的行为，并为社会合作提供某种框架。”①正如罗尔斯所言，强制、公开是

①[美]约翰·罗尔斯：《正义论》，何怀宏等译，北京：中国社会科学出版社1988年版，第225页。

法律的基本特点，正是这一特点使法律能够起到促进自治发展的作用。一方面，强制性指的是任何一个主体都应该无条件地遵守法律法规的有关条款，不得违反，否则将会受到其他强制主体的约束和惩罚。如果将自治体的责权和行为范围予以法律化，即意味着其具备了强制保护性，可以为自治发展提供保障。另一方面，公开性指的是被明晰的权责和行动范围以法律法规的方式明确公布，这为自治体的行为提供了明确指南，也为干预行为设置了“评判依据”，这在另一层面上可以降低无端干预行为的发生几率，保障合法的自治权利。

第三，提供一个具有普遍性的规则体系和行动规范。哈耶克在《法律、立法与自由(第1卷)》中曾表述过这么一个观点：法律并不都是好的，尤其是任意随性的法律(如圣旨)就可能会侵犯自由权利，消解自治。所以，正当的且与自治、自由相契合的法律必须具有“普遍性”，不因具体情境而设立，不因特殊主体而设立。① 由此可见，如果能够建立健全具有普遍性的明确自治权责和行为范围的规则体系，形成一种具有普遍性的针对自治体的行为规范，将会有助于促进自治的发展。

概言之，当前需要在地方自治、基层群众自治、社团自治等自治实践领域做到“依法自治”，通过依法自治保障自治权、明确自治权责、框定自治范围、规范自治行动。

二、协商民主与自治发展

党的十八届三中全会通过的《中共中央关于全面深化改革若干重大问题的决定》提出：推进协商民主广泛多层制度化发展，要“构建程序合理、环节完整的协商民主体系，拓宽国家政权机关、政协组织、党派团体、基层组织、社会组织的协商渠道。深入开展立法协商、行政协商、民主协商、参政协商、社会协商。”这一论断对自治的发展而言，具有十分重要的意义，既是发展我国协商民主制度的新论断，也是我国自治体系发展的新论断。其中，首次明确提出要拓宽政权机关、基层组织、社会组织的协商渠道，涵盖我国地方自主、基层自治和社团自治三种自治形式，同时也明确了具体的协商形式，涵盖多个层面——立法、行政、民主、参政和社会等。十八届三中全会的这一论断对于我国自治实践的发展具有十分重要的启示和指导意义。

从学术史的角度看，“协商”与“民主”都有悠久的历史。不过，“协商民主”

①[英]弗里德利希·冯·哈耶克：《法律、立法与自由(第1卷)》，邓正来等译，北京：中国大百科全书出版社2000年版，第161—163页。

(deliberative democracy)出现的时间并不长,通常认为它于1980年由政治学者约瑟夫·M. 毕塞特(Joseph M. Bessette)首创。[①] 从实践的角度看,我国从1949年起就开始实施政治协商制度,实质上从那时起就已经开始践行"协商民主"了。当前,我国的协商民主表现形式有政治协商会议、民主恳谈会、民情直通车、各种听证会和咨询会等等,这些实践大大促使了"次体系自主性增强"。[②] 因此,《中共中央关于全面深化改革若干重大问题的决定》指出:"协商民主是我国社会主义民主政治的特有形式和独特优势,是党的群众路线在政治领域的重要体现。在党的领导下,以经济社会发展重大问题和涉及群众切身利益的实际问题为内容,在全社会开展广泛协商,坚持协商于决策之前和决策实施之中。"[③] 协商民主制度的实施需要社会、经济、政治和文化等多种条件:

> "从社会条件看,国家、市场、公民社会应适当分化,为协商力量的成长和协商空间的出现提供支持;从文化条件看,顺从威权的态度应削弱,自治的精神应弘扬,从而扩展出民主的场域;从经济条件看,政府对经济运行的外部干预应放松,市场主体的决策能力要不断增强;从政治条件看,对公民的言论、信仰和结社自由等权利的保障应得以落实,鼓励协商的舆论机制趋于健全等。"[④]

从上述条件看,协商民主需要自治,同时,协商民主也为自治发展奠定了宏观基础。一方面,协商民主对自治的主体性提出了要求。马克·华伦(Mark Warren)就曾指出,协商民主的实质是多元主体通过沟通、协商、说理等方式实现"共同之善"和集体理性。[⑤] 换言之,协商民主在形式上和实质上都要求多元主体的存在,协商是主体A与主体X的协商,如果不存在多元主体,那么将是"一言堂",协商将不复存在。同时,参与协商的多元主体都应该具有自治的属性,能够以主体身份参与协商、表达诉求、参政议政,否则,协商就是形式,协商民主的实质就是虚伪的。这两点都为自治的主体性提出了要求。"在公民实践理性的基础上,协商民主激发了理性立法、参与政治和公民自治的理想";"恰当

①陈家刚:《协商民主引论》,载《马克思主义与现实》2004年第3期;亦可参见张凤阳等:《政治哲学关键词》,南京:江苏人民出版社2006年版,第240页。

②陈家刚:《协商民主与当代中国政治发展》,见陈家刚:《协商民主与国家治理》,北京:中央编译出版社2014年版,第97页。

③中国共产党第十八届中央委员会第三次全体会议通过:《中共中央关于全面深化改革若干重大问题的决定》,2013年11月12日。

④张凤阳等:《政治哲学关键词》,南京:江苏人民出版社2006年版,第249页。

⑤[加]马克·华伦:《协商民主》,孙亮译,载《浙江社会科学》2005年第1期。

的社团条件既为成员间协商提供框架,也是这种协商的结果。"①

另一方面,协商民主为自治提供了一种功能空间。协商民主与权力专断是相对的政治观念。在权力专断的制度背景下,与中央权力相对应的各类自治主体将缺乏行动空间,自治机制在法律中和实践上都是被禁绝的。相反,协商民主不仅对自治的主体性提出了要求,而且为各类自治体的"出场"提供了合法空间,为各类自治体参与协商、担负协商功能提供了机会。具体而言,十八届三中全会提出的立法协商、行政协商、民主协商、参政协商和社会协商等,这些功能都需要具有主体属性的自治机制担当。这些功能需求从另一个侧面"倒逼"着自治机制的健全与发展,也为自治体运作与功能发挥的合法性奠定了基础。它既使人们获得了自治的感觉,也使人们感到形成自治属性的急迫性。② 虽然,我国政治协商会议当中尚没有明确的"社会组织界别"、"基层自治组织界别",但可以预见,随着协商民主机制的健全和完善,我国的自治机制将会在立法协商、行政协商、民主协商、参政协商和社会协商等协商形式中担负更多的功能,自治机制在这一过程中必将取得较大发展,作用也必将愈加显现。

三、协同治理与自治发展

党的十八届三中全会通过的《中共中央关于全面深化改革若干重大问题的决定》提出:"推进国家治理体系和治理能力现代化。必须更加注重改革的系统性、整体性、协同性。"同时,该《决定》还提出,创新社会治理、改进社会治理方式,要"实现政府治理和社会自我调节、居民自治良性互动";要"激发社会组织活力。正确处理政府和社会关系,加快实施政社分开,推进社会组织明确权责、依法自治、发挥作用。"③可以说,关于治理以及在治理语境中发挥社会组织、基层群众自治组织公共服务功能的论断是首次以党的重要文献形式表述。这为自治机制的发展及其作用的发挥指明了方向。当然,此处的自治机制主要是指社会组织和基层群众自治组织。

关于治理理论,笔者在前文多处进行过阐述,这里不再重复。只概括指出,治理理论及其制度设计至少在三方面为自治的发展提供来支撑:一是多元,即

---

①陈家刚:《协商民主:概念、要素与价值》,见陈家刚:《协商民主与国家治理》,北京:中央编译出版社 2014 年版,第 59 页、第 62 页。

②[法]让·布隆代尔:《民主与宪政》,载[日]猪口孝等:《变动中的民主》,林猛等译,长春:吉林人民出版社 1999 年版,第 94 页。

③中国共产党第十八届中央委员会第三次全体会议通过:《中共中央关于全面深化改革若干重大问题的决定》,2013 年 11 月 12 日。

在公共服务、社会管理等过程中允许甚至期待多种主体的存在。除了惯常意义上的政府、政党之外,各类社会组织、基层自治组织等也被囊括在内。也可以说,“治理体系和治理能力”现代化的关键要素之一是存在多元、有力的行动者,政府、政党、社会组织和基层自治组织等各类主体都能够在既定制度框架下充分地发挥公共功能,在自己的责权范围内主动、有效地提供公共服务、处理公共事务。二是协同,即治理体系中的多元主体虽然有着各自的权责范围,但它们存在“资源依赖”和“权力依赖”的关系,在共同学习、良性互动和分享沟通的基础上协同行动、相互促进。三是行动,即虽然“治理”具有政治意义,治理体系中也有相互监督方面的意味,但是,治理强调的却更多是行动——面对公共问题和公共事务协同开展行动,为了提高公共服务满足公共需求开展行动。这非常契合我国当前的政府职能转移背景。政府职能转移在形式上非常简单,只要政府缩小自己直接的责任范围即可。但是政府职能转移又在本质上很难,因为“退出”容易,但重新“建构”较难。即,政府的职能范围缩小之后,由哪些主体来恰当地充实相关缺口呢?显然,缺口承担者的培育较难,政府与新承担者的关系协调也较难。在这里,需要重点考虑的是公共服务供给行动。各类自治体恰恰是最合适的“补缺者”。一方面,自治体的自我管理、自我服务和自我教育,能够填补一些服务空缺;另一方面,社会组织、基层群众自治组织都具有公共性、使命感、多样性、专业性、灵活性、开创性、参与性、低成本性等,可以切实地在很多公共领域发挥补缺作用。[①] 如果政府购买制度、凭单制度、社工制度等能够顺畅地跟进,各类自治机制在治理体系中的作用将会更为显现。里贾纳·E.赫茨琳杰(Regnia E. Herzilinger)正是在此意义上明确指出:“非营利组织在提高人们的知识文化水平、提高医疗保健、资助艺术事业以及为穷人提供生活保障等方面成绩卓著,令企业和政府都望尘莫及。”[②]简言之,治理格局中允许自治主体的存在,且对自治主体的功能发挥抱有期待,对自治主体功能发挥提供各种支持。

协同治理不仅为社团自治和基层自治的出现奠定理论基础,而且对自治提出具体要求,这些要求也构成了各种自治形式发展的趋势。概括说来,包括五方面:

第一,数量。不需要多么高深、科学的论证就可以明白,承担政府职能转

①王绍光:《多元与统一:第3部门国际比较研究》,杭州:浙江人民出版社1999年版,第31—68页。

②[美]里贾纳·E.赫茨琳杰:《有效的监督:给非营利组织理事们的建议》,载北京新华信商风险管理有限责任公司译校:《非营利组织管理》,北京:中国人民大学出版社2004年版,第29页。

移、与政府协同治理的自治体必须达到一定的数量。从结构功能主义角度看，欲实现某种功能(满足某种需求)，就需要建立相应的“结构”，而这一结构包括数量和质量两个层面。其中，数量是基础。对我们中国而言，目前我国每万人拥有社会组织约为4个，该数字较小；在社会组织的分布结构上，科技类、公益慈善类、公共服务类、城乡基层社会服务类等社会组织数量较少。从另一个角度看，政府在具体的、技术性的、微观的事务方面并不擅长，需要转移出来交给社会组织和基层群众自治组织。但是，如果缺乏相应数量的组织来承担这些事务，就会“逼着”政府不得不收回放权。所以，在治理语境中，有一句必须重视的“潜台词”——需要一定数量的社会自治体。可喜的是，十八届二中全会通过的《国务院机构改革和职能转变方案》明确指出：“重点培育、优先发展行业协会商会类、科技类、公益慈善类、城乡社区服务类社会组织。成立这些社会组织，直接向民政部门依法申请登记，不再需要业务主管单位审查同意”。也就是说，这四类社会组织可以直接登记，不再遵循“双重管理体制”。可以预见，直接登记的登记管理体制改革将会使四类经济社会发展急需的社会组织更快地发展。

第二，能力。数量是基础，质量是关键。社会组织和基层群众自治组织能否实质性地承载政府转移出来的职能，是治理体系和治理能力现代化能否实现的关键一环。在调研中，经常可以发现有些社会组织“名存实亡”——要么无法正常开展活动；要么在发起者退任后就不再开展活动；本该具有专业服务能力的社会组织却由一些退休者组建或者缺乏相应的专业人员；很多小型的社会组织缺乏现代管理体制，在人力资源管理、财物管理、项目管理等方面十分不专业等。基层群众自治组织也面临着缺乏专职、专业人员的困境，管理队伍老化、非专业化(兼职)等现象严重。如何提高它们的能力呢？最起码需要做到如下几点：一是促进社会组织和基层自治组织工作人员的专职化和专业化；二是利用福彩公益金等资金对社会组织和基层自治组织工作人员进行工作培训，提高其专业化能力，并获专业管理能力和专业服务能力；三是促进两类组织国内交流和国际交流，通过学习国内外先进经验来提升其管理和服务能力；四是通过提高待遇、人事管理规范化程度(职称、五险一金)等措施吸引公共管理、社会工作、心理学、医学等专业学生进入社会组织和基层群众自治组织，促进其工作人员“转型升级”；五是通过适当的方式(如委托高校)在公共管理、社会工作等专业硕士学位点中招收相关社会组织和基层群众自治组织在职人员，提高其理论和实践方面的技能；六是通过典型示范、登记评估等方式促进社会组织和基层群众自治组织的能力提升；七是在社会组织和基层群众自治组织中推行一些具有现代性的管理技术和服务方法,诸如全面质量管理、绩效管理、流程再造、目标管理、标杆管理、战略管理和顾客关系管理等 。[①]

第三,制度。"制度是一个社会的博弈规则,或者更规范地说,它们是一些人为设计的、型塑人们互动关系的约束。"[②]在某种程度上可以说,上述数量和能力都属于基础性的,还需要通过特定的治理制度、治理体制机制来促使数量足够、能力具备的自治组织参与公共事务。《国务院办公厅关于政府向社会力量购买服务的指导意见》(国办发〔2013〕96 号)已对这种治理机制进行了原则性的规定,但还需要明细化、系统化。同时,在实施《指导意见》的过程中,还需要结合我国实际创造一些有特色的方式,可参照合同承包、特许经营、凭单制、税式支出、政府保险等。[③] 简言之,通过制度化的渠道、途径来促进自治机制的功能发挥,这是自治发展基本趋势与主要路径。

第四,分立。王名、康晓光、王绍光、俞可平和徐勇等绝大多数社会组织和基层群众自治组织的研究者都指出过,政社不分是导致自治机制"失灵"的主要诱因之一。因此,"政社分开"是权责明确、依法自治的前提。目前,在民政部等部门的促动下,行业协会商会与行政机关脱钩的工作正在稳步有效推进;在"解制型"管理模式的基础上推进基层群众自治组织的依法自治,减少基层政府对村委会、居委会的直接干预,也初见成效。但仍需要系统设计、全面改进相关机制,促进政府从职能、机构、工作人员、资产和财务等方面与社会组织"脱钩";基层政府与基层群众自治组织的关系也要参照社会组织的"脱钩"方式予以改进。否则,"由于外部改革措施不配套,在行政体制改革中,政府许多应当剥离的社会管理职能因缺乏相应的社会载体而无法剥离,相当部分从企事业单位转移出来的社会管理事务通过行政主管部门控制的社会组织又回归到政府身上,公共资源仍然限于在原有行政管理体制的内部循环。"[④]

第五,廉洁。依托公共资源运行的组织最容易犯错,出现贪污、腐败、低效、不负责任等行为。费斯勒(James W. Fesler)等学者因此而指出,公共组织天然应该担负的责任之一就是不做有悖伦理的事,要恪守道德底线。[⑤] 格罗弗·斯塔林(Grover Starling)也认为公共组织的责任包括着"廉洁"这一内涵。[⑥] 对于

①陈振明等:《政府工具导论》,北京:北京大学出版社 2009 年版,第 86—265 页。

②[美]道格拉斯·诺斯:《制度、制度变迁与经济绩效》,杭行译,上海:格致出版社 2008 年版,第 3 页。

③陈振明等:《政府工具导论》,北京:北京大学出版社 2009 年版,第 103—185 页。

④战建华:《我国社会组织管理体制改革的实践分析》,载《学会》2009 年第 7 期。

⑤James W. Fesler etc. *The Politics of Admistrative Process*. Chatham House Publishers,1996.

⑥张成福等:《公共管理学(修订版)》,北京:中国人民大学出版社 2007 年版,第 353 页。

各种自治体而言，它们也不是“天使”和“神话”。因此，促进社会组织与基层群众自治组织健康有序发展，就必须将社会组织和基层群众自治组织的反腐倡廉建设纳入全社会的惩治和预防腐败体系当中，全面加强社会组织和基层群众自治组织的反腐倡廉建设，提高社会组织和基层群众自治组织的廉洁程度和社会公信力。具体措施包括：健全社会组织、基层群众自治组织的内部治理机制、民主机制、自律机制、财务收支管理机制，从“内部”防止其腐败发生；严格规范自治机制的商业行为、对外合作行为；严格管理与控制领导干部在社会组织兼职；推动自治体信息披露和公开制度；强化外部主体对社会组织、基层群众自治组织的审计和执法监督（包括民政、组织、纪检、财政、审计等部门）；发挥社会组织、基层群众自治组织中党组织的监督作用；制定并形成明确的《社会组织行为规范》、《基层群众自治组织行为规范》等，切实做好行为引导和规范；建立自治组织的信誉信息披露和查询体系。①

四、绩效评估与自治发展

诺曼·弗莱恩（Norman Flynm）等学者对绩效评估给予了很高的评价，认为其具有评判、导向、预测等作用，是现代政治过程和公共管理当中需要重视的内容。② 对于自治发展而言，绩效评估也具有至关重要的作用：一是评判和认识作用。通过对自治体运行状况等方面绩效的科学评估，能够起到评判和认识相关主体的作用，作为惩罚、奖励等的基础。二是导向和诱因作用。评估指标的设置、评估结果的运用等都在客观上为被评估者提供了指导，使其明白什么是应该做的，什么是不应该做的。也激励被评估者按照评估预设的理想目标行事，达成预期。三是预测和改进作用。通过绩效评估，能够发现自治体存在哪些问题，在哪些方面应该加强等，这些都可以作为未来改革和发展之依据。综上，需要通过绩效管理和评估来促进自治机制的发展，并使其朝向理想的方向发展。

对于我国目前而言，对社会组织的评估和分级工作已经展开，且取得了一定程度的导向作用。但是对于其他方面的自治机制尚未有明确的评估工作。

关于自治评估的改进，在一般意义上应该包括：坚持专业评估（第三方评估）与内部评估（与被评估者相关者参与，包括政府部门、自治体、成员、利益相关者）相结合；坚持全面评估与专项评估相结合；坚持定性评估和定量评估相结

①这一点参考了民政部有关社会组织、基层群众自治组织的规定与办法。

②张成福等：《公共管理学（修订版）》，北京：中国人民大学出版社 2007 年版，第 275—276 页。

合;坚持经济、效率、效益与公平四个基本标准相结合;坚持过程导向和结果导向相结合;坚持定期评估和不定期评估相结合,等等。这些都是当前学界基本上达成共识的。

另外,笔者以为关于自治的评估还需要着手改进如下三方面:

第一,在评估本身方面,应该做到制度化。包括评估主体、评估方式、评估结果运用等内容都应该摒弃“行政化”的决定方式,而应该实现“制度化”,即将与自治体有关的评估问题都以制度的方式明确和固化,做到“依法评估”。

第二,在被评估者方面,应该包括区域性的自治和单一自治体。目前的评估,更多针对单一自治体而言的,比如针对某一个社会组织。笔者觉得,这远远不够,还应该将区域性的自治作为评估对象,并将其评估方法等制度化。比如,不能仅仅评估某一个社会组织的绩效,而应该将某一地区的社会组织及其自治情况作为评估对象;也不能仅仅将某一个基层群众自治组织作为评估对象,而应将某一地区的基层群众自治作为评估对象。这种相对宏观的评估在促进自治发展方面也许更有意义。当然,也需要对某一自治组织开展全面评估与专项评估等,这是评判、导向和预测的重要层面。这里只是强调,要改变现在仅仅以单个自治组织为评估对象的做法。

第三,在评估指标方面,应该详细设计。目前在社会组织的评估过程中,已形成了一些评估指标体系,但其更多偏向于社会组织内部运作,这并不全面。因此,根据本书的研究框架,笔者提出一个框架性的评估指标体系:

一是“是否自治方面的评估”。考察的是某地或某自治体是否真正的自治,自治程度如何。这是自治评估的首要条款。忽视了这一条,就意味着自治的评估工作失去了根基和源头。具体而言,包括自主治理、主体间性和权责分配三方面。详见第二章第二节。

二是“自治运行逻辑方面的评估”。自治机制的绩效与其运行逻辑关系密切,因此需要从三方面予以考察:(1)自治的宏观政治环境、基本氛围和保障机制、促进机制;(2)支撑自治实践与运行的结构与载体状况;(3)自治文化与精神的发展状况。具体内容详见第五章。

三是“自治内容、表现及其实际绩效方面的评估”。目前的评估更多指向这一点。笔者认为,关于这一方面的评估应该包括:(1)自我管理状况及其绩效;(2)自我教育状况及其绩效;(3)自我服务状况及其绩效。具体内容详见第六章。

四是“自治的促进机制方面的评估”。上述第二点“自治运行逻辑方面的评估”更多指的如何在内部保证自治实践的提升，指涉自治的运行领域和基本内容，这里指的是在促进自治发展方面采取的措施及其举措，包括依法自治、协商民主、协同治理、绩效评估、正当控制等层面。具体内容详见第八章。

五是“自治的局限及其控制机制方面的评估”。上述四点可以说都是“正指标”，而这一点则包括“负指标”和“正指标”两方面。并且，这一部分主要针对某一地区开展评估时需要的指标。“负指标”有两大方面：(1)自治的“负外部性”；(2)自治的“内部失灵”。这两方面的得分要以负值的方式呈现，会对其他指标的得分产生负面影响。“正指标”包括三方面：(1)控制的范围是否得当且有力；(2)控制的依据是否合法；(3)控制的行为是否得当，是否设定了制度化的控制程序并依照既定程序实施控制，是否通过控制行为促成自治绩效提高，是否具有服务性和推动性，等。具体内容详见第七章。

五、正当控制与自治发展

在本书第七章，笔者曾指出自治不是完美无缺的，自治体存在“负外部性”和“内部失灵”两种风险。对于中国的自治发展，自然也需要外部的正当控制。

一方面，自治的发展在本质上应该是自治与控制的完美结合。对于各类自治体而言，它们应该具有的美德之一就是承认正当的控制之必要，且主动接受外部的正当控制，并积极发展内部自律和自制机制，这是其公共性的要求。同时，要避免借自治之名建立“独立王国”之实的自治体出现。对于外部控制主体而言，控制的根本要义在于实现公共性目的——规避自治体的“内部失灵”和“负外部性”，而不在于消解自治的纯粹程度。并且，要通过适当的保障机制、促进措施来服务、推动各类自治体的良性发展。

另一方面，要建立针对自治的风险管控机制。有三点要义：一是该风险管控机制是“依法”、“固化”(并非僵化)的，而不是因某个风险事件而临时决定，也不是特别针对某个自治体诱发的风险。这要求整合民政、公安等部门协同创建一个风险管控机制。二是该管控机制不在于消灭自治体，取消一切自治行为，而在于通过固态化的风险管理机制，来规避各类自治体诱发的风险，尤其是自治体诱发的分裂、失序等风险。三是该管控机制应由政府监管部门、自治体、民众等多方介入，形成合力。

附录:自治研究索引(部分)

如上文所述,虽然自治是政治哲学中的重要议题之一,但遗憾的是目前以自治为专题进行系统研究的成果很少。笔者在研究过程中深深感触到一个“矛盾”:一方面,似乎任何一部政治哲学著作、任何一篇政治哲学文章都若隐若现地包含有自治的影子,包含有无穷尽的自治思想;另一方面,关于自治研究的著作似乎又很匮乏,因为,专以自治为主题的论著的确少之又少,似乎又无章可循。所以,笔者萌生了一个想法,对包含有自治专题研究的著作进行了一个简单梳理,为有兴趣研究自治的读者提供一个资料清单。

有几点说明:第一,笔者在选择具体论著时,以“自治哲学”方面的著作为主,而不是“自治实践”(即形而下的自治行为研究)方面的论著。当然,笔者列举了一些“自治实践”方面的论著,是因为这些论著中有“自治哲学”方面的论述。因此,笔者还指出了其中的具体章节。第二,由于读者可以通过电子期刊库输入“自治”很方便地搜索有关论文,因此这里仅仅列举的是著作,而不包含期刊论文。第三,以姓氏的拼音排序。其中,译著以作者的中文“姓”的拼音排序。同一作者的不同著作以著作的拼音排序。

最后,强调一点:这里列举的文献并非全部,因笔者的视野局限,也许还有很多重要论著没有列举进来。希望与读者一起完善。

[1]恩格斯:《反杜林论》,《马克思恩格斯选集(第3卷)》,北京:人民出版社1995年版,第一编“十一、道德和法。自由和必然”(第449—460页);第三编“五、国家,家庭,教育”(第664—676页)。

[2]恩格斯:《家庭、私有制和国家起源》,《马克思恩格斯选集(第4卷)》,北京:人民出版社1995年版,第1—179页。

[3]恩格斯:《论权威》,《马克思恩格斯选集(第3卷)》,北京:人民出版社1995年版,第224—227页。

[4]恩格斯:《社会主义从空想到科学的发展》,《马克思恩格斯选集(第3卷)》,北京:人民出版社1995年版,第687—760页。

[5]马克思:《巴枯宁〈国家制度和无政府状态〉》,《马克思恩格斯选集(第3卷)》,北京:人民出版社1995年版,第286—292页。

[6]马克思和恩格斯:《德意志意识形态》,《马克思恩格斯选集(第1卷)》,北京:人民出版社1995年版,"国家和法同所有制的关系",第131—135页。

[7]马克思:《法兰西内战》,《马克思恩格斯选集(第3卷)》,北京:人民出版社1995年版,第1—122页。

[8]马克思和恩格斯:《共产党宣言》,《马克思恩格斯选集(第1卷)》,北京:人民出版社1995年版,第248—307页。

[9]陈剩勇等:《组织化、自主治理与民主:浙江温州民间商会研究》,北京:中国社会科学出版社2004年版。

[10]陈伟东:《社区自治:自组织网络与制度设置》,北京:中国社会科学出版社2004年版。

[11]丁德昌:《民初湖南省县自治研究》,上海:上海人民出版社2011年版。

[12]郭海龙:《现代化与自我管理问题研究》,北京:中国社会科学出版社2007年版。

[13]胡皓等:《自组织理论与社会发展研究》,上海:上海科技教育出版社2002年版。

[14]胡雪萍:《公民个体与社会组织:马尔科维奇民主思想研究》,上海:上海人民出版社2013年版,第四章"实践主体、社会自治与民主制度"。

[15]李红杰:《由自决到自治》,北京:中央民族大学出版社2009年版。

[16]林修果:《非政府组织管理》,武汉:武汉大学出版社2010年版,第二章第三节"新制度经济学和自治组织理论"。

[17]马德普:《西方政治思想史(第5卷)》,天津:天津人民出版社2005年版,第五章第三节"自由与自治:萨特和列斐伏尔的政治思想"。

[18]桑玉成:《自治政治》,香港:三联书店(香港)有限公司1994年版。

[19]沈小峰等:《自组织的哲学:一种新的自然观和科学观》,北京:中共中央党校出版社1993年版。

[20]苏永钦:《私法自治中的国家强制》,北京:中国法制出版社2005年版。

[21]孙志海:《自组织的社会进化理论:方法和模型》,北京:中国社会科学出版社2004年版。

[22]王建勋:《自治二十讲》,天津:天津人民出版社2008年版。

[23]王兰:《管制罅隙下的自治:商事登记制度与模式反思》,北京:法律出

版社 2011 年版。

[24]王松等：《政治学常见名词浅释》，北京：人民出版社 1984 年版，“自治”条目。

[25]王维国等：《基层群众自治状况研究：以北京为例》，北京：人民日报出版社 2011 年版。

[26]王英津：《自决权理论与公民投票》，北京：九州出版社 2007 年版，第八章：“自决与自治”。

[27]吴彤：《自组织方法论研究》，北京：清华大学出版社 2001 年版。

[28]杨贵华等：《自组织：社区能力建设的新视域，城市社区自组织能力研究》，北京：社会科学文献出版社 2010 年版。

[29]曾峻：《公共秩序的制度安排：国家与社会关系的框架及其运用》，上海：学林出版社 2005 年版，第三章第一节“社会自组织及其成本”。

[30]张静：《法团主义及其与多元主义分歧》，北京：中国社会科学出版社 2005 年版，第二章第二节“自治与受控”。

[31]张文山著：《自治权理论与自治条例研究》，北京：法律出版社 2005 年版。

[32]邹敏：《论民族区域自治权的源与流》，北京：中央民族大学出版社 2009 年版，第一章“内生：中国古代的‘自治’传统”；第二章“外鉴：西方制度文明中的自治权”。

[33]《辞源》，上海：商务印书馆 1933 年版，“自治”条目。

[34][美]斯蒂芬·L. 埃尔金等：《新宪政论：为美好的社会设计政治制度》，周叶谦译，北京：生活·读书·新知三联书店 1997 年版，第九章第一节“自治”。(美国共和国的要素之一“自治”)

[35][美]埃莉诺·奥斯特罗姆：《公共事物的治理之道：集体行动制度的演进》，余逊达等译，上海：上海三联书店 2000 年版，第二章“自主组织和自主治理公共池塘资源的制度研究”；第三章“长期存续的自主组织和自主治理公共池塘资源分析”；第六章“自主组织和自主治理公共池塘资源的分析框架”。

[36][美]埃莉诺·奥斯特罗姆等：《公共服务的制度建构：都市警察服务的制度结构》，宋全喜等译，上海：上海三联书店 2000 年版，第五章第四节“巡逻服务供给中的独立与自主”。

[37][英]伯纳德·鲍桑葵：《关于国家的哲学理论》，汪淑钧译，北京：商务印书馆 1995 年版，第三章“政治义务的悖论：自治”。

[38][美]罗伯特·A.达尔:《多头政体:参与和反对》,谭君久等译,北京:商务印书馆2003年版。

[39][美]罗伯特 A.达尔:《多元主义民主的困境:自治与控制》,周军华译,长春:吉林人民出版社2006年版。

[40][美]罗伯特·A.达尔等:《规模与民主》,唐皇凤等译,上海:上海人民出版社2013年版。第八章"独立与自治的能力"。

[41][美]罗伯特·A.达尔:《民主理论的前言》,顾昕等译,北京:生活·读书·新知三联书店1999年版。

[42][美]罗伯特·A.达尔:《现代政治分析》,王沪宁等译,上海:上海译文出版社1987年版,第三章第七节"自主与原动机"。

[43][美]查尔斯·J.福克斯等:《后现代公共行政:话语指向》,楚艳红等译,北京:中国人民大学出版社2002年版,第三章第三节"新部落主义与非中心化的自我"。

[44][美]威廉·A.盖尔斯敦:《自由多元主义:政治理论与实践中的价值多元主义》,佟德志等译,南京:江苏人民出版社2005年版,第二章第三节"差异胜于自治"。

[45][英]戴维·赫尔德:《民主的模式》,燕继荣等译,中央编译出版社1998年版,第九章"民主自治"。

[46][日]吉村源太郎:《地方自治(全二册)》,朱德权译,北京:中国政法大学出版社2004年版,第三章"自治之观念"。

[47][德]康德:《道德形而上学原理》,苗力田译,上海:上海人民出版社1986年版,序"道德就是力量:从自主到自律"。

[48][美]特里·L.库珀:《行政伦理学:实现行政责任的途径》,张秀琴译,北京:中国人民大学出版社2010年版,第八章"在组织中保持伦理自主性:应对不道德的上级和不道德的组织"。

[49][英]史蒂文·卢克斯:《个人主义》,阎克文译,南京:江苏人民出版社2001年版,第八章"自主"。

[50][英]戴维·米勒等:《布莱克维尔政治学百科全书》,邓正来译,北京:中国政法大学出版社2002年版,"自治"条目。

[51][美]弗兰克·米歇尔曼:《自治的踪迹》,应奇译,长春:吉林出版集团有限公司2010年版。

[52][美]戴维 ·R.摩根等:《城市管理学:美国视角》,杨宏山等译,北京:

中国人民大学出版社 2011 年版,第三章第五节“家乡自治和城市的法律地位”。

[53][美]约瑟夫·S. 奈等:《硬权力与软权力》,门洪华译,北京:北京大学出版社 2005 年版,第三章第六节“干预和自治权问题”。

[54][美]罗伯特·诺齐克:《无政府、国家与乌托邦》,何怀宏等译,北京:中国社会科学出版社 1991 年版,第八章第五节“工人的自治”。

[55][美]罗伯特·帕特南:《使民主运转起来》,王列等译,南昌:江西人民出版社 2001 年版,第二章第三节“地方自治的深化”。

[56][美]卡罗尔·佩特曼:《参与和民主理论》,陈尧译,上海:上海人民出版社 2012 年版,第五章“南斯拉夫工人的‘自我管理’”。

[57][美]全钟燮:《公共行政的社会建构:解释与批判》,孙柏瑛等译,北京:北京大学出版社 2008 年版,第七章“社会建构中的自我”;第八章第三节“自治的公共观念:儒家观点与西方观点”。

[58][美]乔万尼·萨托利:《民主新论》,冯克利等译,上海:上海人民出版社 2008 年版,第四章第三节“自治与政治上的不可能之事”。

[59][美]罗伯特·H. 威布:《自治:美国民主的文化史》,李振广译,北京:商务印书馆 2006 年版。

参考文献

《马克思恩格斯选集(第1—4卷)》,北京:人民出版社1995年版。

《邓小平文选(第1—3卷)》,北京:人民出版社1989年版。

包亚明:《布尔迪厄访谈录:文化资本与社会炼金术》,上海:上海人民出版社1997年版。

卜长莉:《社会资本与社会和谐》,北京:社会科学文献出版社2005年版。

蔡英文:《政治实践与公共空间:阿伦特的政治思想》,北京:新星出版社2006年版。

曹伯韩:《民主浅说》,长沙:岳麓书社2013年版。

陈家刚:《协商民主与国家治理》,北京:中央编译出版社2014年版。

陈剩勇等:《组织化、自主治理与民主:浙江温州民间商会研究》,北京:中国社会科学出版社2004年版。

陈尧:《当代中国政府体制》,上海:上海交通大学出版社2005年版。

陈振明:《政治学:概念、理论和方法》,北京:中国社会科学出版社1999年版。

陈振明:《政策科学:公共政策分析导论(第2版)》,北京:中国人民大学出版社2003年版。

陈振明等:《政府工具导论》,北京:北京大学出版社2009年版。

陈忠禹:《村民自治权保障论:基于科学发展观视阈》,北京:知识产权出版社2012年版。

程华:《传统与变革:英国宪政的成长之路》,《法学评论》2002年第4期。

丛日云等:《西方公民社会理论的复兴及特点》,《教学与研究》2002年第1期。

崔英楠:《代表理论与代表组成结构问题分析》,《法学杂志》2012年第9期。

戴建国等:《水族自治方式的变迁:政治生态学视角的审视》,《云南行政学院学报》2008年第3期。

邓正来等:《构建中国的市民社会》,《中国社会科学季刊(香港)》1992年第

1 期。

邓正来:《国家与社会:中国市民社会研究》,北京:北京大学出版社 2008 年版。

邓正来等主编:《国家与市民社会:一种社会理论的研究路径》,北京:中央编译出版社 1999 年版。

丁煌:《西方行政学说史》,武汉:武汉大学出版社 2004 年版。

范进学:《美国宪法解释:“麦迪逊两难”之消解》,《法律科学》2006 年第 6 期。

房宁等:《西方民主的起源及相关问题》,《政治学研究》2006 年第 4 期。

高丙中:《“公民社会”概念与中国现实》,《思想战线》2012 年第 1 期。

高应笃:《地方自治学》,台北:台湾中华书局 1982 年版。

郭道晖:《社会权力与公民社会》,南京:译林出版社 2009 年版。

郭海龙:《现代化与自我管理问题研究》,北京:中国社会科学出版社 2007 年版。

郭玉锦:《网络社会学(第 2 版)》,北京:中国人民大学出版社 2010 年版。

韩冬雪等:《剧变中的断裂与传承:透视〈旧制度与大革命〉视野中的自治变迁》,载《江苏行政学院学报》2013 年第 4 期。

何怀宏:《契约伦理与社会正义:罗尔斯正义论中的历史与理性》,北京:中国人民大学出版社 1993 年版。

何增科主编:《公民社会与第三部门》,北京:社会科学文献出版社 2000 年版。

洪岩:《马克思市民社会理论研究》,长春:吉林大学出版社 2011 年版。

胡雪萍:《公民个体与社会组织:马尔科维奇民主思想研究》,上海:上海人民出版社 2013 年版。

胡仙芝:《从善政向善治的转变:“治理理论与中国行政改革”研讨会综述》,载《中国行政管理》2001 年第 9 期。

黄涌群:《农村民主自治发展研究》,广州:暨南大学出版社 2008 年版。

黄育馥:《人与社会:社会化问题在美国》,沈阳:辽宁人民出版社 1986 年版。

季卫东:《法律程序的意义——对中国法制建设的另一种思考》,《中国社会科学》1993 年第 1 期。

季卫东:《宪政新论:全球化时代的法与社会变迁》,北京:北京大学出版社

2005 年版。

贾西津等:《转型时期的行业协会:角色、功能与管理体制》,北京:社会科学文献出版社 2004 年版。

江明修:《第三部门:经营策略与社会参与》,台北:台湾智胜事业有限公司 2000 年版。

敬海新:《公共领域理论形成的历时态分析》,《江西教育学院学报(社会科学版)》2007 年第 2 期。

景跃进:《代表理论与中国政治:一个比较视野下的考察》,《社会科学研究》2007 年第 3 期。

康晓光:《权力的转移:转型时期中国权力格局的变迁》,杭州:浙江人民出版社 1999 年版。

康晓光:《非营利组织管理》,北京:中国人民大学出版社 2011 年版。

孔繁斌:《治理对话统治:一个政治发展范式的阐释》,《南京社会科学》2005 年第 11 期。

孔繁斌:《多中心治理诠释:基于承认政治的视角》,《南京大学学报(哲学·人文科学·社会科学版)》2007 年第 6 期。

孔繁斌:《公共性的再生产:多中心治理的合作机制建构》,南京:江苏人民出版社 2008 年版。

孔繁斌:《社会治理的多中心场域构建:基于共和主义的一项理论解释》,《湘潭大学学报(哲学社会科学版)》2009 年第 2 期。

孔繁斌:《服务型政府在社会治理中的知识扩散》,《中国人民大学学报》2014 年第 2 期。

孔祥勇:《管理心理学》,北京:高等教育出版社 2001 年版。

李春敏:《马克思的社会空间理论研究》,上海:上海人民出版社 2012 年版。

李德顺等:《马克思主义哲学范畴研究》,北京:中国社会科学出版社 2010 年版。

李红杰:《由自决到自治》,北京:中央民族大学出版社 2009 年版。

李家龙:《自我管理要素与实现》,北京:机械工业出版社 2011 年版。

李明强等:《地方政府治理新论》,武汉:武汉大学出版社 2011 年版。

李图强:《现代公共行政中的公民参与》,北京:经济管理出版社 2004 年版。

李亚平等:《第三域的兴起:西方志愿者工作及志愿组织理论文选》,上海:复旦大学出版社 1998 年版。

李永刚:《多元利益诉求下的信任危机:西方“代表制”的现实困境》,《南京大学学报(哲学·人文科学·社会科学版)》2006年第6期。

李永刚:《我们的防火墙:网络时代的表达与监督》,桂林:广西师范大学出版社2009年版。

梁漱溟:《梁漱溟全集》,济南:山东人民出版社1992年版。

林红:《民粹主义:概念、理论与实证》,北京:中央编译出版社2007年版。

林水波等:《公共政策》,台北:五南图书出版公司1988年版。

林文清:《地方自治权与自治立法权》,台北:扬智文化事业股份有限公司2004年版。

林修果:《非政府组织管理》,武汉:武汉大学出版社2010年版。

刘大志等:《网络理性何以可能?——对“超大”论坛的案例研究》,《浙江社会科学》2011年第4期。

刘学民:《网络公民社会的崛起:中国公民社会发展的新生力量》,《政治学研究》2010年第4期。

刘军宁等:《市场逻辑与国家观念》,北京:生活·读书·新知三联书店1995年版。

刘军宁等:《经济民主与经济自由》,北京:生活·读书·新知三联书店1997年版。

刘军宁:《民主与民主化》,北京:商务印书馆1999年版。

刘少杰:《国外社会学理论》,北京:高等教育出版社2006年版。

刘友田:《村民自治:中国基层民主建设的实践与探索》,北京:人民出版社2010年版。

马德普:《自治与参与:论作为目的的社会主义民主》,《政治学研究》1996年第2期。

马俊峰:《马克思社会共同体理论研究》,北京:中国社会科学出版社2011年版。

马全中:《社会管理创新的三种战略:从社会自治、国家主导到合作治理》,《中国劳动关系学院学报》2013年第3期。

马全中:《中美NGO提供公共服务的比较分析》,《经济体制改革》2013年第4期。

马西恒:《社区治理创新》,上海:学林出版社2011年版。

马小泉:《国家与社会:清末地方自治与宪政改革》,开封:河南大学出版社

2001 年版。

马啸原:《西方政治思想史纲》,北京:高等教育出版社 1997 年版。

马振清:《中国公民政治社会化问题研究》,哈尔滨:黑龙江人民出版社 2001 年版。

毛寿龙:《政治社会学:民主制度的政治社会基础》,北京:中国社会科学出版社 2001 年版。

孟庆鹏:《孙中山文集(上册)》,北京:团结出版社 1997 年版。

庞金友:《国家与社会:近代西方的理论视角》,《中共宁波市委党校学报》2008 年第 1 期。

彭宗超等:《合作博弈与和谐治理:中国合和式民主研究》,北京:清华大学出版社 2013 年版。

齐振海等:《管理哲学》,北京:中国社会科学出版社 1988 年版。

秦晖:《传统十论:本土社会的制度、文化及其变革》,上海:复旦大学出版社 2003 年版。

秦晖:《权力、责任与宪政:关于国家"大小"问题的理论与实践》,《二十一世纪(香港)》,2003 年 12 月号。

阮新邦等:《解读＜沟通行动论＞》,上海:上海人民出版社 2003 年版。

桑玉成:《自治政治》,香港:三联书店(香港)有限公司 1994 年版。

邵军:《中国思想史漫步》,南京:江苏人民出版社 2003 年版。

沈远新:《正和互动:中央与地方关系的新范式及其政策意义》,《上海行政学院学报》2001 年第 2 期。

苏永钦:《私法自治中的国家强制》,北京:中国法制出版社 2005 年版。

孙立平等:《动员与参与:第 3 部门募捐机制个案研究》,杭州:浙江人民出版社 1999 年版。

孙志海:《自组织的社会进化理论:方法和模型》,北京:中国社会科学出版社 2004 年版。

谭祥金等:《信息管理导论》,北京:高等教育出版社 2000 年版。

唐士其:《国家与社会的关系:社会主义国家的理论与实践比较研究》,北京:北京大学出版社 1998 年版。

汪晖等:《文化与公共性》,北京:生活·读书·新知三联书店 2005 年版。

王家峰等:《政府与社会的双重建构:公共治理的实践命题》,《南京社会科学》2010 年第 4 期。

王建学:《作为基本权利的地方自治》,厦门:厦门大学出版社 2010 年版。

王建学:《地方自治观念在近代中国的嬗变:从政治意义上的自治到法律意义上的自治》,《厦门大学学报(哲学社会科学版)》2011 年第 3 期。

王建勋:《自治二十讲》,天津:天津人民出版社 2008 年版。

王金洪:《对“村民自治”及其相关概念英文翻译的一点看法》,《政治学研究》2003 年第 1 期。

王京山:《自组织的网络传播》,北京:中国轻工业出版社 2011 年版。

王兰:《管制罅隙下的自治:商事登记制度与模式反思》,北京:法律出版社 2011 年版。

王名:《中国民间组织 30 年:走向公民社会》,北京:社会科学文献出版社 2008 年版。

王巍等:《公民参与》,北京:中国人民大学出版社 2009 年版。

王维国等:《基层群众自治状况研究:以北京为例》,北京:人民日报出版社 2011 年版。

王晓朝:《基督教与帝国文化:关于希腊罗马护教论与中国护教论的比较研究》,北京:东方出版社 1997 年版。

王晓朝:《信仰与理性:古代基督教教父思想家评传》,北京:东方出版社 2001 年版。

王乐夫:《中国基层纵横涵义与基层管理制度类型浅析》,《中山大学学报(社会科学版)》2002 年第 1 期。

王乐夫等:《公共管理学》,北京:中国人民大学出版社 2008 年版。

王浦劬:《政治学基础(第 2 版)》,北京:北京大学出版社 2006 年版。

王浦劬等:《政府向社会组织购买公共服务研究:中国与全球经验分析》,北京:北京大学出版社 2010 年版。

王绍光:《多元与统一:第 3 部门国际比较研究》,杭州:浙江人民出版社 1999 年版。

王绍光:《民主四讲》,北京:生活·读书·新知三联书店 2008 年版。

王新生:《市民社会论》,南宁:广西人民出版社 2003 年版。

王益明等:《自我管理研究述评》,《心理科学》2002 年第 4 期。

王英津:《自决权理论与公民投票》,北京:九州出版社 2007 年版。

王玉梁等:《中日价值哲学新探》,西安:陕西人民出版社 2004 年版。

王允武等:《“自治”理论及其中国实践》,《西南民族学院学报(哲学社会科学版)》2002 年第 7 期。

魏光奇:《官治与自治:20 世纪上半期的中国县志》,北京:商务印书馆 2004 年版。

魏娜:《公共管理的方法与技术(第 2 版)》,北京:中国人民大学出版社 2011 年版。

吴东民等:《非营利组织管理》,北京:中国人民大学出版社 2003 年版。

吴彤:《自组织方法论研究》,北京:清华大学出版社 2001 年版。

吴晓燕等:《回归与重塑:传统自治思想基础与现代基层治理机制创新——基于嘉陵江文化中自治思想的探讨》,《中共四川省委省级机关党校学报》2013 年第 4 期。

吴增基等:《现代社会学(第 4 版)》,上海:上海人民出版社 2009 年版。

席恒:《公与私:公共事业运行机制研究》,北京:商务印书馆 2003 年版。

席恒:《利益、权力与责任:公共物品供给机制研究》,北京:中国社会科学出版社 2006 年版。

谢泽明:《网络社会学》,北京:中国时代经济出版社 2002 年版。

萧公权:《政治多元论:当代政治理论研究》,周林刚译,北京:中国法制出版社 2012 年版。

许琳:《论中国当代慈善事业参与主体》,《西北大学学报(哲学社会科学版)》2000 年第 3 期。

许琳等:《论我国社会救助的多元化主体》,《中国软科学》2002 年第 8 期。

许琳等:《论慈善事业发展的乘数效应》,《西北大学学报(哲学社会科学版)》2005 年第 1 期。

徐大同:《中西两种不同的政治思想体系》,《政治学研究》2004 年第 3 期。

徐大同:《西方政治思想史(共 5 卷)》,天津:天津人民出版社 2005 年版。

徐增阳:《自治:传统与现代的比较》,《经济社会体制比较》2008 年第 1 期。

徐增阳:《论马克思的自治思想》,《当代世界与社会主义》2009 年第 6 期。

薛冰:《历史与逻辑:公共性视域中的公共管理》,北京:中国社会科学出版社 2006 年版。

薛冰等:《古代中国基层自治实践对现代公共管理的意义》,《西北大学学报(哲学社会科学版)》2009 年第 2 期。

燕继荣:《现代政治分析原理》,北京:高等教育出版社 2004 年版。

杨光斌等:《当代中国政治制度导论》,北京:中国人民大学出版社 2007

年版。

杨贵华等:《自组织:社区能力建设的新视域,城市社区自组织能力研究》,北京:社会科学文献出版社 2010 年版。

杨凤春:《中国政府概要》,北京:北京大学出版社 2002 年版。

杨仁忠:《公共领域论》,北京:人民出版社 2009 年版。

杨雪冬:《走向社会权利导向的社会管理体制》,载《华中师范大学学报(人文社会科学版)》2010 年第 1 期。

杨志诚:《民主自治下的地方自治:从英美的地方制度探讨我国的地方自治》,载《中国地方自治》1997 年第 6 期。

叶英萍:《黎族习惯法:从自治秩序到统一法律秩序》,北京:社会科学文献出版社 2012 年版。

尹保华:《社区建设创新与社会管理》,北京:知识产权出版社 2012 年版。

应奇主编:《代表理论与代议民主》,长春:吉林出版集团有限责任公司 2008 年版。

郁建兴等:《互联网与中国公民社会研究:反思与展望》,载《哲学研究》2011 年第 5 期。

俞可平:《社群主义》,北京:中国社会科学出版社 1998 年版。

俞可平:《治理与善治》,北京:社会科学文献出版社 2000 年版。

俞可平:《全球化:全球治理》,北京:社会科学文献出版社 2003 年版。

于显洋:《组织社会学(第 2 版)》,北京:中国人民大学出版社 2009 年版。

曾峻:《公共秩序的制度安排:国家与社会关系的框架及其运用》,上海:学林出版社 2005 年版。

张成福等:《公共管理学》,北京:中国人民大学出版社 2007 年版。

张敦福主编:《现代社会学教程(第 2 版)》,北京:高等教育出版社 2007 年版。

张凤阳等:《政治哲学关键词》,南京:江苏人民出版社 2006 年版。

张凤阳:《共和传统的历史叙事》,载《中国社会科学》2008 年第 4 期。

张凤阳:《激励机制再造:政府治理改革的着力点》,载《江苏社会科学》2014 年第 4 期。

张国庆:《公共行政学(第 3 版)》,北京:北京大学出版社 2007 年版。

张建东等:《公共组织学(第 2 版)》,北京:高等教育出版社 2010 年版。

张建华:《世界现代史(1900－2000)》,北京:北京师范大学出版社 2006

年版。

张金马:《政策科学导论》,北京:中国人民大学出版社 1992 年版。

张静:《法团主义及其与多元主义的分歧》,北京:中国社会科学出版社 2005 年版。

张康之主编:《公共管理学》,北京:中国人民大学出版社 2010 年版。

张康之等:《新市民社会背景下的国家与社会治理》,载《文史哲》2011 年第 1 期。

张康之等:《共同体的进化》,北京:中国社会科学出版社 2012 年版。

张康之等:《公共行政的概念》,北京:中国社会科学出版社 2013 年版。

张康之:《论主体多元化条件下的社会治理》,载《中国人民大学学报》2014 年第 2 期。

张莉:《西欧民主制度的幽灵:右翼民粹主义政党研究》,北京:中央编译出版社 2011 年版。

张千帆:《宪政原理》,北京:法律出版社 2011 年版。

张千帆:《国家主权与地方自治:中央与地方关系的法治化》,北京:中国民主法治出版社 2012 年版。

张永桃主编:《当代中国政治制度》,南京:南京大学出版社 2004 年版。

张再林:《治论:中国古代管理思想》,西安:陕西人民教育出版社 1993 年版。

周辅成编:《从文艺复兴到十九世纪资产阶级哲学家政治思想家有关人道主义人性论言论选辑》,北京:商务印书馆 1971 年版。

周光辉等:《理解代表》,载《吉林大学社会科学学报》2004 年第 6 期。

周三多:《管理学:原理与方法(第 3 版)》,上海:复旦大学出版社 1999 年版。

周松青:《晚近西洋和中国传统自治形态之比较》,载《复旦政治学评论》2011 年卷。

周勇等:《民族、自治与发展:中国民族区域自治制度研究》,北京:法律出版社 2008 年版。

中国现代国际关系研究院课题组:《外国非政府组织概况》,北京:时事出版社 2010 年版。

中央编译局:《巴枯宁言论》,北京:生活·读书·新知三联书店 1978 年版。

朱国云:《组织理论:历史与流派》,南京:南京大学出版社 1997 年版。

朱国云:《公共组织理论》,南京:南京大学出版社 2003 年版。

朱国云:《第三部门、事业单位与社会网络:构建社会网络的政策选择》,载《国家行政学院学报》2006 年第 4 期。

朱国云:《多中心治理与多元供给:对新农村建设中公共物品的供给研究》,中国劳动社会保障出版社 2007 年版。

朱国云主编:《社区管理与服务》,南京:南京大学出版社 2013 年版。

邹敏:《论民族区域自治权的源与流》,北京:中央民族大学出版社 2009 年版。

[美]汉娜・阿伦特:《论革命》,陈周旺译,南京:译林出版社 2007 年版。

[美]汉娜・阿伦特:《人的条件》,竺乾威等译,上海:上海人民出版社 1999 年版。

[英]约翰・E. E. 达尔伯格一阿克顿:《自由与权力》,侯健等译,南京:译林出版社 2011 年版。

[瑞典]埃里克・阿姆纳等:《趋向地方自治的新理念》,杨立华等译,北京:北京大学出版社 2005 年版。

[古希腊]埃斯库罗斯等:《古希腊戏剧选》,罗念生等译,北京:人民文学出版社 1998 年版。

[美]詹姆斯・E・安德森:《公共决策》,唐亮译,北京:华夏出版社 1990 年版。

[美]曼瑟尔・奥尔森:《集体行动的逻辑》,陈郁等译,上海:上海人民出版社 1995 年版。

[英]安东尼・奥格斯:《规制:法律形式与经济学理论》,骆梅英译,北京:中国人民大学出版社 2008 年版。

[英]迈克尔・奥克肖特:《政治中的理性主义》,张汝伦译,上海:上海译文出版社 2004 年版。

[美]安东尼・奥罗姆:《政治社会学导论》,张华清等译,上海:上海世纪出版集团 2006 年版。

[美]戴维・奥斯本等:《改革政府:企业家精神如何改革着公共部门》,周敦仁等译,上海:上海译文出版社 2006 年版。

[美]埃莉诺・奥斯特罗姆:《公共事物的治理之道:集体行动制度的演进》,余逊达等译,上海:上海三联书店 2000 年版。

[英]厄奈斯特・巴克:《希腊政治理论:柏拉图及其前人》,卢华萍译,长春:

吉林人民出版社 2003 年版。

[俄]巴枯宁:《国家制度和无政府状态》,马骧聪等译,北京:商务印书馆 1982 年版。

[美]利昂·P. 巴拉达特:《意识形态起源和影响(第 10 版)》,张慧芝等译,北京:世界图书出版公司 2010 年版。

[美]斯科特·巴雷特:《合作的动力》,黄智虎译,上海:上海人民出版社 2012 年版。

[英]伯纳德·鲍桑葵:《关于国家的哲学理论》,汪淑钧译,北京:商务印书馆 1995 年版。

[美]杰弗里·贝瑞等:《利益集团社会》,王明进译,北京:中国人民大学出版社 2012 年版。

[美]B. 盖伊·彼得斯:《政府未来的治理模式》,吴爱明等译,北京:中国人民大学出版社 2001 年版。

[意]诺伯特·波比奥:《民主与独裁:国家权力的性质和限度》,梁晓君译,长春:吉林人民出版社 2010 年版。

[古希腊]柏拉图:《理想国》,郭斌和等译,北京:商务印书馆 1986 年版。

[古希腊]柏拉图:《柏拉图全集》,北京:人民出版社 2003 年版。

[英]迈克尔·波兰尼:《个人知识:迈向后批判哲学》,许泽民译,贵阳:贵州人民出版社 2000 年版。

[英]以赛亚·伯林:《自由论》,胡传胜译,南京:译林出版社 2011 年版。

[英]卡尔·波普:《开放社会及其敌人》,陆衡等译,北京:中国社会科学出版社 1999 年版。

[美]贾恩佛朗哥·波齐:《国家:本质、发展与前景》,陈尧译,上海:上海人民出版社 2007 年版。

[英]詹姆斯·布莱斯:《现代民治政体》,张慰慈等译,长春:吉林人民出版社 2001 年版。

[美]托马斯·福特·布朗:《社会资本理论综述》,载《马克思主义与现实》2002 年第 2 期。

[美]史蒂芬·布雷耶:《规制及其改革》,李洪磊等译,北京:北京大学出版社 2008 年版。

[英]安德鲁·查德威克:《互联网政治学:国家、公民与新传播技术》,任孟山译,北京:华夏出版社 2010 年版。

[美]罗伯特·A. 达尔:《民主理论的前言》,顾昕等译,北京:生活·读书·新知三联书店1999年版。

[美]罗伯特·A. 达尔:《多头政体:参与和反对》,谭君久等译,北京:商务印书馆2003年版。

[美]罗伯特·A. 达尔:《多元主义民主的困境:自治与控制》,周军华译,长春:吉林人民出版社2006年版。

[美]罗伯特·A. 达尔:《论民主》,李风华译,北京:中国人民大学出版社2012年版。

[美]托马斯·R. 戴伊:《理解公共政策(第12版)》,谢明译,北京:中国人民大学出版社2011年版。

[法]吉尔·德勒兹:《哲学与权力的谈判:德勒兹访谈录》,刘汉全译,北京:商务印书馆2000年版。

[美]彼得·德鲁克:《非营利组织的管理》,吴振阳等译,北京:机械工业出版社2009年版。

[美]罗伯特·B. 登哈特:《公共组织理论(第3版)》,扶松茂等译,北京:中国人民大学出版社2003年版。

[美]珍妮特·V. 登哈特等:《新公共服务:服务,而不是掌舵》,丁煌译,北京:中国人民大学出版社2004年版。

[英]帕特里克·邓利维等:《国家理论:自由民主的政治学》,欧阳景根等译,杭州:浙江人民出版社2007年版。

[美]彼得·杜拉克:《21世纪的管理挑战》,刘毓玲译,北京:生活·读书·新知三联书店2000年版。

[英]沃尔特·厄尔曼:《中世纪政治思想史》,夏洞奇译,南京:译林出版社2011年版。

[美]菲利普·方纳:《杰斐逊文选》,王华译,北京:商务印书馆1963年版。

[德]路德维希·费尔巴哈:《基督教的本质》,荣震华译,北京:商务印书馆1984年版。

[英]马修·费斯廷斯泰因:《协商、公民权与认同》,载《马克思主义与现实》2004年版第3期。

[美]朱莉·费希尔:《NGO与第三世界的政治发展》,邓国胜等译,北京:社会科学文献出版社2002年版。

[美]H. 乔治·弗雷德里克森:《公共行政的精神》,张成福等译,北京:中国

人民大学出版社 2012 年版。

[美]H. 乔治·弗雷德里克森:《新公共行政》,丁煌等译,北京:中国人民大学出版社 2011 年版。

[法]米歇尔·福柯:《规训与惩罚:监狱的诞生》,刘北成等译,北京:生活·读书·新知三联书店 2003 年版。

[英]基恩·福克斯:《政治社会学》,陈崎等译,北京:华夏出版社 2008 年版。

[美]威廉·盖尔斯敦:《自由多元主义:政治理论与实践中的价值多元主义》,佟德志等译,南京:江苏人民出版社 2008 年版。

[美]盖伊:《自治与民族:多民族国家竞争性诉求的协调》,张红梅等译,北京:东方出版社 2013 年版。

[法]让一皮埃尔·戈丹:《何谓治理》,钟震宇译,北京:社会科学文献出版社 2010 年版。

[英]威廉·葛德文:《政治正义论》,何慕李译,北京:商务印书馆 1980 年版。

[美]斯科特·戈登:《控制国家:西方宪政的历史》,应奇等译,南京:江苏人民出版社 2001 年版。

[意]安东尼奥·葛兰西:《狱中札记》,葆煦译,北京:人民出版社 1983 年版。

[美]戴维·格雷纳:《古希腊政治理论:修昔底德和柏拉图笔下的人的形象》,戴智恒译,北京:华夏出版社 2012 年版。

[美]C. 格鲁特尔特等:《社会资本在发展中的作用》,黄载曦等译,成都:西南财经大学出版社 2004 年版。

[法]邦雅曼·贡斯当:《古代人的自由与现代人的自由:贡斯当政治论文选》,闫克文等译,上海:上海人民出版社 2005 年版。

[美]艾米·古特曼:《民主教育》,杨伟清译,南京:译林出版社 2010 年版。

[德]尤尔根·哈贝马斯:《公共领域》,汪辉译,载《天涯》1997 年第 3 期。

[德]尤尔根·哈贝马斯:《公共领域的结构转型》,曹卫东等译,上海:学林出版社 1999 年版。

[德]尤尔根·哈贝马斯:《包容他者》,曹卫东译,上海:上海人民出版社 2002 年版。

[德]尤尔根·哈贝马斯:《在事实与规范之间:关于法律和民主法治国的商

谈理论》，童世骏译，北京：生活·读书·新知三联书店 2003 年版。

［美］罗素·哈丁：《自由主义、宪政主义和民主》，王欢等译，北京：商务印书馆 2008 年版。

［德］H. 哈肯：《协同学引论》，徐锡申等译，北京：原子能出版社 1984 年版。

［德］H. 哈肯：《协同学》，戴鸣钟译，上海：上海科学普及出版社 1988 年版。

［英］弗里德里希·冯·哈耶克：《通往奴役之路》，王明毅等译，北京：中国社会科学出版社 1997 年版。

［英］弗里德里希·冯·哈耶克：《自由秩序原理》，邓正来译，北京：生活·读书·新知三联书店 1997 年版。

［美］弗里德利希·冯·哈耶克：《法律、立法与自由》，邓正来等译，北京：中国大百科全书出版社 2000 年版。

［美］汉密尔顿等：《联邦党人文集》，程逢如等译，北京：商务印书馆 1980 年版。

［美］路易斯·亨金：《宪政·民主·对外事务》，邓正来译，北京：生活·读书·新知三联书店 1996 年版。

［美］尼古拉斯·亨利：《公共行政与公共事务（第 10 版）》，孙迎春译，北京：中国人民大学出版社 2011 年版。

［英］戴维·赫尔德：《民主的模式》，燕继荣等译，北京：中央编译出版社 1998 年版。

［德］黑格尔：《小逻辑》，贺麟译，北京：商务印书馆 1962 年版。

［德］黑格尔：《法哲学原理》，范扬等译，北京：商务印书馆 1982 年版。

［德］黑格尔：《哲学史讲演录》，贺麟等译，北京：商务印书馆 1983 年版。

［美］塞缪尔·亨廷顿：《变革社会中的政治秩序》，李盛平等译，北京：华夏出版社 1988 年版。

［英］霍布斯：《利维坦》，黎思复等译，北京：商务印书馆 1985 年版。

［美］加尔文·M. 霍伊：《自由主义政治哲学：哈耶克的政治思想》，刘锋译，北京：生活·读书·新知三联书店 1992 年版。

［日］吉村源太郎：《地方自治》，朱德权编，北京：中国政法大学出版社 2004 年版。

［英］安东尼·吉登斯：《民族国家与暴力》，胡宗泽等译，北京：生活·读书·新知三联书店 1998 年版。

［英］约翰·基恩：《民主的历程》，林猛等译，长春：吉林人民出版社 1999

年版。

[英]鲍勃·杰索普:《治理的兴起及其失败的风险:以经济发展为例的论述》,载《国际社会科学》(中文版)1999年第1期。

[美]安德烈亚斯·卡尔瓦斯:《卡斯托里亚迪斯自治理论中的规范与批判》,贺翠香译,载《马克思主义与现实》2010年第1期。

[美]弗莱蒙特·E.卡斯特等:《组织与管理:系统与权变的方法》,傅严等译,北京:中国社会科学出版社2000年版。

[美]道格拉斯·凯尔纳等:《后现代理论:批判性的质疑》,张志斌译,北京:中央编译出版社1999年版。

[美]约翰·凯克斯:《反对自由主义》,应奇译,南京:江苏人民出版社2005年版。

[德]康保锐:《市场与国家之间的发展政策:公民社会组织的可能性与界限》,隋学礼译,北京:中国人民大学出版社2009年版。

[德]伊曼努尔·康德:《道德形而上学原理》,苗力田译,上海:上海人民出版社1986年版。

[美]康马杰:《美国精神》,南木等译,北京:光明日报出版社1988年版。

[美]卡尔·科恩:《论民主》,聂崇信等译,北京:商务印书馆2005年版。

[美]詹姆斯·S.科尔曼:《社会理论的基础》,邓方译,北京:社会科学文献出版社1999年版。

[英]大卫·克里斯特尔:《剑桥百科全书》,丁仲华等译,北京:中国友谊出版公司1996年版。

[俄]克鲁泡特金:《互助论》,李平沤译,北京:商务印书馆1984年版。

[德]柯武刚等:《制度经济学:社会秩序与公共政策》,韩朝华译,北京:商务印书馆2000年版。

[美]特里·L.库珀:《行政伦理学:实现宪政责任的途径》,张秀琴译,北京:中国人民大学出版社2010年版。

[英]伊·拉卡托斯:《科学研究纲领方法论》,兰征译,上海:上海译文出版社1986年版。

[美]哈罗德·拉斯韦尔:《政治学:谁得到什么?何时和如何得到?》,杨昌裕译,北京:商务印书馆1992年版。

[美]哈罗德·拉斯韦尔等:《权力与社会:一项政治研究的框架》,王菲易译,上海:上海人民出版社2012年版。

[法]让·拉特利尔:《科学和技术对文化的挑战》,吕乃基等译,北京:商务印书馆1997年版。

[美]丹尼斯·朗:《权力论》,陆震纶等译,北京:中国社会科学出版社2001年版。

[法]古斯塔夫·勒庞:《乌合之众:大众心理研究》,冯克利译,北京:中央编译出版社2004年版。

[法]亨利·列菲弗尔:《论国家》,李青宜等译,重庆:重庆出版社1988年版。

[日]芦部信喜:《宪法》,林来梵等译,北京:北京大学出版社2006年版。

[德]尼克拉斯·卢曼:《信任:一个社会复杂性的简化机制》,瞿铁鹏等译,上海:上海人民出版社2005年版。

[法]卢梭:《论人类不平等的起源和基础》,李常山译,北京:商务印书馆1982年版。

[法]卢梭:《社会契约论》,何兆武译,北京:商务印书馆2003年版。

[美]约翰·罗尔斯:《正义论》,何怀宏译,北京:中国社会科学出版社1988年版。

[英]洛克:《政府论(下篇)》,叶启芳等译,北京:商务印书馆1982年版。

[美]戴维·H.罗森布鲁姆等:《公共行政学:管理、政治和法律的途径(第5版)》,张成福等译,北京:中国人民大学出版社2001年版。

[美]爱德华·罗斯:《社会控制》,秦志勇等译,北京:华夏出版社1989年版。

[美]伯兰特·罗素:《西方哲学史(上)》,何兆武等译,北京:商务印书馆1976年版。

[英]伯兰特·罗素:《西方哲学史(下)》,马元德译,北京:商务印书馆1976年版。

[美]吉尔伯特·罗兹曼:《中国的现代化》,国家社会科学基金"比较现代化"课题组译,上海:上海人民出版社1998年版。

[意]尼克洛·马基雅维里:《论李维》,冯克利译,上海:上海人民出版社2005年版。

[意]萨尔沃·马斯泰罗内主编:《一个未完成的政治思索:葛兰西的〈狱中札记〉》,黄华光等译,北京:社会科学文献出版社2000年版。

[美]阿拉斯代尔·麦金太尔:《德性之后》,龚群等译,北京:中国社会科学

出版社 1995 年版。

[英]亨利·梅因:《古代法》,沈景一译,北京:商务印书馆 1995 年版。

[英]约翰·密尔:《论自由》,于庆生译,北京:中国法制出版社 2009 年版。

[英]A. J. M. 米尔恩:《人的权利与人的多样性:人权哲学》,夏勇等译,北京:中国大百科全书出版社 1995 年版。

[英]戴维·米勒等:《布莱克维尔政治学百科全书》,邓正来译,北京:中国政法大学出版社 2002 年版。

[美]弗兰克·米歇尔曼:《自治的踪迹》,应奇译,长春:吉林出版集团有限公司 2010 年版。

[法]孟德斯鸠:《论法的精神》,张雁深译,北京:商务印书馆 1982 年版。

[英]托马斯·莫尔:《乌托邦》,戴镏龄译,北京:商务印书馆 1982 年版。

[美]路易斯·亨利·摩尔根:《古代社会》,杨东莼等译,北京:商务印书馆 1981 年版。

[美]戴维 ·R. 摩根等:《城市管理学:美国视角》,杨宏山等译,北京:中国人民大学出版社 2011 年版。

[英]尚塔尔·墨菲:《政治的回归》,王恒等译,南京:江苏人民出版社 2001 年版。

[美]罗伯特·诺齐克:《无政府、国家与乌托邦》,何怀宏等译,北京:中国社会科学出版社 1991 年版。

[美]道格拉斯·诺斯等:《西方世界的兴起》,厉以平等译,北京:华夏出版社 1999 年版。

[美]塔尔科特·帕森斯:《现代社会的结构与过程》,梁向阳译,北京:光明日报出版社 1988 年版。

[美]罗伯特·帕特南:《独自打保龄:美国社区的衰落与复兴》,刘波等译,北京:北京大学出版社 2011 年版。

[美]罗伯特·帕特南:《使民主运转起来:现代意大利的公民传统》,王列等译,南昌:江西人民出版社 2001 年版。

[英]托马斯·潘恩:《潘恩选集》,马清槐等译,北京:商务印书馆 1981 年版。

[美]卡罗尔·佩特曼:《参与和民主理论》,陈尧译,上海:上海人民出版社 2012 年版。

[比]亨利·皮朗:《中世纪欧洲经济社会史》,乐文译,上海:上海人民出版

社 1964 年版。

[俄]普列汉诺夫:《无政府主义和社会主义》,王荫庭译,北京:生活·读书·新知三联书店 1980 年版。

[法]蒲鲁东:《什么是所有权》,孙署冰译,北京:商务印书馆 1982 年版。

[美]希拉里·普特南:《事实与价值二分法的崩溃》,应奇译,北京:东方出版社 2006 年版。

[美]全钟燮:《公共行政:设计与问题解决》,黄曙曜译,台北:五南图书出版公司 1997 年版。

[美]全钟燮:《公共行政的社会建构:解释与批判》,孙柏瑛等译,北京:北京大学出版社 2008 年版。

[法]让—保罗·萨特:《萨特哲学论文集》,潘培庆等译,合肥:安徽文艺出版社 1998 年版。

[美]乔治·萨拜因:《政治学说史(上)》,盛葵阳等译,北京:商务印书馆 1986 年版。

[美]乔治·萨拜因:《政治学说史(下)》,刘山等译,北京:商务印书馆 1986 年版。

[美]莱斯特·萨拉蒙:《公共服务中的伙伴:现代福利国家中政府与非盈利组织的关系》,田凯译,北京:商务印书馆 2008 年版。

[美]莱斯特·萨拉蒙:《全球公民社会:非营利部门视界》,贾西津等译,北京:社会科学文献出版社 2002 年版。

[美]乔万尼·萨托利:《民主新论》,冯克利等译,上海:上海人民出版社 2009 年版。

[美]E. S. 萨瓦斯:《民营化与公私部门的伙伴关系》,周志忍等译,北京:中国人民大学出版社 2002 年版。

[美]理查德·桑内特:《公共人的衰落》,李继宏译,上海:上海译文出版社 2008 年版。

[印度]阿马蒂亚·森:《以自由看待发展》,任赜等译,北京:中国人民大学出版社 2002 年版。

[德]马克斯·舍勒:《价值的颠覆》,罗悌伦等译,北京:生活·读书·新知三联书店 1997 年版。

[美]列奥·施特劳斯等主编:《政治哲学史》,李天然等译,石家庄:河北人民出版社 1993 年版。

[荷兰]斯宾诺莎:《伦理学》,贺麟译,北京:商务印书馆 1981 年版。

[荷兰]斯宾诺莎:《神学政治论》温锡增译,北京:商务印书馆 1997 年版。

[美]W. 理查德·斯科特等:《组织理论:理性、自然与开放系统的视角》,高俊山译,北京:中国人民大学出版社 2011 年版。

[英]亚当·斯密:《国民财富的性质和研究的原因》,郭大力等译,北京:商务印书馆 1988 年版。

[英]格里·斯托克:《作为理论的治理:五个论点》,载《国际社会科学杂志(中文版)》1999 年第 1 期。

[以]J. F. 塔尔蒙:《极权主义民主的起源》,孙传钊译,长春:吉林人民出版社 2004 年版。

[英]保罗·塔格特:《民粹主义》,袁明旭译,长春:吉林人民出版社 2005 年版。

[以]耶尔·塔米尔:《自由主义的民族主义》,陶东风译,上海:上海世纪出版集团 2005 年版。

[美]乔森纳·R. 汤普金斯:《公共管理学说史:组织理论与公共管理》,夏镇平译,上海:上海译文出版社 2010 年版。

[美]詹姆斯·W. 汤普逊:《中世纪晚期欧洲经济社会史》,徐家玲等译,北京:商务印书馆 1992 年版。

[德]斐迪南·滕尼斯:《共同体与社会:纯粹社会学的基本概念》,林荣远译,北京:商务印书馆 1999 年版。

[法]托克维尔:《论美国的民主》,董果良译,北京:商务印书馆 2013 年版。

[英] M. J. C. 维尔:《宪政与分权》,苏力译,北京:生活·读书·新知三联书店 1997 年版。

[德]马克斯·韦伯:《经济与社会》,林荣远译,北京:商务印书馆 1997 年版。

[美]罗伯特·H. 威布:《自治:美国民主的文化史》,李振广译,北京:商务印书馆 2006 年版。

[英]威廉·韦德:《行政法》,徐炳等译,中国大百科全书出版社 1997 年版。

[南非]保罗·西利亚斯:《复杂性与后现代主义》,曾国屏译,上海:上海世纪出版集团 2006 年版。

[古罗马]西塞罗:《论共和国 论法律》,王焕生译,北京:中国政法大学出版社 1997 年版。

[美]詹姆斯·W.西瑟:《自由民主与政治学》,竺乾威译,上海:上海人民出版社1998年版。

[古希腊]修昔底德:《伯罗奔尼撒战争史》,谢德风译,北京:商务印书馆1997年版。

[加]莱斯利·雅各布:《民主视野:当代政治哲学导论》,吴增定等译,北京:中国广播电视出版社2000年版。

[古希腊]亚里士多德:《政治学》,吴寿彭译,北京:商务印书馆1965年版。

[美]H.培顿·扬:《个人策略与社会结构》,王勇译,上海:上海三联书店、上海人民出版社2004年版。

[美]戴维·伊斯顿:《政治生活的系统分析》,王浦劬等译,北京:华夏出版社1998年版。

[美]埃里克·詹奇:《自组织的宇宙观》,曾国屏等译,北京:中国社会科学出版社1992年版。

[日]猪口孝等:《变动中的民主》,林猛等译,长春:吉林人民出版社1999年版。

Bevir M. *Democratic Governance*: "Systems and Radical Perspectives". *Public Administration Review*, 2006.

Chhotray V. etc. *Governance Theory and Practic*. London: Palgrave Macmillan, 2009.

Martin S. etc. *Citizen Participation and Congressional Responsiveness*. *Legislative Studies Quarterly*, 2013, 38(11).